한 국 의
헌법개정

한국미래정부연구회 연구총서 ⑮

한국의 헌법개정

| 박재창 엮음 |

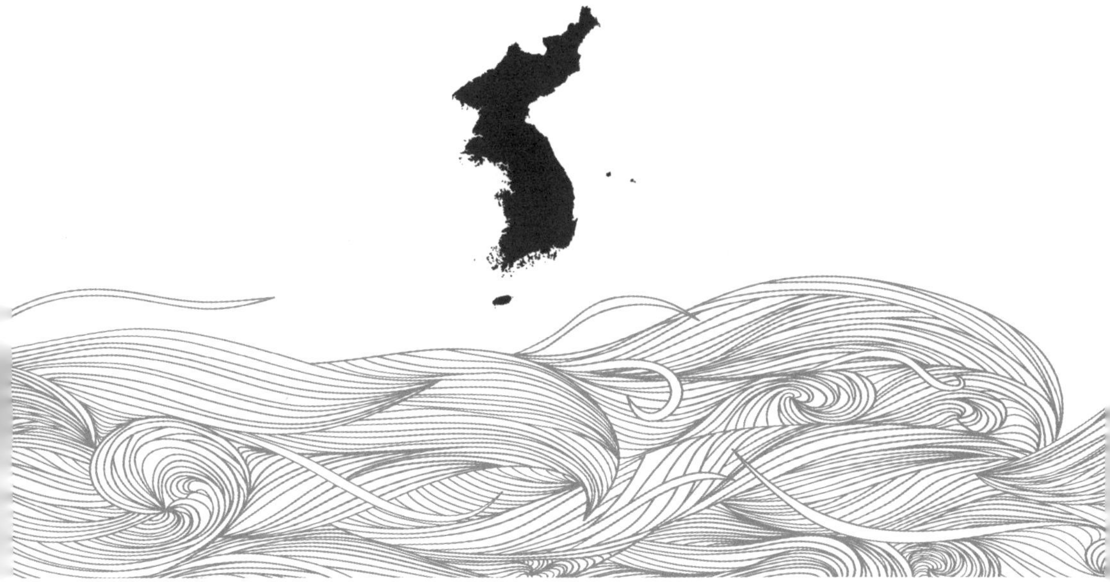

HU:iNE

서문 |

촛불민주주의와 헌법개정

2016년의 가을과 겨울을 불태우고 2017년 봄을 적신 촛불혁명은 박근혜 정부의 퇴진과 문재인 정부의 탄생을 낳았다. 사건사적으로만 본다면, 박근혜 정부의 몰락은 불통과 은둔으로 얼룩진 부패하고 무능한 정치지도력이 국가권력을 사유화하는 과정에서 비롯된 참극이었다. 최순실 게이트가 문제의 발단이라고 보는 경우다. 그러나 이를 구조적인 차원에서 보면, 그런 게이트가 형성되는 배면에는 국가, 자본, 언론을 중심축으로 삼는 3자 동맹이 배타적 권력 카르텔을 형성하고 있었음을 뜻한다. 다만 자체의 내부 모순으로 인해 잠시 3자 동맹체제의 결속이 느슨해진 틈을 타 그 실체가 노출된 것이라고 해야 옳겠다. 이런 3자 동맹체제가 산업화 과정에서 빚어진 경제발전 제일주의의 그늘에서 형성된 것이라는 점에서 보면, 그런 가치체제를 지탱해온 발전 레짐이 자기 수명을 다하게 되었다는 의미로도 읽혀진다. 그 동안 경제발전주도 세력이 동원해온 수사학의 기반이 무너지고 있으며, 그들이 전달하는 메가서사가 더 이상 호소력을 갖기 어렵게 되었음을 뜻한다. 발전지상주의에 매몰된 극우 보수주의체제의 쇠락으로 여겨지는 까닭이다.

그런데, 이런 발전 레짐의 해체는 국내적인 요인과 국외적인 요인에 기인하는 바가 적지 않다. 국내적으로는 제대로 작동하지 않는 국정관리체제의 내재적 한계에 근인을 두고 있으며, 국외적으로는 지구화 시대의 도래와 함께 신자유주의 체제의 광풍이 몰고 온 사회구조적 모순의 누적에 기인한다. 정보사회의 도래와 사회주의 국가권의 붕괴가 불러온 세계경제체제의 등장은 빈부 격차의 심화, 청년실업율의 제고, 노동언권의 약화, 사회적 관계의 파편화를 불러왔다. 그 어느 때보다도 일인일표주의에 기초한 대중민주주의의 구현과 빈자의 사회적 연대를 통해 엘리트 경제의 불공정성을 시정해야 할 수요가 커졌지만, 이를 구현하는 책무가 지워져 있어 공화정의 구현체로 작동해야 할 국정관리체제는 3자 동맹에 포획되면서 더 이상 제 역할을 다하지 못했던 셈이다. 이런 국정관리체계의 무기력성은 세월호 사건 진상 조사, 국정 교과서 왜곡 논쟁, 사드 배치, 의료 서비스 민영화 시도, 위안부 문제를 둘러싼 대일외교 같은 내생적 사회갈등과제 해결과정에 그대로 투영되어 나타났다. 정부에 대한 불신이 누적되었으며 사회적 갈등의 분출 창구를 찾고자 하는 열망이 팽대했다.

이런 가운데 촛불이 켜졌다. 아니 촛불 혁명의 봇물이 터진 것이다. "고위험군 사회"의 등장이 그렇지 않아도 무기력하기만 한 국정관리체제에 대한 분노와 불신을 임계점 너머로 밀쳐내고 말았다. 이렇듯 외재적 요인에 의한 고위험군 사회의 등장에 내재적 차원의 사회문제 해결 기재가 적절히 대응하지 못한 탓에 빚어지는 갈등 현상은 사실 범세계적이라고 하여도 과언이 아니다. 후기근대 이후의 인류문명이 겪는 구조적 특성 가운데 하나로 여겨지는 이유다. 미국에서 트럼프 행정부가 등장하게 된 정치, 사회, 경제적 배경이나 유럽 여러 나라의 연쇄 테러, 국지적 소요 사태의 발발 등에서 찾아볼 수 있다. 유사 사례는 체제성격의 전환과정에 들어선 중앙아시아 및 동

유럽 국가들 사이에서도 발견된다. 키르키즈스탄의 튤립혁명, 우크라이나의 오렌지 혁명, 그루지아의 장미혁명, 세르비아의 불도저 혁명 등이 대표적인 사례다. 아시아에서는 타이완의 해바라기 운동과 말레지아의 버시 4.0 운동을 들어야 하겠다. 더 거슬러 올라가면 중동과 북아프리카의 자스민 혁명을 만나게 된다. 모두가 정보사회의 도래에 힘입어 급진적으로 진화하는 시민사회와 구시대의 발상과 오만에 갇혀 고식적인 국정관리체제에 의존하려는 정치지도자 사이에서 빚어지는 대치와 갈등이 불러온 결과다.

그런데 이렇게 국정관리체계가 사회문제 해결에 무력하게 되는 근인을 국내적 요인에서 찾는 시각은 대개 2개의 관점을 제시한다. 이런 현상을 특정 국가의 국지적 현상으로 보려는 역사문화적 접근시각과 지구촌 전체의 보편적 현상으로 이해하려는 후기근대론적 접근시각이 그것이다. 전자에 따르면 근대 입헌주의 체제가 지향해온 국가 권력의 수평적 분립체제가 해당 국가의 사회문화적 여건으로 인해 민주주의의 철학적 원리 내지는 국민주권주의의 정신에 합당한 양식으로 제도화 되지 못하거나 또는 국가권력 레짐이 운영과정의 왜곡과 나태로 구체화 되고 있다는 것이다. 한국의 경우 87년 체제 이후 절차적 민주주의 내지는 형식적 민주주의가 구현되었다고 하나 여전히 민주주의의 심화 내지는 실질적인 차원의 민주주의를 구현하는 문제 또는 "민주화 이후의 민주화" 과제가 남아 있어 진정한 의미의 주권재민 시대를 열지는 못했다는 뜻이다.

반면에 후자는 아무리 그런 국지적 요인이 해결된다고 하더라도 시대환경의 변화에 따른 후기근대사회의 구조적 특성이 빚어내는 제도와 환경 사이의 치차조절 실패를 극복하지 않고서는 결코 국정관리체계의 무기력성을 극복해 나갈 수 없다는 입장에 서 있다. 근대 국가가 시장의 실패에 따른 국가개입주의의 정당성 제고, 정부의 실패에 따른 NGO의 정당성 확대를 겪으면서 진화해 온 것이라고 한다면, NGO의 실패에 따른 대안모색 과정에서 볼 때 이제 대리인 체제 내부의 수평적 권력분립을 통해 국가권력의 오남용을 견제하려는 전략은 더 이상 유용하지 않게 되었다는 것이다. 국가, 시장, 시민사회의 모든 영역에서 대리인 체제가 실패한 만큼 국가권력기관 내부의 권력균형이 아니라 국가와 일반시민 사이의 권력관계를 재조정한다는 의미에서 수직적 권력분립전략에 주목해야 한다는 주문이다.

이렇듯 촛불 혁명을 불러온 국정관리체계의 무기력성 내지는 부적절성은 보다 근인적인 사회변동에 그 토대를 두고 있는 만큼 이를 극복하기 위해서는 보다 근원적인 대처 전략을 필요로 한다. 그런데 한 사회를 규율하는 보다 본원적인 최고사회규범은 헌법임으로 한 사회의 질서를 근본부터 바꾸기 위해서는 헌법을 개정하는 데에서부터 문제 해결의 단초를 열어야 한다는 데에 이의를 제기할 사람은 그리 흔치 않다. 특히 헌법은 부득이한 경우를 제외하고는 개정을 금지함으로서 법규범으로서의 불가침성에 대한 사회적인 신뢰를 유지하고 법 규범력을 강화하고자 하는 본래적인 특성을 지녔다. 따라서 일단 국정운영체계의 개혁대안이 마련되는 경우 이를 상당기간 유지해 제도화 하거나 제도의 안정성을 확보하기 위해서는 헌법개정에 의존해야 마땅한 일이 된다. 개헌을 촛불혁명의 정신을 구현하기 위한 최적 수단 내지는 최종 종착지 또는 성과물로 여기게 되는 이유다. 이는 4.19 혁명이나 87년의 6월 항쟁 이후 헌법 개정을 추진해야 했던 이유이기도 하다.

그런데 헌법은 일반적으로 총론, 통치구조, 기본권으로 구성된다. 현행 헌법의 경우 전문과 제1장 총강에서 대한민국의 성격과 기본 구성요소에 대한 선언이나 규정의 문제를 다루고, 제2장에서는 기본권, 제3장 이하 제9장까지는 통치구조, 제10장은 헌법개정의 문제를 다룬다. 촛불혁명은 국가의 기본 구성요소인 국민, 영토, 주권 등에 변화를 가져오자는 것이 아니라 이를 토대로 운영되는 통치구조나 기본권 같은 입헌주의 체제의 관리 전략 변화를 촉구한 셈이다. 87년 체제 이후의 정치사회적 변화에 조응하는 국정관리 체제의 재디자인 문제나 지구화 시대와 나아가 후기근대 사회가 요구하는 새로운 가치체계에 따라 국민의 행복과 안전을 보장하는 문제가 핵심과제로 부상하고 있기 때문이다. 이런 점을 감안하여, 이 책에서는 개헌의 주체(제1부), 권력구조(제2부), 지방자치(제3부), 기본인권(제4부)의 문제를 다루고자 한다. 권력구조나 지방자치는 모두 통치구조에 해당되는 과제이지만 지방자치의 문제가 후기근대에서는 단순히 지역사회의 민주성이나 경제성 제고 장치 이상의 의미를 동반하면서 지구화 시대에 대응해 나가기 위한 전술적 방편으로서의 의미를 함축하게 되었다. 후기근대는 지방자치의 재해석 문제를 제기한다는 뜻이다. 이점을 감안하여 여기에서는 통치구조 가운데 국가 권력구조 문제와 지방자치 문제를 나누어 다루고자 한다.

그런데 헌법 개정과 관련한 논의를 관통하는 가장 기본적인 논제는 어떤 유형의 민주주의를 지향할 것이냐에 있다. 이런 관점에서 볼 때, 가장 오랜 동안 채택되어 왔고, 또 그렇기 때문에 근대 간접 민주주의 체제의 당연한 원리로 간주되어 온 것은 다수제 민주주의(majoritarian democracy)이다. 다수제 민주주의는 민주정체를 운영하는 데 있어 결과의 대표성과 과정의 효율성을 함께 확보해준다는 점에서 민주정체 운영의 실천적 대안으로 여겨져 왔다. 그러나 이는 기계론적인 세계관에 기초한 뉴톤식 민주주의 하에서나 정당성을 갖는다. 공장식 생산양식에 기초한 근대 산업사회의 가치관을 반영하는 것으로 여겨지는 이유다. 문제는 다수제 민주주의가 기반하는 단순 선호의 기계적인 집적이 결코 집단의사를 대행할 수 없으며 소수의 체계적인 배제를 구조화 한다는 데에 있다. 개별선호가 집단차원의 의사로 전환하기 위해서는 개별선호 사이의 교류와 학습을 통해 선호 변경이 가능해야 하며 그 결과 응집된 전체로서의 집단의사가 정립되어야 한다. 선호변경이 전제되지 않을 경우 소수의 다수화나 다수의 소수화가 불가능하고, 그렇기 때문에 다수가 소수를 배려해야 할 필요가 없게 되며, 그 결과 소수의 체계적인 배제를 낳는다. 엘리트 민주주의를 선호하면서 대중민주주의를 외면하는 것으로 여겨지는 이유다.

이런 점을 감안하여 소수의 소외를 극복한다는 뜻에서 전수주의를 지향하는 합의제 민주주의(consensus democracy)를 대안으로 삼고자 하는 기류가 생겨나게 되었다. 소수를 설득하여 선호 변경이 이루어질 때까지 대화와 설득을 지속하자는 뜻이다. 이 경우 대표성의 확장에는 기여할 수 있으나 과정의 능율성 확보에는 역기능적인 결과를 낳는다. 소수가 다수를 조종하는 소수자 비토권 체제(veto-cracy)를 불러올 위험성도 있다. 그런데 다수제 민주주의나 합의제 민주주의는 모두 정치적 대리인 사이의 다수 또는 전수 내지는 대표성 또는 합의에 주목한다는 특성을 지녔다. 대리인 체제 내부의 수평적 권력분립을 조정해 나가기 위한 전략적 대안이라는 점에서도 같다. 따라서 이런 정치적 대리인 체제 자체가 더 이상 제 역할을 수행하기 어렵게 되었다고 보는 경우에는 정치적 대리인에게 위임했던 국민주권을 환원함으로써 일반시민의 국정운영과정에 대한 직접참여의 기회와 공간을 확장하여 대리인 체제의 한계를 극복하려는 대안을 모색하게 된다. 국가와 시민사회 내지는 정부와 일반시민 사이의 소통과 협력을 통한 국정운영전략에 주목한다는 뜻이다. 바로 이점에서 국가와 사민사회 사이의 수직적 권력분립관계를 재조정하자는 장치인 셈이기도 하다. 국가와 시민사회가 협력적 공조 내지는 파트너십의 관계를 구축하고자 한다는 점에서 협의제 민주주의(collaborative democracy)를 제안하게 되는 이유다. 그의 구체적인 구현양식으로는 거버넌스가 흔히 회자된다.

그런데 협의제 민주주의가 국가와 시민사회 사이의 협력을 강조하는 이유는 단순히 국민의 단순 선호 결집과 일반의지의 반영기회를 확대하려는 데에만 있지 않다. 원래 국민의 단순 선호만을 결집하는 경우에는 포퓰리즘에 빠지면서 대중주의 내지는 전제주의로 동원될 위험성을 낳는다. 바이마르공화국의 대중민주주의가 나찌체제로 전환하는 과정이 이를 잘 설명해준다. 그렇다고 해서 정치적 대리인에게만 국정운영을 맡기는 경우에는 전문가 제일주의 내지는 엘리티즘에 빠지면서 전문가 독재 내지는 전제주의 체제로 이동할 위험성을 지녔다. 따라서 양자를 모두 수렴하는 균형 민주주의(balanced democracy)를 필요로 하게 된다. 그런데 이는 일반시민의 정책적 선호와 정치적 대리인의 전문성이 균형있게 반영되도록 하기 위해서는 양자 사이의 대화와 소통이 전제되어야 한다는 점에서 숙의 민주주의(deliberative democracy)를 말하는 것에 다름 아닌 일이기도 하다. 소통을 통해 학습이 일어나며 학습과정에서 성찰이 생기고 성찰이 자기 선호변경으로 이끈다는 논지이다. 이는 대표성과 심의성의 융합을 분석적 차원에서 설명한 것에 다름 아닌 일이기도 하다.

그런데 촛불혁명과정에서 헌법개정의 발안권자인 기관으로서의 대통령이나 국회가 사회적인 신뢰를 상실했음이 확인되고 있는 만큼, 이를 보완한다는 뜻에서 개헌 작업 자체도 협의제 민주주의의 관점에서 추진해야 한다는 주장이 세를 더할 것은 당연한 이치이다. 국민주도의 개헌전략이 제기되는 이유다. 그런데 국민주도의 개헌전략 가운데 하나로 제안되는 시민의회에 대해서는 두 개의 접근시각이 다툼을 벌이고 있다. 구성상의 국민 대표성, 운영상의 민주성, 내용상의 전문성 확보가 가능하냐에 따라 긍정적인 시각과 부정적인 시각이 병립되어 있다. 구성상의 국민 대표성 확보 전략을 놓고서도 추첨제와 선거제가 정당성을 겨룬다. 선거제는 사실상 기득의 사회적 지위에 내포되어 있는 우월성을 투사하는 성질이 있는 만큼 진정한 의미의 공정성이나 평등성을 보장하기 어렵고, 그런 만큼 대표성을 왜곡하는 성질을 지녔다는 것이다. 국민 대표성을 기초로 구성된 국회를 두고 선거를 통해 시민의회를 추가로 구성해야 하느냐의 문제도 제기된다. 중복 대표성과 사회적 비용 추가의 문제다. 반면에 추첨제는 이런 선험적 왜곡을 시정하고 추가 비용 지출을 최소화하는 것이 사실이기는 하지만 우연성에 대표성을 위임해야 하느냐의 문제가 제기된다. 이런 점을 감안한 제3의 대안으로는 흔히 여론조사 기법의 하나로 운영되는 구조화된 표본추출방식이 제안되기도 한다. 모집단의 인구사회학적 특성을 순비례적으로 배분한 표본추출 방식에 따라 시민의회 의원을 선출하자는 것이다. 우연성과 대표성을 교묘하게 배합한 방식인 셈이다. 이는 "21세기 마을회의제도(21st Century Town Hall Meeting)"가 고안해서 채택한 바 있다.

구성된 시민의회가 민주주의의 기본원칙인 평등성의 원리에 따라 운영되어야 할 것은 물론이다. 진영논리에 휩쓸리거나 발언권이 훼손되지 않도록 해야 한다. 그런 점에서 논의과정의 민주성 확보는 매우 중요한 과제다. 이를 위해 21세기 마을회의제도는 10명 내외로 구릅 토론을 통해 최종 결론에 다다를 것과 발언기회의 균등배분 및 의견수렴과정의 비밀투표제를 강조한다. 또 다른 논점은 심의 내용상의 전문성을 어떻게 확보할 것이냐의 문제다. 이를 위해 시민의회의원으로 선출된 이들에게 집중적으로 개헌관련 기초정보를 한 달 정도 사전교육 시키자는 의견도 있지만 효율성과 현실성에서 비판된다. 오히려 시민의회 구성단계에서부터 헌법전문가의 참여를 제도화 하여 헌법전문가와 일반시민이 교차 토론하는 논전의 장을 열어 학습효과를 높이자는 의견이 설득력을 지녔다. 시민의회의 결정내용을 국회와의 관계에서 어떻게 처리할 것이냐의 문제를 놓고는 시민의회를 국회의 대체제로 볼 것이냐 아니면 보완제로 볼 것이냐의 문제도 있다. 보완제로 보아야 한다는 관점이 대부분이지만, 그렇다고 해서 시민의회의 결과물을 어떻게 수용할 것인가의 문제를 국회가 결정하도록 하는 것은 단순히 국민의사의 결집과 결집된 의견에 권능성을 부여하는 문제로만 요약되지 않는다. 양자 간의 협업관계 구축을 단순히 내용과 형식을 융합하는 과제 이상의 차원에서 이해하자는 것이다. 그런 점에서 국회로 하여금 사전에 시민의회의 결과물 수용을 공개적으로 선언하도록 정치적 압력을 가하는 일이 필수적 과제로 제기된다. 국회가 지니고 있는 대표성의 권능성을 인정하는 것은 당연한 일이지만 그렇다고 해서 권능성의 일방주의를 수용하기는 어렵다는 뜻이다.

통치구조와 관련해서도 다수제 민주주의와 합의제 민주주의의 프레임을 토대로 논란이 거듭되고 있다. 실로 다양한 권력구조 모형이 제시되고 있지만 이들을 민주주의 유형론에 따라 정리해 보면 가장 극단적으로 다수제 민주주의의 원리를 강조하는 권력구조를 한축으로 하고 다른 한편으로는 가장 합의제 민주주의를 강조하는 권력구조를 다른 한축으로 하는 일종의 편광기 위에 정렬된다고 할 수 있다. 이때 소수에 대한 배려를 가장 적극적으로 외면한다는 점에서 기계적인 다수제 민주주의에 충실한 경우로서 우리의 제왕적 대통령제를 든다면, 다른 한쪽으로는 원내 정당의 지지철회에 따라 언제든지 붕괴 가능하다는 점에서 합의제 민주주의에 가장 충실한 경우로 내각책임제를 들 수 있다. 이들 사이에 대통령 중심적 대통령제(president-centered presidentialism), 미국식 권력분립형 대통령제, 고정형 대통령중심 분권형 대통령제, 고정형 총리중심 분권형 대통령제, 가변형 대통령중심 대통령제-대통령제적 이원정부제(presidential-parilamentary), 가변형 총리중심 대통령제-의회제적 이원정부제(premier-presidential) 모형으로 정렬해 볼 수 있겠다. 다수제 민주주의 요소와 합의제 민주주의 요소를 얼마만한 비율로 혼합한 것이냐에 따라 구분된 결과다. 대통령제가 권력분립형인데 반해 내각제가 권력융합형이라는 점에서는 국가 내부 기관 간의 수평적 권력분립을 얼마나 적극적으로 구현하고자 하느냐에 따라 분류된 것이라고도 말할 수 있을 것이다. 이 경우 권력분립이나 융합의 문제를 당위론적 차원에서 접근하느냐 아니면 경험론의 관점에서 다루느냐에 따라 새로운 평가가 필요할 것도 물론이다.

어쨌든 이들이 모두 정치적 또는 행정적 대리인을 통해 국정운영에 나서고자 하는 것이라는 점에서 대리인체제의 한계를 절감하는 이들은 더 이상 수평적 권력분립의 여부를 통해 국정관리체계의 타당성 여부를 가늠하는 것이 유효하지 않다고 생각한다. 이런 대리인체제 회의론자들은 대리인 체제 내부의 권력분립문제가 아니라 국가와 사민사회 내지는 정부와 일반시민 사이의 수직적 권력분립 문제가 보다 더 비중 있게 다루어져야 한다는 입장에 서 있다. 협의제 민주주의의 관점에서 수직적 권력관계를 재조정하는 문제가 보다 더 우선적인 과제라는 뜻이다. 이런 관점에서 보면 지방자치제도의 실시는 국가권력의 중추가 보다 더 지역생활공동체로 이동한다는 점에서 일종의 수직적 권력관계 재조정과제에 해당한다. 정당명부식 비례대표제나 결선투표제의 도입을 통해 선거결과의 순비례성 정도를 높이려는 노력도 같은 이치로 설명 가능하다. 무엇보다도 국가와 시민사회가 협력적 동반자 관계를 형성하는 거버넌스 체제의 도입은 가장 대표적인 사례로 지목된다. 이에 따라 국민소환제, 국민발안제, 옴부즈만제도의 도입 논의가 제기되는 것은 당연한 귀결이다.

그런데 이런 협의제 민주주의의 구현이 정보통신기술의 급진적인 발전에 힘입은 바 크다는 점에서 보면 후기근대의 현상으로 이해해도 무리가 없을 것 같다. 이런 관점은 특히 지방자치제에 대한 사회적인 수요가 급증하는 현상에 대한 설명에도 유용하다. 우선 지방자치제의 실체화에 대한 주문이 오늘날 한국사회에서 급증하는 데에는 한국사회가 당면한 사회구조적 특성에 기인하는 바가 크다. 대도시를 중심으로 하는 과대과밀사회의 등장과 농어촌 사회의 동공화 현상이 인구의 분산과 지역공동체 붕괴 방지에 대한 사회적인 경각심을 높여야 한다는 주장이 제기된지는 꽤 오래되었다. 그러나 보다 본질적인 요인 가운데 하나는 제4차 산업혁명이 진행되면서 정서적인 유대감과 부족주의적 귀속감에 대한 사회적인 수요가 급증하고 있다는 데에 있다. 그런 점에서 지방자치에 대한 사회적인 수요가 중앙권력의 "분산과 자율"에서 "신뢰와 협력"으로 이동하고 있다는 사실은 시사하는 바가 적지 않다. 권력의 분산 외에도 지역공동체 형성 자체에 대한 여망이 크다는 뜻이다. 하향식 민주주의에서 상향식 민주주의로의 이동을 요구한다는 의미다.

이런 시대성격의 변화가 헌법적 가치의 변화를 요구하게 될 것은 당연한 일이다. 다만 후기근대가 근대와의 관계에서 연속성과 단속성을 중심으로 이중적이고 따라서 자기모순적인 진화를 거듭하고 있는 만큼 그 변화의 강도를 어느 수준에서 반영할 것인가가 개헌문제를 다루는 입법론자들에게는 매우 현실적인 과제로 제기된다. 헌법적 가치를 헌법에 반영하는 수단으로는 흔히 그 의지의 강도 내지는 가치 변화의 심도에 따라 가장 강한 것으로부터 헌법질서, 제도보장, 국가목표, 헌법원리의 순으로 정렬해 볼 수 있겠다. 이는 변화의지의 추상성 정도나 실천 가능성 정도 내지는 구체적 관행의 정도와도 연결되어 있다. 후기근대가 과거에 비해 정보권, 양성평등권, 환경권 등에 대한 각성과 사회적 수요를 크게 늘리는 것이 사실이기는 하지만 그렇다고 해서 아직 이를 별도의 기본권 가운데 하나로 제안해야 할 만큼 입법기술적 수요가 큰 것은 아니라는 것이 일반적인 견해다. 이 책에 참여한 논자들은 대체로 국가목표 수준에서 표명할 것을 주장한다. 기존의 기본권인 자유권, 사회권, 정치권, 청구권, 평등권, 행복추구권 등으로 보호하지 못할 만큼 가치변화의 결과가 본질적 성질을 달리하는 것은 아니라는 뜻으로 여겨진다. 후기근대가 근대의 연속성과 단속성을 모두 배태하는 까닭이기도 할 것이다.

그러나 이는 논자의 관점에 따라 변화의 진폭이 아주 큰 주제 가운데 하나다. 사실 헌법 개정의 문제 자체가 매우 포괄적이고 다면적인 성격을 지니는 과제다. 그런 만큼 개헌문제를 다루는 데 있어 실로 다양한 시각과 관점을 포괄하고 융합하는 일은 필수불가결적인 과제다. 범분과과학적인 협동전략을 필요로 하는 이유 가운데 하나다. 이로 인해 여기에서는 법학, 정치학, 사회학, 행정학, 정책학 분야 전문가들이 개헌과 관련된 주제를 어떻게 인식하고 주문하는지를 비교 검토해 볼 수 있는 토대를 마련해 보고자 했다. 촛불 혁명이후 국민주도의 개헌에 대한 사회적 요구가 분출하면서 이에 조응하는 사회운동의 한 양식으로 분야별 전문가들의 의견을 모아 종합적이고 복합적인 차원에서 개헌문제를 조망하는 데에 일조하고자 한 노력의 결과물이기도 하다. 이 책 발간으로 개헌문제를 바라보는 데 있어 보다 더 응집되고 정련된 관점에서 논의를 전개할 수 있게 되기를 소망하는 마음 크다. 그러나 오히려 다양한 분야의 협업 내지는 집단지성을 모으는 과정에서 제기된 과제도 적지 않았다. 우선 용어의 통일이나 논문의 구성양식을 하나로 정렬하기가 쉽지 않았다. 아직 학문계 내에서의 용어 통일이 완료되지 않은 경우도 있었다. 분권형 대통령제와 이원정부제 내지는 이원집정부제가 대표적인 사례다. 이 책에서는 필자의 의도를 존중한다는 뜻에서 이를 어떤 기준에 따라 정리하는 일에 나서고자 하지 않았다. 지난 1년 내지는 1년 반 사이에 발표된 글을 모은 것이기는 하지만 워낙 격동기 사회를 관통해온 까닭에 시대환경변화의 내용이 너무 크고, 그런 만큼 환경적 조건을 염두에 둔 맥락적 이해의 필요성이 그 어느 때보다도 커졌다는 점도 고백해 두어야 할 일 가운데 하나다. 역사의 기록이거나 사회운동의 한 과정으로 너그러이 이해해 주시면 더없이 감사하겠다. 갑작스러운 제안에도 흔쾌히 동참해 주신 필진 여러분께 이 자리를 빌리어 충심으로 감사의 말씀을 올린다. 출판을 통해 편집의 의도에 동참해주신 도서출판 휴인의 관계자 여러분께도 감사의 말씀을 드린다.

2018년 4월

필진을 대신하여 박 재창

목차

제4부 사회변동과 헌법가치

제5부 부록

제1부

시민주도의 개헌전략

제1장 국민참여 개헌의 당위와 조건

제2장 시민정치 헌법화의 경로와 방법

제3장 시민주도 개헌의 전략과 과제

제1장 |

국민참여개헌의 당위와 조건

장영수

I. 문제상황

30년 만의 개헌이 목전에 있다. 국회에서는 개헌특위를 구성하여 개헌안 마련에 나섰고, 문재인 대통령도 개헌에 대한 확실한 입장을 밝힘으로써 2018년 지방선거에서 개헌안에 대한 국민투표가 이루어지는 줄 알았다.

그러나 개헌에 대한 국민적 공감대가 높은 데에도 불구하고 정치권이 합의에 이르지 못해 2018년 6월 개헌은 어렵게 되었다. 개헌 일정만이 문제가 아니다. 개헌의 내용에 대해서도 논란이 거듭되고 있다. 개헌의 쟁점들 하나하나가 워낙에 민감한 것들이고, 그 파급효과가 크기 때문에 아무리 신중하고 치밀하게 검토한다 해도 반대의 목소리가 없을 것을 기대하기는 어렵다.[1] 그러나 현재로서는 개헌의 구체적 내용에 대한 합의 이전에 개헌의 절차와 방식에 대해서도 백가쟁명의 혼란이 계속되고 있는 것[2]은 향후 개헌안의 마련 자체가 결코 쉽지 않을 것임을 예상케 한다.

개헌의 절차 내지 방식과 관련하여 이번 개헌은 과거의 개헌과는 달리 국민의 의사가 최대한 반영되는 국민참여개헌이 되어야 한다는 요청이 폭넓은 공감대를 얻고 있다.[3] 하지만 과연 어떻게 국민참여개헌이 가능한가에 대한 방법론에 대해서는 아직까지 확실한 대안이 존재하지 않는 가운데 수많은 단편적 아이디어들이 제각기 제시되고 있을 뿐이기 때문이다.[4]

국민'참여'개헌은 말 그대로 국민들이 개헌안의 마련에 직접 참여하는 개헌절차를 요구한다. 국민참여개헌은 정치권에서 마련한 개헌안에 대해 국민투표를 통해 가부만을 최종적으로 정하는 것은 국민의 의사를 제대로 반영하기에 부족하다는 비판에서 비롯된

---

1) 실제로 현행 헌법을 굳이 개정할 필요가 없다는 주장들도 있다. 이에 관하여는 http://www. edaily.co.kr/news/NewsRead.edy?SCD=JF21&DCD=A00602&newsid=03493206612816200 (최종방문 2017.06.15.); http://slownews.kr/55374 (최종방문 2071.06.15.) 참조.

2) 개헌의 절차와 방법에 관한 논란에 관하여는 김선택(2012: 125-154); 김선화(2010: 265-298); 오호택(2007: 487-509); 이한태(2013: 117-153); 정만희(2010: 1-53) 참조.

3) 국민참여개헌에 대하여는 대통령선거에 나섰던 주요 후보들이 한목소리로 찬성 입장을 밝힌 바 있다. 이에 관하여는 http://www.hankookilbo.com/v/25a8a43466b14f55852de482cf6846c1 (최종방문 2017.06.15.) 참조.

4) 예컨대 개헌특위에 국회의원과 동수의 국민참여위원이 참여해야 한다는 주장도 있고(http:// news.joins.com/article/21086082 최종방문 2017.06.15.), 시민의회가 구성되어야 한다는 주장도 있다(http://news.jtbc.joins.com/article/ArticlePrint.aspx?news_id=NB11422442 최종방문 2017.06.15.). 나아가 이를 내용으로 하는 국민참여개헌절차법을 제정해야 한다는 주장도 있다(http://www.yonhapnews.co.kr/bulletin/2017/01/11/0200000000AKR20170111096151001.HTML 최종방문 2017.06.15.).

것이며, 개헌안의 세부 내용들을 마련하는 과정에서 국민들의 의사가 반영될 것을 요구하는 것이다.

문제는 국민'참여'의 방법이다. 개헌안의 조문 하나하나에 대해서 다양한 대안들을 놓고 국민들이 직접 투표로 결정하는 것은 현실적으로 가능하지도 않고, 바람직하지도 않다.[5] 그렇다고 국민에 의해 선출된 대표자인 국회에 모든 것을 맡긴다면 기존의 헌법개정절차와 달라지는 것이 없다. 이런 문제로 인하여 국회와는 별도로 시민의회를 구성하자는 안이 나오기도 한다. 그러나 시민의회의 대표성 내지 민주적 정당성, 그리고 헌법개정을 담당할 수 있는 전문성을 담보하지 못하는 한, 시민의회도 성공하기 어렵다.[6]

이하에서는 이러한 문제 상황을 전제하고, 과연 현시점에서 가능한 대안은 무엇인지를 진지하게 모색하고자 한다. 이를 위해 먼저 국민참여개헌의 당위성을 확고하게 정리할 필요가 있을 것이다. 첫 번째 단계로서 국민이 헌법개정의 주체라는 점을 확인하고(II), 그 바탕 위에서 역대 헌법개정에서 국민의 역할이 어떠했으며, 국민의사가 과연 제대로 반영되었는지에 대해 검토함으로써(III) 국민참여개헌의 당위성을 확인할 수 있을 것이다.

국민참여개헌의 구체적 방법론과 관련하여서는 전자민주주의의 방식, 여론조사를 통한 민의의 수렴, 시민의회의 구성 등을 개관한 이후에 국회와 시민단체, 그리고 개별국민의 역할 분담에 대해 고

---

5) 일부 조문들은 일반국민의 결정에 맡겨도 될 것이지만, 어떤 조문들은 전문적 지식을 갖고 있는 사람만이 올바르게 판단할 수 있는 것이다. 후자의 경우를 국민투표로 결정하는 것은 감기, 소화불량 등의 가벼운 질병과는 달리- 전문의의 진단과 치료가 필요한 심각한 질병을 주먹구구식의 자가치료에 맡기는 것과 다를 바 없는 것이다.

6) 이에 관하여는 아래의 「IV. 3. 이른바 시민의회를 통한 개헌의 문제점」 참조.

민해 보고자 한다(IV). 이러한 대안들은 향후 많은 논의를 거쳐서 다듬어져야 할 것이며, 이와 더불어 국민 참여의 실질화를 위한 성공조건들에 대해서도 나름의 기준을 제시해 보고자 한다(V).

II. 헌법개정 주체로서의 국민

1. 민주주의와 국민주권 - 주권자로서 국민이 할 수 있는 것이 무엇인가

민주주의의 출발점이 국민주권에 있다는 점은 누구도 부정하기 어렵다. 민주주의의 어원을 보더라도 그렇고, 역사적 발전과정을 통해서도 확인되는 것이기 때문이다.[7] 그러나 군주주권에 대항하는 항의적 이데올로기로서의 국민주권이 갖고 있던 의미는 근대 시민혁명의 성공을 통해 민주국가가 건설되고 국민주권이 관철되면서 대부분 상실되었다.[8]

무엇보다 주목되는 것은 군주국가의 경우 군주가 주권자로서 모든 국가권력을 직접 행사할 수 있었던 것과는 달리 민주국가의 경우 국민은 주권자이되, 직접 국가권력을 행사할 수 있는 것은 아니라는 점이다. 모든 국민이 주권자라는 것은 민주주의의 지향점을 밝혀주는 이념적 기초가 될 수 있지만, 국민을 국가권력의 주체로 만들지는 못하며, 결국 국민 중의 일부가 전체 국민을 대표하여 국가권력을 담당하는 대의제가 현대 민주주의의 기틀을 형성하고 있

7) 장영수(1993: 67-147)의 72면 이하 참조.
8) 장영수(1993: 67-147)의 82면 이하 참조.

는 것이다.[9]

그러면 국민이 주권자라는 것은 아무런 실질적 권한을 수반하지 못하는, 단지 명목상의 왕좌에 불과한 것인가? 국민이 주권자이기 때문에 당연히 누릴 수 있는, 누려야 하는 것들은 무엇인가? 만일 국민이 주권자가 아니라고 할 경우에 달라지는 것은 무엇인가?

국민주권이 부정될 경우에는 민주주의 자체가 성립하지 못한다.[10] 또한 국민이 주권자가 아닐 경우 국민은 국가질서 형성의 중심이 되지 못하며, 국민의 인권보장이 헌법질서의 중심가치가 되지 못한다. 거꾸로 말하자면 국민이 주권자이기 때문에 국민의 인권을 보장하는 것이 헌법의 가장 중요한 가치로 인정되는 것이다.[11]

민주국가에서 국민은 인권의 주체로서 다양한 인권을 주장하고 행사할 수 있다. 특히 선거권을 통해 국가기관의 구성에 참여할 수도 있으며, 피선거권을 비롯한 공무담임권을 통해 다른 국민들과 평등한 조건하에서- 자신이 국가권력의 담당자가 될 수도 있다.[12] 그러나 전체로서의 국민은 국가의 존립 기초이며, 정당성 기초임과 동시에 국가권력을 부여할 수도, 회수할 수도 있는 주권자로서의 힘을 갖는다.

개개인으로서의 국민은 약하지만, 전체로서의 국민은 누구보다 강력한 것은 주권자로서의 국민이 갖는 힘 때문인 것이다.

---

9) 장영수(1993: 67-147)의 87면 이하 참조.

10) 비록 국민주권만으로써 민주주의가 완성되는 것은 아니지만, 국민주권을 부정하는 민주주의가 있을 수 없는 것은 그것이 민주주의의 출발점이나 본질적 구성부분이기 때문이다. 즉, 민주적 정당성의 근거는 국민의 주권이며, 이를 부정할 경우에는 민주주의 자체를 부정하는 것과 다르지 않게 되는 것이다.

11) 민주주의와 기본권의 관계에 관하여는 장영수(2017:432) 참조.

12) 공무담임권의 의의와 기능에 관하여는 장영수(2017:731) 참조.

2. 헌법제정 및 개정 주체로서의 국민

헌법제정권력은 주권의 또 다른 표현이다.[13] 국가질서형성의 근간을 결정하는 최고규범인 헌법을 제정할 수 있다는 것은 그 국가의 최고권력이며, 주권자와 헌법제정권력자가 별개일 수 없는 것이다. 그러므로 민주국가에서 헌법제정권력은 주권자인 국민에게 있다.[14]

그러나 국민이 입법권이나 집행권의 주체가 아닌 것처럼, 주권자인 국민이 항상 헌법개정권력의 주체가 아닌 경우도 적지 않다. 예컨대 제1공화국과 제2공화국의 경우처럼 국회에서 헌법개정의 발의와 의결을 통해 헌법개정을 결정할 때에는 국회가 헌법개정권력자라고 할 수 있는 것이다.[15]

제3공화국 헌법에서 헌법개정을 위해서는 국민투표를 통해 결정하도록 한 이후로 국민은 헌법개정권력을 갖게 되었으며,[16] 국민의 의사에 반하는 헌법개정은 불가능하게 되었다. 그러나 이후로도 헌법개정안이 국민투표에서 부결된 예는 없었다. 역대 최악의 헌법이라고 지칭되는 유신헌법조차도 91.5%의 높은 찬성으로 통과되었으며, 1987년의 제9차 개헌안에 대한 국민투표에서는 93.1%의 찬

13) 헌법제정권력과 주권의 관계에 관하여는 박경철(2007: 199-238)과 장영수(2017:48) 참조.
14) 헌법제정권력의 주체에 관하여는 장영수(2017:46) 참조.
15) 독일의 경우도 국민투표 없이 연방의회에서 헌법개정을 최종 결정하고 있다(독일 기본법 제79조).
16) 다만 제4공화국 헌법(유신헌법)의 경우 국회에서 발의하여 의결한 헌법개정안은 통일주체국민회의에서 최종 확정하는 반면에, 대통령이 발의한 헌법개정안은 국민투표로 최종 확정하도록 하고 있었다(제4공화국 헌법 제125조, 제126조).

성률이 나왔다.[17]

그럼에도 불구하고 헌법개정안에 대한 국민투표가 실질적 의미를 가지고 있다는 점은 1987년 개정된 현행 헌법하에서 의원내각제 개헌 주장이 끊임없이 제기되었고, 국회의원들의 압도적 다수가 이에 찬성함에도 불구하고 국민들이 이를 원치 않는다는 여론조사의 결과에 따라 내각제 개헌안이 발의조차 되지 못했던 것에서 확인된다.[18]

이제 국민은 주권자이자 헌법제정권력자로서, 그리고 동시에 헌법개정권력자로서 국가질서의 근간을 결정하는데 근원적인 정당성의 주체일 뿐만 아니라, 국민투표를 통해서 또는 여론을 통한 국민 의사의 표출을 통해서 헌법개정에 대한 결정적인 영향력을 행사할 수 있다는 점이 널리 인정되고 있다.[19]

---

17) 중앙선거관리위원회 - 역대 국민투표 실시상황(http://info.nec.go.kr/):

시행일	헌법개정안 공고일	투표일 공고일	인구수	투표인수	투표수 (투표율)	찬성수 (찬성률)	기권수	사유
1962.12.17 (월)	1962.11.05 (월)	1962.12.06 (목)	26,278,025	12,412,798	10,585,998 (85.3%)	8,339,333 (78.8%)	1,826,800	헌법개정
1969.10.17 (금)	1969.08.09 (토)	1969.10.08 (수)	30,481,835	15,048,925	11,604,038 (77.1%)	7,553,655 (65.1%)	3,444,887	헌법개정
1972.11.21 (화)	1972.10.27 (금)	1972.10.31 (화)	31,536,109	15,676,395	14,410,714 (91.9%)	13,186,559 (91.5%)	1,265,681	헌법개정
1975.02.12 (수)	1975.01.22 (수)	1975.02.05 (수)	33,290,921	16,788,839	13,404,245 (79.8%)	9,800,201 (73.1%)	3,384,594	헌법개정 및 정부신임
1980.10.22 (수)	1980.09.29 (월)	1980.10.15 (수)	37,589,091	20,373,869	19,453,926 (95.5%)	17,829,354 (91.6%)	919, 943	헌법개정
1987.10.27 (화)	1987.09.21 (월)	1987.10.17 (토)	41,338,959	25,619,648	20,028,672 (78.2%)	18,640,625 (93.1%)	5,590,976	헌법개정

18) 1997년 DJP연대에 의한 내각제개헌 논의는 제1야당과 제2야당의 연합이었다. 내각제 개헌을 공약으로 삼았던 DJP연대 대통령선거에서 승리했지만, IMF 경제위기를 겪으면서 여론은 내각제에 대해 부정적인 방향으로 나타났고, 그 결과 내각제개헌은 발의조차 되지 못한 채로 중심의제에서 벗어나게 되었다. 이에 관하여는 김혁(2007: 150) 참조.

19) 특히 촛불시위로 박근혜 전 대통령의 탄핵심판을 이끌어낸 국민들은 주권자로서의 힘을 자각함에 따라 헌법개정에 국민의 목소리가 반영되어야 한다고 목소리를

3. 이론과 현실의 괴리? - 과연 국민 의사에 부합하는 헌법제정과 개정이었나?

이러한 헌법 이론적 검토에 따르면 적어도 제3공화국 이후로는 국민이 헌법개정권력자이며, 국민의 의사에 반하는 헌법개정은 가능하지 않다. 그런데 정말로 그러했는가? 제5차 개헌(제3공화국 헌법)은 당시의 상황에서 국민 다수의 지지를 얻는 것이 특별히 문제되지 않는다 하더라도,[20] 3선 개헌이었던 제6차 개헌, 역대 최악의 헌법이었던 유신헌법을 탄생시킨 제7차 개헌 등도 국민 다수의 지지를 얻어서 통과되었던 것은 어떻게 설명되어야 할까?

당시 국민들의 주권의식 내지 민주의식이 충분히 성숙하지 못했기 때문이라고 말할 수도 있다. 그러면 1960년 4·19혁명을 통해 국민의 힘으로 이승만 정권을 붕괴시키고 제2공화국 헌법이 탄생될 때에는 왜 국민투표조차 거치지 않았던 것일까? 또 1987년 6월 민주항쟁으로 현행 헌법이 탄생될 때에는 직선제 개헌이라는 국민의 명시적이고 직접적인 요구 이외에 국민의 목소리는 개헌과정에 과연 얼마나 반영되었나?

대한민국의 본격적인 민주화는 1987년 현행 헌법이 탄생된 이후

높이고 있다. 이와 관련하여 정치권에서도 원칙적인 공감을 표하고 있으나 개헌의 방향과 방법에 대한 각론에서는 최근 논란되고 있는 5·18정신을 헌법전문에 포함하는 것 등을 둘러싸고- 날카로운 대립이 계속되고 있다. 이에 관하여는 http://www.nocutnews.co.kr/news/4787090 (최종방문 2017.06.15.) 참조.

20) 당시로서는 제2공화국의 정치적 혼란에 대한 부정적 인상, 군사정부 시절 국민들에게 각인되었던 6·25전쟁과 같은 안보의 위기상황에 대한 우려, 그리고 군사정부의 종료와 민정이양에 대한 환영 등으로 인하여 새 헌법에 대한 지지가 높았던 것으로 이해될 수 있다.

이며, 그 이전과는 달리 현행 헌법하에서 비로소 국민 의사가 제대로 표출될 수 있었다면, 그래서 1987년 이전에는 국민 의사에 부합하는 헌법의 제정과 개정이 아니었지만, 1987년 이후로는 정치권에서도 국민이 반대하는 헌법개정을 일방적으로 추진할 수 없는 상황이 되었다고 보는 견해도 있고, 이러한 견해도 나름의 설득력을 갖는다.[21]

그러나 향후 헌법개정의 절차와 방식이 어떻게 발전해야 하는지를 보다 정확하게 알기 위해서는 먼저 역대 헌법개정에서 국민이 어떤 위치에서 어떤 역할을 했는지, 그리고 국민 의사는 과연 어떤 통로를 통해 얼마나 반영되었는지를 검토하는 것이 필요할 것이다.

III. 역대 헌법개정에서 국민의 역할과 국민 의사의 반영

1. 제헌헌법과 제1공화국의 헌법개정 - 국민의 의사는 어떻게 반영되었나

우리 헌법의 역사는 1948년 헌법제정에서 시작된다. 물론 그 이전에도 대한민국임시정부의 헌법이 있었고, 더 거슬러 올라가 구한말의 홍범 14조나 대한국국제를 최초의 근대적 헌법으로 보는 견해도 있지만,[22] 헌법으로서의 성격, 내용과 실질적 효력을 갖춘 것

21) 즉, 실질적인 민주화의 진전에 따라 국민들의 주권의식과 민주의식이 높아졌고, 정치권의 주장에 구속되지 않고 오히려 정치권의 의도에 반하는 표결을 할 가능성이 그만큼 높아졌다는 것이다. 그 결과 그동안 국회 내에서는 내각제 개헌에 찬성하는 의원들이 많았음에도 불구하고 내각제개헌안이 발의조차 되지 못했던 것으로 볼 수 있다.

22) 대한국국제를 -비록 근대적 의미의 헌법이라고 보기는 어렵지만 고유 의미의 헌

은 1948년 제헌헌법이 최초이기 때문이다.[23]

제헌헌법은 1948년 5·10총선을 통해 구성된 제헌국회에서 제정되었다. 제헌헌법의 제정과정에서도 민주주의를 실현해야 한다는 당위에 대해서는 전혀 이견이 없었음에도 불구하고, 이를 구현하는 방법과 제도에 대해서는 많은 논란이 있었다. 특히 주목되는 것은 제헌헌법에서 국민투표, 국민발안, 국민소환으로 대표되는 직접민주제적 요소들에 대해 매우 소극적인 태도를 보였다는 점이다.[24]

제헌헌법 제1조에서 대한민국은 민주공화국임을 선언하였고, 제2조에서 국민이 주권자임을 확인하였지만, 국민이 직접 국가의사를 결정하는 제도적 장치를 마련하지 않고, 모든 것을 국민에 의해 선출된 대표자들에 의해 결정하도록 하고 있었다. 그 결과 -헌법의 제정과정에서도 국민투표를 거치지 않았을 뿐만 아니라- 헌법개정 절차도 국민투표를 거치지 않고 국회에서 헌법개정을 최종 결정할 수 있도록 하였다.[25]

이러한 제헌헌법의 태도는 당시 국민들이 직접적인 국가의사결정을 위해 필요한 지식과 정보, 경험이 매우 부족하다는 현실적 여건을 고려한 것으로 이해될 수 있다. 그러나 국민 의사가 헌법개정 과정에 직접 반영될 수 있는 통로 자체가 마련되지 않음으로 인하여 제1공화국 당시의 헌법개정은 -제1차 개헌인 발췌개헌과 제2차 개헌인 사사오입 개헌이 모두- 위헌적 헌법개정이 되었다는 점을

법으로 볼 수 있다는 견해(김영수, 2000: 200)가 있다. 나아가 대한국국제를 "한국최초의 성문헌법으로 「대한제국」의 헌법"이라고 보는 견해(김철수, 1988: 16)도 있다.

23) 장영수(2016: 127-160)의 129면 이하 참조.

24) 장영수(2017a: 59-90)의 73면 이하 참조.

25) 제헌헌법 제98조.

간과할 수 없다.

물론 당시의 상황에서 헌법개정에 대한 국민투표가 실시되었다고 해서 헌법개정안이 부결되었을 것인지는 단언하기 어렵다. 그러나 헌법개정에 대한 국민투표가 위헌적 내지 졸속의 헌법개정에 대한 최소한의 안전장치가 될 수 있다는 점은 부인할 수 없을 것이다.[26]

2. 헌법개정안에 대한 국민투표의 도입과 그 효과

제5차 개헌(제3공화국 헌법)에 의해 국민투표가 도입된 이래 지금까지 헌법개정안이 국민투표에 의해 부결된 적은 단 한 번도 없을 뿐만 아니라, 60% 이하의 찬성률을 보인 적이 없을 정도로 쉽게 통과되었다. 가장 낮은 찬성률을 보였던 것이 1969년의 제6차 개헌, 즉 박정희 당시 대통령의 3선을 허용하는 3선 개헌에 대한 찬성률이 65.1%였던 것으로 나타났다.

무엇보다 역대 최악의 헌법으로 공인된 1972년 유신헌법(제4공화국 헌법)에 대한 국민투표에서도 90%가 넘는 찬성률이 나왔다는 것은 국민투표가 집권층의 대중조작에 크게 영향을 받는다는 점을 잘 보여주는 것이기도 하다. 이러한 통계수치만을 놓고 보면, 5차례의 헌법개정안에 대한 국민투표, 그리고 73.1%의 찬성률을 보였던 1975년 박정희 대통령에 대한 신임투표에 이르기까지 모든 국민투표는 발안자의 의사를 정당화시키는 기능만을 했지, 통제하는 기능은 하지 못했다고 평가할 수도 있다.[27]

---

26) 이에 관하여는 장영수, (2017a : 67) 참조.
27) 변해철(2016: 19-34)의 24면 이하 참조.

그러나 주목할 만한 변화는 1987년의 민주화 이후에 발생하였다. 한편으로는 6월 민주항쟁에 기초한 직선제 개헌 이후로 고양된 국민의 주권의식과 민주의식이, 다른 한편으로는 언론통제의 완화 및 비판적 언론매체들의 등장에 의해 정부의 일방적 대중조작이 어려워지면서 정치과정의 변화가 나타나게 된 것이다. 정치과정은 과거에 비해 점차 민주화되었지만 국민들의 기대수준은 더 높아지면서 정치에 대한 불신이 높아졌으며, 국민들이 주권자로서 자각함에 따라 정치에 대한 비판이 일상화되었다.[28)]

무엇보다 국민의 선거를 통해 정권이 교체되고, 국민의 의사가 실제로 국가권력을 좌우하게 되면서 정치권이 국민을 대하는 태도도 달라졌다. 아직도 선거운동 과정에서 국민의 심부름꾼을 자처하면서 한껏 자세를 낮추던 대통령 후보나 국회의원 후보들이 당선된 이후에는 권위적인 태도를 보이는 예가 적지 않지만, 국민이 하나로 뭉치면 어떤 국가권력도 국민을 이길 수 없다는 것이 1960년 4·19혁명, 1987년 6월 민주항쟁, 그리고 2016년 촛불시위를 통해 재차 확인되면서 국민은 명실상부한 주권자로서 자리매김될 수 있게 된 것이다.[29)]

3. 4·19혁명과 6월 민주항쟁의 결과로서의 헌법개정

대한민국의 역사에서 시민혁명이라 부를 수 있는 것들이 셋 있

28) 같은 취지로 변해철(2016: 25)참조.
29) 이러한 역사적 경험과 이를 통한 국민의 주권자로서의 자각 및 민주의식의 고양이 대한민국 민주주의의 가장 중요한 주춧돌이라 할 수 있을 것이다.

다면 1960년 4·19혁명, 1987년 6월 민주항쟁, 그리고 2016년 촛불시위를 들 수 있을 것이다. 이들은 모두 국민의 의사에 따라 기존의 정권을 종식시키고 새로운 정권을 탄생시켰다는 공통점을 가지고 있으며, 이러한 정치 현실의 변화와 맞물려 헌법개정으로 이어졌거나 이어지고 있는 중이라는 점도 매우 유사하다.

그런 의미에서 1960년 4·19혁명의 결과로 탄생하였던 제2공화국 헌법, 그리고 1987년 6월 민주항쟁의 산물인 제6공화국 헌법(현행 헌법)이 어떤 성과와 한계를 보였는지를 분석하고 정리하는 것은 현 시점에서의 개헌논의에 중요한 시사점을 제공할 수 있을 것이다. 특히 시민혁명의 성공에도 불구하고, 국민의 의사가 온전하게 반영되지 못한 점들에 대한 원인 분석과 대안의 모색은 향후의 개헌논의 과정에서 심도 있게 참고 되어야 할 부분이다.

제2공화국 헌법은 제1공화국의 이승만 독재를 붕괴시킨 4·19혁명의 이념을 충실하게 반영하려고 했던 것으로 평가된다. 대통령제 정부 형태를 의원내각제로 바꾸었던 것이나, 기본권보장을 강화하였던 것, 헌법재판소의 도입을 통해 법치를 강화하려 하였던 것도 당시의 상황에서는 -비록 국민투표를 통해 직접적 정당성을 확보했던 것은 아니었지만- 국민의 의사를 충분히 수렴하는 가운데 진행되었던 것으로 평가될 수 있는 것이다.[30]

---

30) 이와 관련하여 국회 시국대책위원회에서 시민들의 요구를 수용하여 다음과 같은 4개항의 결의안 채택을 제안하였던 것에 주목할 수 있다: 첫째, 이대통령은 즉시 하야할 것. 둘째, 3·15정부통령선거를 무효로 하고 재선거를 실시한다. 셋째, 과도내각하에 완전내각책임제개헌을 단행하고, 넷째, 개헌통과 후 민의원을 해산하고 총선거를 즉시 다시 실시한다. 이 결의안은 국회 본회의에서 논의한 결과 표결 없이 만장일치로 통과되었고, 이와 유사한 내용으로 국민에게 보내는 호소문도 채택하였다. 그리고 같은 날 내각책임제 개헌을 위한 기초위원회의 구성을 운

그럼에도 불구하고 4·19를 미완의 혁명으로 평가하는 견해들이 적지 않고,[31] 또 제2공화국이 만 1년의 단명으로 끝났던 것은 제2공화국의 헌법 때문이라기보다는 당시의 정치적 상황과 사회경제적 한계, 그리고 이러한 위기상황을 극복하기 위한 민주적 리더십의 부족 때문으로 평가할 수 있을 것이다.[32] 물론 6·25전쟁의 경험으로 인한 국민들의 안보 불안감 및 민주주의에 대한 지식과 경험의 부족 등도 적지 않게 작용하였다는 점도 부인할 수 없다.[33]

이에 비하면 1987년 제6공화국 헌법은 높아진 국민들의 민주의식과 정치권의 권위주의가 충돌하는 가운데 이루어진 타협으로 볼 수 있다. 결국 국민들의 요구에 따른 직선제 개헌은 관철되었지만, 그 밖의 구체적 헌법 조항들은 국민들의 동의를 구하는 절차 없이 정치권의 합의를 통해 개헌안에 반영되었고, 국민들은 국민투표를 통해 전체 개헌안에 대한 찬반만을 결정할 수 있었던 것이다.[34]

분명히 1960년 당시에 비해서는 국민들의 주권의식과 민주의식이 크게 향상되었고, 1987년 헌법은 역대 최초의 여야 합의에 의한 헌법이라는 특징을 보이고 있지만, 헌법의 개별 조항들에까지 국민

영위원회에 위임하는 것까지 함께 결정하였다 (제4대 국회 제35회 제9차 본회의[1960.4.26.] 회의록 1면 이하).

31) http://www.nocutnews.co.kr/news/4770477 (최종방문 2017.06.18.). 헌법학자로서는 예컨대 송석윤(2010: 147-192) 참조.

32) 이에 관하여는 문병주(2005: 5-38)와 오문환(2007: 256-257) 참조.

33) 물론 제2공화국인 만 1년의 단명으로 끝났기 때문에 평가하기에 어려움이 있는 것은 분명하다. 그러나 적어도 국민들의 안보 불안이 없었고, 민주의식 내지 주권의식이 현재와 같이 높은 수준이었다면 군사쿠데타에 대한 국민적 저항이 매우 강력했을 것이라는 점을 간과할 수 없는 것이다.

34) 1987년 제9차 개헌의 경과에 관하여는 김영수(2001)의 66면 이하; 정상우(2016: 1-25) 참조.

의 의사가 충실하게 반영된 헌법은 아니었다.[35] 당시의 정치적 여건이나 국민 의사를 수렴할 수 있는 기술적 조건들이 성숙되지 못했던 것도 원인의 하나일 수 있지만, 헌법개정안의 마련에 참여했던 정치세력들이 시간에 쫓겼던 것[36]과 대통령 직선제 이외에는 구체적인 요구를 내세우지 않았던 국민들의 헌법개정에 대한 의사를 보다 적극적으로 반영시키려는 의지가 크지 않았다는 점도 간과할 수 없을 것이다.

IV. 개헌과정에 대한 국민 참여의 방법론

1. 국민의 대표기관에 의한 헌법개정과 국민 참여의 딜레마

이제 새로운 헌법개정안은 국민의 적극적 참여 속에서 마련되어야 한다는 요구가 정치권에서도 폭넓게 받아들여지고 있으며, 이른바 국민참여개헌은 대세로 인정되고 있는 상황이다.[37]

이미 국민의 대표자로 선출되어 민주성과 대표성을 보유하고 있는 국가기관이 국회이다. 그렇기 때문에 헌법개정발의권과 더불어

---

35) 그것은 당시 헌법개정안이 국민 의사의 수렴 절차 없이 8인 정치회담에서 대부분 결정되었고, 국회 헌법개정특별위원회는 이를 기초로 조문화하였던 점에서 확인된다. 이에 관하여는 정상우(2016: 1-25)의 18면 이하 참조.

36) 무엇보다 개정된 헌법에 의해 서둘러 대통령선거를 치러야 했던 것, 그리고 또 한 번의 군부 쿠데타에 대한 두려움 등이 당시 정치세력들이 시간에 쫓기게 만들었던 가장 큰 요인이라고 볼 수 있을 것이다.

37) 대통령으로 당선되기 이전에 개헌에 대해 소극적인 태도를 취하는 것으로 평가되던 문재인 대통령까지 개헌에 대한 적극적인 입장을 피력하면서 국민참여개헌을 강조함에 따라 이제는 국민참여개헌이라는 대세는 확고한 것으로 보인다.

(재적의원 3분의 2 이상의 찬성으로) 헌법개정안에 대한 일차 의결권이 국회에 부여되고 있는 것이다.[38] 다만, 역대 개헌과정에서 국회가 국민의 의사를 보다 적극적으로 수렴하려는 노력을 보여주지 못했기 때문에 국민참여개헌의 목소리가 높아진 것이며, 이제 국회를 중심으로 한 헌법개정의 절차 속에 국민 참여의 방법을 어떻게 조화시킬 것인지에 대해 보다 정교한 방법론이 모색되어야 하는 것이다.

그러나 국민 참여의 구체적 방법에 대해서는 여전히 백가쟁명의 이견들이 좁혀지지 못하고 있다. 가장 기본적인 문제는 모든 국민들의 의견을 개별적으로 수렴하는 것에는 한계가 있고, 그렇다고 모든 시민단체에 대해 그 종류나 성격을 불문하고 개헌에 대한 의견을 제시하도록 하고 이를 수렴하여 개헌안을 만드는 것도 현실적으로 어렵다는 점이다. 그것은 무엇보다 두 가지 측면의 문제 때문이다.

첫째 문제는 대표성 및 민주성의 문제이다. 모든 국민 개개인은 주권자이다. 그러나 개개 국민의 의사가 국민 전체를 대표할 수는 없으며, 일정한 절차와 방식(예컨대 선거나 국민투표 등)을 통해 전체 국민의 다수의사를 모았을 때, 비로소 국민 의사로서의 힘을 갖게 된다. 이러한 절차 없이 다수의 국민들이 서로 대립되는 다양한 의견들을 제시할 경우에는 설령 여론조사 등을 통해 특정 의견이 다수의 지지를 얻고 있는 것으로 확인된다 하더라도 -그 의견이 언제라도 바뀔 수 있다는 점을 고려할 때- 어떤 의견이 국민 전체를 대표할 수

---

38) 현행 헌법 제130조 제1항. 이는 곧 국회 재적의원 3분의 1 이상을 확보한 소수파는 개헌을 저지할 수 있음을 의미(저지소수!)하기 때문에 소수자보호의 기능을 확보하는 것이기도 하다.

있는 민주적 의사인지를 확인하는 것 자체가 쉽지 않은 것이다.[39] 이는 시민단체들의 경우에도 마찬가지이며, 수많은 시민단체들이 각기 다른 이념과 성격을 갖고 있을 뿐만 아니라 각기 다른 영역에서 다양한 주장들을 펼치고 있는데, 이들 중의 어떤 의견이 대표성 내지 민주성을 갖고 있는 것으로 판단하기는 어려운 일이다.[40]

둘째 문제는 전문성 및 효율성의 문제이다. 국민의 의사를 수렴하고 정리해서 개헌안에 대하여 국민 다수가 요구하는 것이 무엇인지 확인할 수 있다 하더라도, 과연 그것이 합리적인 요구인지의 여부가 문제되는 경우가 적지 않게 발생된다. 예컨대 정부 형태를 어떻게 선택할 것인지는 -각 제도의 장단점, 그리고 우리의 현실에 비추어본 성공조건 등이 제대로 고려되지 않은 선택이라 하더라도- 국민의 선호도에 따라서 결정될 문제라고 볼 수 있다. 그러나 극단적인 지역감정이나 진영논리에 따라서 헌법을 통해 반대파의 인권을 제한하는 조항을 헌법에 도입하고자 할 경우에는 단지 다수 국민의 의사라는 이유만으로 이를 수용할 수는 없다.[41] 또한 이와 같이 근본가치를 침해하는 것은 아니라 하더라도 고도의 전문성을

---

39) 만일 수시로 변하는 국민 여론에 따라 포퓰리즘에 빠져서 정책의 계속성과 일관성을 상실하게 된다면, 이는 전체 국민을 위해 더욱 바람직하지 않은 결과가 될 수 있으며, 결과적으로 민주주의의 본질을 훼손할 수 있다. 민주주의와 포퓰리즘의 구별에 관하여는 장영수(2011: 61-102) 참조.

40) 특히 진영논리에 따라 이른바 보수진영의 시민단체와 진보진영의 시민단체가 대립하게 될 경우에는 더욱 그러하다.

41) 예컨대 자유민주적 기본질서라는 근본 가치에 위배되는 사항은 다수의 이름으로도 정당화될 수 없는 것이며, 다수결의 한계로 인정된다. 가장 대표적인 것인 인류역사를 통해 보편적 가치로 인정되고 있는 인권보장이며, 소수가 다수의 인권을 억압하는 것과 마찬가지로 다수가 소수의 인권을 부당하게 억압하는 것도 금지되는 것이다. 자유민주적 기본질서에 관하여는 장영수(229-260)의 234면 이하 참조.

갖는 사항들에 대해서까지- 그런 사항에 대한 전문적인 지식과 정보를 갖고 있지 못한- 일반국민의 다수의사에 따라 결정한다는 것은 매우 비합리적인 포퓰리즘에 지나지 않는 것이다.[42]

2. 전자민주주의 및 여론조사 기술의 발달과 국민 참여의 가능성

종래 직접민주제가 아닌 대의제를 통한 간접민주제가 보편화될 수밖에 없었던 가장 중요한 이유의 하나로 꼽히던 것이 영토의 크기와 국민의 숫자를 고려할 때, 국민의 의사를 수렴하여 국가의사를 결정하는 것이 기술적으로 불가능하다는 점이었다.[43] 그러나 현대 정보통신기술의 발달에 따라 이러한 기술적 문제는 대부분 해소되었다. 전국적인 초고속 인터넷망을 통해 국민들의 다양한 의사를 실시간으로 확인하여 이에 따라 결정하는 것이- 기술적 어려움과 더불어 대의제의 불가피성을 결정하는 또 하나의 요소인 국가사무의 전문성과 복잡성이 특별히 문제되지 않는 사안에서는- 가능하게 된 것이다.[44]

이러한 변화는 전자민주주의의 발달을 크게 자극하였을 뿐만 아

42) 예컨대 예산법률주의의 도입 문제는 최근 개헌의 매우 중요한 쟁점으로 부각되고 있지만, 전문가가 아닌 일반국민들은 예산법률주의와 예산특별형식주의의 차이에 대해 잘 알지 못하고 있으며, 이러한 개헌이 갖는 의미에 대해 큰 관심도 없는 것이 현실이다.

43) 룻소가 사회계약론 제3권 제4장 및 제6장에서 민주주의는 작은 나라에, 군주제는 큰 나라에 적합하다고 말했던 것도 이런 사정을 고려한 것으로 설명될 수 있다.

44) 물론 이를 본격적으로 활용하기 위해서는 모든 국민이 예외 없이 초고속 인터넷망을 통한 의사결정에 참여할 수 있도록 하는 물적 기반시설의 확보와 더불어 누구나 이를 이용한 의사결정에 침여할 수 있도록 교육이 전제되어야 할 것이다.

니라, 다양한 사회적 이슈에 대한 여론을 수렴하여 다양한 이슈들에 대해 실시간 국민투표를 하는 것도 가능하게 만들었으며, 더불어 여론조사 기술의 발달과 더불어 직접민주제의 확대·강화를 주장하는 강력한 근거로 대두되고 있다. 그럼에도 불구하고 이러한 정보통신기술의 발달을 이용한 국민 의사의 수렴은 전자민주주의라는 이름으로 부분적으로 활용되고 있을 뿐이고,[45] 선거에의 활용이나 상시적 국민투표는 아직 널리 수용되지 못하고 있다.[46] 서구의 선진국들에서도 선거와 국민투표는 아직도 대부분 전통적 방식을 고수하고 있는 것이다.[47]

그 이유는 다음과 같은 몇 가지로 정리될 수 있다.

첫째, 직접민주제의 지나친 확대·강화가 포퓰리즘에 빠질 수 있다는 우려가 여전히 크다.[48] 그로 인하여 스위스를 제외한 대부분의 선진국들에서는 연방 차원의 직접민주제 확대에 대해 소극적이며, 주(州) 내지 지방 차원에서 직접민주제를 활용하는 것이 더 활성화 되어있다.[49]

둘째, 각국의 정치적 전통도 매우 큰 영향을 미친다. 스위스처럼 직접민주제에 대한 오랜 전통이 있는 나라에서는 인구 규모가 커진

45) 전자민주주의에 관하여는 김관규, 김관옥(2006: 43-75); 이준복(2012: 331-358); 장용근(2004: 403-448) 참조.

46) 전자선거, 전자국민투표 도입논의에 관하여는 김재선(2011: 7-58); 박기관(2015: 101-119); 박해영(2009: 31-54); 이부하(2009: 105-128) 참조.

47) 미국에서의 전자투표 도입과 그 실패에 관하여는 임혜란(2009: 97-125) 참조.

48) 이러한 우려는 특히 신임투표의 금지와도 직결되어 있다. 이에 관하여는 음선필(2004: 55-86) 참조.

49) 예컨대 미국의 경우에도 주(州) 차원에서는 주지사의 소환을 비롯하여 다양한 직접민주제적 요소들이 활용되고 있는 예들이 적지 않은 반면에, 연방 차원에서는 직접민주제의 적용이 매우 제한되고 있는 것이다. 이에 관하여는 윤종빈(2010: 85-109) 참조.

이후에도 이를 계속 유지하려는 경향이 큰 반면에,[50] 히틀러의 나치당이 국민 다수의 지지를 얻어서 집권했던 독일의 경우처럼 직접민주제에 대한 거부감이 있는 나라에서는 직접민주제를 최소화하려는 경향이 나타나고 있는 것이다.[51]

셋째, 인터넷을 이용한 선거 또는 국민투표에 대해서는 보안 문제에 대한 우려도 만만치 않다. 해킹 등으로 인한 사고가 발생할 경우에 그 파장이 심각해질 것이라는 우려, 심지어 투표결과가 조작될 수도 있다는 우려가 불식되지 못하고 있는 것이다.[52]

넷째, 전자투표의 경우 충분한 숙고기간을 거치지 않고 즉흥적인 판단을 내릴 수 있다는 우려도 있다. 국가의 운명을 좌우할 수도 있는 중대한 결정에는 그에 상응하는 진지한 자세와 숙고기간이 필요한데, 전자투표에서는 심리적으로 이를 기대하기가 더 어렵다는 것이다.[53]

이러한 여러 가지 요인들로 인하여 전자민주주의 내지 전자투표의 확대·강화에는 아직 더 많은 숙고와 준비가 필요할 것으로 보인

---

50) 스위스의 직접민주제에 관하여는 이기우(2016: 187) 참조.

51) 국민 다수의 지지에 의해 히틀러의 나치당이 집권하였던 경험을 가지고 있는 독일의 경우 영토변경에 대한 국민투표 이외에는 직접민주제적 요소들을 배제하고 있었다(독일 통일 이전의 기본법 제29조 제2항). 독일에서의 직접민주제에 대한 우려에 관하여는 최봉석(2004: 57-95) 참조.

52) 독일 연방헌법재판소가 2009.3.3. 전자투표제도의 합헌성 문제에 대해서 판시한 내용은 이와 관련하여 시사하는 바가 크다. 독일에서 전자투표제를 도입하여 사용하고 있는 것과 관련하여 독일 연방헌법재판소는 유권자들이 전자투표에 의한 선거의 공정성을 검증할 수 있어야 함을 근거로 이를 갖추지 못한 전자투표에 대해 위헌으로 판시하였던 것이다. 이에 관하여는 박진우(2009: 1-22) 참조.

53) 전자투표는 크게 두 가지 유형으로 구분된다. 하나는 투표소나 관공서 등 지정된 장소에서 전자투표를 하는 PSV(Poll Site Voting) 방식이고, 다른 하나는 인터넷이나 휴대폰을 이용하여 전자투표를 하는 RVEM(Remote Voting by Electronic Means) 방식이다. 그런데 전자는 투표율 제고 등 전자투표의 장점을 살리는데 한계가 있고, 후자는 투표의 진지성을 약화시킬 우려가 있는 것이다.

다. 국민참여개헌의 절차 내지 과정의 관점에서 보더라도 개헌안의 개별적 내용들에 대해서 전자투표의 방식으로 국민 의사를 수렴해서 개헌안을 마련하는 등의 방식이 -적어도 아직은- 시기상조라고 볼 수 있는 것이다.

3. 이른바 시민의회를 통한 개헌의 문제점

최근 시민의회를 구성하여 개헌안을 마련하자는 주장들이 나오고 있다. 일정수의 시민의원을 무작위로 선발하여 이들이 공정한 조건하에서 논의함으로써 다수의 국민이 동의할 수 있는 합의안을 마련할 수 있다는 것이다. 그 모델로 많이 거론되는 것이 2016년 10월 1년 기한으로 소집되어 헌법개정논의를 진행하고 있는 아일랜드의 시민의회이다.[54]

일견 매우 객관적이고 중립적인 시민의회가 가장 공정하게 헌법개정안을 입안 또는 심의할 수 있을 것으로 보이지만, 이러한 제안에는 몇 가지 근본적인 문제가 있다.

첫째, 시민의원의 무작위 추첨에 의한 선발에 대하여 국민의 신뢰 내지 합의가 전제되어야 한다. 그런데 현재 국민참여재판의 배심원들에 대해서도 신뢰가 부족하기 때문에 단순히 권고적 권한만을 부여하고 있는데, 이와는 비교도 할 수 없는 중대한 문제를 무작위 추첨으로 선발된 시민의원들에게 맡기고 신뢰할 수 있을까?[55] 만

54) 이에 관하여는 김선화(2017.03.16.) 참조. 그밖에 시민의회에 관한 소개로는 김상준(2006: 239-273); 김양화(2015: 86-112); 오현철(2010: 41-70) 참조.
55) 예컨대 대통령을 추첨에 의해 선출한다면 과연 그 정당성에 승복할 수 있을까?

일 무작위가 아닌 일정한 기준을 전제한다면 그 기준의 객관성 내지 공정성, 특정 정치세력과의 연관성 등이 문제될 것이며, 전과자 등만을 제외한 순수한 무작위 추첨에 의한 선발인 경우 선발된 시민의원들이 과연 국민의 신뢰를 받을 수 있을 것인지 장담하기 어렵다.

둘째, 외국 사례를 들어서 이 제도를 정당화하는 것에도 문제가 있다. 인구 33만의 아이슬란드나 인구 500만의 아일랜드를 모델로 하는 것이 적절치 않은 점이 있을 뿐만 아니라, 이들 국가가 과연 우리의 모델이 될 수 있을 정도로 앞서나가는 나라인지도 의문이다.[56] 오히려 인구 규모가 크고, 우리가 선진국의 모델로 이야기하는 영국, 미국, 독일, 프랑스에서는 이러한 사례가 없다는 것이 훨씬 더 강력한 논거가 될 것이다.

셋째, 시민의회에서 가장 뜨거운 쟁점의 하나가 추첨을 통한 무작위선발로 정치적 불평등을 해소할 수 있다는 견해이다. 한편으로는 선거 과정이 기득권에 유리하게 작용하는 점을 극복할 수 있다고 주장되지만, 다른 한편으로는 대표성이 없는 시민의원들에게 공동체의 진로를 결정하도록 하는 것은 국민들이 자신의 운명을 스스로 결정할 수 있도록 하는 것이 아니라 우연에 맡기는 것이라는 점에서 자기결정권의 심각한 침해를 의미한다[57]는 비판을 피하기

56) 현재 대한민국 민주주의의 발전 정도를 어떻게 평가할 것인지는 매우 미묘한 문제이다. 단순한 수치에 의해 평가할 수 있는 경제적 발전 정도와는 달리 민주주의에 대한 평가는 무엇을 기준으로 하느냐에 따라 상이한 결과가 나올 수 있기 때문이다. 그러나 분명한 것은 아일랜드나 아이슬란드가 서구의 대표적인 선진국가로 보기 어려우며, 민주주의의 발전에서도 그러하다는 점이다.

57) 헌법재판소는 헌법 제10조에서 보호되고 있는 개인의 인격권과 행복추구권은 개인의 자기운명결정권을 포함하고 있는 것으로 해석하고 있으며, 이에 근거하여 성

어렵다.

넷째, 시민의원들이 담당할 업무의 내용과 성격에 따라 다를 수 있지만, 개헌을 담당할 시민의원들이 과연 이에 대한 어느 정도의 전문성을 확보할 수 있을 것인지가 문제된다.[58] 1-2개월의 교육을 통해 해소할 수 있다는 주장도 있지만, 헌법의 문외한이 그렇게 짧은 기간에 헌법을 이해하고 활용할 뿐만 아니라 재구성할 정도의 전문성을 갖출 수 있다면, 법과대학이나 법학전문대학원에서 장기간의 헌법교육을 필수과목으로 운영할 필요도 없을 것이다.[59] 더구나 짧은 기간의 헌법교육을 통해 얻은 지식으로 개헌작업에 참여하게 된다면 누가 헌법교육을 담당하느냐에 따라서 심각한 편향성이 생길 우려도 적지 않다.[60]

적 자기결정권에 대한 침해를 이유로 형법상의 간통죄(형법 제241조)에 대해 위헌 결정을 내린 바 있다(헌재 2015. 2. 26. 2009헌바17 등, 판례집 27-1상, 20). 이러한 논리에 따르자면 본인의 의사결정과 무관하게 추첨으로 구성된 시민의회에서 나의 운명과 직결되는 헌법개정을 결정한다는 것도 자기결정권의 심각한 침해라고 볼 수밖에 없다.

58) 예컨대 국민참여재판으로 일컬어지는 배심제의 경우에도 배심원들은 사실관계의 확정에 대해서만 관여할 뿐, 법률의 해석과 적용에는 관여하지 않는다. 이 부분에 대해서는 법률전문가인 판사의 판단에 의존해야 한다고 보기 때문이다. 이러한 점은 영국이나 미국의 배심제에서도 다르지 않다. 그런데 추첨에 의해 선발된 시민의원들이 개헌 문제에 대해서 전문성을 확보하는 데에는 구조적 문제가 있을 수밖에 없다.

59) 법과대학에서의 헌법교육은 (학교에 따라 약간의 차이는 있었지만) 일반적으로 3학점 3학기의 필수과목(헌법 총론, 기본권론, 국가조직론)과 여러 개의 선택과목을 최소 2년 이상의 기간 동안 배우도록 하였으며, 법학전문대학원의 헌법교육은 (역시 학교에 따라 차이는 있지만) 대체로 3학점 2학기의 필수과목(헌법1, 헌법2)과 여러 개의 선택과목을 역시 2년 이상의 기간 동안 이수하도록 하고 있다. 물론 그 기간 동안 헌법 과목만 공부하는 것은 아니지만, 오히려 전체 법체계의 유기적 관련성을 생각할 때, 민법이나 형법 등의 다른 법 과목을 공부하지 않고 헌법 과목만 공부해서 깊이 있는 지식을 체계적으로 축적하는 것은 오히려 더 어렵다.

60) 더욱이 헌법교육과정에서는 알게 모르게 교육자의 이념적 성향이 영향을 미칠 수 있는 부분들이 적지 않다는 점에서 우려는 더욱 크다.

다섯째, 시민의원들과 국회의원들의 역할을 어떻게 조정할 것인지도 문제된다. 헌법은 국민에 의해 선출된 대통령과 국회의원들의 민주성과 대표성을 인정하고, 그 바탕 위에서 헌법개정절차에 관한 규정을 두고 있다. 그런데 그 틀을 깨는 시민의회가 헌법상 어떤 평가를 받을 수 있으며, 국회는 이를 어떻게 받아들일 수 있을 것인지도 문제되는 것이다.[61]

4. 국회와 시민단체, 개별 국민의 역할 분담과 갈등 조정

향후 개헌과정에서 국민의 참여를 최대한 반영하기 위해서는 다양한 통로를 활용해야 할 것이다. 국회의원들, 특히 개헌특위 소속 의원들이 앞장서서 다양한 방식으로 국민들과 소통해야 할 것이며, 국회 차원에서 공식적인 소통의 창구를 마련하는 것도 필요할 것이다.[62] 그러나 이와는 별도로 시민단체들의 적극적인 활동이 중요한 역할을 차지할 수 있을 것이며, 개별 국민들의 의견을 반영할 수 있는 장치도 마련되어야 할 것이다.[63]

개헌 논의 과정에서 다양한 의견들이 제시되고, 때로는 대립과 갈등을 보이는 것은 오히려 자연스러운 일이다. 문제는 이를 합리

61) 시민의원들의 개헌안을 국회에 제출하더라도 그것이 여타 시민단체의 개헌안처럼 단지 참고에 불과하다면 시민의회가 갖는 특별한 의미는 없는 것이며, 그렇지 않고 법적 구속력을 인정하려고 할 경우에는 위헌의 문제가 발생할 수 있는 것이다.

62) 예컨대 공청회 등을 통하여 다양한 시민단체의 목소리를 듣는 것이나, 국가기관·지방자치단체 등의 의견을 수렴하는 것이 이에 해당될 것이다.

63) 가장 먼저 생각할 수 있는 것이 국회에 대한 청원, 인터넷을 이용한 의견수렴 등이 있다. 최근에는 개헌 이슈들을 다루는 인터넷 플랫폼의 필요성에 대한 주장들도 나오고 있다. 이에 관하여는 http://m.mt.co.kr/renew/view.html?no=2017061417044739721 (최종방문 2017.06.20.) 참조.

적으로 조정하고 타협시켜서 하나의 통합된 국민 의사로 정리하는 것이며, 이를 기초로 개헌안을 마련하는 것이다. 그렇지 않고 국민참여개헌의 이름으로 중구난방의 다양한 의견들만 제시된 채 합리적인 조정이 없이 일방적으로 개헌안이 결정될 경우에는 오히려 갈등을 증폭시키는 것이 될 수도 있다.[64]

그러므로 개헌의 쟁점들에 대해서 다양한 의견들이 수렴되고, 반영되는 것도 중요하지만, 그에 못지않게 중요한 것은 대립되는 의견들 중에서 어떤 의견이 채택되고, 다른 의견이 채택되지 못하는 것에 대한 합리적 이유가 제시됨으로써 국민들을 납득시키는 것이다. 여기서 단지 다수가 지지하는 의견이라는 것만이 모든 갈등의 해결기준이 될 수는 없다. 때로는 근본가치와 관련되는 것이기 때문에 다수의 의사와 무관하게 절대로 지켜져야 할 원칙이 있고,[65] 때로는 적극적으로 의견을 표출한 다수가 아니라 침묵하는 다수를 고려해야 할 경우도 있다.[66]

국회는 -적어도 현행 헌법하에서는- 개헌안 마련의 중심이 되어야 한다. 다만, 밀실에서 정치권만의 합의를 통해 개헌안을 마련할 수 있는 시대는 지났다. 국민 앞에 투명하게 여러 쟁점들을 함께 논의하고, 그 근거들을 객관화시켜야 할 것이다. 국민들의 다양한 제안들을 수렴하고, 이를 반영하거나, 반영하지 못하는 근거를 밝혀

64) 하나가 된 국민은 누구보다 강력한 힘을 가질 수 있으며, 국민적 합의에 기초한 개헌안은 가장 강력한 정당성을 가질 수 있다. 그러나 이를 위한 전제는 개헌 이슈들에 대한 다양한 의견들이 제시된 가운데 이를 하나로 조율하는 과정은 개헌 담론에 참여한 사람들이 납득할 수 있어야 한다는 것이다. 그렇지 않으면 이러한 논의 과정은 무의미한 것을 넘어서 유해한 것이 될 수 있다.

65) 근본 가치에 관하여는 장영수(1991: 485-508) 참조.

66) 이에 관하여는 오토 데펜호이어(이종영 역)(2000: 197-216) 참조.

야 할 것이다. 관련하여 다양한 시민단체들이나 전문가집단, 그리고 언론매체들과의 긴밀한 소통과 협조도 필요할 것이다.

시민단체들은 국민의 다양한 의사를 -국회와는 또 다른 관점, 다른 맥락에서- 직접 수렴하여 국민이 원하는 개헌이 무엇인지를 정리하고, 국회와의 소통을 통해 이를 실현시키는 역할을 담당해야 한다. 시민단체가 국회를 배제하고 대체할 수는 없지만, 국회를 보완하는 것은 가능하고 필요하다. 그것은 국회를 위해서가 아니라 국민을 위해 필요한 것이다.[67]

개별 국민들은 제도화된 정치권, 기득권과 가까워진 시민단체들이 보지 못하고 느끼지 못하는 부분들에 대해서 날카로운 지적과 대안들을 제시할 수 있을 것이다. 물론 전문성을 갖지 못하는 국민들의 의견들이 큰 의미를 갖지 못하는 경우도 적지 않을 것이며, 중복되는 지적들도 많을 것이다. 하지만 주권자인 국민의 의견들이 존중되는 것은 민주주의의 기본이며, 국민들을 설득하지 못하는 민주주의는 한 발짝도 앞으로 나아가지 못할 것이다.

67) 지금 현재에도, 그리고 앞으로도 상당 기간은 대의제가 민주주의의 근간이 될 수밖에 없으며, 국민 의사를 1차적으로 대변하는 대의기관은 국회이기 때문에 국민들의 직접적 의사표현이나 시민단체를 통한 국민 의사의 결집은 국회를 배제하는 것이 아니라 보완하는 것이 되어야 한다. 일부 급진적 시민의회 제안에서 국회와 헌법재판소를 배제하고 시민의회를 최고주권기구로 설치하는 방식(오현철, 2006: 145-176)이 설득력을 갖기 어려운 이유도 여기에 있다.

V. 국민 참여의 실질화를 위한 성공조건

1. 공통분모를 확실하게 - 분권과 협치의 이념이 구체화되는 헌법개정으로

1960년 4·19혁명 당시 국민의 목소리는 하나였다. 3·15부정선거에 반대하는 시위대에 발포한 공권력에게 책임을 묻는 것, 그것이 결국 이승만 정권의 붕괴로, 독재 타도로 이어졌으며, 그 결과 제2공화국 헌법이 탄생되었다. 1987년 6월 민주항쟁 당시의 국민의 목소리는 '직선제 개헌'으로 모아졌으며, 그 결과 제9차 개헌을 통해 현행 헌법이 탄생되었다. 그러면 2016년 촛불시위에서 나타난 국민의 요구는 무엇이며, 이는 어떻게 헌법개정으로 연결되어야 할까?

촛불시위의 직접적 요구는 박근혜 대통령의 퇴진이었지만 그 이면에는 더 이상의 제왕적 대통령은 없어야 한다는 국민의 요구가 깔려 있었다고 볼 때, 최근 개헌의 슬로건으로 '분권과 협치'가 폭넓은 공감대를 얻고 있는 것은 결코 우연이 아니다. 이제는 진정 군사독재 시절의 일사불란한 국정운용의 효율성보다는 조금 돌아가더라도 민주적 절차와 방식을 통해 내부적 통합을 다져나가는 가운데 국정을 이끌어가는 민주적 리더십이 요구되고 있는 것이다. 그리고 이를 제도적으로 뒷받침하는 분권의 국가구조와 여야의 협력을 통한 정치로의 변화가 개헌에 반영되어야 한다는 점이 시대적 요청인 것이다.

물론 '분권과 협치'라는 방향에 대한 합의만으로 개헌의 구체적 내용이 정해질 수 있는 것은 아니다. 예컨대 분권의 정도와 방법에 대해서도 다양한 견해들이 존재하고 있으며,[68] 협치의 메커니즘 또한 매우 다양하다.[69] 그럼에도 불구하고 개헌의 목표와 방향에 대한 원칙 내지 공통분모를 분명하게 하고, 그 바탕 위에서 개별적 쟁점들을 검토해야 할 필요성은 아무리 강조해도 지나치지 않다.

정부형태의 선택과 관련하여 분권형 정부 형태를 선택할 것인지, 아니면 대통령제를 유지하는 가운데 대통령의 권한을 축소시키고 국회의 권한을 강화할 것인지는 '분권과 협치'라는 큰 틀 안에서의 선택이다. 그러나 분권과 협치에 동의하면서도 감사원이 계속 대통령 소속으로 있어야 한다고 주장하거나 대통령의 대법원장, 헌법재판소장에 대한 실질적 임명권을 존치하려고 하는 것은 논리적 모순에 빠지는 것이다.[70]

민감한 문제일수록 객관적이고 공정한 평가를 위해서는 기준에 대한 공감대가 두텁고 명확해야 한다. 개헌의 목표와 방향에 대한 공감대 내지 공통분모가 뚜렷할 때, 개헌의 개별적 쟁점들에 대한

---

68) 예컨대 분권이라는 원칙에는 반대하지 않으면서도 분권의 정도와 방식에 대해서는 논란이 적지 않다. 즉, 분권형 대통령제의 도입과 4년 중임 대통령제하에서의 분권 강화는 분권의 정도와 방식에서 적지 않은 차이를 보이는 것이다. 또한, 양원제의 도입도 국회의 권한을 나눈다는 측면에서 분권이라 할 수 있지만, 최근 시민단체들의 개헌안에서는 양원제에 대해 적극적인 반면에 정당들의 개헌안에서는 소극적인 태도를 보이고 있는 것에서 확인할 수 있듯이, 이에 대한 찬반은 엇갈리고 있다. 양원제에 대한 찬성은 주로 지방분권의 강화(김수연, 2010: 299-337) 내지 통일과의 연계(이승우, 2010: 231-253) 속에서 주장되는 반면에 이에 대한 반대는 양원제의 비효율성을 문제 삼고 있다(신우철, 2010: 99-124).

69) 협치의 방식에 있어서도 예컨대 노태우 정부에서의 3당합당, 김대중 정부에서의 DJP연대와 같은 정당 간의 연대, 또는 독일 등 다당제하의 의원내각제 정부에서 주로 나타나는 연정(연립정부) 구성의 방식에 이르기까지 다양한 가능성이 존재한다.

70) 특히 대법원장과 헌법재판소장에 대한 대통령의 실질적 임명권을 유지하려는 것은 삼권분립을 매우 심각하게 훼손시킬 수 있는 요소로 지적되고 있으며, 이를 수정하기 위한 논의가 오래 전부터 계속되고 있다. 이에 관하여는 김승환(2006: 95-106)과 김종철(2010: 105-145) 참조.

갈등도 합리적으로 해소될 수 있는 것이다.

2. 개헌논의 및 진행 과정에서의 상호 존중과 협의

국가질서의 근간을 바꾸는 헌법개정은 수많은 이해충돌을 야기할 수밖에 없다. 정당들 간의 이해충돌이 존재할 뿐만 아니라 시민단체들도 각자의 이념적 성향이나 지지기반과 관련하여 다양한 이해관계의 당사자가 될 수밖에 없으며, 개별 국민들조차 다양한 가치관과 이해관계에서 자유로울 수 없는 것이다.[71]

그렇기 때문에 개헌논의 및 진행 과정에서는 다양한 참여자들의 상호 존중이 전제되어야 한다. 나와 다른 견해들을 인정하고 '관용'하는 것이 민주주의의 기초[72]라는 점은 널리 알려졌지만, 구체적인 개헌 쟁점들을 앞에 놓고 서로를 어떻게 존중할 것인지는 쉽지 않은 문제다. 단지 말로만의 존중이 아니라 상대방의 견해를 존중하는 것은 곧 나 자신의 견해를 변경할 가능성을 열어 놓았을 때 비로소 진정성을 가질 수 있기 때문이다.

개헌과 관련한 중대한 공적 사안에 있어서는 개인적 또는 집단적 이해관계를 버리고 오로지 국가 전체, 국민 전체만을 생각하라고 요구하는 것은 현실성이 없다. 오히려 민주주의는 다양한 부분적

---

71) 이러한 다양성 내지 다원성이야말로 민주주의의 기초이며, 다원성의 존중을 통해서만 진정한 의미의 자유가 가능하다. 다만, 다원적 의사 및 이해관계들 사이의 과도한 갈등과 대립은 공동체의 기초를 위태롭게 할 수 있기 때문에 일정한 한계를 그어주는 것이 필요하다는 점은 오늘날 널리 인정되고 있다. 이에 관하여는 임병석(1992: 87-114) 참조.

72) 민주주의에 있어서 '관용'의 중요성에 관하여는 가상준(2015: 129-155); 강석찬(1992: 175-192); 김용환(1997) 참조.

이익들이 합리적으로 조율되는 가운데 전체 이익도 올바르게 보장될 수 있다고 본다.[73] 다만, 이를 위한 필수적 전제는 어떤 부분 이익도 절대적 위치에 있어서는 안 되며, 합리적인 조율과 조정을 통해 서로 양보할 수 있어야 하는 것이다.[74]

타협과 양보를 주고받는 거래로 생각해서는 안 된다. 하나를 양보하는 대신에 다른 하나를 관철시키는 식의 거래는 사적 거래에서는 합리적인 해결책이 될 수 있을지 모르지만, 개헌과 같은 공적 사안에서는 전체를 망칠 수 있는 매우 위험한 요소이다.[75] 개헌논의에서의 양보는 공익을 위한 양보이며, 나의 주장보다 상대방의 주장이 공익에 더 부합된다는 점을 승복하는 것이어야 올바른 개헌으로 한 걸음 더 접근할 수 있는 것이다.

그런 의미에서 자기만이, 자기가 속한 단체나 정당만이 옳다는 독선을 버리고 다양한 목소리에 귀 기울이는 가운데 다른 주장들의 정당성을 객관적으로 평가하고 승복하는 자세, 그것이 가장 민주적인 헌법을 만들기 위한 가장 중요한 전제의 하나인 것이다.

73) 이러한 의미에서 오늘날 민주주의는 다원주의에 기초하고 있으며, 다원주의를 부정하는 전체주의는 곧 민주주의의 부정으로 이어지는 것으로 널리 인정되고 있다. 이에 관하여는 장영수(1993: 118) 참조.

74) 즉, 공동체의 근본 가치에 우선하는 부분이익이 인정되어서는 안 될 것이며, 부분이익들 사이에서도 합리적인 대화와 타협이 가능해야 하는 것이 이른바 신다원주의의 전제라고 할 수 있다. 이에 관하여는 장영수(1993: 125) 참조.

75) 이는 사적으로 처분할 수 없는 공익을 거래의 대상으로 삼는 것과 마찬가지의 결과를 야기할 수 있으며, 국민들이 가장 경계하는 정치권의 담합이 이에 해당한다. 국회 재적의원 3분의 2 이상의 찬성 이외에 국민투표에 의한 개헌안의 확정이 필요한 이유도 이러한 담합을 막기 위한 것이라고 볼 수 있다.

3. 의견충돌의 조정과 체계적 통일성의 확보

그럼에도 불구하고 개헌 논의 과정에서 서로의 평가가 엇갈리고 견해의 대립이 팽팽한 쟁점들도 적지 않게 나타날 것이다. 예컨대 정당들 간이나 시민단체들 사이의 견해대립이 있을 수도 있고, 또는 정당들과 시민단체들 사이에, 나아가 국민들 간에 날카로운 의견대립이 생길 수도 있다. 이런 경우에는 이를 어떻게 조정할 것인지가 중요한 문제로 대두된다.

합리적인 논거를 제시함으로써 상대방을 설득할 수 있다면 가장 바람직하겠지만, 때로는 설득되지 않는 경우도 있기 때문에 이를 조정하는 절차 내지 방식도 필요할 수 있다. 국회 내의 대립은 헌법과 국회법이 정하는 바에 따라 다수결로서 해결할 수 있겠지만, 시민단체들 또는 국민들 사이의 의견대립은 어떻게 조정될 수 있을까?

하나하나의 쟁점에 대해 국민투표를 한다는 것도 현실성이 없고, 그렇다고 여론조사 결과나 각 시민단체의 규모(구성원 숫자)를 따져서 결정하는 것도 합리적이라고 보기 어렵다.[76] 이런 경우에는 공이 국회로 넘어갈 수밖에 없다. 국민의 의사가 확실한 경우에는 국회가 국민의 의사에 구속될 것이지만,[77] 국민 의사가 나누어져서 팽팽하게 대립하고 있는 경우에는 그 중의 어느 쪽 의견이 채택될 것인지는 국회에서 판단할 수밖에 없을 것이다.

---

76) 여기서 가장 경계해야 할 것의 하나가 포퓰리즘에 빠지는 것이다. 감정적인 판단에 따른 다수의 즉흥적 결정으로 국민 전체의 이익을 해치는 일이 없도록 절차와 방식을 안정화·합리화시켜야 한다는 요청이 바로 그 때문에 더욱 중요한 것이다.

77) 국민의 대표자인 대통령이나 국회의원이 국민의 의사를 무시하거나, 국민을 이기려 해서는 안 된다!

이와 더불어 헌법이 전체 조문들이 체계적 일관성과 통일성을 갖출 수 있도록 하기 위한 전문가적 검토가 중간 중간에, 그리고 최종 단계 직전에 꼭 필요할 것이다. 여러 헌법 조항들이 상호 모순되는 경우가 발생해서도 안 될 것이며, 문구의 표현이나 조문의 체계 등에 대해서도 깔끔하게 정비하는 것이 필요할 것이기 때문이다.[78]

현행 헌법의 경우에도 제64조 제4항, 제107조 제2항과 같이 헌법재판소 제도를 도입하면서 기존의 조항을 그대로 존치함으로써 혼란을 야기하고 있는 조항[79]이 있는가 하면 제29조 제2항처럼 졸속으로 논의를 진행하는 과정에서 개정해야 할 부분을 제대로 개정하지 못한 것[80]도 있다. 이런 문제들이 재발되지 않도록 하기 위한

---

78) 현행 헌법이 역대헌법 중에서 가장 민주적인 헌법이라는 점에 대해서는 이론의 여지가 없지만, 그렇다고 아무런 문제가 없는 완벽한 헌법이라는 것은 아니다. 상대적으로 많은 개선을 보이고 있지만, 여전히 개선의 여지는 적지 않으며, 특히 개헌 논의 과정에서 새로운 제도를 도입할 경우에는 전체적인 정비의 필요성은 아무리 강조해도 지나치지 않다.

79) 현행 헌법 제64조 제4항은 "제2항과 제3항의 처분에 대하여는 법원에 제소할 수 없다"고 규정하고 있다. 즉, 국회 내에서의 의원에 대한 자격심사, 징계, 제명은 국회의 자율권에 속하는 사항이므로 이를 사법심사의 대상에서 배제하려는 것이다. 그런데 이 조항을 문구 그대로 해석하면 마치 헌법재판소에는 제소할 수 있는 것처럼 된다. 그러나 이러한 해석은 이 조항의 취지에 부합하지 않으며, 단지 이 조항이 헌법재판소의 도입 이전부터 있던 조항을 그대로 존치하고 있기 때문에 발생한 문제로 볼 수 있는 것이다. 현행 헌법 제107조 제2항은 "명령·규칙 또는 처분이 헌법이나 법률에 위반되는 여부가 재판의 전제가 된 경우에는 대법원은 이를 최종적으로 심사할 권한을 가진다"라고 규정하고 있는데 이로 인하여 명령·규칙에 대한 헌법재판소의 (헌법소원심판에 의한) 심사권도 배제되는지가 해석상 논란된 바 있다. 그러나 이 조항도 헌법재판소 도입 이전의 조항을 그대로 둔 것으로서 법원의 심급 내에서 대법원이 최종적 심사권을 갖는 것으로 해석되고 있다.

80) 현행 헌법 제29조 제2항은 1971년 당시 대법원에 의해 위헌으로 결정(대법원 1971.6.22. 선고 70다1010 판결.)되었던 구 국가배상법 제2조 제1항 단서가 제7차 개헌(1972년 헌법)에 의해 헌법에 도입되어 현행 헌법에까지 이어져 오는 것이다. 이미 1971년의 위헌결정에서 나타나듯이 이 규정은 군인 등에 대한 차별대우의 합리적 근거와 관련하여 평등의 관점에서 많은 문제를 야기해 왔던 규정으로서 1987년 제9차 개헌 당시 개정 논의가 진행되던 중에 결론 없이 방치되어 현재에 이르고 있는 것이다. 국회회의록 제12대 제135회 국회의 헌법개정특별위원회

체계적 검토의 필요성을 결코 가볍게 생각해서는 안 될 것이다.

VI. 결론: 제10차 개헌을 가장 민주적인 헌법개정으로 만들기 위하여…

30년 만의 개헌이다. 사람마다 바라는 것도 다르고, 개중에는 개헌이 필요치 않다고 믿는 사람들도 있다. 그러나 시대의 변화를 수용하는 개헌의 필요성에 대한 공감대는 더욱 확고해졌고, 문재인 대통령도 개헌 필요성을 강조하면서 개헌의 동력은 강화되었다. 이제는 개헌을 할 것인지의 여부가 아니라 개헌의 구체적 내용에 대한 합의만이 과제로 남은 셈이다.

개헌 내용에 대한 합의에서 어떤 내용에 대한 합의인지만 문제되는 것은 아니다. 합의의 주체, 합의의 절차와 방식까지도 이번 개헌에서는 매우 중요한 요소로 부각되고 있으며, 개헌의 절차 속에 국민의 의사를 어떻게 담아낼 수 있느냐가 국민참여개헌의 성패를 가르게 될 것이다. 그런 의미에서 개헌의 결과 못지않게 개헌의 과정 또한 중요하다.

국민들이 소수의 대표자를 선출하고, 이들에게 모든 일을 일임할 경우에는 문제가 간단하다. 대의제의 딜레마를 겪으면서 국민의 의

회의록 제7호(부록)에 수록된 4개 정당의 헌법개정안 시안을 보면, 민주정의당은 군인·경찰 등에 대한 이중배상금지규정의 합리적 조정을 강조하면서 구체적 내용을 법률로 정하도록 하는 안을 제시한 반면에 야 3당(통일민주당, 신한민주당, 한국국민당)은 모두 현행 헌법 제29조 제2항에 해당하는 이중배상금지규정의 삭제를 내용으로 하는 개헌안을 제시하였다. 그런데 결과적으로 아무런 손질 없이 이 조항이 존치되어 현재에 이르고 있는 것이다.

사를 보다 직접적으로 반영시키고자 하는 주권자의 의지가 뚜렷하게 표출되고 있는 상황에서 국민참여개헌은 사실상 선택이 아닌 필수가 되었다. 그리고 이를 통해 제10차 개헌이 가장 성공적인 개헌, 가장 민주적인 개헌이 되기 위해서는 국민의 역할이 가장 중요할 수밖에 없다.

특별히 전문적인 지식과 경험을 요구하는 역할을 국민이 담당할 필요는 없다. 국민은 한편으로 평소에 생각하던 다양한 생각들을 자유롭게 펼쳐놓고, 새로운 대한민국에 대한 구상을 헌법조문의 형태로 제안하되, 다양한 의견들이 충돌하는 문제에 대해서는 다른 사람들의 견해가 자신의 견해보다 더 합리적인지를 객관적이고 공정하게 평가하면 된다.

2016년 겨울, 생업을 뒷전으로 하면서, 개인의 중대사를 미뤄가면서 추운 날씨에 촛불을 들고 모였던 그 마음으로, 국가 전체가 올바른 방향으로 나아가는 것에 대한 진지한 고민과 더불어 자신을 버리고 남을 인정하는 용기를 우리 국민들이 다시 한번 더 보여줄 때, 그것이 바로 제10차 개헌을 진정한 국민참여개헌으로 만들고, 역사상 가장 성공적인 개헌으로 만드는 원동력이 될 것이다.

제2장 |

시민정치 헌법화의 경로와 방법

김상준

I. '시민정치 헌법화'의 의의

유럽에서 '반이민' '반EU'를 외치는 극우정당이 크게 약진하고, 미국에서도 같은 경향의 도날드 트럼프가 대선에서 승리하는 등 구미 지역에서 '민주주의의 후퇴', '민주주의의 위기'가 널리 운위[1]되는 시점에, 여전히 진행 중인 2016-2017년 한국의 '촛불혁명'은 민주주의의 파고를 한껏 끌어올려 세계인들에게 신선한 자극을 주고 있다. 2016년 12월 14일 독일 일간지 디 짜이트(Die Zeit)가 "유럽과 미

1) 서구 사회에서 민주주의에 대한 열정이 식고 민주주의에 대한 무관심, 엔트로피를 넘어 민주주의 자체에 대한 적대와 증오라는 현상까지 나타나고 있다는 보고에 대해서는 콜린 크라우치(2008), 조르조 아감벤 외(2010), 자크 랑시에르(2011), 츠베탕 토도로프(2012) 등 참조. 글로벌하게 시야를 확대해 보면 현재 세계는 수평적·공유적 힘과 수직적·독점적 힘이 동시에 성장하면서 맞물리고 있다. 필자는 이러한 복합적인 전체상을 '후기근대 2중운동'으로 풀이한 바 있다(김상준, 2017).

국은 이제 한국에서 민주주의를 배워야 한다."고 보도한 이래, 영국, 프랑스, 독일, 미국 등 민주주의의 선진국이자 종주국을 자처해 온 나라의 언론들은 앞 다투어 한국의 촛불혁명을 칭송하고 있다.

물론 사태는 양면적이고 비교는 역사적 지형과 풍토에 따라 상대적일 수밖에 없다. 과연 한국의 촛불혁명은 완전히 평화적이고 질서정연한 방식으로, 밑으로부터의 순도 높은 시민자발성의 힘으로, 국회의 압도적 탄핵안 가결과 헌법재판소의 전원일치 대통령 파면 선고를 이끌어냈다. 그러나 동시에 이는 그렇게 큰 공분과 탄식을 자아낼 만큼 대한민국의 국정은 대통령을 정점으로 한 권력독점집단에 의해 자의적으로 농단(壟斷) 되고 있었고, 또 그만큼 한국 민주주의는 총체적으로 손상되어 있는 상태였음을 보여주는 것이기도 하다. 그래서 '혁명'의 반면(反面)은 '스캔들'이었다. 그러나 바로 그러한 상태, 전방위적 '블랙리스트'와 '언론점령'으로 상징되는 박근혜 정부의 배제·불통·억압의 통치를 뚫고, 그처럼 거대한 민의가 형성되어 20주 이상 그처럼 위력적이면서도 질서정연하고 평화적으로 행동했다는 사실이 더더욱 놀라운 것이기도 하다. 이후 요란했던 친박 시위에도 탄핵여론은 75-85%선에서 요지부동이었고, 탄핵된 대통령에 대한 구속 수사에 대해서도 단호하게 지지하는 모습을 보여주었다. 이렇듯 시간이 지나도 전혀 흔들리지 않는 촛불 민의가 뜻하는 바는 그 분노가 단순히 대통령 1인의 스캔들에 대해 한정된 것이 아니었고 국정의 총체적 방향 상실과 난맥상에 대한 단호한 거부와 응징에 있었음을 말해준다. 2016-2017년 한국의 촛불혁명은 세계인의 주목과 찬탄을 받아 마땅한 충분한 질과 양을 모두 갖추고 있다.

그러나 한국 민주주의가 진정 세계의 모범이 되는 방향으로 나아가기 위해서는 무엇보다 우선 한국 민주주의 역사 속에서 한 가지 꼭 미리 확인해 두고 넘어가야 할 사항이 있다. 2016-2017 촛불혁명 속에서 30년 전의 민주화 항쟁을 떠올리는 이들이 많다. 1987년 그때 역시 한국은 민주주의의 선도국이라고 칭송받았다. 그러나 그 후로 30년, 대한민국에는 어떤 일들이 벌어졌던가? 그토록 거대했던 민주화의 열기는 차츰차츰 소실되어 가다 결국 박근혜 정부라는 '제2의 유신정권'으로 회수되고 말았다. 그 30년은 민주가 독재로 회수되어 원점으로 되돌아가는 시간이기도 하였다. '제2의 유신정권'이라는 표현이 결코 과하지 않은 것은, 2016년 4·13 총선 투표일 직전까지도 여당이 개헌 가능선 이상의 의석을 장악할 것이며, 그리하여 '제2의 유신개헌'이 실제로 이루어질 것이라는 암울한 예상이 널리 팽배해 있었다는 불과 일 년 전의 기억을 상기하는 것만으로도 충분하겠다. 30년 전의 거대한 민주화 에너지가 30년을 경과하는 과정에서 차근차근 그리고 결국 새로운 유신독재로 회수되고 말 위기에까지 처했던 것이다. 4·13 총선 결과 의외의 여소야대가 형성되었지만 박근혜 정부의 독선적 질주는 멈추지 않았다. 합의과정이 생략된 사드 배치, 국정 역사교과서, 일본과의 군사 밀월, 졸속 '위안부 협정' 등을 거세게 밀어붙였다. 2016년 말의 촛불이란 그 위태로운 절벽 끝에서 이루어낸, 도저히 불가능한 것으로 보였던 막판 뒤집기였다.

문제는 이러한 '막판 뒤집기'가 반복적이라는 데 있다. 1987년의 상황도 매우 유사한 것이었다. 지금이야 '87년 민주화'가 당연한 역사의 순리인 것처럼 보이지만 당시의 상황은 매우 암울한 것이었고, 민주화 세력이 강력한 군사정부를 실제로 밀어뜨릴 수 있으리라고 생각하기는 매우 어려웠다. 당시 많은 이들이 민주화 운동을 '계란으로 바위치기'라고 했다. 민주화 운동 일선의 활동가들 역시 그러한 언급을 내심으로는 부정하지 못했다. 그만큼 군사정부는 철벽처럼 단단해 보였다. 30년 전에도 위태로운 절벽 끝에서 거대한 인파의 시민들이 가담해 줌으로써 도저히 불가능해 보였던 거인의 막판 뒤집기가 이루어졌던 셈이다.

이 반복은 여기서 그치지 않는다. 한국 현대사에서 이러한 반복의 시작은 4·19혁명부터였다고 할 수 있다. 당시 소위 선진국 외신에 의해 '쓰레기통에서 핀 장미'라 불렸던 4·19혁명의 민주주의적 분출은 1961년의 5·16 군사쿠데타 그리고 1972년의 유신으로 철저히 회수되고 말았다. 여기서 우리는 한국 현대사에서 반복적으로 솟아오르는 거대한 민주화의 열기가 대략 30년을 주기로 독재로 회수되고 마는 모종의 반복적 사이클을 확인할 수 있다. 그렇다면 이 순간 세계인의 칭송을 받고 있는 2016-2017년의 촛불혁명 역시 또다시 시간이 흐르면 점차 그리고 결국 또 다른 독재로 회수되고 말 운명에 처해 있는 것일까?

민주주의의 열기가 아직 뜨거운 지금 이 순간에는 어쩌면 이러한 질문이 '하늘이 무너질까 걱정하는' 기우에 불과해 보일지 모른다. 다시는 그러한 일이 되풀이되지 않을 것이라고. 이제는 더 이상 그럴 수가 없다고. 그러나 지난 87년에도 그와 꼭 같은 낙관이 있었다. 설혹 다소의 시행착오는 있더라도 더 이상 과거의 독재로 되돌아가는 일은 없을 것이라고 굳게 믿었다. 당시에는 박근혜 정부와 같은 유형의 권력이 미래에 다시 등장하고 민주주의가 이처럼 유린

될 수 있으리라고는 누구도 예상하지 못했다. 더구나 현재 세계 상황은 87년을 전후한 냉전 해체기에 비해 결코 민주주의 강화에 우호적이지 않다. 과거 1차대전 이후 파시즘의 대두를 연상시키는 정치현상이 세계 도처에서 나타나고 있다. 신중하고 객관적으로 사태를 보아야 할 때다.

우선 한국 현대사에서 독재가 민주를 회수하는 반복적 패턴, '마(魔)의 순환고리'가 엄연히 존재해 왔으며, 이것을 끊는 확실하고 의식적인 대처가 없다면, 이 패턴은 앞으로도 다시 반복될 가능성이 매우 농후하다는 사실을 분명히 인정해야 하겠다(김상준, 2017: 321-323). 이러한 사실 인식은 소수 식자층에 국한되지 않고 널리 대중적으로 공유되어야 하는 것이기도 하다. 이제 그 반복을 끊는 일은 한국 민주주의, 그리고 이 나라의 미래를 위해 매우 중요한 과제가 되었다. 이번에도 끊지 못한다면, 그리하여 지난 30년이 또다시 반복된다면, 그 불쾌한 반복은 이 나라의 '저주받은 운명'으로 굳어져 버릴 수도 있다.

이렇듯 긴 역사성을 갖는 반복의 고리는 결코 단순하게, 일거에 끊어지지 않는다. 이 나라의 역사적·지정학적 위상(topology)과 지형·풍토에 깊은 뿌리를 두고 있는 것이기 때문이다. 그만큼 그 반복을 끊는 노력은 우리 사회 모든 분야에서 긴 호흡을 가지고, 신중하고 지속적으로 이뤄져야 마땅한 일이다. 그러한 여러 경로의 과제 중에서도 '시민정치의 헌법화'는 특별한 의미를 갖는 것이라고 생각된다. '시민정치의 헌법화'는 '촛불혁명의 헌법화'이기도 할 것이다. 필자는 '시민정치·촛불혁명의 헌법화'를 독재가 민주를 회수하는 '마의 순환고리'를 끊는 확실한 안전장치를 헌법 안에 내장하자는 뜻으로 이해한다.

실로 모든 혁명이란 구체제(앙시앙 레짐)를 탈각하고 새로운 체제를 세움으로써 완료되고, 그러한 신체제란 새로운 헌법으로 상징된다는 역사적 보편성을 상기해 볼 때, 이 '촛불혁명의 헌법화'가 가지는 의미의 중차대함이란 실로 아무리 강조해도 결코 지나침이 없을 것이다. 이러한 의미에서 새로운 헌법 안에 포함되어야 할 그러한 안전장치는 다양할 것이다. 그 모두를 글 하나에서 논의하기에는 여러 한계가 많다. 필자는 이 장(章)에서 다만 '시민정치·촛불혁명을 어떻게 헌법화시킬 것인가?'라는 문제, 즉 '시민정치·촛불혁명 헌법화의 방법과 경로의 문제' 한 가지에 집중하고자 한다. 그 요체는 헌법 개정 과정 자체를 시민정치화시키자는 것이다. 이는 '시민의회'를 통한 개헌안 심의와 합의 도달을 말한다.

II. 현재 한국에서의 개혁입법 및 개헌 논의의 진행 상황

촛불광장에서 나온 '이게 나라냐?'라는 질책은 국가와 국정의 총체적 변화(reset)를 바라는 강력한 요구의 표현이기도 하였다. 이러한 지향은 우선 시민사회 여러 분야에서 광범하게 제기된 개혁입법 요구로 나타났고, 야당들 역시 최소한 겉모습으로는 이를 적극 수용하는 모습이었다. 그렇지만 제스처와 실제는 크게 다르다. 대통령이 탄핵되고 이어 구속 수감된 현재까지도 국회 본회의에서 통과된 개혁 법안은 사실상 전무하다. 입법안들이 탄탄하게 준비되어 잘 올라오지도 않고 있고, 선거연령을 18세로 낮추자는 입법안과 같은 간단한 원포인트 변경사항도 상임위 합의라는 입법과정의 첫 문턱조차 넘지 못했다. 개혁에 저항하는 원내 수구파의 문제만으로 다 이해될 일은 아니다. (구) 야당들 역시 개혁법안보다는 대선에 관심이 가 있기 때문이기도 하다. 그렇다고 과연 대선이 끝나면 그동안 제기되어 온 개혁법안들을 국회가 확실하게 입법화시켜줄 수 있을 것인지도 매우 불확실하다.

이러한 상황에서 국회에서 그나마 비교적 활발하게 활동하는 모습을 보여 준 것은 2017년 들어 구성된 헌법개정특별위원회(개헌특위)였다. 개헌특위의 구성은 1987년 이래 30년 만이라는 점에서 역사적인 의미가 있다. 그러나 국회 밖에서 이번 개헌특위를 바라보는 눈은 그리 우호적이지 못했다. 우선 과거 87년의 개헌이 당시 개헌특위 여야의원 8인의 밀실타협으로 졸속 마무리된 것에 대한 비판과 자성(自省)이 강하다. 당시에는 '대통령 직선제' 하나로 타협할 수 있었지만, 지금은 전혀 그렇지 않다. 2016-2017 촛불혁명이 바라는 개헌은 국민의 기본권이 대폭 강화되는 개헌이자, 개헌과정에 적극적인 국민참여가 보장되는 총체적 개헌이다. 과연 국회나 개헌특위가 이러한 여망을 잘 반영할 수 있을지 회의적인 시각이 많다. 가장 큰 문제는 촛불혁명의 총체적 요구를 담아주어야 할 개헌논의에 막상 국민들 자신은 쏙 빠져 있다는 사실이다. 개헌특위의 주요논의는 여전히 밀실에서 진행되고 자문위의 논의조차 언론에 충분히 공개되지 못했다.

개혁법안들의 경우에는 각계 시민사회의 요구를 어쨌거나 적극적으로 수용하는 모습을 보여주었던 야당들도 개헌문제에 대해서는 국민을 논의 과정에 참여시키는 적극적인 방안을 내놓지 못했

다. 주요 대선 예비주자들도 이 문제에 대해서는 명확한 방안을 내어놓지 못했다.[2)]

이러던 중 2017년 3월 15일 자유한국당, 바른정당, 국민의당 원내대표가 모여 3월 말까지 단일 개헌안을 발의하고 본회의 가결을 거쳐 대선과 개헌안 국민투표를 동시에 진행하도록 하겠다고 발표한 것은 시민사회의 우려를 크게 증폭시켰다. 87년과 같은 또 하나의 밀실야합이 아니냐는 의혹이었다. 더욱이 그 3당 중 최대의석 정당인 자유한국당은 박근혜 구체제를 여전히 옹위하고 있는 적폐청산 대상의 정당인데, 그러한 정당이 대통령이 탄핵된 마당에 개헌을 주도한다는 것이 어불성설이라는 지적이 많았다. 흥미로운 것은 개혁법안 합의 처리에 반대하거나 소극적인 정당과 의원들일수록 개헌에 대해서는 오히려 더 적극적이고 조속한 합의처리를 주장해왔다는 사실이다. 거의 정확한 역비례 관계를 보여주고 있다. 이러한 식의 원내 일부세력들끼리의 밀실담합적 조기개헌론은 촛불 민의와는 전혀 동떨어져 있다. 여러 보도가 지적하듯 대선에서 유력 야권 후보에 맞서기 위한 정략적 이합집산의 산물에 불과한 것이며, 그들이 합의하자는 개헌안도 국회의원의 자기 기득권 확대에만

2) 4월 11일에는 심상정 정의당 대통령 후보가 대선 후 '헌법개정 시민의회'를 통한 방법을, 4월 12일에는 문재인 더민주당 대통령 후보와 안철수 국민의당 대통령 후보가 각각 대선 후 '국민참여 개헌기구', '국민참여개헌기관'을 제시하여 어느 정도 진전된 안을 제시하였다. 심상정 후보의 '헌법개정 시민의회'를 통한 방법은 이 글이 제안하는 경로와 동일한 것으로 보인다. 그러나 아직도 문재인, 안철수 두 후보가 제시한 안의 구체적인 모습이 무엇인지에 관해서는 불분명한 점들이 남아있다. 개헌과정의 국민참여란 어떠한 방식으로 이루어질 것인지, 국회와의 관계는 어떠할 것인지, 대통령의 역할은 어떠한 것이 될 것인지에 관한 구체적인 설명이 없었다. (*이 글이 현재 진행 중인 사안을 다루고 있는 만큼, 원래 기고문에 심사 이후 부가한 내용이 중첩되어 있음을 양해 바란다. 이 각주와 각주 10), 14)은 심사 이후 추가한 것이다.)

치중한 것이 될 공산이 크다. 더구나 대선전 조기개헌이 실현될 가능성은 매우 희박하다. 원내 제 1당인 민주당 그리고 정의당이 동의하지 않고, 국민의당 내부에도 회의적인 의견이 있으며, 무엇보다 우선 시민사회에서 이렇듯 수상한 개헌론에 대해 강력하게 반대하고 나설 것이기 때문이다. 그래서 그 실제 목표는 개헌이 아니라 실은 대선용 세 결집, 즉 성동격서의 전술로 비쳐진다. 이렇듯 대선 전 개헌론은 허상에 불과하다. 그러나 그렇다고 하여, 과연 대선이 끝나고 나면 국회가 국민이 원하는 제대로 된 개헌안을 만들어내고 여기서 2/3 이상의 개헌선 합의를 이루어 낼 수 있을 것인가? 여기에 대한 전망 역시 매우 불투명하다.

이상의 동향은 최근 한국에서 벌어지고 있는 특수한 현상이지만, 그 안에는 세계 정치 현상을 관통하는 모종의 보편성이 작동하고 있다. 두 가지 측면에서 그러하다. 첫째, 어느 사회에서 혁명 또는 그에 준하는 커다란 변동이 이루어졌을 때, 기존의 대의기구가 그러한 변화를 제대로 반영해내기 어렵다는 보편성이다. 완벽하게 평화적인 방법으로 대통령 탄핵을 이루어낸 2016-2017년 한국의 정치적 변화 과정을 촛불 '혁명'이라 부르는 것은 지극히 적절하다. 이 촛불혁명은 국회가 시작한 것도, 주도한 것도 아니었다. 수동적이었지만 그나마 촛불대중의 의지에 복종하여 대통령 탄핵을 가결하였기 때문에 국회의 정당성은 그나마 간신히 유지될 수 있었다. 그러한 국회가 추후 촛불의 의지를 스스로 앞장서서 완전하게 반영해 줄 것이라고 기대하는 것은 현실적이지 못하다. 국회의 구성원은 여전히 동일하기 때문이다. 오직 촛불혁명의 정신을 현실로 구현하고 제도화하는 새로운 경로를 통해서만 국회는 다시 한번

다수 국민의 뜻에 따르게 될 가능성이 매우 높다.

보편성의 두 번째 측면은 전 세계적으로 나타나고 있는 대의제도와 의회와 정당에 대한 불신, 또는 그 한계에 대한 인식의 확산이다. 민주주의의 연원이 깊고 안정된 것으로 알려진 유럽에서도 정당과 의회, 선거에 대한 불신이 커지고 내각제 하 정부구성, 공공정책의 결정과 실행도 점점 더 어렵고 장기화되고 있다.

유럽의 한 비평가는 이런 상황에서 의회와 정당의 정치인들이 구조적인 큰 문제는 전혀 해결하지 못하면서 사소하고 말초적인 문제를 놓고 말꼬리나 잡고 다투어 미디어의 이목을 끌려 하는 '사소한 소란 일으키기(incidentalism)'에 빠져 있다고 신랄하게 비판했다(다비트 판 레이부라우크, 2016: 31-333). 유럽만이 아니라 미국 역시 사정은 정확히 마찬가지임을 우리는 미국의 지난 대선에서도 여실히 확인한 바 있다.

이러한 현상에 대한 반응은 크게 두 가지 상반된 방향으로 나타나고 있다.

첫째는 이 장(章)의 서두에서 언급한 민주주의 자체에 대한 불신과 거부다. 기성 정치인들의 정치판을 그들만의 '엘리트 리그'로 보아 거부하면서 트럼프형의 막말 선동가에 이끌린다. 이 흐름은 과거의 파시즘의 심리·행태와 매우 유사한 모습을 보여준다. 다른 한 흐름은 반대 방향으로 민주주의를 보다 깊게 심화·확대시키면서 (대의)민주주의의 위기를 오히려 민주주의 발전과 심화의 기회로 반전시키는 흐름이다.[3] 이 장(章)에서 다룰 시민의회를 포함하여, 이미

---

3) 민주주의란 밑으로부터 위로 참여, 결사체, 심의, 대의민주주의의 4층위가 피라미드처럼 중첩된 방식으로 이루어지며, 밑의 세 층위가 강화될 때, 대의민주주의

여러 나라에서 활발하게 시도되어 온 다양한 형태의 참여예산제도, 주민자치제도는 이러한 흐름 속에 있다.[4)]

따라서 현재 한국 국회에서 촛불혁명 요구의 실현이 정체·교란되고 있는 모습은 특수하고 이례적이라기보다 오늘날 대의 정치제도가 오랜 역사를 가지고 작동 중인 나라의 사람들이 그 상태를 오히려 쉽게 이해할 수 있는 일반적 상황의 한 표현이라고 하겠다. 일상적인 상황에서도 교착상태를 벗어나지 못하는 국회가 촛불혁명과 같은 비상한 시기의 거대한 민의를 제대로 반영해줄 수 있을 것이라는 기대가 세계인들의 눈에는 오히려 의아하게 비쳐질 것이다. 동시에 한국의 촛불혁명의 동력이 이러한 정체와 교착상태를 타개할 새로운 길을 열어줄 수 있다면, 이는 세계인들에게 그리고 민주주의의 미래에 커다란 자극과 영감을 주게 될 것임도 알 수 있다.

역시 바람직한 방향으로 정상화 될 수 있다는 논의에 대해서는 김상준(2011: 261-265) 참조.

4) 다양한 유형의 시민의회(the citizens' assembly)에 대해서는 Fung et al(2003), 김상준(2005; 2006: 239-270; 2007; 2011: 261-265), 오현철(2010: 41-70), 다비트 판 레이부라우크(2016)을, 브라질(포르투알레그리), 인디아(케랄라) 등에서 시작되어 세계적으로 널리 확산된 시민참여예산제도에 대해서는 Heller et al.(2007), Fishkin et al.(2010), 김상준(2014; 2017) 등 참조. 여러 나라에서 기본소득(basic income)제도가 넓게 채택되고 있는 것도 이러한 방향의 개혁과 연관되어 있다. 이에 대해서는 Van Parijs(1992), McKay(2001: 97-118), 강남훈(2010: 12-43), 최광은(2011), 김상준(2014; 2017), 피터 반스(2016)를 참조.

III. 시민의회를 통한 '시민정치의 헌법화'

그렇다면 '시민정치·촛불혁명의 헌법화'는 어떻게 이루어질 수 있을까? 우선 현재 이 나라에 꼭 필요한 개헌 조항들이 공정하고 충분한 심의를 통해 선별·확정될 수 있어야 할 것이고, 그렇게 정리된 최종 개헌안이 압도적인 초다수의 합의에 이를 수 있어야 할 것이다. 앞 절에서 살펴보았듯이 현재의 국회에서, 그리고 국회'만'으로 대선 전이든 대선 후든 그러한 합의를 이루어낼 수 있을 것이라고 보기 어렵다. 원내 몇 정당 일부에서 제기했던 '대전 전 개헌론'은 현실성도 진정성도 의심받으면서 조기에 스스로 붕괴했다. 이 과정에서 몇 유력 대선주자들은 대선 전 개헌의 불가능함을 지적하고 2018년 지방선거에 개헌안을 국민투표에 붙이겠다고 약속한 바 있다. 그러나 그 뜻이 현재의 국회'만'으로 그 목표를 이루겠다고 하는 것이었다면, 그 약속의 신빙성 역시 크게 떨어질 수밖에 없다. 촛불 민의가 충실히 반영되는 개헌안이 국회에서 만들어지고 합의될 가능성이 희박하기 때문이다. 이것을 의식해서인지 같은 대선주자들은 '국민이 참여하는 개헌' 또는 '국민 공론수렴을 통한 개헌'을 함께 언급하고 있다. 그러나 그 구체적인 경로와 방법이 무엇이 될 것인지에 대해서는 분명한 언급이 없었다. 이 장(章)에서는 현재 한국의 상황에서 '국민이 참여하는 개헌' 또는 '국민의 공론수렴을 통한 개헌'의 가장 효과적이고, 공정하며, 중립적인 방법으로서 '개헌안 심의를 위한 시민의회 소집'을 검토한다. 이 방법은 '시민정치·촛불혁명의 헌법화'의 가장 효능성 높은 방안이기도 하다.

'시민의회(the Citizens Assembly)'는 필자가 2000년대 초반 한국사

회에서 빈발했던 대형 사회갈등을 보면서 그 해결방안으로 2000년대 초반부터 제안해 왔던 것이다. 당시 사회갈등이 심각했던 의약분업이나 새만금개발문제에 대해 정부와 국회는 시종 무기력한 모습을 보여주었다. 이러한 이슈들에 관해 적정수의 시민의원을 무작위 선발하여 공정한 조건에서 논의하게 하면 다수의 국민이 동의할 수 있는 안정적 합의에 이를 수 있다는 제안이었다. 지금까지 잘 알려지지 않은 사실이지만, 무작위 선발, 즉 추첨원리는 선거원리와 함께 민주주의 정체(政體)의 정치적 대표성을 구성하는 두 축이다(Manin, 1997: 7).[5] 무작위 시민 선발의 방식은, 마넹이 냉철하게 지적한 바, '귀족적' 기원과 성격을 갖는 선거에 비해 민주주의의 원리에 보다 충실한 정치적 대표방식이라 할 수 있다. 필자가 처음 시민의회 제안을 하였을 때, 그것이 새로운 문제제기였던 만큼, 무작위 시민 선발 방식의 대표성과 정당성 문제에 대한 의문이 적지 않았다. 그러나 여기에 대해서 최소한 이론적 차원에서는 이미 충분한 답변을 제시해 두었다(김상준, 2011: 348-370).

5) 마넹의 연구는 무작위(추첨) 선발이 선거와 함께 정치적 대표성의 동등한 두 개의 원리임을 고대 그리스 이래 서양 정치사를 깊숙이 분석·논증하면서 명확히 밝혀주었다. 이제 무작위 선발에 의한 시민의회가 특히 대의제도, 의회주의가 잘 발달한 나라들에서 소집되어 온 만큼, 무작위 시민 선발 방식의 정치적 대표성 문제에 대한 시비는 이미 실천적 방식으로 해소된 것으로 생각된다. 최근까지의 추첨 민주주의에 관한 여러 논의를 종합 정리한 국내연구로는 이지문(2012) 참조. '시민의회'가 아직 존재하지 않던 2000년대 초반 필자가 시민의회 구상을 위해 제도적으로 참고했던 것은 이미 여러 나라에서 시도되어 온 다양한 합의회의(consensus conference), 시민정책배심원 제도(citizens jury), 협의입법(negotiated rule-making), 협력적 의사결정(collaborative problem solving) 등 이었고, 이론적 논의로는 앞의 마넹과 함께 Fishkin(1991; 1995), Fung et al.(2003), Ackerman & Fishkin(2004) 등을, 시민의회 헌법기구화의 헌법 이론적 근거에 대해서는 주로 Rawls(1971)의 논거를 참고했다. 물론 이러한 기존 발상과 실험을 시민의회 구상으로 발전시키기 위해서는 제도 확장의 방법에 대한 고려와 이론적 심화가 필요했다. 이에 대해서는 김상준(2004: 5-58; 2005; 2006; 2011; 2017) 참조.

또한 필자는 이렇듯 보다 적극적인 '시민참여적' 정치적 대표성을 구현하는 기구로서 시민의회를 헌법상의 제도의 하나로 명시할 때 한국의 민주주의는 질적으로 큰 발전을 이룰 수 있을 것이라 하였다(김상준, 2005; 2006; 2007). 당시 필자는 모르고 있었지만 거의 동일한 시기에 캐나다 브리티시 컬럼비아주에서는 필자가 구상했던 것과 거의 동일한 형태로 시민의회가 소집되어 선거법 개정을 논의하고 있었다. 이후 캐나다 온타리오주와 네덜란드에서도 선거법 개정 시민의회가 소집되었다. 최근에는 아일랜드에서 시민의회가 2016년 10월, 1년 회기로 소집되어 헌법의 몇 개 조항 수정을 논의 중이다.[6] 이곳에서는 2012-2013년에도 시민의회가 소집되어 헌법의 몇 조항을 수정한 바 있다. 따라서 이제 '시민의회'는 더 이상 이론적 구상이 아니고, 이미 현실에서 여러 차례 실행되고 검증된 바 있는 기존제도의 하나다.[7]

시민의회에 관해 새롭게 알게 되었을 때, 가장 먼저 궁금해하는 것이 시민의회와 의회(국회)와의 관계다. 먼저 이 점을 살펴보기로 한다. 필자가 제안해왔던 것은 '국회를 대체하는 시민의회'가 아니라 '국회를 보완하는 시민의회'다. 실제 외국에서 소집된 시민의회들도 마찬가지였다. 시민의회는 선거법이나 헌법 조항 수정을 최적의 조건에서 논의하여 합의를 이루어주는 단위이지, 그렇게 도달한 합의내용을 직접 입법화하는 단위는 아니다. 시민의회에서 합의된 내용은 국회 본회의에 회부되어 심의와 표결 절차를 거쳐 입법화

---

6) 아일랜드 시민의회 홈페이지 https://www.citizensassembly.ie/en/ 참조.
7) 소집되었던 여러 나라의 시민의회에 대한 연구는 이미 매우 많다. 전체를 조망해주는 컴팩트한 안내로는 https://en.wikipedia.org/wiki/Citizens%27_assembly 참조.

된다. 그동안 시민의회에서 논의된 선거법개정과 개헌문제는 모두 의회 내에서는 원만한 합의에 이르기 어려운 문제들이었다. 선거법이든 기존 헌법이든 의회의 의원들은 해당 체제의 수혜자들이기 마련이다. 기존 헌법과 법률의 수혜자들이 이를 제대로 바꿀 수 없음은 자명하다.[8)]

문제가 제기되는 데 의회에서 해결하지 못했기 때문에 의회와 정당에 대한 불신은 높아지기 마련이었다. 이에 따라 시민사회조직들과 진취적인 정당들이 이러한 교착상태를 타개하기 위해 시민사회의 동력을 입법과정에 포함시키는 방안을 강구하기 시작했고 이것이 시민의회의 소집으로 이어졌다. 보다 구체적으로 보면, 그동안 시민의회는 총선에서 시민의회 소집을 공약한 정당이 선거에 이겨 집권당이 되었을 때 그 공약을 이행하여 소집하는 경로를 밟아 출범하였다. 정당과 의회의 입장에서는 이러한 방식으로 정당과 의회에 대한 불신을 줄이고, 시민사회의 입장에서는 민의의 제도화 통로를 확장하는 윈-윈의 선택이었다고 할 수 있다(Fournier et al., 2011; Stadelmann-Steffen, 2016: 11).

현재 한국에서의 '헌법개정 시민의회' 소집 역시 마찬가지 경로를 생각해 볼 수 있다. 조만간 확정될 각 정당의 대선후보들이 '국민 참여를 통한 개헌', '국민공론수렴을 통한 개헌'의 구체적 방법으로서 '시민의회 소집을 통한 개헌'을 공약하고 그 공약 사항을 당

---

8) 시민의회의 역할을 보다 적극적으로 보는 논의들도 제출되고 있다. 의회를 보완하는 차원을 넘어서서, 민주주의를 촉진하는 '제2원'으로서(에릭 올린 라이트, 2012: 242-253), 또는 풀뿌리 대표기관(민회)의 전국적 구성방법으로서(캐빈 올리어리, 2014), 또는 의제결정, 이익집단 의사결정, 기존제도 감독기구 구성 등의 방법으로(다비트 판 레이부라우크, 2016: 180-193) 시민의회가 제안되기도 한다.

선 이후 실행하는 경로다. 대선 일이 2017년 5월 9일로 확정되었으니 이미 제안된 개헌안 국민투표일인 내년 지방선거일(2018년 6월)까지 1년여의 시간이 있다. 시민의회가 소집되어 개헌안을 논의하기에 적절한 시간이 주어지는 셈이다.[9]

앞 절에서 우리는 대선 전 개헌론에 큰 문제가 있음을 보았지만, 그렇다고 대선 후 개헌이 순조롭게 이루어질 것인지도 매우 불확실하다 하였다. 오히려 대선 전 조기 개헌론자들은 대선이 끝나고 나면 개헌은 더욱 어려워진다고 주장해 왔다. 대선에서 이긴 새 대통령이 개헌을 하려고 할 리가 없기 때문이라는 것이다. 물론 이는 자신들만을 위한 졸속 개헌을 합당화하려는 적반하장 식의 논리의 성격이 짙다. 개혁적 후보가 당선되면 개혁의 지속을 위해 오히려 개헌을 강하게 추진할 수 있다.

진정한 문제는 그러한 대선 후 추진하는 개혁적 개헌이 실제로 성사될 수 있겠느냐, 다시 말해 과연 대선 후 추진하는 개헌이 국회 안에서 안정된 합의를 이룰 수 있겠느냐 이다. 오히려 지금 대선 전 조기개헌을 주장하는 세력이 그때 가면 개헌안 합의에 비토 세력이 될 공산이 크다. 개혁적 개헌 주장 내부에서 생길 수 있는 정당 간의 의견도 순조롭게 합의에 이를 수 있을지 불명확하다. 이렇듯 대선 후 개헌에는 분명 불확실한 점이 많다. 그렇다고 지금까지 대선 후 개헌을 약속해온 정당과 대선 주자들이 이렇듯 뻔히 예상되는 문제와 의문에 대한 명쾌한 해법을 내놓았던 것도 아니다. 지

9) 물론 우리가 보기에는 개헌안 국민투표 예정일을 꼭 못박아두는 것보다 개헌시민의회의 회기를 얼마 동안으로 할 것이냐가 중요한 문제이다. 다만 기존 사례들을 볼 때 1년의 회기면 적정할 것으로 판단하는 것이다.

금 하지 말고 대선 후에 하자는 말만 있지, 반드시 개헌이 성사시킬 수 있는 구체적인 방법을 분명히 내놓지 못했다. 그러다 보니 결국 말뿐이고, 속셈은 대선 이기면 그만이라는 식의, 밑도 끝도 없이 제기되는 반대 측의 여러 의혹과 비난을 잠재우지 못해 왔다.

'대선 후 개헌'을 약속해 온 정당과 대선후보들은 이러한 의혹을 잠재울 확실한 방안을 제시해야 한다. 대선 후 개헌의 약속이 결코 마음에도 없는 말, 기만용이 아님을 확실히 증명해 보여야 한다. 대선 후 개헌을 실제로 가능하게 할 가장 분명한 방법은 시민의회의 심의를 통하는 길이다. 아래 설명하겠지만, 그러한 경로를 통해서만 현재의 개헌 논의는 안정된 초다수에 이를 수 있다. 그렇지만 모두가 동상이몽인 국회가 시민의회를 자발적으로 소집하여 촛불개헌을 이룰 가능성은 그다지 크지 못한 상황이다. 이러한 상황에서 '헌법개정 시민의회'를 소집할 수 있는 또 하나의, 국회의 소집보다 가능성이 더 큰 방법이 존재한다. 유력 대선 후보들이 '시민의회 심의를 통한 개헌'을 공약으로 분명히 내세우는 것이다. 이 공약을 내세운 후보가 당선되어 자신의 공약을 이행하면 된다.

새 대통령이 개헌안 도출을 위한 시민의회를 소집하게 되는 근거는 헌법 128조의 대통령 헌법 개정 발의권과 헌법 75조의 대통령령이 된다. 물론 여기에는 대통령의 고도의 정치적 결단이 수반된다. 차기 대통령은 촛불혁명의 힘으로 탄생한 촛불혁명의 적자(嫡子)라 할 수 있고, 따라서 그에게는 촛불혁명을 지속하고 완성시킬 책임이 있다. 무릇 모든 혁명 완성의 표현은 새로운 헌법으로 나타나기 마련이다. 따라서 차기 대통령이 위대한 촛불민의를 충분히 반영한 헌법개정을 반드시 이루어야 할 책무가 자신에게 있음을 자임하고, 이를 위해 대통령 자신과 소속 정당의 이해를 국민 앞에 겸허하게 내려놓고 시민의회를 통해 도달할 합의를 자신의 뜻으로 받들겠다고 선언하는 것이다. 이러한 취지로 대통령은 대통령령으로 시민의회를 소집하고, 시민의회에서 합의된 개헌안을 대통령이 받아 대통령의 헌법개정안 발의로 국회에 상정하면 된다. 이러한 큰 행보는 임기 초반 새 대통령의 정치적 위상과 권능을 크게 끌어올릴 것이다.[10)]

IV. 시민의회의 합의 도달

그렇다면 이제 왜 시민의회를 통할 때 국민의 뜻이 가장 공정하고 합리적으로 수렴되는 개헌안에 도달할 수 있게 되는지에 관해 설명해보기로 한다. 시민의회의 구체적 작동 방식이 아직 널리 알

---

10) 2017년 4월 12일, 국회 개헌특위 총회에 출석한 문재인 더민주당 대통령 후보, 안철수 국민의당 대통령 후보, 심상정 정의당 대통령 후보는 공히 대선 후 '국민참여 개헌기구'를 출범시켜 국민이 주도하는 개헌을 할 것임을 약속하였다. 특히 심상정 후보는 (그 하루 전인 4월 11일의 기자회견을 통해) 그 구체적 방법으로서 이 장(章)에서 주장하는 바와 같은 '헌법개정 시민의회' 소집을 분명히 언급해주었다. 개헌안에 대한 국민투표 시기에 대해서도 2018년 6월로 세 후보가 공동보조를 취해 주었다. 이는 개헌문제에 관한 3당의 최초의 공동보조다. 지난해 촛불민의에 적극적으로 반응하였던 이 3당의 공동행보는 대선 이후 시민의회를 통한 촛불개헌의 또 다른 길의 가능성을 새롭게 열어줄 수 있다. 즉, 대통령령을 통한 길만이 아니라, 3당의 연대를 통해 국회에서 시민의회를 소집하는 경로의 가능성이 새롭게 살아났다고 볼 수 있다. 현행 헌법상 개헌 발의권은 국회와 대통령에게 있으니, 국회와 대통령 양측에서 공히 '헌법개정 시민의회' 소집에 적극적인 입장을 보인다면, 이는 물론 보다 바람직하다. 만일 국회에서 시민의회법 가결이 신속히 이루어진다면 굳이 대통령령으로 시민의회를 소집할 필요는 없게 된다. 그러나 그럼에도 여전히 국회에서의 이 과정이 지지부진하다면 결국 대통령령을 통한 소집의 길만이 남게 된다. 어느 경로가 되든 중요한 것은 상기 3당의 단단한 연대다. 이럴 때 상기 두 경로 어느 쪽이 선택되든 국민적 지지를 받게 될 것이고, 이러한 3당 연대를 통한 시민의회 개헌안에 대한 국회 표결은 2016년 12월 9일 대통령 탄핵안에 대해 이루어졌던 모습과 매우 흡사한 것이 될 것이다.

려지지 않았기 때문에, 그 진행 과정의 핵심적인 요소들을 밝혀줄 필요가 있겠다. 먼저 시민의회는 어떤 개헌안을 놓고 심의하게 될까. 무작위로 선발된 시민의원들이 백지 위에서 스스로 개헌조항을 하나하나 만들어 가는 것이 아니다(시민의회에 대한 여러 오해 중 하나다). 시민의회란 의견이 날카롭게 갈리고 있는 사안에 대해 각 당사자의 입장을 충분히 전달받은 후 시민의원들 간의 충분한 토론을 통해 점차적으로 합의에 도달하는 합의기구이다. 따라서 앞으로 한국에서 시민의회가 소집된다고 가정한다면 그동안 활동해 왔던 국회 개헌특위는 시민의회에 개진하게 될 개헌안들을 준비하는 역할을 해왔던 것으로 볼 수 있다. 지금까지 개헌특위와 개헌특위가 선정한 자문위는 2개 분과 6개 소위[11]로 나뉘어 개정 대상인 헌법의 각 분야를 검토해 왔다. 개헌의 주요 뼈대와 방향은 이 논의를 통해서도 어느 정도 기본적인 골격을 갖추게 될 것이다. 현재까지 개헌 특위와 자문위의 각 분과 및 소위 논의 과정에서도 드러났지만 몇 가지 주요 쟁점들에서 개헌안은 복수의 안이 날카롭게 병립하게 된다. 이렇듯 병립하는 안들이 시민의회에 개진되어 경합하게 될 것이다.

따라서 시민의회가 소집되는 상항에서도 기왕 개헌특위, 자문위가 정리했던 쟁점들, 그리고 여기에 대한 국회 각 당의 의견은 매우 중요하다. 그렇지만 시민의회가 심의과정에서 고려할 개헌안이 꼭 국회에서 제출되는 것에 국한되어야 할 이유는 전혀 없다. 그동안의 사례들에서도 의회의 의견과 함께 시민사회 주요 의견집단, 관

11) 제1분과에는 기본권·총강 소위원회, 경제·재정 소위, 지방분권 소위가, 제2분과에는 정부형태 소위, 정당·선거 소위, 사법부 소위가 각각 배치되어 있다.

련 전문가들 역시 적극적인 역할을 한다. 시민의회의 최근 사례를 보면 시민의회 홈피를 통한 일반시민들의 온라인 참여 역시 매우 활발해지고 있음을 알 수 있다.

기존 사례가 공통적으로 보여준 바, 시민의회의 심의는 반드시 안정적 합의, 그것도 2/3를 훌쩍 넘어 보통 4/5 이상의 초다수(super majority) 합의에 도달한다. 시민의회는 어떠한 과정을 통해 이렇듯 안정된 합의를 이룰 수 있을까. 심의민주주의 이론가들은 진정한 심의(deliberation)는 '선호변경(preference change)'이 가능할 때 이루어진다고 본다. 토론을 통해 자신의 의견을 기꺼이 바꿀 수 있는 상황이 심의민주주의가 작동하는 기본조건이 된다는 것이다(Habermas, 1996; Dryzek, 2000). 이미 편이 갈라진 상태에서 서로 지지 않으려고 하는 토론에서는 이러한 선호변경이 거의 발생하지 않는다. 국회의 쟁점 토론이 대부분 그러하고, TV의 시사토론 방식도 마찬가지다. 거꾸로 시민의회에서는 토론이 진행될수록 선호변경이 오히려 매우 자연스럽게 이루어진다. 기존의 사례에서 공통적으로 확인된 사실이다.

그것이 가능한 것은 시민의원의 선발원리(무작위 선발) 자체가 미리 결정되어 있는 입장이나 소속을 전제로 이루어지는 것이 아니기 때문이다. 이 점에서 선거와 원리상 반대다. 선거는 통상 피선거 대상이 어떤 특정한 정당이나 조직의 소속이거나, 또는 특정한 입장을 확고하게 가지고 있다는 것을 전제로 행해진다. 반면 무작위 선발에서는 원리적으로 그러한 전제가 오히려 깨끗이 지워지는 것을 전제한다. 특정 사안에 연관된 특정 소속이나 위치에 묶여있지 않을 때 일반인이 해당 사안에 대해 갖게 되는 견해와 입장이란 숙고된 것이 아니고 느슨한 느낌 또는 판단 이전의 유동적인 의견의 소산인 경우가 대부분이다. 충분한 정보가 제공되고 공정한 토론이 보장되면 충분이 바뀔 수 있는, 숙고된 판단 이전의 초벌적 견해인 것이다. 시민의회에 추첨 선발되어 모인 일반시민들은 자신만 아니라 모두가 서로를 그러한 상태에 있을 것이라고 간주하고 있기 때문에 상대의 의견이 자신과 다를 때 오히려 이를 흥미롭게 생각하고 듣는 모습을 보여준다.[12] 이러한 과정은 어느 특정 정당에 유리하거나 불리하게 편향될 이유가 없다. 오히려 비반성적인 편향을 조절하고 바로잡는다. 그래서 앞서 시민의회를 통한 개헌 논의가 가장 공정하고 중립적으로 될 것이라 했다. 그럼에도 굳이 현재 한국에서 소집될 시민의회의 논의의 흐름을 규준할 어떤 중심이 있다면 무엇이 되겠느냐고 묻는다면, 그것은 오직 촛불혁명의 민의와 지향일 뿐이라고 답하겠다.

다시 말해, 현재로는 거대한 에너지 덩어리 상태에 있는 촛불혁명의 민의와 지향을 현실로 구체화시켜줄 수 있는 가장 공정하고 효과적인 방법이 잘 조직된 시민의회의 심의를 통하는 길이다.

시민의회의 논의 과정에서 공통적으로 나타나는 이러한 상황은 존 롤스가 '정의의 원칙'을 도출할 때 설정했던 '무지의 베일(veil of ignorance)'의 상황과 매우 흡사하다. 그는 이 상황을 판단자 각 개인이 자신의 자연적, 사회적, 경제적, 정치적 귀속(歸屬)을 모르고 있다는 가정 위에서 합리적 판단을 모아가는 것이라고 하였다.[13]

12) 실제 소집된 여러 시민의회 홈피에 참가 시민의원들이 남긴 공통된 반응이다. 아일랜드 시민의회 사례에서 이 측면을 살핀 글로는 Jane(2016: 198–212) 참조.

13) Rawls(1971: 136-142) 참조. 필자는 '시민의회'의 헌법 이론적 근거를 주로 롤스가 '정의론'에서 전개했던 논변에 의거하여 제시해 둔 바 있다. 필자가 제안하는 '시민

달리 표현하면 자신의 귀속조건에 괄호를 치고 공적 논의에 임하게 되는 상황이라고 할 수 있다. 롤스의 저작들에서는 이러한 가설적 상황이 어떻게 현실화될 것인지에 관한 구체적 언급을 찾아 볼 수 없지만, 우리는 이미 현실에서 시행된 시민의회의 논의 과정에서 그와 매우 흡사한 토론 상황이 구현되고 있음을 확인할 수 있다.(Lang, 2007; 오현철, 2010; 김상준, 2011: 348-370; Suiter, 2016)

이렇듯 선호변경이 이루어지는 토론과정을 통해 시민의회는 안정된 초다수 합의에 도달하게 되며, 이 점이 시민의회의 큰 강점이다. 만일 이번 대선 이후 대통령령에 의해 시민의회가 소집되어 대통령과 국회, 그리고 시민사회의 협력 속에서 개헌안을 논의하게 된다면 공중(公衆)의 관심은 대단히 클 것이고, 여러 지상파, 종편, 인터넷 미디어가 이를 중계하게 될 것이다. 이렇듯 공개된 과정을 통해 높은 관심 속에서 도달한 시민의회의 초다수 결정을 국회에서 부결하기는 대단히 어려울 것이다. 이것은 이미 시민의회 토론 과정에서 각 정당과 시민사회의 여러 의견들이 충분히 반영된 공정한 토론의 결과 도달한 합의일 것이기 때문이다. 그럼에도 여기에 적극적으로 부결을 시도하는 세력이 있다면, 그쪽이 져야 할 정치적 부담은 매우 클 것이다. 2016년 12월 9일의 국회 탄핵 가결 표결과 유사한 상황, 유사한 결과에 이를 공산이 크다. 이렇게 국회에서 가결된 헌법 개정안을 최종적으로 국민투표에 부치면 된다.

의회라는 새로운 기관의 헌법기구화'가 롤스가 헌법적 합의의 기초로 간주하였던 '정의의 원칙(principle of justice)'과 '기본권들의 체계(system of fundamental rights)'의 논변에 완전히 부합한다는 주장이었다(김상준, 2006: 258-263; 2017: 333-339). 법이론 차원에서 예상되는 반론에 대한 답변은 김상준(2007: 172-181; 2017: 339-347)에 제시해 두었다.

V. 시민사회와 국회에서 이미 진행 중인 '시민정치 헌법화'

'시민정치의 헌법화'는 이미 진행 중이다. 작년 촛불 광장에서부터 다양한 형태의 광장 토론회가 열렸다. 또한 개헌과 개혁입법을 위한 많은 시민조직들이 결성되어 꾸준히 토론회를 개최하고 있다. 전국각지의 민회와 소단위 토론모임을 포함하면 이러한 형태의 촛불혁명을 잇는 시민모임들은 매우 많다. 온라인의 다양한 정책토론, 법안토론 플랫폼들도 우후죽순처럼 생겨나고 있다. 이러한 밑으로부터의 다양한 시민토론회를 '운동적 시민의회' 그리고 '법 밖의, 제도 밖의 시민의회'라 부를 수 있겠다.

그러나 법적·제도적 실효력의 측면에서 이러한 운동적 시민의회는 한계를 가지고 있다. 이러한 방법만으로는 결국 국회를 압박하여 국회가 해결해주기를 바라는 데에 그칠 수밖에 없기 때문이다. 앞서 살펴보았듯, 현재의 국회는 이러한 밑으로부터의 입법청원, 개헌청원을 수용하는 데 분명한 한계를 가지고 있다. 약속은 해줄 수 있겠지만, 그 약속이 지켜진다는 보장은 전혀 없다. 물론 당연할 말이지만 이러한 시민사회에서 밑으로부터 형성된 시민의회 동력은 매우 중요하다. 필자는 시민의회를 처음 제안하면서부터 시민의회의 소집은 ① 국민의 일정한 수, ② 국회의원의 일정한 수, 그리고 ③ 대통령에 의해 가능하다고 하였다(김상준, 2005; 2006). 국회나 대통령을 움직일 수 있는 힘은 결국 다수 국민의 모아진 뜻이다. 따라서 현재 시민사회에서 개혁입법과 헌법개정을 위해 다양한 형태로 결집한 시민단체들 역시 법적·제도적 시민의회의 소집을 요구하는 동력으로 전환될 수 있다.

시민의회가 실제로 소집되어 가동되면 이들 온-오프라인의 다양한 시민단체들은 더욱 큰 동력과 집중력을 가질 수 있다. 제도 안의 시민의회와 제도 밖의 시민운동이 상호 상승시키는 힘이 되는 것이다. 촛불집회로 생겨난 새로운 집단들만 아니라, 촛불집회 이전부터 87년 체제 극복을 위한 개헌과 개혁입법 작업을 준비해 온 시민단체들은 시민의회에 의견집단으로 적극적으로 참여하여 자신들의 입장을 개진할 기회를 놓치지 않을 것이다. 아일랜드를 포함한 여러 시민의회 사례는 인터넷을 통한 시민들의 논의 참여가 매우 활발하였음을 보여준 바, 촛불혁명으로 활력을 더한 한국의 온라인 시민운동은 타국의 사례를 크게 뛰어넘는 참여열기를 보여줄 것이다. 시민의회 소집은 정당 발전에도 큰 자극이 될 수 있다. 각 정당의 입장을 정리하여 명확하게 할 것을 요청받기 때문이다.

그동안의 시민의회 논의가 시민사회에만 국한되어 있었던 것은 아니다. 국회 내에서도 이러한 논의에 민감하게 반응해 온 부분들이 있다. 시민의회 입법화가 최초로 국회에서 언급된 것은 2016년 12월 8일 더불어민주당 윤호중 정책위원장이 국회 정책조정회의에서 '시민3법'으로 '시민자유법', '시민의회법', '시민공익위원회법'을 제정하겠다고 한 발언이었다. 그러나 이 제안은 그동안 야당이 약속했던 여러 개혁법안들과 마찬가지로 입법화는 물론 아직까지 법안으로 발의되지도 못한 상태다.

여기서 한발짝 더 나가 더불어민주당 개헌특위 위원의 한 사람인 김종민 의원은 2017년 2월 15일 국회의원 12인의 서명을 받아 <국민 참여에 의한 헌법개정의 절차에 관한 법률안>(이하 <국민참여 개헌절차법안>)을 발의하였는데, 이 안에 이 장(章)에서 살펴본 시민의회와 구성원리가 유사한 '시민회의'를 포함시켰다. 이 법안에 대한 토론회에서 대표발의자인 김종민 의원이 발표한 바와 같이 "시민이 직접 정치에 참여하기 위한 시민의회를 도입하기 위한 첫 번째 시도에 대해 많은 관심과 지지가 필요"하다는 데 충분히 공감한다(백년포럼, 2017: 8). 그러나 시민의회가 최초로 일단 법안화된 만큼, 그 내용이 제대로 잡힐 수 있도록 각별한 주의와 관심을 기울이는 것은 더욱 중요하다.

이 법안은 9개장 27개조 부칙 2개조로 이뤄져있다(<별첨자료> 참조). 이 법안의 제4, 5, 6장(11조-22조)이 "무작위 추출방식으로 정한" "200명 이상 300명 이하"의 "시민회의"의 직무에 대해 다루고 있다. 규모나 방식에 있어서는 이 장(章)이 제안하는 시민의회의 구성 원리와 규모를 비교적 잘 반영하고 있다고 할 수 있다. 그런데 이 법안은 그렇듯 소집된 시민의회가 개헌특위에 종속되어 제 기능을 충분히 다하지 못하게 될 소지가 있다. 이 점을 살펴보기로 하자.

이 법안에서 '시민회의'는 '자문위원회'(제3장)와 함께 '헌법개정특별위원회'(2장)의 소속 기구로 되어 있다. 자문위원은 "정당 또는 시민단체 등의 추천에 의하여 (개헌특위) 위원장이 임명"하고(9조) '시민회의'의 '회원'은 (개헌특위)위원장이 "회원후보예정자명부 중에서 필요한 수의 회원후보자를 무작위 추출 방식으로 정"하는 것으로 되어 있다(15조). '시민회의'의 역할은 개헌특위가 작성한 "헌법개정안 기초안"에 대한 "회의 및 토론", "공론조사", "관련 홈페이지, 우편, 문서 등을 통해 제기된 국민 제안에 대한 검토 보고서 작성"을 통해 최종적으로 시민회의의 "헌법개정안에 대한 의견서, 결과보고서 또는 검토보고서를 (개헌특위) 위원장에게 보고"하는 것이다(13조). 그리고 개헌특위는 "(개헌특위) 의결로 헌법개정안 기초안을 확정하고 이를 "(국회)의장에게 보고"하는데, "헌법개정 기초안을 확정함에 있어서 자문위원회 및 시민회의가 제출한 의견서 및 보고서를 존중하여야 한다"고 하였다(6조).

시민의회가 국회 개헌특위의 소속기구가 되는 것은 시민의회의 취지에 부합하지 않는다. 현재의 법안에서는 '시민회의'가 제2의 '자문위원회' 이상의 역할을 하기 어렵다. 결국, 이 법안의 '시민회의'는 ('자문위원회'와 마찬가지로) '개헌특위'가 그 의견을 참고하는 대상일 뿐, 개정안을 합의·확정할 어떠한 형태의 독립적인 권한도 가지고 있지 않다. 현재의 법안대로라면 '시민회의'가 개헌특위 및 특위 위원장의 의사에 종속되어 제대로 된 공정하고 독립적인 심의를 진행하기 매우 어려울 것이고, 또한 그렇듯 개헌특위에 종속되어 운영되는 '시민회의'가 국민의 기대나 관심을 받기도 어려울 것이다. 지금까지 진행된 개헌특위와 자문위가 국민적 기대나 관심의 사각지대에 있었던 것과 크게 달라질 것이 없다. 결국, 이 법안대로라면 시민의회의 본래의 취지가 크게 약화되거나, 실종 내지 변질될 우려가 크다.

그렇다면 국회에서 제정할 제대로 된 개헌 시민의회법은 어떠한 내용이 되어야 할까? 개헌 시민의회 소집 대통령령이 그렇듯이, 국회의 개헌 시민의회법도 심의의 주체를 국민으로 설정하는 것이 되어야 마땅하다. 따라서 시민의회는 개헌특위와는 별개로 독자적인 권한을 가진 법적 기구가 되어야 한다. 앞 절에서 논의한 것처럼, 개헌특위에서 논의된 개헌안들은 시민의회에 제출되어 토론된다. 개헌특위가 제출한 개헌안은 주요 쟁점 조항에서 복수의 안들이 제출될 가능성이 크고, 경합하는 안들에 대한 의견발표는 꼭 개헌특위 위원에 국한될 이유가 없을 것이다. 각 당을 대표하는 국회의원이나 집단이 당사자가 될 수도 있다. 아울러 개헌논의를 준비해 온 시민사회의 주요 의견 집단들이 시민의회에 적극 참여하는 것이 매우 중요하다. 이들에게도 충분한 기회가 주어지고 그 안은 충분히 토론될 것이다. 심의결과 합의된 내용은 '의견서'나 '보고서'가 아닌 '시민의회 개헌안'이 될 것이고, 이 개헌안은 준(準) 법적인 구속력을 갖는 국회 권고안이 된다. 국회가 시민의회법을 제정하여 소집하는 이유는 국회가 해당 사항에 대해 시민의회 합의도출을 의뢰·요청하는 것이니만큼, 시민의회가 도출한 합의안은 마땅히 국회 자체의 결정에 준하는 '준(準) 법적 구속력'[14]을 갖는다. 이러한 지위를 갖는 '시민회의 개헌안'은 개헌특위가 아닌 국회 본회의에 바로 상정되는 것이고, 본회의의 심의를 거쳐 표결에 부쳐진다.

더하여 제대로 된 시민의회법에서 특별히 공을 들여야 할 부분은 시민의회 운영기구에 관한 장과 조항들이다. 무작위 선발되어 구성된 시민의원들이 정보제공이나 논의진행에서 불편함 없이 효

---

14) 이 부분에 대해 한 익명의 평자는 "법학적 관점"에서는 시민의회가 도달한 최종안이 "법적 구속력이 없는 일종의 '권고적 효력'을 갖지만, 그것이 쉽게 거부할 수 없는 현실적인 힘을 갖기 때문에" 필자가 '준 법적 구속력'을 갖는다고 표현한 것이 아니겠느냐고 지적해 주었다. 법학 전공자가 아닌 필자에게 도움이 되는 좋은 지적이라고 생각한다. 필자가 보기에 시민의회 합의안의 법적 구속력 정도와 여부는 시민의회의 정치적 대표성에 대한 국민의 인식과 합의의 정도에 따를 것으로 보인다. 우선 이론적으로는 무작위 시민 선출이 최소한 선거에 의한 대표성에 '준하는' 대표성을 충분히 갖고 있다고 분명히 말할 수 있다(앞의 각주 5와 김상준(2011: 348-370) 참조). 그러나 이것이 현실에서 얼마만큼 수용되느냐의 여부는 실제 제도수행에 따라 결정될 문제다. 지금까지 소집된 해외 시민의회의 사례들을 보면, 시민의회가 해당 국민들 속에서 최소한 의회에 '준하는' 대표성을 가지고 있는 것으로 인식되어 왔다고 할 수 있다.

율적으로 진행되도록 모든 과정들이 세심하고 매끄럽게 잘 조직될 수 있어야 한다. 이를 위해 충분한 권한을 가지고 시민의회 전체의 원활한 진행을 책임지고 관장하는 운영기구에 관한 조항을 잘 마련해야 한다(김상준, 2011: 329-330). 현재 발의된 <국민참여 개헌절차법안>에는 이에 관한 별도의 조항이 없다. '시민회의'의 진행이 형식화되지 않을까 우려하는 또 하나의 이유다.

현재 발의 중인 <국민참여 개헌절차법안>은 이렇듯 몇 가지 중요한 결함을 가지고 있지만, 그조차 국회에서 입법될 가능성은 현재 그다지 크지 않다.[15] 그러나 한국의 국회사상 최초로 '시민의회' 취지를 반영한 입법화가 시도되었다는 의미가 있다. 앞서 논의한 바와 같이 현재의 국면에서는 대통령령에 의한 '헌법개정 시민의회'가 소집되는 경로가 보다 현실에 가까운 것으로 보인다. 그렇게 되면 시민의회의 독립적 역할을 제대로 규정한 <헌법 개정안 심의를 위한 시민의회 소집 대통령령>이 참고할 안의 하나로서 현재 발의된 법안도 포함될 수 있을 것이다.[16]

---

15) 서명 발의 의원 수는 12인이다. 통상 입법 발의안 서명자수에 비해 작은 수자다.

16) 현재 이지문 외 4인에 의해 <헌법개정안 마련을 위한 시민의회의 설치 및 운영에 관한 법률안>이 정의당 윤소하 의원의 소개를 받아 입법청원 중이다. 이 법안은 이 글에서 논의한 시민의회 취지에 보다 가까운 내용을 담고 있다. 그러나 이제까지 입법청원된 법안들이 대부분 임기만료로 폐기되거나 관련 상임위 자체 판단에 의해 아예 본회의에 부쳐지지도 않았던 것처럼, 이 법안 역시 아직까지 아무런 진행이 없이 묵혀져 있는 상태이지만, 이 역시 이후 시민의회 소집이 이슈화되면 중요한 참고 자료의 하나로 고려될 것이다.

VI. 촛불혁명의 힘으로 소집될 한국 시민의회의 특별한 의의

이상 검토한 '시민정치 헌법화'의 경로와 방법, 즉 시민의회를 통한 개헌이라는 방법론이 단지 이론적 검토 대상이 아니라 현실의 시급한 요청 사항으로 떠오르게 된 것은 전적으로 2016-2017년 촛불혁명의 거대한 힘 때문이었다. 필자가 시민의회의 발상을 이론차원에서 처음 제기했던 때와 현재의 시민의회에 대한 공중(公衆)의 반응은 커다란 차이가 있다. 그만큼 촛불혁명을 현실 제도로, 법률로, 헌법으로 구현하려는 대중적 의지와 열망이 높기 때문일 것이다. 이제는 이미 여러 나라에서 성공적으로 수행해 본 제도라는 사실이 일반인에게도 상당히 널리 알려졌고, 현재 개회 중인 아일랜드 시민의회에 대한 여러 언론의 보도도 시민의회에 대한 일반인의 이해를 크게 넓혔다. 그러나 이 장(章)에서 검토했던 것과 같은 시민의회가 한국에서 소집된다면, 그것은 기존의 어느 나라에서 소집되었던 것보다 한 단계 수준 높은 시민의회가 될 가능성이 매우 크다. 지금까지 국회에서 답보상태에 묶여있던 개혁입법도 새 헌법이 통과되고 나면 새로운 동력을 갖게 된다. 새 헌법은 개혁입법을 위한 강력한 헌법적 근거를 마련해 줄 것이기 때문이다. 기존 문제 법안들의 위헌 여부가 논의될 것인 바, 이는 개혁 입법을 강력하게 뒷받침할 것이다. 촛불개헌이라는 고리를 먼저 풀어야 개혁입법이라는 실타래가 따라 풀리는 순서인 것이다.

기존에 소집되었던 여러 나라의 시민의회 소집의 배경에도 어느 정도의 대중적 동력들은 존재했다. 특히 2012년 아일랜드 개헌 시민의회 소집의 배경에는 2011년의 국가부도 사태에 이르게 한 정치권에 대한 분노의 폭발이 있었다. 그러나 작년과 올해 한국의 촛불 혁명과 같은 거대하고 강력한 대중행동에 비교할만한 것은 아니었다. 만일 2016년 12월 9일 국회가 탄핵안을 부결시켰다면 국회 자체가 부정되면서 사태는 혁명적으로 진행되어 갔을 것이다. 234표의 찬성으로 탄핵안은 뜨거운 지지 속에 가결되었고, 이를 통해 국회 역시 간신히 그 정당성을 유지할 수 있었다. 2011년 아일랜드의 진취적 정당들은 시민사회와 함께 시민의회를 통한 시민참여 정치개혁과 개헌의 발상을 공유하면서, 정당, 의회, 정치인 전체에 대한 대중의 깊은 불신을 어느 정도 누일 수 있었다. 그 결과 시민의회소집을 공약한 정당들이 총선에서 승리하여 새로운 정부를 구성할 수 있었다.

한국에서도 구체제의 개혁을 지향하는 정당들은 이러한 경험에서 배워야 한다. 시민의회와 같은 '시민정치 헌정화, 제도화'의 방법을 통해서 정치권, 정당, 국회에 대한 국민의 깊은 불신을 해소해 가야 한다. 이번 기회에 시민의회와 국회, 그리고 시민사회가 잘 협력하여 제대로 된 훌륭한 개헌을 성사시킨다면 국민들과 국회, 정당, 정치인들 간의 거리는 부쩍 가까워질 수 있다. 시민정치의 헌법화와 함께 정치권의 신뢰도 회복하는 윈-윈의 계기가 되는 것이다. 그동안 시민의회가 소집되었던 나라들이 의회주의와 정당체제가 잘 발달된 나라들이었음을 염두에 둘 필요가 있다. 의회주의와 정당체제에 대한 신뢰를 높이기 위해 시민의회를 소집하였던 것이다. 끝으로 대선 이후 '헌법개정 시민의회'가 소집된다면, 시민의회 자체를 헌법기구화 하는 의제를 심의 사항으로 올릴 수 있고, 이 제안은 촛불혁명의 동력을 생각해 볼 때 합의될 가능성이 크다. 그렇게 되면 대한민국은 세계헌정사상 획기적인 진일보를 이룬 나라가 되고, 대한민국 헌법은 세계인이 모범으로 삼는 새로운 표준을 하나 제시할 수 있게 될 것이다.

끝으로 이 장(章)의 서두로 돌아가 한국 현대사에서 대략 30년 사이클로 반복되었던 '독재가 민주를 회수하는 마의 순환고리'를 끊는 문제에 대해 다시 생각해 본다. 2016년 10월 말 이후 6개월여 동안 한국 정치의 지형은 상전벽해처럼 크게 변했다. 그 시간 동안 확인했던 것은 촛불 민의의 힘은 일시적이거나 시사(時事)에 따라 부침하는 표면의 파도가 아니었다는 사실이다. 이후 대통령 탄핵-구속 수사, 대선에서의 야권승리의 과정에서 흔들림 없는 지향을 분명히 해주었다. 깊은 해류의 전환이 발생했음을 분명히 보여주었다고 생각한다. 이 힘에 충실하면서 그 지향을 적절히 제도화시키는 과제가 남아있다.

2016년 10월 이후 불과 몇 달 만에 시민의회 발상은 현실적 제도화의 가능성에 부쩍 접근했다. 이제 대선 이후 이 발상이 어떻게 더욱 현실에 접근해 가는지 예의(銳意) 주목해 볼 필요가 있다. 촛불 민의는 대선 승리보다 훨씬 높은 목표를 지향하고 있다. 대통령 하나를 바꾸자는 것이 아니라, 대한민국의 권력기구 구성과 작동 방법을 전면적으로 민주화하고, 대한민국이 평화 속에서 국제적으로 공존하며 번영해 나갈 방안에 대한 국민적 합의를 새롭게 이루어 내자는 데 있다. 이러한 과제는 우리 사회 전 부면에서 장기적 호흡을 가지고 꾸준하고 일관되게 차근차근 수행되어 가야할 일이다.

이 장(章)에서 제안한 시민의회는 그렇듯 큰 과제의 실현을 위해 복무하는 한 부분이지만, '촛불혁명의 헌법화'라는 중차대한 과제를 현실화시킬 수 있는 유력한 방법론이라는 점에서 특별한 관심이 필요하다. '촛불혁명의 헌법화'란 한 차례로 마무리되지 않을 '장기 과제'가 될 것으로 보이기 때문에 더욱 그러하다. 또한, 시민의회라는 방법은 비단 '촛불헌법'의 제정만이 아니라, 선거법 개정, 또는 지방자치의 강화와 활성화 등 여러 부분에 적용될 수 있는 방안이고, 이러한 과제들은 가까이는 2018년의 지방의회 선거, 이어 2020년의 총선에 이르기까지, 또는 그 이후에도 필요한 경우라면 항상 지속적으로 제기될 문제들이다. 촛불혁명의 숨결을 길게 볼 때, 시민의회 의제가 지속적이고 장기적인 역할을 해야 할 이유다.

[참고자료]

국민 참여에 의한 헌법개정의 절차에 관한 법률안

의안번호: 2005639

발의연월일: 2017. 2. 15.

발 의 자: 김종민·정춘숙·백재현·원혜영·강창일·윤후덕·위성곤·우원식·김정우·신창현·최운열·강병원 의원(12인)

제1장 총칙

제1조(목적) 이 법은 대한민국 헌법 개정 절차를 정하고 헌법 개정의 민주적 정당성을 확보하기 위하여 국민이 개정안의 작성에 참여하는 제도를 시행함에 있어서 참여의 절차와 권한을 명확히 하고, 회의체의 운영과 그 밖에 필요한 사항에 관하여 규정함을 목적으로 한다.

제2조(정의) 이 법에서 사용하는 용어의 정의는 다음과 같다.

1. "헌법개정안"이란 「대한민국헌법」 제128조제1항에 따라 국회의 발의로 제안된 헌법개정의 안건을 말한다.
2. "헌법개정안 작성"이란 헌법개정안 기초안의 작성·수정, 자료수집·분류·발간·관리·분석 등과 관련된 사항을 말한다.
3. "헌법개정안 기초안"이란 헌법개정의 안건을 위하여 작성한 안으로서 제6조제1항에 따른 확정이 있기 전의 안건을 말한다.

제3조(국민의 권리) 대한민국 국민은 이 법으로 정하는 바에 따라

헌법개정안의 작성에 참여할 권리를 가진다.

제4조(국회의 의견 수렴) ① 국회는 헌법개정안을 발의하기 위하여 국민의 의견을 수렴하고 국민 참여가 활성화되도록 노력하여야 한다.

② 의장은 기간을 정하여 다음 각 호의 사항을 이행하여야 한다.

1. 헌법개정특별위원회를 통한 의견 수렴
2. 그 밖에 헌법개정에 관한 의견을 수렴하기 위하여 국회규칙으로 정하는 사항

③ 의장은 제2항에 따른 기간을 정하기 위하여 각 교섭단체대표의원과 협의하여야 한다.

④ 의장은 제1항 및 제2항에 따른 활동을 위한 예산을 확보하기 위해 노력해야 한다.

제2장 헌법개정특별위원회

제5조(헌법개정특별위원회) ① 국회는 헌법개정안 기초안 작성, 제출된 헌법개정안에 대한 심사 및 헌법 개정에 관한 의견수렴을 위하여 「국회법」 제44조에 따라 의결로 헌법개정특별위원회(이하 "위원회"라 한다)를 둘 수 있다.

② 위원회는 위원장 1인을 둔다. 위원장은 위원 중에서 호선하고 위원회를 대표하며, 위원회의 업무를 총괄한다.

③ 위원회는 분야별 심사를 위하여 분과위원회를 둘 수 있다.

④ 위원회는 헌법개정에 관련하여 제4조제1항 및 제2항에 따른 다음 각호의 업무를 수행한다.

1. 헌법개정에 관련하여 국민을 대상으로 한 교육, 공청, 토론
2. 헌법개정에 관련된 각종 조사 활동
3. 헌법개정에 관련하여 자율적으로 진행되는 각급 단위 토론회에 대한 지원
4. 헌법개정에 관련된 국민제안에 대한 의견 수렴 및 검토

⑤ 국가는 위원회의 업무 수행 등을 위하여 필요한 재정적 지원을 할 수 있다.

⑥ 위원회는 제8조에 따른 헌법개정안 작성을 위한 대한민국 헌법개정자문위원회, 제11조에 따른 헌법개정안 작성을 위한 대한민국 헌법개정시민회의를 구성하고 운영한다.

⑦ 위원회는 헌법개정에 관련된 모든 정보와 자료를 공개하여야 한다. 다만, 특별한 사유가 있는 경우에는 「공공기관의 정보공개에 관한 법률」 제9조에 따라 비공개 할 수 있다.

⑧ 그 밖에 위원회의 구성과 운영에 관하여 필요한 사항은 국회규칙으로 정한다.

제6조(헌법개정안 기초안의 확정) ① 위원회는 의결로 헌법개정안 기초안을 확정(이하 "확정"이라 한다)한다.

② 위원회는 제1항의 확정을 함에 있어서 자문위원회 및 시민회의가 제출한 의견서 및 보고서를 존중하여야 한다.

③ 위원장은 제1항의 확정이 있은 뒤에는 이를 지체 없이 의장에게 보고하여야 한다.

제7조(국회 보고) 헌법개정특별위원회는 필요한 경우 국회에 제출된 헌법개정안에 대하여 심사한 결과를 본회의에 보고할 수 있다.

제3장 자문위원회

7제8조(자문위원회의 설치) 위원회는 헌법개정안 기초안의 작성에 전문적이고 다양한 의견을 수렴하기 위하여 위원회 소속으로 헌법개정안 작성을 위한 대한민국 헌법개정자문위원회(이하 "자문위원회"라 한다)를 둔다.

제9조(자문위원회의 구성) ① 자문위원회는 위원장 1명을 포함한 50명 이내의 위원으로 구성한다.

② 위원은 의장, 정당 또는 시민단체 등의 추천에 의하여 위원장이 임명한다.

제10조(자문위원회의 직무) ① 자문위원회는 다음의 직무를 수행한다.

1. 헌법개정에 관한 자료 수집 및 분석
2. 헌법개정에 관한 의견수렴 또는 여론조사의 검토
3. 헌법개정안 기초안에 대한 의견서 제출
4. 헌법개정에 관한 교육 또는 홍보에 대한 의견서 제출
5. 그 밖에 헌법개정에 대한 자문활동을 수행하기 위하여 필요한 사항

② 자문위원회는 회의결과 및 의견서를 위원장에게 보고한다.

제4장 시민회의

제11조(시민회의의 설치) 위원회는 제4조제2항에 따른 국민 의견수렴의 결과를 반영하고 헌법개정안 기초안의 작성 과정에 국민들의

직접 참여를 보장하기 위하여 위원회 소속으로 헌법개정안 작성을 위한 대한민국 헌법개정시민회의(이하 "시민회의"라 한다)를 둔다.

제12조(시민회의 구성) ① 시민회의는 200명 이상 300명 이하의 헌법개정안 작성을 위한 대한민국 시민회의 회원(이하 "회원"이라 한다)으로 구성한다.

② 회원은 이 법에 따라 위원장이 임명한다.

③ 시민회의 의장은 위원 자체 회의를 통해 호선으로 정한다.

④ 시민회의 제반 운영 사항에 대해서는 자체 회의를 통하여 정한다.

제13조(시민회의의 직무) ① 시민회의는 다음의 직무를 수행한다.

1. 헌법개정안 기초안에 대한 회의 및 토론
2. 헌법개정안 기초안에 대한 자체 공론 조사
3. 헌법개정안 관련 홈페이지, 우편, 문서 등을 통해 제기된 국민 제안에 대한 검토 보고서 작성
4. 헌법개정안 기초안에 대한 의견서 제출

② 시민회의는 제1항 각 호의 직무 수행을 위하여 필요한 경우에는 공무원·관계 전문가 등에 자료 또는 출석을 요청할 수 있다.

③ 제2항의 요청을 받은 사람은 특별한 사유가 없는 한 응하여야 한다.

④ 시민회의는 헌법개정안에 대한 의견서, 결과보고서 또는 검토 보고서를 위원장에게 보고하여야 한다.

제5장 시민회의 회원의 선정과 사임

제14조(시민회의 회원후보예정자명부의 작성) ① 위원장은 시민회의 회원후보 예정자명부가 헌법개정안에 대한 전체 국민의 일반 의사를 반영할 수 있도록 무작위 추출방식으로 작성한다.

② 위원장은 회원후보예정자명부를 작성하기 위하여 행정자치부장관에게 대한민국에 거주하는 만 19세 이상 국민의 주민등록정보에서 일정한 수의 회원후보예정자의 성명·생년월일·주소 및 성별에 관한 주민등록정보를 추출하여 전자파일의 형태로 송부하여 줄 것을 요청할 수 있다.

③ 제1항의 주민등록자료는 무작위로 추출되어야 하고, 회원후보예정자의 성별 및 생년월일은 주민등록번호의 기재로 갈음할 수 있다.

④ 제1항의 요청을 받은 행정자치부장관은 30일 이내에 주민등록자료를 의장에게 송부하여야 한다.

⑤ 위원장은 주민등록자료를 활용하여 회원후보예정자명부를 작성한다.

제15조(회원후보자의 결정 및 통지) ① 위원장은 회원후보예정자명부 중에서 필요한 수의 회원후보자를 무작위 추출 방식으로 정하되 성별, 연령, 지역이 균등하게 배분될 수 있도록 하여 회원의 선정기일을 통지하여야 한다.

② 제1항의 통지를 받은 회원후보자는 선정기일에 국회에 출석하여야 한다.

③ 회원후보자의 결정 및 통지에 관하여 필요한 사항은 국회규칙

으로 정한다.

제16조(회원의 결정) ① 선정기일에서는 회원후보자의 명예가 손상되지 아니하고 사생활이 침해되지 아니하도록 배려하여야 한다.

② 선정기일은 공개하지 아니한다. 다만, 당사자의 동의를 얻어 진행의 기록을 공개할 수 있다.

③ 위원장은 선정기일의 속행을 위하여 새로운 기일을 정할 수 있다. 이 경우 선정기일에 출석한 회원후보자에 대하여 새로운 기일을 통지한 때에는 출석통지서의 송달이 있었던 경우와 동일한 효력이 있다.

④ 위원장은 선정기일에 출석한 회원후보자의 수락 의사를 물어보고 회원을 결정한다.

⑤ 선정기일의 진행 및 회원의 결정에 필요한 사항은 국회규칙으로 정한다.

제17조(회원후보자의 사임) 제15조제1항의 통지를 받은 회원후보자는 선정기일 또는 그 전에 사임할 수 있다.

제18조(회원의 사임) ① 회원은 다음 각 호의 어느 하나에 해당하는 때에는 사임할 수 있다.

1. 건강상의 사유로 회원의 직무를 수행하기 어렵다고 판단되는 경우
2. 그 밖에 회원의 직무를 수행하기 어렵다고 판단되는 경우

② 제1항의 사유는 회원이 직접 서면으로 소명하여야 한다.

제19조(결원에 대한 충원) ① 시민회의는 제18조에 따라 결원된 경우 위원장의 동의를 얻어 의결로 제15조제1항에 따른 회원후보자 중에서 회원을 충원할 수 있다.

② 그 밖에 회원의 충원에 관하여 필요한 사항은 국회규칙으로 정한다.

제6장 위원 및 회원의 권익보장

제20조(학업 보장) 고등학교 이상의 학교의 장은 제10조제1항 각 호 및 제13조제1항 각 호의 직무를 수행하는 학생에 대해서는 그 직무수행 기간을 결석으로 처리하거나 그 직무를 이유로 불리하게 처우하지 못한다.

제21조(직장 보장) 국가기관·지방자치단체의 장 또는 고용주는 소속 공무원 또는 소속 임직원이 제10조제1항 각 호 및 제13조제1항 각 호의 직무를 수행하는 때에는 그 직무수행 기간을 휴무로 처리하거나 그 직무를 이유로 불리하게 처우하지 못한다.

제22조(수당 및 실비변상) ① 제10조제1항 각 호 및 제13조제1항 각 호의 직무를 수행하는 사람에 대하여는 예산의 범위에서 수당을 지급할 수 있다.

② 제10조제1항 각 호 및 제13조제1항 각 호의 직무를 수행하는 사람에 대하여는 대통령령으로 정하는 바에 따라 교통비와 그 밖의 실비(實費)를 지급하여야 한다.

제7장 헌법개정안 발의

제23조(헌법개정안 발의) 국회는 제6조에 따라 확정된 헌법개정안을 재적의원 과반수의 발의로 제안한다.

제24조(공고) 제23조에 따라 제안된 헌법개정안은 대통령이 20일 이상의 기간 이를 공고하여야 한다.

제25조(의결) 국회는 헌법개정안이 공고된 날로부터 60일 이내에 의결하여야하며, 국회의 의결은 재적의원 3분의 2이상의 찬성을 얻어야 한다.

제8장 국민투표

제26조(국민투표) 헌법개정안은 국회가 의결한 후 30일 이내에 국민투표에 붙여 국회의원 선거권자 과반수의 투표와 투표자 과반수의 찬성을 얻어야 한다.

제9장 공포

제27조(확정 및 공포) 헌법개정안이 제26조의 찬성을 얻었을 경우에는 헌법개정은 확정되며, 대통령은 즉시 이를 공포해야 한다.

부칙

제1조(시행일) 이 법은 공포한 날부터 시행한다.

제2조(일반적 경과조치) 이 법 시행 당시 종전의 헌법개정과 관련한 특별위원회는 이 법에 따른 위원회로 본다.

제3장 |

시민주도 개헌의 전략과 과제

박재창

I. 들어가며

개헌 논의가 지지부진하다. 이대로 간다면 이번의 개헌이 2018년 6월의 지방선거와 동시에 실시되기는 어려울 것 같다. 나아가 사실상 2018년 이내에 이루어지기 힘들 것이라는 전망도 전혀 근거 없어 보이지 않는다. 자유한국당이 지금처럼 반대하는 한 어떤 개헌안도 국회를 통과하고 국민투표에 부쳐지기는 쉽지 않을 것이기 때문이다(이옥진, 2018.02.02.). 그러나 보다 더 심각한 과제는 지금 같은 양식과 내용으로 개헌 논의가 진행된다면 설사 개헌이 이루어진다고 하더라도 그것이 과연 이 시대의 이데올로기적인 수요를 반영하는 헌법이 될 것인지에 대해 확신이 서지 않는다는 데에 있다.

이번의 제10차 개헌은 과거의 개헌과 여러모로 그의 정당성 근거를 달리한다. 우선 박근혜 정부의 몰락을 불러온 "촛불 민주주의"의 산물이라는 점에서 그렇다. 촛불 민주주의가 "광장"을 통해 주문한 것은 단순히 박근혜 정부의 퇴진만이 아니었다. 현행 헌법대로라면 대통령의 탄핵이 필요할 경우 국정의 정치적 대리인인 국회의원이 먼저 나서야 옳을 일이었다. 헌법이 국회에 대통령 탄핵권을 부여한 탓이다. 그럼에도 불구하고 연인원 천만 명 이상이 광장에 나가 박근혜 정부의 퇴진을 직접 요구한 것은 그런 대의제의 실효성을 더 이상 믿을 수 없다고 판단했던 탓이었다. 그런 점에서 국회는 박근혜 정부의 몰락 이전에 이미 "탄핵"된 것이나 같았다.

촛불 민주주의는 또한 현행 헌법이 규정한 절차에 따라 선출된 대통령의 임기 만료 전에 그의 퇴진을 요구했다는 점에서 이 나라의 최고 법규범이 이제는 더 이상 우리의 실질 사회권력 관계를 규율하는 효율적인 장치가 아니라는 점을 확인해 준 것이기도 했다. 현재의 헌법이 명목상으로만 사회관계를 다루는 최고의 규범일 뿐 실질적으로는 우리사회의 권력운용과정을 규율하는 규범헌법으로서의 정치적 권능이나 정당성 기반이 크게 약화되었다는 의미다. 따라서 "촛불"은 현행 헌법을 오늘의 실질권력관계를 반영하는 새 헌법으로 개정해야 한다는 점을 알리는 신호탄이기도 했다. 이런 현상은 4.19혁명 이후의 내각제 개헌이나 87년 6월 항쟁 이후 직선제 개헌에 나서야 했던 사정과 유사하다.

이렇듯 현행 헌법이 우리사회의 실질권력관계를 반영하지 않아 단순히 명목헌법으로 평가될 위험성이 커지는 이유 가운데 하나는 현행 헌법이 전제하는 국가와 시민사회 간의 실질 권력관계가 촛불 민주주의를 통해 보다 더 시민사회 친화적으로 이동했음을 확인하게 되었기 때문이다. 우리 국민이 과거의 수동적, 순응적 시민에서 보다 더 적극적이고 능동적인 시민으로 다시 태어나게 되었음을 이번의 촛불 민주주의는 여실히 보여주었다. 따라서 이렇듯 변화된 권력관계를 반영하여 국가와 시민사회 간의 계약 성과물로서의 헌법을 재작성하는 일은 이제 불가피하게 되었다. 문제는 이때의 계약을 기존 계약의 일부수정 문제로 볼 것이냐 아니면 전면 수정에 따른 신규 계약 체결에 버금가는 과제로 보고 접근해야 할 것이냐에 있다.

이 문제에 대한 답을 구하기 위해서는 먼저 오늘날 우리가 추진하는 개헌작업의 성격을 주관적 차원과 객관적 차원으로 나누어 진단해 볼 필요가 있다. 주관적 차원에서는 개헌작업이 과연 실질적으로 국민적 합의에 기초하고 있느냐의 문제를 점검해야 하며, 객관적 차원에서는 헌법의 핵심과제인 권력분립이나 국정운영 양식 같은 국가조직의 기본원리가 오늘날의 사회 현실을 제대로 반영하는지의 여부를 확인해 보자는 것이다. 전자가 헌법의 절차적 정당성을 묻는 것이라고 한다면, 후자는 내용상의 규범적 타당성을 확인해 보고자 하는 일이다.

II. 근대 헌법의 객관적 타당성 검토[1)]

1948년에 제정된 우리 헌법은 기본적으로 근대 입헌주의 이데올로기에 기초해서 마련된 일종의 모방헌법에 해당된다. 제헌 헌법의 기본 프레임을 서구의 역사문화적 소산인 근대 헌법에서 차용한 까닭이다. 그런 점에서 우리는 시민혁명이라는 역사문화적 대전환의 학습 없이 시민혁명의 결과적 소산인 입헌주의를 채택한 셈이다. 그런 탓에 그동안 우리 헌법이 장식헌법 내지는 명목헌법의 지위에 머문다는 평가를 받았다고 해서 결코 놀랄 일은 아니다.[2)] 이 경우 우리사회의 실질권력관계와 헌법상의 규범적 질서가 상합하지 않았을 것은 당연한 이치이기도 하다.

1. 입헌주의와 평등주의의 대립

이렇듯 시민혁명의 소산인 입헌주의는 바로 그런 역사성으로 인해 자유, 평등, 정의를 목적 가치로 삼는다. 그런데 헌법을 통해서 이런 목적가치를 구현하기 위해서는 헌법을 해석하고 집행하는 일이 전제되지 않을 수 없고, 그 과정에서 헌법을 해석하는 엘리트 내지는 전문가의 우월적 지위를 수용하지 않을 수 없게 된다. 법 만능주의 내지는 엘리트에 의한 권력 독점의 위험성이 내재되어 있다

---

1) 박재창(2018, 발간예정)의 "제1장 옴부즈만의 철학적 배경과 기능적 좌표"일부를 발췌, 수정, 보완했다.

2) 존재론적인 헌법유형론의 창시자인 뢰벤스타인에 의하면 1948년의 제헌헌법은 명목헌법, 1961년 이후의 제3공화국 헌법은 장식헌법에 해당된다(김선택 외, 2010: 8).

는 뜻이다. 따라서 사회적 평등이 충족되지 않은 상태에서 지나치게 개인의 자유와 권리를 강조하거나 보호하려는 경우, 실제로는 사회적 엘리트나 사회 상층부의 이해를 우선적으로 대변하는 결과를 불러오기 십상이다. 상황이 이런 만큼 전문가 제일주의 내지는 소수에 의한 다수의 지배가 발현할 위험성에 대해 경각심을 가져야 할 것은 당연한 이치이다.

이런 가운데 산업사회의 도래와 함께 근대 자본주의가 발달하자, 다수의 노동자를 중심으로 새로운 사회 권력의 주체라고 할 수 있는 시민계급이 등장하게 되었다. 이들이 참정의 권한을 주창하면서 참정권의 보편화가 이루어지고, 이를 구현하기 위한 장치로 정당정치가 고안되었다. 다수의 지배를 정당화 하고 또 그것을 구현하려는 참정의 시대, 즉 평등을 으뜸가치로 다루려는 대표성의 시대가 도래한 것이다. 이로서 입헌주의가 지향하는 자유주의적 요소와 대중민주주의가 구현하고자 하는 평등주의적 요소가 충돌하는 결과를 낳게 되었다. 국정운영과정에서는 준법성과 대표성이 갈등을 빚는 이유이기도 하다. 이는 입헌민주주의의 경우 입헌주의와 대중민주주의가 결합하면서 실질권력의 주체가 개인이 되어야 하느냐 아니면 다수가 되어야 하느냐를 내포적 갈등과제로 떠안게 되었음을 뜻한다.

그럼에도 불구하고 입헌주의가 국가권력의 자의적 운영을 방지하려 한다는 점에서 민주정체를 유지하기 위한 핵심 장치, 또는 전제 조건에 해당한다는 사실은 이를 부정하기 어렵다. 그러나 민주주의의 기본원리와 유리된 체 운영될 경우, 사회 구성원의 진정한 자유를 보장하기 어려운 것도 사실이다. 이렇게 놓고 보면 오히려 민주정체가 입헌주의의 전제 조건에 해당된다고 말할 수 있다. 공정한 경쟁의 조건, 기회의 평등 등이 확립되지 않을 경우, 입헌주의의 핵심 기제라고 할 수 있는 헌법 내지는 법치주의 또는 기계적인 평등이 사실은 개인의 실질적인 자유를 왜곡하기 때문이다. 그러나 그렇다고 해서 민주주의의 핵심 가치만을 강조하는 경우 다수에 의한 횡포 내지는 그에 따른 전제주의의 위험성을 피하기 어렵다. 따라서 여하히 자유와 평등 또는 입헌주의와 자유주의 간의 긴장을 완화하고 균형을 유지할 것인가가 민주정체 운영의 핵심 과제로 제기된다.

2. 수평적 권력분립의 실패와 제3의 대안 모색

이런 요구에 부응하여 고안된 국정운영 전략 가운데 하나가 바로 수평적 권력분립이다. 수평적 권력분립은 국가권력 내부의 분업을 통해 분립된 국가 기구들 사이에 권력을 분산하고, 분산된 기구들 사이의 상호 간여와 견제를 통해 힘의 균형을 이루고자 한다. 이렇듯 균형정부(balanced government)는 권력의 집중을 막아 국가권력의 자의적 운영을 적극적으로 차단해보자는 의도의 소산물이다. 나아가 운영 실제에서 이를 보장하기 위해서는 분립된 기구의 담당자들 사이에서 겸직을 통한 권력의 융합이 발생하지 않도록 해야 한다고 보았다. 인적자원의 분립을 국가권력분립의 핵심 구성요소 가운데 하나로 삼는 이유다. 이를 기능론의 관점에서 보면, 국가기구들 사이의 분업을 통해 입헌주의와 대중민주주의 사이의 긴장과 대립을 완화하자는 것이기도 하다.

그런데 권력분립의 대표적인 운영양식 가운데 하나인 3권 분립론은 국가기능을 3개의 국가기관으로 나누어 다수에 의해 대변된다고 간주되는 대중민주주의의 평등성에 대한 요구를 입법부가 수렴하고, 소수의 엘리트를 중심으로 하는 입헌주의의 자유권 보호 정신을 행정부를 통해 반영하며, 자유와 평등 내지는 대중민주주의와 입헌주의 간의 긴장을 순화하기 위한 가치의 해석 내지는 적용의 과제를 사법부가 맡도록 했다. 이럴 경우 국가권력이 분립하는 것은 물론이고 분업의 원리에 따른 분야별 전문성이 제고되며, 나아가 국정운영의 효율성을 높이게 된다고 보았다. 이는 민주주의의 핵심가치인 평등, 자유, 정의를 기능적 분업을 통해 구현하자는 것에 다름 아닌 일이기도 하다.

권력분립은 이렇듯 기관 분립, 인적자원 분립, 기능 분립을 통해 완성된다. 그러나 이의 운영 실제에서 보면 3권 간의 분립 내지는 "견제와 균형"을 서로에 대한 불간섭이 아니라 개입과 간여를 통해 구현하고자 한다는 점에 주목할 필요가 있다. 이는 행정부의 내각이나 대통령이 의회 해산권이나 긴급입법권을 갖고, 의회가 대통령 탄핵권이나 내각 불신임권을 갖는 데에서 극명하게 나타난다. 의회가 입법권을 갖는 데 반해 사법부가 위헌법률심판제청권을 갖는 것도 같다. 이로 인해 3권 간의 분립은 그 운영 실제에 있어 사실상 균형정부가 아니라 혼합정부를 초래한다는 문제를 낳는다. 기관 간의 기능적 경계가 무너지면서 권력의 융합이 발생하고, 그 결과 부분적인 권력분립과 부분적인 권력융합이 동시에 발현하는 현상을 불러왔다. 여기에 더해 정당정치가 발달하면서 정당을 매개로 국가기관 간의 권력분립이 사실상 융합되는 결과를 낳았다. 이런 현상은 권력융합형 정체를 지향하는 내각책임제 국가에서 보다 더 명료하게 드러난다. 그런데 행정부 고위직을 내각책임제의 경우는 입법부 소속 국회의원이 차지하고 대통령제하에서는 정당 추천 인사들로 채우면서 엽관제에 의한 폐해가 일상화 하게 되었다. 인적자원 분립의 원칙이 무너지면서 행정부에 대한 효율적인 통제가 사실상 무력화 하게 된 것이다.[3]

3. 정보사회의 도래와 거버넌스의 수요[4]

따라서 보다 효과적인 행정통제를 위해 제3의 대안을 모색해야 한다는 주장이 팽대하게 될 것은 정한 이치나 같다. 이런 생각은 정보사회가 도래하면서 보다 더 증폭되었다. 정보사회는 정보소통양식의 신속성, 복잡성, 다양성, 역동성으로 인해 사회관계양식을 혁명적으로 바꾸고, 그 결과 정부의 대응양식에도 급진적인 변화를 촉구하게 되었다. 먼저 사회관계가 매우 빠르게 변화하면서 그에 조응해야 하는 정부의 관료적 의사결정 체제는 너무 느리다는 평가를 받는다. 이는 관료제가 안정성과 자급자족성에 기초해 고안된 것인 만큼 당연한 귀결이다. 조직의 변방에서 일어나는 현상에 대한 일차정보를 기관 내부의 일사분란한 계서질서를 통해 일

3) 황도수(2016: 110-113)는 현대사회에서는 권력분립을 권력 남용방지 보다는 권력 운영의 합리성 제고에 초점을 맞추어 이해해야 하며, 그럴 경우 정당 개입으로 인해 무력화 되는 것이 아니라 여당과 야당 간의 관계로 권력분립 전선이 이동했을 뿐이라는 점을 지적하면서도, 정당은 국가기관이 아니며 분점정부의 경우 사실상 야당에 의한 집권 여당의 견제나 통제가 무력화 되고 있어 한계점이 적지 않다는 점을 지적한다.

4) 박재창(2010: 300-304)의 일부를 발췌, 수정, 보완했다.

원적으로 집적함으로서 정보유통과정의 생산성을 담보하고자 한 것이 관료제 구축의 핵심 추동요인이다. 따라서 정부가 사회문제 해결에 보다 더 즉응적으로 대처하기 위해서는 의사결정의 중추를 현장에 접근시켜 정보자원의 수직적 전환에 따르는 시간비용을 절약할 필요성이 제기된다. 그렇지 않을 경우 사회문제 해결의 지체로 인해 국민 고충이 도처에 산재할 것은 너무나도 당연한 일이다.

정보사회는 또 사회관계의 복잡성을 높이게 된다. 그런데 관료제는 상대적으로 느슨한 사회관계망을 전제로 분업의 원리에 기초해서 구성된다. 복잡한 사회정책과제를 몇 개의 부분구성요소로 분해해서 이를 개별적으로 처리함으로서 전체로서의 완성과 문제해결에 이르고자 한다. 이런 관리양식은 부분구성요소 사이의 상호의존성 정도가 상대적으로 낮을 때에나 적실성을 갖는다. 사회관계의 빈도나 밀도가 높아지면서 부분구성요소 간의 상호의존성 정도가 심화되는 경우, 다양한 사회정책 과제가 서로 얽혀 있게 마련이며, 그렇기 때문에 이들 모두를 관통하는 "총합적 접근시각(holistic approach)"(Kettl, 1996)이 아니고서는 효율적으로 문제 해결에 이르기가 쉽지 않다. 고식적인 분업의 원리로는 다양한 정책분야를 관통하는 사회문제 해결에 적절히 대응할 수 없다는 뜻이다.

이는 정부와 시민 간의 관계에서도 같다. 시민은 문제해결의 객체이고 정부는 그런 문제해결의 독립 주체라는 인식은 사회공동체가 당면한 과제를 기능적으로 구분해서 접근하려 한다는 점에서 일종의 분업의 원리에 기초한 할거주의의 산물인 셈이다. 그런데 국가와 시민사회를 이렇게 이원론적으로 구분하는 경우, 정부는 사회 현상의 외부에서 제3자의 눈으로 사회문제의 인과관계를 추적해야 하게 된다. 그러나 정보사회의 도래로 인해 사회관계의 밀도가 높아지면서 그 구조의 복잡성과 유동성으로 인해 현상의 외부에서 제3자의 눈을 통해 인과관계를 추적하기는 쉽지 않게 된다. 어찌어찌하여 문제의 원인을 규명하고 해결의 대안을 개발한다고 하더라도 이를 들고 다시 사회관계에 개입하여 문제해결에 나서고자 할 때, 밀도 높은 사회관계로 인해 일종의 '간섭효과"를 유발하게 된다(Kooiman, 1994: 46-47). 문제의 성질 자체를 변화시킨다는 뜻이다. 따라서 정부가 제3의 평정자 내지는 권위적인 문제 해결자로서 사회정책과제의 해결에 전인적인 책임을 감당하는 가부장적 존재를 자임하는 한 정부의 무력성은 일상화하지 않을 수 없다.

따라서 정부는 정책 결정의 유일한 책임자라는 점을 더 이상 고집해서는 안 되며, 오히려 그동안 문제해결의 객체로만 여겨지던 시민사회 내부로부터 필요정보가 수집되고 문제해결의 주도권이 행사되도록 조장하고 지원하는 일에서 자신의 존립근거를 찾아야 한다. 문제의 발원지야말로 가장 정교하고 풍부한 정보자원의 생산지이고 또 그렇기 때문에 문제해결의 출발점일 것이기 때문이다. 그러나 그렇다고 해서 정부의 존립 이유가 완전히 소진되었다는 의미는 결코 아니다. 정부는 여전히 규범적 지표의 제시자로서[5] 그리고 시민사회와의 관계를 규율하거나 설정하는 총합적 조망자로서 자신이 감당하고 소화해야 할 책무와 과제를 지닌다. 다만 자신의 역할 수행양식을 수정해야 하는 일은 이제 어쩔 수 없는 과제가 되었다. 국가와 시민사회 간의 경계를 초월하는 융합적 질서를 창출함으로

5) 특히 시민사회와 정부 간 협력의 양식이나 질서를 설정하고 제시하는 역할은 여전히 정부가 담당해야 한다.

서, "이음새 없는 간접국가(seamless indirect government)"(Kettl, 2006: 106)를 모색해야 하는 까닭이다.

또한 정부가 공공재의 생산과 공급 과정에서 더 이상 배타적 독점권을 향유하도록 방치해서는 안 된다는 주장 속에는, 사회구조의 다양성 정도가 매우 높아졌다는 인식에 기인하는 바도 적지 않다. 정보사회에서는 매우 다양한 정책대안 제시자들이 경쟁적 관계를 형성한다. 인터넷을 비롯한 뉴미디어의 계몽과 대안제시 기능이 이런 현상의 중요인자로 작용하는 것은 물론이다. 따라서 관료제가 지향하듯 범용대안(one-size-fits-all)의 개발을 통해 모든 사회정책과제를 일거에 해결하기는 어려운 시대가 되었다. 정부의 일방적이고 일원적인 문제해결전략이 더 이상 호소력을 갖기 힘들게 된 것이다. 그렇다고 해서 모든 개인의 특정적 이해관계를 전수 수용한다는 것도 지나치게 비경제적이며 반공동체적 이다. 따라서 정부의 일원적 대응전략과 시민사회의 다원적 요구를 절충 조절하지 않으면 안 된다.

정보사회는 또한 사회구조의 역동성과 함께 정책과제의 가변성도 크게 증대시킨다. 그만큼 현재의 시점에서 미래의 상황을 조망하고 예측하기가 어려울 것은 물론이다. 따라서 미래를 조망하는 데에서부터 출발하는 정부의 기획기능은 이제 더 이상 적실성을 유지하기 어렵게 되었다. 그렇지 않을 경우 도처에서 국민 고충이 유발될 것은 정한 이치나 같다. 따라서 정부가 더 이상 정태적인 기획업무에 매달릴 것이 아니라 사회구조의 변화에 민감하게 반응하는 동태적 자세를 갖추고 또 거기에 필요한 기능을 강화해 나가야 한다. 아니 사회정책과제의 해결책임이 정부에 있다는 일원론적 인식의 틀 자체를 바꾸지 않고서는 정보사회의 역동성에 제대로 조응할 수 없으며 그렇기 때문에 정부의 실패를 근인적으로 치유할 수도 없다.

이런 현실인식과 문제의식은 정부와 시민사회 간의 협력적 공조체제를 통한 공공문제 해결양식을 주문하게 된다. 과거 정부를 공공문제 해결의 유일무이한 주체로 그리고 시민을 정부가 감당해야 할 공공문제 해결의 객체 내지는 비용으로 인식하던 때와는 사뭇 달라진 셈이다. 오히려 시민을 일종의 자원 내지는 동반자로 보는 시각상의 교정을 구하게 되었다(Pierre, 2009: 1). 고전적인 자유민주주의체제 내지는 입헌주의체제 아래에서 운영해 온 국정관리양식과는 달리 국가와 시민사회의 협력적 공조체제 내지는 동반자 관계를 통해 공적 과제를 해결해 나가자는 것이다. 정부와 시민사회가 협력적 파트너로 작동하는 거버넌스 체제의 도입이 불가피하게 되었음을 뜻한다.

바로 이점에서 정보사회의 도래는 근대 이후의 이념 프레임을 근본부터 바꾸자는 것이며, 그렇기 때문에 새로운 차원의 시민혁명기에 접어들었음을 시사하는 것이기도 하다. 그 새로운 사회혁명의 소산이라고 할 수 있는 거버넌스는 당연히 국가, 시장, 시민사회 간의 영역별 경계를 모호하게 만들면서 이들 간의 융합과 통섭이 공공재 생산에 있어 매우 중요한 요소라는 점을 가정한다. 강제력이나 외부의 권위에 기초하는 공적 영역과 자유의지를 매개로 운영되는 사적 영역 간의 경계가 무너진다는 것은 사적 영역의 본래적인 성격이 변화를 맞게 된다는 의미이기도 하고 공적 영역이 과거와는 달리 유사 시장적 내지는 유사 시민 사회적 성격을 지니게 된다는 의미이기도 하다.

이에 따라 국정관리는 이제 더 이상 상명하달식의 일방적이고 일원적인 관료적 질서를 의미하지 않게 되었으며, 밑으로부터의 다양한 동기유발이나 가치유인 요소도 함께 중시해야 하게 되었다. 무엇보다 중요한 것은 국가의 역할이 더 이상 일방적으로 지시명령하거나 시정조치하거나 징벌을 가하는 데 있는 것이 아니라, 공공재 생산과정에 참여하는 다양한 활동자들이 자율조정능력을 발휘하도록 지원하거나 조장하는 간접 활동에 초점을 맞춰야 한다고 보게 되었다는 점이다. 이는 국가의 압제로부터 인민을 해방시키거나 인민의 자기결정권 내지는 자기성취권을 중시하는 좌파 이념체계와 최소국가론 내지는 절대 최소값으로의 정부기능 축소와 함께 개인, 가정, 사회의 자기관리 책임과 능력을 강조하는 우파 이념체계가 절묘한 공생점을 발견한 결과인 셈이기도 하다(Sorensen & Triantafillou, 2009: 4), 정보사회의 도래에 힘입어 입헌주의 내지는 자유주의와 대중민주주의 내지는 평등주의 사이의 오랜 긴장이 비로써 교묘한 절충점을 찾기에 이르렀다는 의미이기도 하다.

따라서 이 시대의 헌법 개정은 바로 이런 인류문화사적 대전환기의 속성을 반영하는 것이 되어야 하고, 그런 점에서 단순히 근대 헌법의 당위적 프레임을 복제하는 데에 머물러서는 곤란한 일이다. 현행 헌법이 서구의 근대 헌법을 차용하는 과정에서 "마치 더 자란 다음에 입을 생각으로 현재는 입기 어려울 만큼 큰 옷을 재단한 것"이었다고 한다면, 이제 정보사회의 도래와 함께 촛불 민주주의 시대가 우리에게 주문하는 과제는 이렇듯 이미 커져있는 우리의 몸집이나 새 시대의 취향에 맞게 새 옷을 새로 지어 입어야 한다는 점이다.

III. 사회적 합의의 주관적 정당성 검토

현행 헌법 제1조에 "대한민국의 주권은 국민에게 있고 모든 권력은 국민으로부터 나온다"고 규정되어 있는 만큼 국민이 헌법의 제정이나 개정의 주체가 되어야 할 것은 물론이다. 역사적으로 보더라도 근대 입헌주의가 절대왕조체제와 결별하는 시민혁명과정에서 생겨난 정치적 자의식의 결과물이라는 점에서 볼 때, 제3의 신분 즉 국민이 헌법제정이나 개정의 주체가 되고 또 그가 보유하는 헌법창안권이 단일불가분이며 일체의 외부적인 제한을 받지 않는 시원적 권력일 것은 두말할 나위가 없다(권영성, 2010: 44).

그런데 촛불 민주주의가 현대 한국사회의 근간을 형성해 온 기득의 권력카르텔을 부정하고 신질서의 창출을 요구하는 역사적 사건이라는 관점에서 보면, 이는 입헌주의 시대의 문을 열었던 근대 시민혁명을 후기근대의 시점에서 데자뷰 하자는 것에 다름 아닌 일이 된다. 촛불 민주주의의 등장이 이렇듯 시대 성격을 바꾸는 역사적 전환점에 해당한다면 이번의 헌법 수정과정에서 국민적 합의를 도출하는 일이 그 어떤 것으로도 바꿀 수 없을 만큼 절대절명하고 또 불가양적인 과제에 해당된다는 것은 너무나도 당연한 귀결이다.

문제는 이런 시원적 권력을 어떻게 행사할 것이냐에 있다. 헌법을 제정하는 경우에는 정치적 공동체가 법적 공동체로 전환하는 과정에서 제기되는 과제임으로 미리 규정된 절차나 과정이 선험적으로 존재할리가 없다. 따라서 헌법제정권을 가진 국민이 스스로 선택하는 양식에 따라 제정하는 것이 타당한 일일 것이다. 그러나 헌법을 개정하는 경우에는 헌법제정권력에 의해 그 효력의 근거가 마련되고 이미 창설되어 있는 권력에 의존하지 않을 수 없다. 따라서 현행 헌법의 기본원리인 자유민주적 기본질서의 프레임을 벗어날 수 없으며 헌법상 규정되어 있는 개정절차에 따라야 한다.

그런데 이번의 촛불 민주주의는 그 내용면에서 볼 때 후기근대에서 목도하는 시민혁명에 버금가는 만큼 헌법제정에 준하는 조치를 취해야 마땅한 일이다. 하지만, 형식논리 차원에서 보면 아직 근대 입헌주의의 프레임을 극복하자는 것은 아닌 만큼 현행 헌법이 규정하고 있는 헌법개정절차에 구속되어야 마땅한 일이다. 이런 모순에 보다 효율적으로 대응하기 위해서는 현행 헌법이 규정하고 있는 개정절차를 준수하면서도 가능한 범위 내에서는 시민주권의 직접성을 보다 적극적으로 강화하는 방향으로 개정전략을 보완해 나가야 할 것이다.

1. 국민총의의 모색과 헌법개정절차의 개정

그런데 현행 헌법은 그의 개정절차를 국회나 대통령이 발의하고, 국회 재적의원 3분의 2 이상이 찬성하는 경우, 국민투표에 붙여 확정하도록 하고 있다. 국회와 국민투표를 국민적 합의의 도출 수단으로 정해둔 셈이다. 그러나 이번의 촛불 민주주의에서 목격한 바는 이미 국회에 대한 사회적인 신뢰가 상실되어 있어 사실상 그의 기능적 정당성이 크게 훼손되어 있다는 점이다. 이미 정파 간 갈등과 대립으로 인해 제20대 국회가 개헌안을 발의하여 확정하기는 현실적으로 어렵게 되어 있다는 점도 바로 이런 국회의 무력성 내지는 정당성 상실 현상을 간접 증명해 준다고도 말할 수 있다. 이렇게 놓고 볼 때 개헌안 제안권을 국민에게 주지 않고 국회나 대통령에게만 부여한다거나 국회에게만 개헌안 의결권을 부여한다는 것은 문제가 적지 않다. 따라서 촛불 민주주의 정신인 직접민주주의적인 요소를 가미하여 국민에게도 개헌안 제안권을 부여하는 보완적 장치의 도입이 요청된다. 일정 수 이상의 국민이 요구하는 경우 개헌을 제안할 수 있도록 헌법개정절차를 개정하자는 것이다. 이점은 제3공화국 헌법 이전에는 국민이 직접 개헌을 발의할 수 있는 통로가 마련되어 있었다는 점에서도 그의 정당성 근거를 배가한다.

문제는 국민의 총의를 수렴하는 장치로 국민투표제를 두고 있다는 데에도 있다. 국민투표가 헌법개정과정에서 국민의 총의를 확인하기 위한 장치로는 불완전하다는 사실은 이미 여러 곳에서 확인되고 있다. 제2차 세계대전 이후 전 세계에서 실시된 헌법개정용 국민투표 가운데 부결된 경우는 드골대통령이 주도했던 프랑스 제5공화국 헌법개정안에 대한 것뿐이었다는 사실이 이를 간접 증명한다. 사실 국민투표는 국민의 다양한 의견을 묻는 것이 아니라 이미 정해진 의견에 대한 찬반양론 가운데 하나를 선택하도록 강제하는 것에 지나지 않는다. 바로 그 점에서 신임투표(plebiscite)의 한 양식으로 지목되거나 적극적 국민의견 수렴수단으로서는 불구라는 평가를 받는다. 국민투표는 그의 모든 집행과정이 대통령에 의해 주도되기 때문에 헌법개정안에 대한 찬반운동이 공정하게 관리되기 어렵고, 정부 주도의 찬성운동으로 추진될 가능성이 매우 높다는 점도 문제다. 국민투표는 대통령의 선택지를 정당화하기 위한 수단으로 동원되는 경향이 적지 않다는 의미다. 나아가 현 시점에서는 기술적인 하자로 인해 국민투표의 실시 자체가 어렵게 되어 있다.

헌법재판소는 지난 2014년 재외국민의 국민투표 참여를 제한하는 국민투표법에 대해 재외선거인의 국민투표권을 사실상 박탈한다는 이유로 위헌 결정을 내린 바 있다. 이후 국민투표법을 개정하지 않아 현재대로라면 헌법개정안에 대한 국민투표는 이를 실시할 수 없는 실정이다(왕길환, 2018).

헌법에 규정한 개정절차에 내포되어 있는 이런 과제들을 감안하고, 특히 앞으로의 국정관리가 거버넌스의 양식을 취해야 한다는 앞서의 논의를 상기해 보면, 헌법개정과정에서 보다 적극적으로 국민총의를 모으기 위해서는 보완적 장치를 개발하는 일이 절실한 과임을 알 수 있다. 헌법의 정치성 차원에서 볼 때, 헌법은 단순히 국가 권력의 담당자를 정하는 정치적 규율이기 이전에 이미 권력을 확보한 세력이 헌법적 결정의 주도자가 되어야 한다는 점(정극인, 2015: 206)을 상기하자는 것이다. 촛불 민주주의에서 발현된 국민주동성 구현을 위해 헌법 성안과정의 하나로 헌법개정국민회의 같이 국민이 주동하는 거버넌스 기구 구성에 나서야 하는 이유다.

국민회의가 거버넌스의 정신을 살리기 위해서는 국민대표와 정부대표로 구성하도록 하되, 국민대표는 전국민의 인구사회학적 특성을 순비례적으로 반영해서 여론조사시 표본집단을 추출하는 양식으로 선발하는 방안을 제안한다. 협의제 민주주의(collaborative democracy)를 통해 국민투표의 한계를 보완하고 개헌안에 대한 보다 확장된 논의와 토론이 이루어지도록 하며, 나아가 개헌안에 대한 국민의 이해정도나 의견 수렴의 폭을 비례성의 원칙에 따라 확대하고자 하기 때문이다. 이는 사실과 가치 또는 전문가의 판단과 국민의 선호를 체계적으로 반영하는 양식을 통해 개혁 대안을 찾자는 뜻이기도 하다. 이런 협의제 민주주의의 구체적인 운영양식으로는 이미 다양한 모형이 개발되어 있다.[6] 이를 벤치마킹하면 될 것이다. 그 가운데에서도 "21세기 마을회의 제도"[7]는 협의제 민주주의의 이론적 토대를 가장 잘 반영하는 장치로 이해된다.

그렇지 않고 지금처럼 개헌논의가 기존의 정치권 중심으로 진행되면서 사회적 담론으로 성숙되지 않는다면 이를 국민이 주도하는 개헌작업이고는 말할 수 없다. 그나마 지금처럼 국민주도헌법개정전국네트워크나 헌법개정국민주권회의 같은 시민사회의 노력이 경주되고 있는 건 무척 다행스러운 일이다. 다만 이런 운동의 소산이 공식적인 헌법개정과정과 제도적으로 연결되지 않는다면 국민총의의 실질적인 반영은 쉽지 않게 된다. 이런 점을 감안하여 정부대표가 참여하는 협의제 거버넌스 기구의 설치를 통해 개헌 대안의 탐색에 나서자는 것이 헌법개정국민회의를 주문하게 되는 또 다른 이유다.

2. 국가조직원리로서의 수직적 권력분립

이렇듯 헌법개정절차를 시민 친화적으로 개선하고 거버넌스 체제를 반영해야 한다는 과제는 개헌안이 핵심적으로 고민해야 할 권력구조의 재편 문제에서도 같다. 현재 논의되고 있는 개헌안의 핵심과제는 대통령 중심제, 내각책임제, 이원정부제 또는 분권형 대통령제 가운데 어느 것은 채택할 것인가에 모아져 있다. 그러나 이

6) 예를 들어 담론형 여론조사, 21세기 마을회의제도, 시민배심원 제도, 역동적 기획 샤레트, 전국 정책과제 포럼 등을 들 수 있다. 보다 자세한 내용은 박재창(2010, 42-44)을 참조하기 바란다.
7) 21세기 마을회의 제도에 대해서는 박재창(2010: 145-158)을 참조하기 바란다.

는 또 다른 형태의 근대 유산 내지는 서구 헌법 차용전략에 지나지 않는다. 논의의 기본 프레임에 있어 정보사회 도래 이후의 후기 근대가 요구하는 사회적 과제를 반영하는 권력구조 창안에 나서려는 것으로는 여겨지지 않기 때문이다. 지금 논의되고 있는 것 가운데 어느 모형의 권력구조를 도입한다고 하더라도 오늘날 후기근대의 사회관계를 다루는 데 있어서 스스로 무력하고 기능적 한계에 봉착하지 않을 수 없다는 점은 이미 앞서의 논의를 통해 밝혀진 바와 같다. 따라서 이번의 개헌은 국가조직원리를 다루는 데 있어 그동안 근대 헌법 일반이 그래 왔던 것처럼 국가 내부의 수평적 권력관계 배분문제에 주력할 것이 아니라 국가와 시민사회 사이의 수직적 권력관계 재편문제에 우선순위를 두어 거버넌스의 정신을 살리고자 노력해야 마땅할 일이다.

촛불 민주주의가 요구한 바 국민주권성의 실질화를 위해서는 대의민주주의에 직접민주주의 요소를 가미하는 일이 불가피하며(성낙인, 2015: 18), 이를 위해서는 국정과정에 보다 적극적인 시민참여 공간을 마련하는 일이 급선무라고 여겨지기 때문이다. 그런 점에서 제기되는 수직적 관력구조 재편 과제로는 국민발안제도, 국민소환제도, 옴부즈만제도, 초광역 자치단체제도, 권역별 비례대표제도의 도입 등을 들 수 있다.

이 가운데 국민발안제도가 국정운영과정의 투입단계를 시민중심으로 직접화 하자는 것이라고 한다면, 국민소환제도는 전환과정에 대한 시민주동성을 강화하자는 것이고, 옴부즈만제도는 평가 내지는 환류단계의 시민참여 공간을 확장하려는 것으로 이해된다. 국정운영체계를 이스톤 모형이 시사하는 바 수평적 차원의 순차적 업무처리 과정으로 이해한 탓이다. 반면에 초광역 자치단체제도나 권역별 비례대표제도의 도입은 국정운영체계를 수직적 관계에서 파악하면서 국가와 시민사회를 행정적 차원에서 연계하는 중간자로 초광역 자치단체제도를, 그리고 정치적 차원에서 연결하는 중간자로 권역별 비례대표제도를 포착한 인식의 결과다.

(1) 국민발안제도의 도입[8]

입헌주의는 법규범을 통해 사회관계를 규율하자는 것이지만, 국회를 중심으로 벌어지는 입법과정의 왜곡과 지체로 인해 핵심정책과제의 심의를 국회가 외면하는 일이 심각한 수준에 이르렀음은 주지하는 바와 같다. 주요 갈등과제가 국회의 심의과정에서 외면된 결과 사실상 국민참정권의 왜곡이나 사회적 불안정 요인이 방치되고 있는 셈이다. 반면에 일반 유권자들은 이미 과거 간접민주주의를 고안하던 시대의 국민이 아니다. 자존감, 자기주장성, 개별적 선호의 다양성 등에서 확연히 달라져 있다. "을의 시대" 도래가 이를 증명한다.

이렇듯 자기 주창성이 강한 시민의 등장은 다른 한편 소수파 이해관계의 분절성 정도를 높이면서 시민사회 내부의 통합적 질서 창출을 어렵게 한다. 시민사회 내부의 합의 도출이 어려운 만큼 합의된 의견을 대표해야 하는 국회의 역할이 퇴행을 거듭하게 될 것도 당연한 일이다. 그런데 정보사회의 도래로 정당이나 또는 다른 형태의 이익중개장치가 아니더라도 시민 스스로가 유사 정책선호집단을 포착하

8) 박재창(2014: 151-154)을 부분 발췌, 수정했다.

고 여론화하는 능력은 혁신적으로 개선되고 있다. 시민이 직접 참여하여 자신의 요구를 반영해야 하는 수요와 그 가능성도 함께 커져 있는 셈이다. 준직접민주주의 구현 가능성이 커져 있다는 뜻이다.

그런데 현행 제도하에서도 국민은 국회를 상대로 청원할 수 있고, 청원은 청원서의 제출로 하며, 국민은 누구나 국회에 진정할 수 있는 등 청원권이 인정되고 있다. 이는 과거 의회가 사법적 기능을 수행하던 시대의 유산에 해당된다. 그래서 그런지 국회의원의 소개가 전제되어야 진정과 청원을 접수할 수 있다. 그만큼 소극적이고 간접적이며 피동적이다. 국회의원이 소개하지 않으면 청원할 수 없고, 청원접수 후 후속조치를 취하지 않는다고 하더라도 이를 강제할 도리가 없다. 그런 만큼 오늘날의 적극적 시민주권을 전제하는 거버넌스 시대의 요구에 부합하기는 어렵다. 국민에게 정치과정의 주도권을 돌려주기 위한 것이라고 한다면 보다 더 능동적인 참여 창구를 열어주어야 한다.

이렇듯 국민에게 법안 제출권을 부여하는 경우, 국회의원과 일반 유권자가 입법권을 놓고 경쟁하게 되어 대표성의 원리에 위배된다는 주장이 있을 수 있다. 그러나 이는 국회의원이 일반 유권자의 입법대리인이라는 점에서 볼 때 본질적으로 문제될 것이 없다. 유권자에게 법률창안권을 부여하는 것은 입법과정을 약화시키는 것이 아니라 오히려 강화시키는 결과를 가져오게 된다. 폴란드, 오스트리아 등의 중앙정부와 미국, 동유럽, 스웨덴 등의 지방정부에서 운영하고 있어 선행적 사례도 있다. 또한 국회의 입법권을 침해한다는 주장도 제기될 수 있다. 그러나 해당 상임위원회가 청원법률초안을 심사한 후 상임위원회의 명의로 이를 제안토록 하는 경우, 국회의원에게 입법권을 부여하는 일과 충돌할 하등의 이유는 없다.

국민발안제도가 도입되는 경우 입법과정에 대한 국민의 직접적인 참여 기회가 확장되면서 국회의 입법 환경을 크게 바꾸고 국회에 대한 사회적 불신을 줄이게 될 것은 두말할 필요가 없다. 입법권의 독점에 안주하던 국회의원으로 하여금 보다 더 국민의 소리에 귀 기울이도록 압박하는 효과가 생기게 될 것이기 때문이다. 국회 내외에 정책경쟁 분위기를 진작시키면서 선거 과정에도 영향을 미쳐 정책선거로의 전환을 촉구하는 전기가 될 수도 있다. 이로서 우리의 정치문화를 크게 바꾸면서 결과적으로는 국회의원에 대한 유권자의 실질적인 통제권을 강화하게 된다. 나아가 국가와 시민사회 사이의 간극을 크게 좁히는 역할을 수행하게 될 것이다.

(2) 국민소환제도의 도입[9]

오늘날 국회에 대한 사회적 불신이 팽대해 있다는 사실은 췌언을 요하지 않는다. 문제는 그럼에도 불구하고 임기만료 전까지는 국회의원이 국민의 참정권을 대행해야 한다는 데에 있다. 이로서 사실상 국민의 참정권이 훼손되는 현실을 시정하고 국민의 국정 주도권을 확대하기 위한 수단 가운데 하나는 일정 수 이상의 유권자가 지지하는 경우 임기 전이라도 국회의원의 해임이 가능케 하자는 것이다.

이런 국민소환제는 제헌헌법에 이미 그의 근거가 마련된 바 있었다. 다만 제3공화국이 들어서면서 헌법에서 이를 삭제했을 뿐이다. 제헌헌법 제27조에 따르면, "공무원은 주권을 가진 국민의 수임자

9) 박재창(2014: 145-150)을 부분 발췌, 수정했다.

이며 언제든지 국민에 대하여 책임을 진다. 국민은 불법행위를 한 공무원의 파면을 청원할 권리가 있다. 공무원의 직무상 불법행위로 인하여 손해를 받은 자는 국가 또는 공공단체에 대하여 배상을 청구할 수 있다. 단, 공무원 자신의 민사상이나 형사상의 책임이 면제되는 것은 아니다"고 되어 있다.

비슷한 양식으로 지방자치법에도 주민소환제도가 도입되어 있다. 지방자치법 제20조(주민소환)에 따르면, "① 주민은 그 지방자치단체의 장 및 지방의회의원(비례대표 지방의회의원은 제외한다)을 소환할 권리를 가진다. ② 주민소환의 투표 청구권자·청구요건·절차 및 효력 등에 관하여는 따로 법률로 정한다."고 되어 있다. 국민소환정신이 이미 지방정부 수준에서는 법적 규범으로 자리 잡고 있는 셈이다. 다만 그동안은 헌법상 국회의원의 임기가 4년으로 보장되어 있어 위헌의 소지가 크다는 주장이 있었던 만큼 이를 개정 헌법에 도입하는 경우 그간의 위헌논의를 근본부터 잠재울 수 있게 된다.

그러나 국민소환이 형식적 국민주권론에서 실질적인 국민주권론으로 이동하자는 것임으로 근대 입헌주의가 정초해 온 대의제의 원리와 충돌할 여지가 있다는 이견도 있다. 그러나 대의제는 국민주권론과 동열의 것이 아니라 국민주권을 실현하기 위한 수단 가운데 하나일 뿐이라는 사실을 상기할 필요가 있다. 국민의 기본주권은 선거 때만 한정된 것이 아니라 항상적 성질의 것이며, 따라서 대리인의 선출권 뿐만 아니라 소환권과 해임권까지도 국민에게 부여되어 있다고 보아야 마땅한 일이다.

특히 대통령에 대한 국회의 탄핵권이 국민에 의한 대통령의 직접 선출이나 임기제에도 불구하고 그에 대한 파면제도를 도입한 것이라는 점을 감안해 보면, 자유위임이나 임기제를 이유로 국회의원에 대한 국민소환이 불가능하다는 주장은 설득력이 크지 않다. 3권 간의 분립과 견제 및 균형의 유지라는 측면에서도 국회에 의한 대통령의 탄핵은 상대적으로 용이하게 되어 있으면서 국회의원에 대해서는 효율적인 소환제도가 마련되어 있지 않다는 점을 감안할 필요가 있다. 소환제도 간의 균형성을 유지하자는 뜻이다.

이렇듯 국회의원 국민소환제가 도입되는 경우 입법 환경이 크게 바뀌면서 입법과정 및 국회의원의 대 국민 반응성, 조응성 정도를 높이는 계기가 될 것이다. 생활 속의 정치가 확산되고 국민의 주권의식이 높아지면서 방관자의 정치 내지는 객석정치 시대를 벗어나는 데도 기여하게 된다. 무엇보다도 국민 의사에 반하는 대의기관의 횡포와 독단을 방지하는 최후의 장치가 될 것으로 기대된다. 실제로 소환의 발의가 이루어지지 않더라도 대의기구로서의 역할 일탈을 일삼는 국회의원들에게 사전적 압력동원 수단으로 작용하게 된다는 점에도 유의할 필요가 있다.

(3) 옴부즈만제도의 도입[10)]

법규중심주의, 과정통제, 계서제의 원리 등 선형체계론에 의존하는 행정국가형 국정운영 양식이 정보사회 이후의 사회구조 변화에 상합하지 않는다는 점에는 이론의 여지가 있을 수 없다. 그렇다고 해서 현재의 국정운영 시스템을 전반적으로 대체할만한 혁신적인 대안이 아직 고안되어 있는 것은 아닌 만큼 이제 국정운영과정에

10) 박재창(2014: 141-144)을 부분 발췌, 수정했다.

서 국민의 고충이나 불만이 발생하게 되는 것은 부분적, 일시적, 병리적 현상이 아니라 전반적, 항상적, 본질적 문제가 되었다.

그런데 행정집행과정에서 발생하는 국민고충을 또다시 행정관리 양식으로 대응한다는 것은 새로운 국민고충의 연쇄고리를 낳게 된다는 것을 뜻한다. 관료제의 병리를 관료제로 해결하고자 하는 것이며, 법 앞의 평등을 내세워 이미 호소력을 상실한 형식상의 다수결주의로 다시 소수파의 이해관계를 매몰시키려는 것에 다름 아니다. 국민고충 처리문제를 단순히 종합민원처리 수준에서 대응하는 차원을 넘어 새로운 시각에서 대응해 나가야 하는 이유다.

이런 관점에서 볼 때 옴부즈만이 지향하는 "대항관료제(counter-bureaucracy)"는 소수의 패배, 민원의 고충, 개인의 과제를 다수나 국가의 편익이 아니라 개별 시민 내지는 소수파의 입장에서 다루고자 한다. 다수를 표방하는 국가를 상대로 소수자로서의 개별 민원을 연결하고 조정, 대변하는 "외교관"역할을 수행하는 것이다. 이때의 외교관은 법규 의존적, 선례 답습적, 분업적, 할거주의적 접근시각에서 벗어나 권고적, 종합적, 현장 중심적, 중개 조정적 문제해결 양식에 의한 종국적 대응전략을 취하고자 한다.

바로 이점에서 법규중심주의와 일원주의에 기초하는 국가기구라기 보다는 국가와 시민사회 사이에서 활동하는 일종의 준정부적 성격의 중재자 내지는 중개자에 해당된다. 그렇기 때문에 국가와 시민사회의 수직적 관계 속에서 시민사회 친화적으로 권력의 중추를 이동하고자 하는 적극적인 노력의 한 양식이기도 한 것이다. 부언하면 국가와 시민사회의 수직적 간극을 줄이는 중간집단에 해당하며 국회와 유권자를 연결하는 새로운 통로로서의 의미도 지닌다. 같은 중간집단 성격의 연결통로로는 정당이 있지만 정당이 투입기능에 주목하는 데 반해 옴부즈만은 환류기능에 강조점을 둔다는 점에서 다르다.

이런 옴부즈만을 국회에 두는 경우 행정부 외부에서 추동되는 "외재적 통제"가 가능해지면서 행정부의 "제 식구 감싸기"나 자기 시각에 매몰되는 현상을 극복할 수 있게 되어 보다 더 적극적인 고충 및 민원 시정이 가능하게 된다[11]. 이로써 국민의 고충과 민원 해결과정에서의 신속성, 종국성, 편의성이 높아지면서 국민의 국가에 대한 불만을 줄이는 데 기여하게 된다. 이 과정에서 형식적인 다중의 사회가 아니라 소수와 다수의 빈번한 결집과 분산을 통한 참여와 승인, 이를 기초로 하는 재통합 내지는 재다중화(再多衆化, re-massifying) 사회를 지향하게 된다.

이럴 경우 국회 기능을 단순히 정치적 욕구의 투입 및 정책의 심의 및 결정 기구로 인식하던 데에서 더 나아가 정책집행 이후의 평가 및 환류단계의 과제까지를 연계해서 다루는 기구로 그의 정체성을 재정립하게 된다. 이 경우 지금까지 국회에 대해 가지고 있던 정치 불신을 크게 해소하는 전기를 제공할 수 있게 될 것이다. 군림하는 국회가 아니라 국민고충을 해결해주는 서비스 제공기구로 재탄생하게 되면서 국회의 대 국민 면모를 일신하게 되는 것이다. 다수의 강제력이 아니라 소수의 중요성을 강조하는 기구로 작동하게 된다는 뜻이기도 하다.

---

11) 현재도 국민권익위원회가 국무총리실 소속으로 구성되어 있어 국가 옴부즈만을 자임하고 있지만, 옴부즈만이라기 보다는 사실상 종합민원처리기구의 하나로 운영되고 있고 국무총리실에 소속되는 데에서는 오는 한계가 적지 않아 헌법상 독립기구로 설치하자는 요구가 적지 않다

물론 행정부에 소속되는 경우에는 내재적 통제 장치 가운데 하나로 작동하면서 보다 더 고충과 민원의 해결에 필요한 정보의 수집이나 접근권의 확보에 유리하게 된다. 그러나 다른 한편으로는 행정오류를 유발한 당자자와 동류집단화 하거나 행정수반의 영향력 아래로 편입되면서 독자적이고 중립적인 역할 정향의 수립에 지장을 받게 된다. 따라서 독립행정기관으로 설치하자는 요구가 크다. 그러나 이 경우도 독립행정기관의 예산권이나 수장의 인사권을 행사하는 국회나 대통령으로부터 독립성을 확보하는 장치를 확보하는 일이 관건이 된다. 행정부와 격리되면서 내재적 통제장치로서의 장점을 잃게 되는 점도 문제다. 결국 옴부즈만을 어디에 설치할 것이냐의 문제는 일종의 선택 과제의 하나에 해당된다. 장단점을 교량하여 평가할 문제라는 뜻이다.

(4) 초광역 자치단체제도의 도입[12]

국가와 시민사회 사이의 간극을 줄이고 국민의 국정과정에 대한 참여의 직접화, 적극화를 가능케 한다는 점에서 분권은 시민사회 친화적인 수직적 국가권력 분립 양식가운데 하나다. 무엇보다도 거버넌스 시대가 필요로 하는 시민참여 공간을 확장한다는 점에서 시대정신의 발현물이기도 하다. 정치적 민주주의의 신장이나 전국적인 삶의 균형이라는 측면에서도 필요불가결적인 개혁과제 가운데 하나다.

문제는 어떤 유형의 자방분권이 분권정부의 지속가능성을 보다

12) 박재창(2012: 271-273)을 부분 발췌, 수정했다.

더 효과적으로 담보할 것이냐에 있다. 그런 점에서 보면 분권의 경제적 동인에 주목하지 않을 수 없다. 오늘날 범지구적으로 지역 간 입지경쟁이 심화되고 있기 때문이다. 국가에 갇혀 있던 지역이 국제무대에서 직접적인 행위자로 활동해야 하는 시대다. 지역의 생존문제를 더 이상 중앙정부에 의존할 수는 없다. 이렇듯 지구화 시대에 조응하는 지역판촉형 지방정부가 되기 위해서는 행정기능, 입법기능, 사법기능 모두를 수행하는 독립형 정치활동 단위체를 필요로 한다. 이는 당연히 시민참여를 중시하는 거버넌스형 지방정부의 운영을 위해서도 요청된다. 특히 광역자치단체의 정체성 변화에 대한 요구는 매우 크다. 기초자치단체가 일상의 생활단위라면 광역자치단체는 세계의 지역정부와 경쟁하는 지역경제발전의 주체가 되어야하기 때문이다. 국가와 기초지방자치단체 사이를 이어주는 중간자 역할을 요구받고 있기도 하다.

이에 조응하여 광역자치정부를 초광역화 하는 경향은 이미 여러 나라에서 나타나고 있다. 독일, 영국, EU, 캐나다, 일본 등 세계 여러 나라가 광역자치정부의 초광역화를 추진하는 추세에 있다. 지구화 시대에 조응하여 경쟁력 있는 지역정부로 개편하려면 자치단위의 규모가 커야한다고 보기 때문이다. 그러나 우리의 경우는 오히려 도를 폐지하자는 논의가 진행될 만큼 광역자치단체의 법적, 기능적 정체성이 모호하게 변질되는 과정에 있다.

이런 점을 감안하여 각 자치정부의 계층 간 권한과 책임을 보충성의 원칙에 따라 재정리함으로서 당해 지역에서 자치정부가 국가를 대신해 정치, 행정, 경제 발전을 견인하는 주체로 활동할 수 있게 권역과 기능을 확대 조정할 필요가 있다. 중앙정부의 권한을 축소하는 한편 지방정부의 권한은 이를 확대하는 방향으로 국가의 수직적 권력구조를 재편하자는 뜻이다.

이를 위해 광역자치정부에 자치입법권, 자치행정권 및 자치조직권을 부여해야 할 것은 물론이다. 국가의 배타적 입법권인 행정 명령, 법규 명령권은 국가에 전속하도록 하되 중앙정부의 입법소관사항이 아닌 경우에는 지방정부가 법규재정권을 갖도록 해야 한다. 기관구성권에 대해서도 광역자치정부의 의회가 조례입법을 통해 자율적으로 결정하도록 해야 한다. 중앙정부가 정한 행정기구와 정원에 관한 규정에 구애되지 않고 광역자치의회의 결정으로 지역 자치정부의 기관구성이 가능케 하자는 것이다. 지역자치정부의 정책 및 입법권과 관련해서는 제주특별자치도의 특별법상 법률안 제출권과 유사하게 법률안제출권(Private Bill)을 부여하자는 것이다. 이를 위해 지역자치정부의 입법권을 헌법에 명기하도록 하고 중앙정부와 지역정부 간의 합리적 역할배분과 재원 배분, 지역정부에 대한 국가 감사의 범위 명확화, 지역정부의 국가 입법 및 정책 결정 과정에 대한 참여의 제도화 등을 보장할 필요가 있다.

이런 변화는 중앙정부의 권한을 하향조정하는 결과를 가져오면서 결과적으로 국가권력이 지역시민사회 친화적으로 이동하는 계기로 작용하게 된다.

(5) 권역별 비례대표제도의 도입[13]

선거제도의 개혁을 통해 득표에 따른 국민 대표성의 비례성이 높

13) 박재창(2014: 123-125)을 부분 발췌, 수정했다.

아진다면 그 만큼 더 국가와 시민사회 사이의 간극이 좁아지면서 국민의 실질적인 참정이 확대되고 나아가 국가의 수직적 권력분립이 시민사회 친화적으로 조정될 것은 물론이다. 그런데 현재는 국회의원의 경우 기본적으로 소선구제 하에서 단순 종다수제에 따라 당선자가 확정되고 있다. 여기에 비례대표제가 보완적 장치로 운영된다. 그 결과 국회의원 정수 300명 가운데 253명이 소선구제, 47명이 비례대표제를 통해 선출된다. 제헌 국회 이래로 다양한 변화가 있었으나 기본적으로는 이런 골격이 유지되어 왔다.

그런데 이런 소선구제로 인해 그동안 승자독식과 그로 인한 대표성의 왜곡, 선거과열 등이 초래되어 왔다. 다수당이 과대 대표되고 소수당이 과소 대표되고 있으며, 지역중심의 의석집중 현상을 부채질하는 결과를 낳고 있다. 득표율과 의석점유율간의 격차를 나타내는 지표인 표의 불비례성이 높아져 국가와 시민사회 사이의 간극을 넓혀 왔다. 지역주의로 인해 선거 과정이 정책대표성이나 사회통합 기능을 수행하는 데에 어려움을 겪게 되는 문제도 있다.

또한 정보사회의 도래 이후 생활권역이 급속히 확장하는 추세에 있고 사회관계의 복잡성이 제고되면서 고도의 종합정책능력에 대한 수요가 폭증하고 있어도 이를 선거 과정에 적절히 반영하려는 노력은 외면되어 왔다. 특히 지구화 시대의 확산과 함께 사회 양극화가 심화 되고 그 결과 소수자에 대한 배려 요구가 커지고 있다. 정보사회 이래의 소중화 현상이 강화되면서 소수자의 비토권이 커지고 있어 이를 정책과정에 반영해야 할 수요도 적지 않다. 이런 점을 감안하면 비례대표제가 강화되어야 하지만 비례대표 의원 정수가 너무 적어 비례대표 도입 취지를 제대로 살리기가 어렵다. 비례대표의원정수를 늘려야 하는 이유다.

그러나 오랜 역사적 경험으로 인해 지역구 선거제도와 소선구제도에 대한 사회적인 합의와 충성도가 높다. 비례대표제를 강화하는 경우 다당제의 출현을 유도하면서 분점정부나 연립정부의 출현 가능성을 높이고, 그 결과 그렇지 않아도 어려운 정치권 내부의 이견 조정이나 갈등과 대립의 순화가 쉽지 않을 것이라는 우려도 있다. 국회의원 정수를 확대하는 데 대해서는 사회적인 동의를 구하기가 쉽지 않다는 점도 문제다. 그럼에도 불구하고 비례대표제에 대한 정치적 수요는 크다.

이런 점들을 감안하면 지역단위로 선출되는 소선거구제도를 유지하되 비례대표제를 확대하면서 지역주의를 순화하기 위한 방편으로 비례대표제에 의한 국회의원 선출을 권역별로 나누어 진행할 필요가 있다. 권역별 비례대표제의 경우 권역별 선거로 인해, 지역구 국회의원이 지역의 토호세력에 포획되거나 지나친 사적 이해관계에 몰입하는 현상을 보완하게 되면서도 권역별 정책능력을 강화하는 변화를 기대해볼 수 있다. 권역별 선거로 인해 지역당 등장과 유사한 효과가 발생하면서 정당 내부적으로는 의사결정권의 하향 분권을 촉진하게도 될 것이다. 권역별 선거로 인해 비례대표 후보자에 대한 정당명부의 규모가 줄어들면서 유권자의 후보자에 대한 분별력을 상대적으로 높일 수도 있다. 유권자와 그의 정치적 대표자 사이에서 발생하는 간극과 괴리를 줄이게 되는 셈이다. 권역별 비례대표 의원 배분으로 인해 지역에 따라 석패율 제도[14] 도입

14) 석패율제도는 일본이 동일 후보자로 하여금 소선거구와 비례대표에 중복입후보하게 하고 중복입후보 한 후보의 유효득표수 대비 해당 소선거구의 당선자 유효득

과 유사한 지역주의 완화효과가 발생할 가능성도 있다.

IV. 나가며

근대 헌법의 객관적 타당성을 검토한 결과 정보사회의 도래로 인한 제4차 산업혁명 이후의 후기근대에서는 고전적 의미의 근대 헌법이 의존하는 권력분립론이나 국정운영양식은 이제 더 이상 적실성을 유지하기가 쉽지 않게 되었음을 알게 되었다. 간접민주주의 시대가 끝나고 준직접민주주의 시대를 열어야 한다는 점에서 가히 혁명적 변환이 요구되는 시기다. 이런 시대적 수요에 조응하기 위해서는 형식적, 피동적 의미의 시민주동성이 아니라 실질적이고 적극적인 차원의 시민주권시대를 열어야 한다.

그런 의미에서 현재 논의되고 있는 헌법 초안은 보다 적극적으로 시민참여형 국정운영체제를 고안하는 양식으로 내용상의 변화를 추구할 것이 요구된다. 수평적 권력분립을 보완하는 장치로 국민발안제도, 국민소환제도, 옴부즈만제도, 초광역 지방자치제도, 권역별 비례대표제도 같이 국가와 시민사회 사이에서 시민사회 친화적인 수직적 권력분립에 주목하는 장치를 개발해서 도입해야 한다. 이는 헌법 자체의 개정과정에서도 같다. 헌법개정국민회의 같은 사회운동형 협의제 민주주의 제도의 도입을 통해 시민사회의 주동성

표수에 따라 석패율을 정하고 이를 기준으로 비례대표당선자 순위를 확정하도록 한 제도다. 후보자 개인에 대한 지지가 후보자가 속한 정당에 대한 지지로 연결되는 전이효과를 가져온다고 하여 혼성효과를 동반한다고 보았다. 그 결과 지역주의 성향을 희석시키는 데에 효과가 있다는 평가다.

을 강화해 나가야 한다.

이런 변화는 촛불 민주주의가 주문하는 것이기도 하지만 사실은 오늘날 인류문명의 대전환이 불러온 정보사회의 구조적 특성이 요구하는 것이기도 하다. 그럼에도 불구하고 아직 근대의 프레임을 온전하게 대체하는 새로운 대안 패러다임이 개발되어 있는 것은 아니기 때문에 헌법 개정과정이 근대의 지속성과 단속성이 동시에 반영되는 형태로 진화와 변용을 거듭해 나가게 되는 것은 불가피한 일이다. 이는 촛불 민주주의 진행 과정이 여실히 보여주었다. 내용상으로는 구체제를 전도하는 시민혁명과 유사한 정치적 의미를 동반하는 것이었지만 형식적으로는 아직 구체제의 연속성을 계승해야 하는 처지다. 개헌논의가 기존의 외형적 질서를 존중하는 가운데 진행되면서도 내용에 있어서는 혁명적 전환을 거듭해야 하는 이유다.

이점에서 보면 아직 개헌을 위한 시민사회의 담론은 매우 저급한 수준에 머물러 있다고 하여도 과언이 아니다. 다양한 시민사회 지도자들의 노력이 경주되고 있지만 도무지 "촛불" 혁명 당시의 열정이나 시대 성격의 변화에 대한 인식을 토대로 범국민적인 공감대를 형성해 나가는 현상을 목격하기가 쉽지 않다. 이런 식으로 개헌이 진행된다면 새로운 헌법에 시대적인 각성을 충분히 반영하기가 어려울 뿐만 아니라 설혹 그런 양식으로 개헌이 이루어진다고 하더라도 그것이 사회관계를 선도하는 적극적 규범 지표로 작동하리라고 기대하기는 어렵다. 개헌이 단순히 국가의 새로운 법적 기본질서를 마련한다고 해서 소기의 목적을 달성하게 되는 것은 아니다. 이를 우리사회가 어떤 에너지와 안목으로 대응하고 후속조치를 취해나가느냐에 따라 실질적인 규범으로 자리 잡을 것인지의 여부가 결정된다. 그런 점에서 광장에서 불타던 촛불 민주주의의 열정과 혜안이 개헌 과정에서도 역동적으로 불타지 않는 것은 실로 아쉽기 짝이 없다. 개헌과정에 대한 보다 적극적인 시민참여를 독려하고 이번 개헌의 시대적인 의미를 보다 더 천착하고자 하는 시민운동이 보다 적극적으로 확산되어야 하겠다.

다른 한편으로 이번의 개헌작업이 보다 더 신중하게 다루어야 할 과제 가운데 하나는 헌법 전문의 내용 구성에 있다. 관행적인 안목에서 벗어나 보다 더 넓은 시야로 바라보면 지구화 시대로 상징되는 후기근대의 인류문명은 이제 근대 헌법이 상정하는 국민국가의 경계를 넘어 지구시민사회와 연동하여 작동하는 국가권력의 운용양식을 개발, 반영하라는 주문을 내놓고 있다. 국가조직구성의 원리가 국가 내부의 수평적 권력분립 문제로부터 국가와 시민사회 사이의 수직적 권력분립 문제로 관심의 주된 초점을 이동해야 한다는 사실 자체가 헌법이 이제 더 이상 일국주의의 경계 내부에 갇혀있을 수만은 없다는 점을 간접적으로 시사하는 것이라고 하겠다. 국가와 달리 시민사회는 이미 지구시민사회공동체 구성의 핵심인자로 진입해 있기 때문이다.

이를 반영하는 경우 개헌과정에서 지구시민권에 대한 논의가 시작되어야 할 것은 당연한 이치다. 유입 이민자와 송출 이민자 문제, 국가 간 갈등과 대립을 극복하고 평화와 공영을 지향하는 일, 인류보편의 가치로서 인권과 생태주권을 보호해야 하는 일 등이 모두 여기에 해당된다.

제2부

권력구조의 개편방향

제4장 권력분립형 대통령제의 구축

제5장 분권형 대통령제로의 전환

제6장 의회제적 이원정부제의 적용

제4장 |

권력분립형 대통령제의 구축

김용호

I. 서론: 현행 대통령제를 어떻게 할 것인가?

이 장(章)의 목적은 비교제도역사적 시각에서 1987년 민주화 이후 지난 30년간 한국의 대통령제 진화과정에 대한 심층적인 분석을 토대로 현행 한국 대통령제를 평가하는 것이다. 대통령제를 비롯한 모든 정치제도가 다양한 요인에 의해 진화, 발전되어 나간다. 한국의 현행 대통령제도 1987년 도입된 이래 지속되고 있는 측면이 있는가 하면 또한 변화하고 있는 측면도 있다. 그런데 많은 정치학자들과 헌법학자들이 "1987년 헌정체제"라는 용어 아래 현행 대통령제를 제왕적 대통령제라고 단순화시키는 경향이 있다. 과연 한국의 현행 대통령제가 1987년 도입된 이래 시종일관 제왕적 대통령제를 유지하고 있는가? 이 장(章)에서는 이러한 질문에 해답을 얻고자 한다.

민주화 이후 지난 30년간의 한국 대통령제의 역사적 전개과정을 심층적으로 분석한 연구를 찾기 힘들다. 기존 연구가 주로 현행 대통령제의 기원, 특징, 문제점, 개선 방안 등을 분석한 것이다(박경미 외, 2012; 임혁백, 2011; 이준한, 2011; 장훈, 2010; (노무현)대통령 비서실, 2007; 강원택, 2005; 진영재, 2004; 최장집, 2002). 이러한 점을 고려하여 여기에서는 비교제도역사적 관점에서 민주화 이후 한국 대통령제가 어떻게 변화 발전되어 나오고 있는지를 분석하고자 한다. 구체적으로 지난 30년 동안 한국 대통령제의 지속과 변화를 분석한 후 이러한 변화에 영향을 끼친 요인들을 파악하여 향후 대통령제의 발전 방향을 전망해 보려고 한다.

II. 분석의 기본 틀: 대통령제의 4가지 운용방식

세계 각국의 대통령제를 비교연구한 학자들은 그동안 대통령제 운용방식에 영향을 끼치는 제도적 요인과 비제도적 요인을 찾아내려고 노력하였다. 메인웨어링(Mainwaring)과 슈가트(Shugart)는 대통령의 헌법상의 권한(constitutional power)과 대통령의 정당파워(partisan power)가 가장 중요한 제도적 요인이라는 것을 발견하였다(Mainwaring & Shugart, 1997). 대통령의 헌법상 권한이 중요한 이유는 대통령제가 내각제와 달리 대통령-의회 간에 권력 분립의 원리에 따라 만들어졌기 때문에 헌법상의 권한이 대통령, 입법부, 사법부에 어떻게 배분되어 있는가에 따라 대통령-국회 관계는 물론 대통령제의 전반적인 운용방식에 큰 영향을 미친다. 예컨대 미국처럼 헌법상 대통령-의회의 권한이 균형을 이루어 서로 통치력을 행사하기 위해 경쟁하는 경우와 우리나라처럼 헌법상 대통령-의회 간의 권한이 전자에게 많이 주어진 비대칭적인 경우에 대통령제의 운용방식이 달라질 것이다. 전자는 권력분립형 대통령제(separatist presidential system)가 될 가능성이 높은 반면 후자는 제왕적 대통령제(imperial presidency) 또는 대통령 중심적 대통령제(president-centered presidentialism)가 될 가능성이 높다.

그런데 헌법상의 대통령 권한은 대통령의 정당파워(partisan power)에 따라 실제 파워로 나타날 수도 있고, 이런 권한을 행사하는데 제약을 받아서 매우 약한 대통령이 될 수도 있다. 예를 들면 매우 강한 헌법상의 권한이 있더라도 대통령 지지 세력이 의회 내에서 3분의 1도 안 되는 경우 대통령이 자신이 원하는 정치적 프로그램을 입법화시키는데 어려움이 많아진다. 또 다른 예로서 대통령의 권한이 강하고, 또 의회 내 지지 세력이 강하더라도 정당 기율이 매우 낮은 경우 입법 연합을 계속 유지해 나가는데 어려움이 발생한다. 이와 대조적으로 멕시코처럼 대통령의 헌법상의 권한이 상대적으로 약하더라도 의회 내 지지 세력이 강하고, 정당기율이 높은 경우 막강한 대통령으로 군림할 수 있다. 이렇게 대통령의 정당파워는 주로 의회 내 자신의 지지 세력의 위상과 정당의 기율에 따라 달라진다. 의회 내 대통령 지지 세력의 강약은 주로 의석을 기준으로 판단하고, 정당 기율은 주로 지지 세력의 이탈이 얼마나 적은가, 예를 들면 지지 세력의 당론투표(partisan voting)가 얼마나 강한가를 의미한다(김용호, 2004a). 다시 말해 대통령당 소속 국회의원이 당을 이탈하거나, 대통령에 대한 지지를 자주 철회하거나, 당내 파벌 싸움으로 대통령 지지를 일시적으로 철회하는 경우 정당 기율은 낮아지게 된다. 또 대통령당 소속 국회의원이 얼마나 일사불란하게 대통령의 입법안이나 결의안에 찬성하느냐가 정당기율의 2번째 중요한 지표이다. 과거 미국 정당처럼 자유투표(cross-voting)가 많은 경우 거의 전적으로 당론 투표를 하는 한국의 정당에 비해 정당기율이 매우 낮은 것이다. 예컨대 한국의 3김 시기에 김영삼과 김대중 대통령은 지역 패권, 공천권, 정치자금 등을 거의 독점함으로써 대통령당을 "머신정당(political machine-type party)"처럼 운영한 결과 매우 높은 정당기율을 보여주었다.[1] 그러나 3김 이후 대통령들은 이러한 정치적 자원이 매우 부족해서 대통령당의 정당기율이 약화된 결과 정당파워가 현저히 떨어졌다.

이러한 2가지 제도적 요인 (대통령의 헌법상의 권한과 정당 파워) 외에 비제도적 요인들이 대통령제 운용방식의 진화과정에 영향을 미치게 된다. 많은 정치학자들이 대통령의 리더십 스타일이 대통령제 운용방식에 큰 영향을 미친다는 점에 동의한다. 특히 대통령의 의회 설득 능력은 대통령-의회 간의 협치에 절대적인 영향력을 미친다. 미국의 경우 레이건 대통령은 분점정부((divided government, 여소야대)에서도 의회 설득 능력이 뛰어나서 자신이 원하는 입법을 할 수 있었으나 카터 대통령은 단점정부(unified government, 여대야소)에도 불구하고 의회 설득에 실패한 대표적인 사례이다(김용호, 2004: 321). 이 외에 그 나라의 정치문화, 정치환경, 상황적 요인들이 대통령제 운용방식에 영향을 미치게 된다. 예를 들면 한국의 경우 대권

1) 머신(political machine)이란 정당이 특정지도자의 결정에 따라 일사불란하게 움직이는 것을 의미한다. 사당(私黨)과 매우 유사한 개념이다.

중시 문화, 행정국가 현상, 통치과정에서 행정부와 관료의 상대적으로 높은 위상, 대통령의 개혁 드라이브, 대통령에 대한 국민의 지지도, 국내외 정치경제상황을 비롯한 다양한 요인들이 대통령제의 운용과정에 영향을 미친다.

<표 1> 대통령제의 4가지 운용방식

		대통령의 정당 파워(party power)	
		강한	약한
대통령의 헌법상의 권한	강한	3김 시기의 제왕적 대통령제	3김 이후 시기의 대통령 중심적 대통령제
	약한	멕시코식 강한 대통령제	미국식 대통령-의회 권력분립형 대통령제

그런데 이러한 비제도적인 요인은 너무나 다양하여 비교가 거의 불가능하기 때문에 대통령제 비교연구 전문가들은 주로 제도적 요인에 주목하게 된다. 따라서 이 장(章)에서도 대통령의 헌법상의 권한과 정당파워를 기준으로 대통령제 운용방식을 나누어 보았다. <표 1>에서 보는 것처럼 제왕적 대통령제는 대통령의 정당파워가 막강하여 대통령의 헌법상의 강한 권한을 마음대로 휘두르는 것을 의미한다.[2] 이와 대조적으로 "대통령 중심적 대통령제"는 대통령에게 권한이 집중되어 있고, 입법부나 사법부의 기능이 상대적으로 약하여 대통령과 행정부에 대한 견제가 제대로 이루어지지 않고, 행정뿐

2) 여기에서 "제왕적 대통령제"는 대통령제의 4가지 운용방식의 하나로 개념화한 것인데, 미국의 슐레징거(Arthur M. Schlesinger)교수가 주장하는 제왕적 대통령 개념과 차이가 있다. 후자는 주로 루즈벨트대통령 이래 미국 대통령의 경제적 개입과 전쟁 수행에 있어서 의회의 견제가 현저히 약화된 것을 의미한다(Schlesinger, 1973).

만 아니라 입법을 비롯한 전체 통치과정에서 대통령의 권한이 상대적으로 비대하지만 대통령의 정당파워가 약하여 제왕적 대통령제에 미치지 못한다(박경미 외, 2012: 50).[3] 그리고 멕시코의 경우 과거 대통령의 헌법상의 권한은 약한 편이나 의회내 강한 지지세력과 강한 정당 기율을 활용하여 강한 대통령제를 유지하였다. 마지막으로 미국식 대통령-의회 권력분립형 대통령제는 행정, 입법, 사법의 분립된 기관이 통치 권력을 행사하는데 있어서 서로 대등하게 경쟁하는 체제이다(Jones, 1997: 161-180). 이제 민주화 이후 지난 30년 동안 한국의 대통령제 운용방식이 어떻게 진화해 나오고 있는지를 분석하기 위해 2가지 측면에서 비교연구를 시도하고자 한다. 첫째, 지난 30년 동안 한국 대통령의 헌법상의 권한에는 변화가 없었기 때문에 주로 다른 나라 대통령제의 헌법상의 권한과 비교 분석하고자 한다. 둘째, 한국의 경우 지난 30년 동안 대통령의 정당 파워는 변화가 많았기 때문에 3김 시기와 3김 이후 시기의 정당 파워를 비교하고, 또 각 대통령별로 정당 파워가 어떻게 변화되었으며, 이러한 변화가 대통령제 운용방식에 어떤 영향을 미쳤는지를 분석하고자 한다. 그리고 이러한 제도적 요인 외에 비제도적 요인들이 한국의 대통령제 운용방식에 어떻게 영향을 미쳤는지를 살펴보자.

이런 분석을 바탕으로 한국의 대통령제가 얼마나 효과적으로 운영되고 있는지를 평가하고자 한다. 세계 각국의 민주주의를 평가하는 방법은 매우 다양하지만(Geisel et al, 2016), 여기서는 대통령제

3) "대통령 중심적 대통령제(president-centered presidentialism)"는 대통령제의 운용방식의 하나로 우리나라 일부 학자와 언론이 대통령제를 대통령중심제라고 표현하는 경우와 엄격하게 구분하기 위해 따옴표를 붙여서 "대통령 중심적 대통령제"라고 표현하고자 한다.

에 초점을 맞추어 평가하고자 한다. 따라서 대통령제의 가장 큰 특징인 2원적 정통성 구조(dual legitimacy structure)가 제대로 작동하고 있는가를 중점적으로 평가하고자 한다. 즉 대통령제는 별도의 선거를 통해 대통령과 국회가 국민으로부터 통치의 위임을 받기 때문에 양자가 견제와 균형을 이루어 나라를 통치해야만 안정된 민주주의체제를 만들어 낼 수 있다. 즉, 대통령과 국회가 서로 협력해서 효과적으로 통치하느냐 여부에 따라 대통령제의 전반적인 국정수행 능력이 달라질 것이며 궁극적으로는 민주주의의 안정에도 영향을 미치게 된다. 따라서 지난 30년간 대통령-국회가 얼마나 협력해서 통치해 나왔는지를 평가해 보고자한다.

III. 민주화 이후 한국 대통령제의 진화 과정: 제왕적 대통령제에서 "대통령 중심적 대통령제"로

1. 1987년 헌법상의 대통령과 국회 권한

조정관이 적절히 지적하고 있는 것처럼 1987년 민주화 직후 우리나라가 도입한 대통령제는 미국이나 남미 국가와 비교해 볼 때 대통령에게 많은 권한이 부여된 절대적 대통령제(absolute presidentialism)였다(조정관, 2004; 104).[4] 1987년 헌법은 과거 권위주의시기에 대통령이 가진 많은 권한을 축소하려고 노력했음에도

4) 한국의 현행 대통령제는 견제와 균형의 원리에 충실하기보다는 "초대통령제(hyper-presidentialism)"의 속성을 보여주고 있다(Kim, 2004).

불구하고 남미의 슈퍼 대통령제(super-presidentialism)에 가까울 정도로 대통령의 권한이 막강한 편이다(Sialvelis, 1997). 우리나라 대통령은 비상시에 국회의 사전 동의 없이 법률의 효력을 갖는 명령(decree)을 발할 수 있는 2가지 권한(긴급 재정·경제명령권과 긴급명령권)을 가지고 있다(헌법 제76조). 또 강한 입법 거부권(헌법 제53조)과 법률안 제출권(제52조)을 가지고 있다. 이 외에 대통령이 예산 편성권, 사면권, 전쟁 선포권, 조약체결권, 대통령 직속의 정보기관, 감사원, 경찰, 검찰, 국세청 등을 직접 통솔하고 있어서 미국 대통령에 비해 훨씬 막강한 권한을 보유하고 있다. 이 외에 우리나라 대통령은 헌법에 의하여 행정부에 위임적으로 부여된 행정입법권을 가지고 있다. 우리의 경우 국회가 행정입법에 대한 통제의 정도가 매우 약하여 행정부 우위현상이 계속되고 있다. 그리고 다른 나라 대통령제에서 보기 힘든 권한이 대통령에게 부여되어 있다. 대표적인 예가 대통령이 국회의원을 국무위원에 임명할 수 있는 권한이다. 이러한 제도적 권한 외에 과대 성장한 행정부와 관료, "대권" 중시 정치문화 등이 대통령의 막강한 권한 행사를 뒷받침하고 있다.

한편 1987년 헌법에는 국회가 대통령을 견제할 수 있는 여러 가지 권한(법률제정권, 예산심의권, 국정조사권, 국정감사권 등)을 보유하고 있다. 그리고 우리 헌법의 내각제 요소가 국회의 대통령 견제도구로 사용된다. 대표적인 것이 국무총리 임명동의권과 국무총리 및 국무위원 해임 건의권이다. 특히 대통령의 반대세력이 국회를 장악한 분점정부 상황에서 국회가 이런 권한을 활용하여 대통령을 견제하는 경우가 많다.

2. 3김 시기: 제왕적 대통령제의 등장과 쇠퇴

1987년 민주화 직후 3명의 대통령(노태우, 김영삼, 김대중)이 집권한 시기에 대통령제 운용방식은 다음과 같은 공통점을 보여주었다. 첫째, 3명의 대통령이 모두 과거에 볼 수 없었던 분점정부를 겪었다. 그런데 모든 대통령이 3당 합당, 정당연합(DJP 연합, 민주-자민-민국 연합), 무소속 영입, 다른 당으로부터 의원 빼내오기, 정당 연합을 위해 우호정당에게 의원 꿔주기를 비롯한 갖가지 인위적인 방법으로 분점정부를 단점정부로 만들었다. 이렇게 선거에 나타난 국민의 의사를 왜곡함으로써 대의제 민주주의를 훼손하였다. 둘째, 3명의 대통령이 모두 분점정부를 단점정부로 만들 수 있었던 것은 대통령의 정당 파워가 막강했기 때문이다. 특히 김영삼과 김대중 대통령은 거의 머신정당(political machine-type party)에 가까운 대통령당을 앞장세워 국회를 장악하였다. 그 결과 이 시기에 대통령-국회 관계는 기본적으로 "제왕적 대통령-종속적 국회"라고 할 수 있다. 이러한 배경에는 권위주의 대통령제의 유산(과대 성장한 행정부와 관료, 대권 중시 정치문화 등), 양김의 민주화 공로, 강력한 정치경제 개혁 드라이브에 대한 국민의 높은 지지도, 대통령의 지역 패권과 공천권과 정치 자금력 등이 작용하였다.

1) 노태우 대통령 시기: 타협적 대통령-국회 관계가 3당 합당 후 대립적 관계로

<표 2>에서 보는 것처럼 노태우 대통령 집권 시기에 대통령-국회 관계는 전반기에는 비교적 타협적이었으나 3당합당 이후에는 매우

대립적이었다. 노대통령의 집권 전반기와 후반기에 대통령-국회 관계가 이렇게 변화된 원인을 규명하기 위해 우선 전반기 대통령-국회 관계를 살펴보자. 노대통령 집권 전반기는 헌정사상 최초의 분점정부가 등장했으나 국회가 활성화되었다. 총선직후 3개 반대당이 긴밀히 공조한 결과 국회 다수세력이 되어 권위주의 청산과 국회 활성화에 노력하였다. 광주 민주화 운동과 5공 비리 특위 청문회, 민주화 7개 법안(노동쟁의조정법, 노동조합법, 국민의료보험법, 지방자치법, 해직공직자 보상법, 국정감사 및 조사법, 국회에서의 증언 및 감정법) 제정 또는 개정,[5] 대법원장 임명동의안 부결 등이 대표적 사례다. 이러한 과정에서 대통령 소속당이 반대당과 타협하는 경우가 많아 원내 정당 간 극한 대립이 적은 편이었다. 박통희 등을 포함한 많은 정치학자들이 민주화 직후 구성된 13대 국회 전반기에 매우 왕성한 의정활동이 이루어지고 국회의 대통령 견제 및 감독 기능이 증대되었다고 평가한다(박통희, 1993).

이처럼 대통령-국회가 타협적인 관계를 가질 수 있었던 것은 분점정부 외에 3가지 비제도적 요인이 작용하였다. 첫째, 민주화 직후 국민들의 민주화 열망이 강했기 때문에 노태우 대통령을 포함한 모든 정당지도자들이 국민의 민주화 요구를 거역할 수 없었다. 김영삼과 김대중은 서로 라이벌이었지만 국민의 민주화 열망을 받아들여 국회 운영에 서로 협조하였기 때문에 대통령과 대통령당으로부터 정치적 양보를 받아낼 수 있었다. 또 노태우 대통령이 비록 군

5) 이 중에서 4개 법안은 국회에서 대체입법을 하거나 재의가 무산되어 자동 폐기되었고, 3개 법안(지방자치법, 국정감사 및 조사법, 국회에서의 증언 및 감정법)은 국회의 재의결과정에서 국회의원 3분의 2의 찬성을 얻지 못해 모두 부결되었다.

<표 2> 노태우 대통령시기의 대통령-국회 관계의 전개양상

시기	국회	대통령당		주요 반대당(지도자)	주요 정치적 쟁점	대통령-국회 관계
		원내 지위	당내 기율			
1988.2-1988.5	12대	민정당 (다수당 단점정부)	강한 편	통일민주당 (김영삼)/ 평민당 (김대중)/신민주공화당 (김종필)	국회의원 선거제도 개편	타협적
1988.5-1989.12	13대 전반	민정당 (제 1당 분점정부)	강한 편	반대 3당의 국회내 공조	7개 민주화 법안/ 5공 청산 문제/ 대법원장 임명 동의안 부결/ 노대통령에 대한 중간 평가	타협적
1990.1-1992.4	13대 후반	민자당 (다수당 단점정부)	강한 편	평민당 (김대중)	3당 합당/ 내각제 개헌	극한 대립
1992.4-1993.2	14대	민자당 (다수당 단점정부)	강한 편	평민당 (김대중)/ 통일국민당 (정주영)	총선 부정선거/ 지방자치제 실시 시기	극한 대립

부출신이지만 전두환정부와 차별화를 통해 지지기반을 구축할 필요가 있었기 때문에 전두환대통령에 대한 정치적 책임 추궁을 비롯한 권위주의 청산을 요구하는 반대당에 협조함으로써 대통령-국회 관계가 타협적이었다. 둘째, 노태우 대통령은 서울 올림픽과 중간평가 약속 등을 원만하게 처리하기 위해 반대당과 협조하려고 노력하였다. 올림픽을 앞두고 전 세계가 서울에 대한 관심이 높았기 때문에 노대통령이 국회와 야당에 대해 강압적인 태도를 자제하였다. 또 노태우 대통령이 대선 중에 집권 2년 후에 중간평가를 실시하겠다는 약속을 하는 바람에 중간평가에 대비하여 국회를 원활하게 운영해 나가려고 노력하였다. 예를 들면 1988년 8월, 김용갑

총무처장관이 당시 정치권의 좌경화현상을 우려하면서 대통령의 국회 해산권이 필요하고 이를 중간평가와 연계시킬 수 있다는 발언으로 파문이 일자 김장관을 경질시켰다. 마지막으로 지적할 점은 노태우 대통령의 유연한 리더십 스타일이 대통령-국회 관계를 타협적으로 만들었다.

그러나 노태우 대통령이 1990년 1월, 3당 합당에 성공한 후 대통령-국회 관계는 크게 달라졌다. 노대통령의 민정당과 김영삼의 통일민주당, 김종필의 신민주공화당이 합당한 결과 의석수 3분의 2가 넘는 거대 대통령당(민자당)이 출현함으로써 종전의 분점정부가 단점정부로 변한 후 대통령당의 독주로 인해 국회는 갈등과 대립으로 치달았다. 이러한 변화는 메인워링(Mainwaring)과 슈거트(Shugart)가 주장한 것처럼 대통령에 대한 의회내 지지 세력이 커지면 대통령이 헌법상의 막강한 권한을 휘두르게 된다는 것을 증명해 준다(Mainwaring & Shugart, 1997). 3당 합당으로 등장한 새로운 대통령당이 수적 우세를 내세워 국회에서 쟁점 법안을 날치기로 통과시키자 평민당이 크게 반발하여 마침내 소속 의원 전원이 의원직 사퇴서를 제출하였다. 평민당이 등원 조건으로 국회 해산 및 조기 선거, 내각제 개헌 포기, 지방자치제 실시, 날치기 통과 법안 재심의 등을 내세우고 장외투쟁을 전개했으나 아무런 정치적 타협에 도달하지 못하여 마침내 김대중 총재가 단식에 들어갔다. 민자당과 평민당은 1991년 상반기 중에 지방의회 선거를 실시하기로 합의한 후 국회가 정상화되었다. 그러나 대통령당과 반대당간의 반목으로 국회가 계속 공전하다가 1991년 7월 임시국회가 겨우 개최되었으나 양당 간의 갈등은 계속되었다. 1991년 정기국회에서 양당은 추곡수매가 등을 두고 다시 격돌한 후 13대 국회가 총선을 앞두고 일찍 문을 닫았다. 정당간의 첨예한 대립의 배경에는 김영삼과 김대중이 오는 총선과 대선을 의식해서 서로 정국의 주도권을 잡으려는 경쟁이 작용하였다.

1992년 4월 총선에서 민자당이 과반수에서 1석이 모자라 다시 분점정부가 출현했으나 선거 직후 무소속을 영입하여 단점정부가 되었다. 14대 국회초반부터 반대 세력(민주당과 통일국민당)이 지자제 선거 연기 결정 등에 반발하여 국회 구성에 동의하지 않은 결과 10월에 개원하였다. 그러나 대선으로 인해 정기국회 회기를 50일로 단축하여 11월 20일에 끝나버렸다. 한편 1992년 12월, 대선에서 민자당 후보 김영삼이 압승하자 반대당인 민주당은 1993년 2월에 개최된 임시국회와 대통령 취임식에 불참하였다. 불참 사유는 선거기간 중 김대중 후보에 대한 정부의 용공음해에 대해 사과하지 않는다는 것이었다. 결국 민주당이 불참한 가운데 민자당만으로 국무총리 임명동의안을 처리하였다. 이로써 노태우정부 전반기에 볼 수 있었던 타협적 대통령-국회 관계는 실종되고 말았다.

2) 김영삼 대통령 시기: 제왕적 대통령-종속적 국회 관계

<표 3>에서 보는 것처럼 김영삼 대통령 집권 시기의 대통령-국회 관계는 "제왕적 대통령-종속적 국회"로 요약할 수 있다. 이런 배경에는 김대통령이 임기 내내 의원 영입 등 다양한 방법으로 국회 내 지지 세력을 과반수로 만들어 단점정부를 유지하면서 강한 정당 기율로 국회를 통제했기 때문이다. 이러한 제도적 요인 외에 김대통령이 32년만에 등장한 첫 문민정부로서 하나회 척결, 공직자 재산

<표 3> 김영삼 대통령시기의 대통령-국회 관계의 전개양상

시기	국회	대통령당		주요 반대당	주요 정치쟁점	대통령-국회 관계
		원내 위상	당의 기율			
1993.2-1996.4	14대 후반기	민자당 (다수당 단점 정부)	매우 강한 편	민주당 (이기택)/ 자민련 (김종필)/ 새정치 국민회의 (김대중)	하나회 척결/공직자 재산신고/공직선거법 제정/금융실명제/부동산실명제/1995년 지방선거에서 민자당 패배/노태우 대통령 비자금 수사/전두환-노태우 대통령 사법처리	종속적
1996.5-1998.2	15대 전반기	신한국당 (다수당 단점정부)	매우 강한 편	위와 동일	총선 부정선거 조사/안기부법과 노동법 날치기 통과/김현철-한보사건/외환금융위기/대선에서 반대당 김대중후보 당선	대립적

공개, 금융실명제, 부동산실명제, 군부 출신 전직 대통령 사법처리 등을 비롯한 다양한 개혁 드라이브가 국민의 높은 지지를 받았기 때문이다. 그러나 그는 제왕적 대통령제의 폐해(지역 패권주의, 대통령 소속당의 사당화, 권력 남용 등)와 함께 임기 말에 외환금융위기라는 치명적인 유산을 남겼다. 한편 1997년 대선은 IMF외환위기 속에 집권당인 한나라당(신한국당의 후신) 이회창 후보, 신한국당에서 이탈한 이인제 후보가 김대중후보와 경쟁한 결과 김후보가 승리함으로써 헌정사상 최초로 정당간의 평화적인 정권교체가 이루어졌다.

3) 김대중 대통령 시기: 제왕적 대통령-약한 국회의 대립

<표 4>에서 보는 것처럼 김대중 대통령 집권기간에 대통령-국회

관계는 매우 대립적이었다. 이러한 배경에는 소수세력 출신의 김대통령이 집권기간 내내 자민련과의 연합 외에 의원 빼내오기, 의원 꿔주기 등 온갖 방법으로 국회내 지지세력을 소수에서 다수로 만들려고 시도하자 반대세력이 국회 보이콧, 장외투쟁 등으로 맞섰기 때문이다. 이런 어려움 속에서도 김대통령은 대통령당의 매우 강한 정당기율에 힘입어 임기말 레임덕 이전에는 제왕적 대통령이었다. 1998년 2월말 김대중 대통령 취임 당시 한나라당이 국회에서 과반 의석을 차지하고 있어서 국민회의-자민련 소수연합 분점정부가 등장하였다. 노태우 대통령 전반기의 제 1당 분점정부와 달리 이번에는 소수연합 분점정부였으나 김대통령은 한나라당 의원들을 빼내와서 대통령지지세력(국민회의-자민련)이 과반인 151석을 확보하여 6개월만에 분점정부를 단점정부로 만들어 버렸다. 분점정부 6개월 동안 대통령-국회 관계는 국민회의-자민련 공동정부와 한나라당 간의 대립으로 인해 갈등이 심하였다. 예컨대 김대통령이 자민련 김종필 국무총리 임명동의를 국회에 요청했으나 한나라당의 반대로 무산되어 김종필이 국무총리 서리라는 직함으로 취임하였다.

그런데 1998년 9월이후 단점정부 아래에서 대통령-국회 관계는 더욱 악화되었다. 왜냐하면 김대중 대통령이 반대당을 상대로 소위 대선 "세풍" "총풍" 관련 수사를 시작하자 새로 한나라당 총재로 선출된 이회창이 국회를 보이콧했기 때문이다. 1998년 정기국회의 공전에 이어 1999년 들어 비리조사 대상에 오른 국회의원들을 보호하기 위해 한나라당이 계속 국회를 단독 소집하여 1999년 4월, 서상목 의원 체포 동의안이 국회에서 부결될 때까지 국회가 정상화되지 못하였다. 그리고 1999년 1월 국민회의-자민련이 외환금융위

<표 4> 김대중 대통령 집권시기의 대통령-국회 관계의 전개 양상

시기	국회	대통령 지지세력		주요 반대당	주요 정치적 쟁점	대통령-국회 관계
		원내 위상	대통령당의 기율			
1998.2.-1998.8	15대 후반기	국민회의-자민련 연합 (소수연합 분점정부)	매우 강한 편	한나라당 (조순)	김종필 국무총리 임명동의안	대립
1998.8-2000.4	15대 후반기	국민회의-자민련연합 (다수연합 단점정부)	매우 강한 편	한나라당 (이회창)	대선 "세풍" "총풍"비리 수사/외환금융위기 청문회/고위 공무원 비리 국정조사 요구/재선거의 부정 시비/김종필 국무총리의 내각제 개헌 유보/대통령 영부인 관련 옷로비 사건/조폐공사 노조파업 유도사건/국회의원 선거법 개정/시민연대의 국회의원 낙천낙선운동	극한 대립
2000.5-2001.1	16대 전반기	새천년민주당 (제 2당 분점정부)	매우 강한 편	위와 동일	원내교섭단체 구성요건 완화문제/총선 부정 시비	극한 대립
2001.1-2001.8	16대 전반기	민주당-자민련-민국당연합 (다수연합 단점정부)	매우 강한 편	위와 동일	민주당 의원 4명의 자민련 이적/검찰총장 탄핵소추안/공적자금관련 법안/예산안/임동원 통일부장관 해임건의안 통과/장상, 장대환 국무총리 내정자 낙마	극한 대립
2001.9-2003.2	16대 전반기	민주당 (제 2당 분점정부)	약한 편	위와 동일	10월 재보궐선거에서 한나라당이 3석 모두 차지/김대중 대통령의 당총재직 사임/민주당의 당 개혁/국민참여경선에서 노무현후보 승리/김대중 대통령 아들 비리수사/지방선거에서 대통령당 패배/노무현-정몽준 후보 단일화/대선에서 노무현 승리-이회창 패배	극한 대립

기의 책임소재를 추궁하기 위해 경제청문회를 시작하자 한나라당은 장외투쟁을 벌였다. 2000년 총선을 앞두고 정당 간 극적인 타협으로 선거법 개정이 이루어졌으나 시민단체와 언론과 국민의 강한 반대 여론에 부딪혀 결국 2000년 2월 국회의원 정수를 299명에서 273명으로 축소하여 선거구를 재조정하였다. 소위 국회의원 "물갈이론"이 등장하여 시민단체가 중심이 되어 국회의원 낙천낙선운동을 전개하였다.

2000년 총선을 앞두고 김대중 대통령이 단독으로 원내 과반수 의석을 확보하기 위해 새정치국민회의를 해산하고 새천년민주당(이하 민주당)을 창당하여 지지세력 규합에 나섰으나 과반수 의석을 차지하지 못하여 다시 분점정부가 등장하였다. 총선 결과 민주당이 자민련과 합해도 과반수가 되지 않았다.[6] 한나라당이 거의 과반수에 육박하는 국회 제 1당이었으나 국회의장에는 대통령이 지지하는 이만섭의원(새천년민주당)이 선출되었다.[7] 제왕적 대통령의 위력은 여전하였다. 총선 직후 민주당의 국회법 개정 시도, 선거부정 은폐 발언, 검찰총장 탄핵 소추안 자동 폐기 등으로 인해 국회는 3차례나 공전하였다. 11월말에 한나라당이 무조건 등원을 결정하여 공적자금관련 법안이 통과된데 이어 예산안이 우여곡절 끝에 통과되었다.

이런 상황에서 김대중 대통령은 극단의 조치를 통해 분점정부를 단점정부로 만들었다. 2001년 1월 민주당 의원 4명이 자민련으로 이적하여 자민련이 국회 교섭단체로 등록하여 민주당-자민련-민국

6) 총선 결과 전체 의석 273석중 한나라당이 133석, 민주당이 115석, 자민련이 17석, 무소속이 5석, 민국당이 2석, 한국신당이 1석을 차지했다.
7) 국회의장의 원활한 국회 운영을 위해 국회법을 개정하여 국회의장이 당적을 가질 수 없도록 함에 따라 이의장은 민주당을 탈당하여 무당적 의장이 되었다.

당 공조체제를 만들어 국회내 다수가 되었다. 김대통령이 제왕적 총재가 아니면 불가능한 일이었다. 그러나 다수연합 단점정부는 대북정책을 둘러싼 갈등으로 인해 8개월만에 붕괴되었다. 자민련이 대북유화정책을 취하는 임동원통일부장관에 대한 한나라당의 해임건의안에 동조하여 이를 가결시켜 버렸기 때문이다. 이렇게 3당 공조가 깨진 후 김대중 대통령은 다시 국회를 장악할 수 없었다. 더욱이 2001년 10월의 재·보궐선거에서 한나라당이 3석을 모두 차지하는 바람에 김대통령의 국회내 지지세력이 더욱 줄어들어서 레임덕이 가속화되었다. 김대통령이 레임덕에 빠지자 소위 당내 개혁파들이 김대통령의 당 총재직 사퇴를 요구함으로써 그의 정당파워는 더욱 약화되었다. 이제 김대통령은 종래의 제왕적 지위는 커녕 국회는 물론 소속당에 대한 통제력마저 상실하였다. 2001년 11월 김대통령이 당 총재직을 사퇴한 후 새천년민주당은 당 개혁에 착수하여 정권 재창출을 위해 다양한 개혁조치를 단행하였다: 1) 대통령후보 선출을 위한 국민참여경선제 도입; 2) 대권·당권 분리; 3) 상향식 공천제도 도입; 4) 총재직 폐지; 5) 원내정당화. 이러한 정당의 내부 제도 변경의 목적은 앞으로 당내 권력분산과 상향식 의사결정 방식의 도입을 통해 제왕적 총재의 등장을 방지하려는 것이었다. 민주당의 국민경선제에서 다크호스 노무현후보가 유력한 대선주자인 이인제를 꺾고 대선후보가 되었다. 한편 대통령당의 개혁조치가 반대당에도 영향을 미친 결과 한나라당도 집단지도체제와 국민참여경선제를 도입하였다. 그 결과 이회창이 대선후보로 선정되어 1997년에 이어 2002년 대선에 다시 도전하게 되었다.

주요 정당의 대선후보가 선출된 후 실시된 2002년 6월의 지방선거와 8월의 재 보궐선거에서 한나라당이 대승하는 바람에 오는 대선에서 한나라당 이회창후보의 당선 가능성이 높아졌다. 처음에 대선 경쟁구도는 한나라당 이회창, 새천년민주당 노무현, 국민통합21 정몽준 후보의 3파전이었으나 노무현과 정몽준이 후보 단일화를 이룬 결과 이회창과 노무현간의 1대1 대결로 좁혀졌다. 후보 단일화 이후 노후보의 지지도가 높아지기 시작하여 대선 전날 밤에 정후보가 노후보 지지를 철회했음에도 불구하고 노후보가 당선되었다.

3. 3김 이후 시기: "대통령 중심적 대통령제"로 전환

3김 시기와 비교해 보면 3김 이후 시기의 대통령-국회 관계는 다음과 같이 변하였다. 첫째, 이명박 대통령은 집권기간 내내 단점정부였으나 노무현과 박근혜 대통령은 각각 재보궐선거와 총선을 통해 분점정부가 등장했지만 3김 시기처럼 인위적으로 단점정부를 만들지 못했다. 둘째, 3김 이후 모든 대통령이 당정분리, 파벌싸움 등으로 인해 대통령당을 완전히 장악할 수 없어서 3김시기에 비해 대통령의 정당파워가 현저히 약화되었다. 셋째, 3김 이후 대통령-국회 관계는 대통령의 헌법상의 권한이 막강했기 때문에 대통령 우위를 유지하는 가운데 국회는 아직도 대통령과 대등한 통치의 주체로 자리 잡지 못했다. 그리하여 3김 시기의 제왕적 대통령제는 사라지고 "대통령중심제"로 전환되었다. 마지막 특징은 3김 이후 시기에 모든 대통령이 대통령의 독주를 견제하는 국회와 시민사회의 강한 저항에 부딪혔다. 노무현과 박근혜 대통령은 국회의 탄핵소추를 당했고, 이명박 대통령은 취임초기에 3개월 이상 미국산 소고기 수입 반대 촛불시위에 시달렸다. 3김 시기에는 이런 것을 상상할 수 없었다.

1) 노무현 대통령 시기: 타협적 대통령-국회 관계에서 극한 대립을 거쳐 갈등 관계로

<표 5>에서 보는 것처럼 노무현 대통령 집권기간에 대통령-국회 관계는 크게 3차례 변했다. 집권 초기의 대통령-국회 관계는 비교적 협조적이었으나 집권 6개월만에 극한 대립을 거쳐 대통령 탄핵소추 기각후 다시 협력과 갈등을 거쳐 대립관계로 전환되었다. 취임 초기의 타협적 대통령-국회 관계는 분점정부 상황에서 노대통령이 반대당을 설득한 결과였다. 당선자 시절 국회 다수당(한나라당)을 직접 찾아가 설득한 결과 대통령직 인수위법과 고건국무총리 임명동의안이 국회에서 통과되었다. 또 한나라당이 발의한 대북송금 수사 특검법을 노대통령이 수용하자, 오히려 대통령당의 불만이 많아졌다. 그러나 대통령이 대북송금 수사 특검의 연장을 거부하자 대통령-반대당간의 밀월(honeymoon)도 끝나버렸다.

2003년 9월, 노대통령이 집권한지 반년만에 국회와 정면으로 충돌하기 시작하여 2004년 3월, 국회가 노대통령에 대한 탄핵소추를 의결할 때까지 6개월동안 양측은 서로 마주 달리는 열차와 같았다. 국회의 반격, 대통령의 재반격이 반복되었다(김용호, 2004a). 9월에 대통령 지지세력이 민주당을 탈당하여 열린우리당 창당에 나선 결과 노대통령 지지세력이 35석을 가진 원내 제 3당에 불과하여 대통령의 정당 파워가 크게 약해져 국회에 끌려 다닐 수 밖에 없었

<표 5> 노무현 대통령 집권시기의 대통령-국회 관계의 전개양상

시기	국회	대통령 지지세력		주요 반대당	주요 정치적 쟁점	대통령-국회 관계
		원내 위상	대통령당의 기율			
2003.2-2003.9	15대 후반기	새천년민주당 (제 2당 분점정부)	약한 편	한나라당 (최병렬)	인수위법과 국무총리 임명동의안 통과/대북 불법송금 특검/이라크 파병 동의안 통과/고영구 국정원장 임명/대통령의 특검연장 반대/김두관 행자부장관 해임건의안 가결/윤성식 감사원장 임명동의 부결	협조적 관계에서 갈등적 관계로
2003.10-2004.4.		열린우리당 (제 3당 분점정부)	매우 약한 편	한나라당 (최병렬/ 박근혜)	대통령의 재신임 국민투표 제안/대통령 측근비리 수사 특검법-대통령 거부권 행사/불법 대선자금 수사 확대/한-칠레 자유무역협정무산/선거법, 정당법, 정치자금법 대폭 개정/노대통령 탄핵 소추안 통과/노 지지자의 대규모 시위/총선에서 민주화 이후 최초의 단점정부 등장	극한 대립
2004.5-2005.4	16대	열린우리당 (다수당 단점정부)	약한 편	한나라당 (박근혜)	행정수도 이전법 통과/헌재의 행정수도 이전 위헌 판결/행정중심복합도시법 제정/4대 개혁입법(언론법, 사학법, 국가보안법, 과거사진상규명법) 추진	협력과 갈등
2005.4-2008.2	16대	열린우리당 (제 1당 분점정부)/대통합민주신당 (제 1당 분점정부)	약한 편	위와 동일	재보궐선거에서 열린우리당 패배로 분점정부 등장/노대통령의 대연정 제안/2006년 지방선거에서 열린우리당 패배/원포인트 개헌 제안/종합부동산세 도입/2차 남북정상회담	대립

다. 헌정사상 처음으로 제 3당 분점정부가 등장한 것이다. 국회가 한-칠레 자유무역협정 비준 부결, 정치관련 개혁입법 무산, 이라크 추가 파병 동의안에 대한 반대 등으로 노무현행정부의 발목을 잡자, 노대통령은 시민사회를 동원하여 국회와 정치권을 우회하거나 압박하려고 시도한 결과 대통령-국회간에 갈등이 증폭되었다. 노대통령의 재신임 국민투표 제안과 노사모 주최 "리멤버(Remember) 12.19" 행사 참석 등은 대표적인 사례다. 한편 2003년 가을부터 대선불법자금 수사가 확대를 거듭하는 가운데 노무현 대통령의 측근을 포함하여 20여명의 정치인과 기업인들이 구속되었다. 더욱이 한나라당이 지난 대선에서 대기업으로부터 수백억의 돈을 차떼기로 끌어모아 사용한 것이 드러나는 바람에 국민의 비난이 쏟아졌다. 각 정당이 다가오는 총선을 의식해서 서로 개혁 경쟁을 벌인 결과 선거법, 정당법, 정치자금법을 대폭 개정하였다. 이제 더 이상 정치자금을 모아 국회의원들에게 나누어주는 제왕적 총재가 불가능해졌다(김용호, 2008).

노무현 대통령이 공무원의 선거중립 의무 위반임에도 불구하고 열린우리당에 대한 지원 발언을 공개적으로 계속하고, 또 다가오는 총선 결과에 따라 자신의 진퇴를 결정하겠다고 선언하자 대통령-국회 간의 갈등은 최고조에 달했다. 2004년 3월 12일, 총선을 약 1개월 앞두고 국회내 반대세력은 노무현 대통령의 선거중립의무 위반, 경제 파탄 등을 이유로 탄핵소추안을 발의하여 통과시켰다.[8] 열린우리당이 국회에서 격렬히 반대했으나 소용이 없었다. 헌정사상 최

8) 재적 국회의원 271명중에서 한나라당 129명, 민주당 53명, 자민련 8명, 무소속 5명을 포함한 195명이 참석하여 193명의 찬성으로 가결되었다.

초로 현직 대통령에 대한 탄핵소추가 통과된 직후 노무현 지지자들이 거리에 나와 탄핵 반대 대규모 시위를 벌이는 바람에 한나라당, 민주당, 자민련은 탄핵의 역풍을 맞았다. 한나라당은 당대표를 박근혜로 교체한 후 총선에서 거대 대통령당의 등장과 대통령의 독주를 막아야 한다는 논리로 유권자에게 호소한 결과 예상보다 적은 손실을 입었다. 총선결과 총 299석 중 열린우리당이 152석으로 다수당이 되었다.[9] 이번 총선 결과 2가지 새로운 정치 현상이 등장하였다. 첫째, 열린우리당이 민주화 이후 최초로 총선에서 다수당이 되었다. 1988년이후 매번 총선때마다 대통령당이 과반 의석에 미달하여 분점정부가 등장하였는데 이번 총선에서 처음으로 단점정부가 등장하였다. 둘째, 이번 총선에서 처음으로 1인2표제를 도입한 결과 민노당이 약진하였다. 종래의 1인1표제가 정당비례대표제의 원칙을 위반한 것이라는 헌법재판소의 판결에 따라 1인2표제가 도입되었다. 이처럼 헌재를 비롯한 사법부가 국회를 대신하여 정치제도의 민주화에 기여하는 새로운 정치현상이 나타났다.

총선직후 2004년 5월에 헌재가 탄핵을 기각함으로써 노무현 대통령은 업무에 복귀하였다. 노대통령은 반대당의 지지를 얻어 행정수도를 서울에서 충청도로 이전하는 법안을 통과시켰다. 그러나 헌법재판소가 이 법이 위헌이라고 결정하는 바람에 노무현행정부는 행정부서의 약 절반을 새로운 행정수도인 세종시로 이전하는 것을 내용으로 하는 행정중심복합도시법을 제정하였다. 한편 노무현 대통령이 소위 "4대 개혁입법"(사립학교법, 언론관계법, 국가보안법, 과

---

9) 한나라당은 121석, 민주당은 9석, 자민련은 4석, 민노당이 10석, 무소속이 3석을 차지하였다.

거사 진상 규명법)을 추진하자 반대당의 결사적인 저항으로 국회 운영이 매우 어려워졌다. 이러한 배경에는 주로 4가지 요인(분점정부, 당정분리, 장외투쟁, 이념 갈등)이 작용하였다. 첫째, 국회의원 재·보궐선거에서 대통령당(열린우리당)이 계속 패배하는 바람에 1년만에 단점정부가 분점정부로 변했기 때문에 노대통령의 정책을 국회에서 입법하는데 어려움이 계속되었다. 총선후 1년만에 실시된 2005년 4월 재·보궐선거에서 열린우리당은 1석도 얻지 못한 결과 152석이 147석으로 감소하는 바람에 과반수에 미달하게 되었다. 이후 실시된 4번의 재·보궐선거에서 열린우리당은 1석도 차지하지 못한 결과 분점정부가 계속되었다. 이런 상황에서 열린우리당은 진보성향의 민노당과 국회에서 연대하려고 노력했으나 민노당의 경우 당을 장악한 세력이 원내 세력을 통제하는 바람에 열린우리당이 민노당의 협력을 얻는데 어려움이 많았다. 둘째, 열린우리당이 추진한 소위 4대 개혁입법에 반대하는 한나라당이 등원 거부, 장외 투쟁을 전개하는 바람에 국회가 파행을 거듭하였다. 셋째, 노무현 대통령 취임후 한국 사회의 보수-진보 간의 갈등이 고조되어 국회에서 보수-진보 정당 간의 타협을 어렵게 만들었다. 대표적인 사례가 열린우리당이 추진하는 사학법 개정과 관련하여 사학을 운영하는 보수적인 기독교계가 이 법의 개정에 결사적으로 반대하였다. 또 보수세력이 국가보안법 폐지에 반대하는 시위를 벌임으로써 이 법의 통과를 결사적으로 저지한 결과 노무현정부는 이 법을 폐지하는데 실패하였다. 마지막으로 지적할 점은 제왕적 대통령의 폐해를 방지하기 위해 도입한 당정 분리 원칙을 노대통령이 기계적으로 적용한 결과 대통령당과 긴밀한 협의 없이 중요한 정치적 제안을 하는 바람에 대통령당의 협조를 얻기가 어려웠다. 대표적인 사례가 노대통령의 대연정 제안과 원 포인트 개헌 제안이었다. 2005년 6월, 노대통령이 열린우리당과 아무런 협의 없이 한나라당과 열린우리당 간의 대연정을 제안하였다(김병준, 2012: 159-161). 열린우리당의 반대와 한나라당의 거부로 대연정 제안은 물거품이 되었다. 또 대선을 앞두고 2007년 1월, 노무현 대통령이 대국민담화를 통해 대통령의 4년 중임제 개헌을 제안하였다. 이번에도 노대통령은 이런 중대한 제안을 열린우리당과 아무런 상의 없이 제안하는 바람에 대통령당의 지지를 얻지 못했다. 물론 한나라당의 거부로 이 제안은 전혀 논의가 되지 않았다.

2) 이명박 대통령 시기: 단점정부에서 대립적 대통령-국회 관계

2007년 대선에서 한나라당의 이명박후보가 민주화 이후 두 번째로 정당 간의 평화적인 정권교체에 성공했다. 이로써 한국의 민주주의가 공고화 단계로 진입했으나 이대통령 임기 내내 대통령-국회 관계는 대립적이었다. 이대통령은 민주화 이후 처음으로 임기 내내 단점정부 아래 통치하였으나 대통령당이 친이, 친박(친박근혜)으로 나누어져 싸우는 바람에 정당기율이 약해지고, 대통령의 정당파워가 약해져 국회를 장악하지 못했다. 한나라당의 계파 싸움은 2008년 총선 공천 문제로 시작되어 이대통령의 임기 내내 계속되었다. 친이계 주도의 공천에서 탈락한 박근혜 지지자들이 친박연대, 또는 무소속연대를 만들어 총선에 출마하였다. 이런 공천파동에도 불구하고 한나라당은 대선의 후광효과(coattail effect) 덕택에 과반

인 153석을 차지하였다.[10] 2004년 총선에 이어 2개 주요 정당만이 원내 교섭단체를 구성하는 양당구도의 단점정부가 등장하였다.

총선직후 이명박 대통령은 정부의 미국산 쇠고기 수입 결정에 반대하는 시민사회의 엄청난 저항에 부딪혔다. 미국산 소고기가 광우병을 유발할 우려가 있다는 점을 들어 학생과 시민들이 2008년 5월부터 100일 이상 촛불시위를 벌였다. 반대당(민주당)이 촛불 시위에 합류하는 바람에 국회가 88일동안 공전한 결과 8월 들어 개원협상이 마무리되었다.

이명박 대통령 집권 기간에 대통령-국회 관계는 심각한 갈등관계였지만 대통령이 추진한 핵심 정책(4대강 사업, 미디어 관련법, 세종시 수정안, 한미 FTA 비준) 중에서 세종시 수정안 외에는 모두 입법에 성공하였다. 첫째, 이명박 대통령이 2010년 국회에서 4대강 사업 예산을 강행처리하자 반대당은 약2개월간 장외투쟁을 벌였으나 아무 소득이 없이 연평도 포격사건 직후 국회로 복귀하였다. 둘째, 2009년 한나라당이 미디어 활성화를 위해 미디어 관련법(방송법, 신문법, 인터넷 TV법 등)을 날치기로 통과시키자 반대당이 이를 헌법재판소에 제소하였다. 그러나 헌재는 절차에서 위법성이 인정되지만 법률은 유효하다고 판결하였다. 이것은 민주화 이후 새롭게 나타난 "정치의 사법화" 현상을 의미한다. 셋째, 이명박행정부가 노무현행정부에서 추진한 세종시 행정도시 건설 대신에 교육과학중심의 경제도시를 만드는 세종시 수정안을 발표하였다. 그러나 치열한 논란

10) 예상 외로 친박연대가 14석, 무소속이 25석, 자유선진당이 18석을 차지한 결과 보수성향의 후보가 많이 당선된 반면 통합민주당은 81석, 민노당은 5석, 창조한국당은 3석을 차지하여 전체의석의 3분의 1에도 미치지 못하였다.

<표 6> 이명박 대통령 집권시기의 대통령-국회 관계 전개 양상

시기	국회	대통령 지지세력		주요 반대당	주요 정치적 쟁점	대통령-국회 관계
		원내 위상	대통령당의 기율			
2008.2.-2008.4	17대	한나라당 (다수당 단점정부)	약한 편	통합민주당 (손학규)	공천 파동/한나라당과 친박연대 승리	갈등적
2008.5-2012.1	18대	한나라당 (다수당 단점정부)	약한 편	민주당 (정세균/손학규)	미국산 소고기 수입반대/4대강 사업 확정/노무현 대통령 자살/미디어법 논란/천안함 피격사건/지방선거에서 한나라당 패배/세종시 수정안 부결/연평도 폭격사건/오세훈 서울시장의 무상급식 주민 투표 부결후 사임/박원순시장 당선/재보궐선거에서 한나라당 패배/한미FTA 단독처리/한나라당 비대위원장에 박근혜 취임	극한 대립
2012.2-2013.2	19대	새누리당 (다수당 단점정부)	약한 편	민주통합당 (한명숙/이해찬)	한나라당이 새누리당으로 당명 변경/민주통합당-통합진보당 총선후보 단일화/총선에서 새누리당 승리/국회 선진화법 통과/대선에서 박근혜후보 당선	극한 대립

끝에 2010년 6월 국회 본회의에서 표결한 결과 수정안이 부결되어 원안대로 추진하게 되었다. 반대당과 대통령당의 박근혜지지자들이 반대하였는바, 이대통령이 소속당을 완전히 장악하지 못해 자신의 정책을 실현하지 못한 것이다. 마지막으로 한미 FTA 비준의 경우 반대 세력의 결사적인 저항으로 인해 국회가 오랫동안 비준안을 통과하지 못하다가 2011년 11월에 비준을 마쳤다. 2007년 6월 한미 양국이 협정안에 서명한지 4년, 2008년 소고기 파동이후 재협상을 거쳐 2011년 2월, 양국이 합의문에 서명한지 9개월만에 비준에 성공하였다. 이처럼 민주화 이후 대통령과 대통령당이 정책을 입법하거나 협정을 비준하는데 많은 시간이 소요되고 있다.

더욱이 정부정책에 대한 국민의 지지 여부가 각종 선거에 직접 반영되는 바람에 대통령-국회 관계에 영향을 미쳤다. 천안함 사건 직후에 실시된 2010년 6월 지방선거에서 대통령당은 크게 패했는데, 그 이유는 유권자들이 무상급식 반대를 비롯한 대통령당의 정책에 불만을 표시한 결과였다. 더욱이 2011년 서울시 의회가 무상급식 조례를 통과시키자 한나라당 소속 오세훈 서울시장이 시장직을 걸고 무상급식 반대 여부를 주민투표에 부친 결과 투표율이 33.3%에 미치지 못해 약속대로 시장직을 사임하였다. 서울시장 보궐선거에서 반대당과 시민사회의 지지를 얻은 무소속의 시민운동가 박원순후보가 당선됨으로써 한나라당 의원들은 차기 총선과 대선을 앞두고 위기의식을 느꼈다.

한나라당은 2012년 총선에 대비하여 비상대책위를 구성하고 소위 "선거의 여왕"이라는 박근혜를 위원장으로 임명하였다. 비대위는 한나라당의 당명을 새누리당으로 바꾸고, 이명박정부의 성장위주 정책기조 대신 경제민주화와 공공복지 확대를 내세웠다. 그 결과 예상과 달리 2012년 4월에 실시된 총선에서 새누리당이 과반의 의석을 차지함으로서 단점정부를 계속 유지할 수 있었다. 이로써 3번의 총선에서 연속으로 단점정부가 등장하였다. 한편 반대당이 진보정당과 연합하여 단일후보를 내세웠으나 선거에서 승리하지 못하였다.

19대 국회가 임기를 마치기 직전에 대통령당과 반대당이 국회 폭력 사태를 방지하기 위한 소위 국회 선진화법에 합의하였다. 앞으로 국회에서 질서 문란 행위를 저지른 국회의원에 대해 벌금 내지 징계를 크게 강화하였다. 대신 국회의장 직권상정 권한 축소와 무제한 토론제(필리버스터), 안건신속처리제 등을 도입하였다. 그런데 국회 선진화법이 소기의 성과를 거두었는지에 대해서는 여전히 논란이 있다(정진민, 2013). 총선직후 각 정당은 대선 경쟁으로 돌입하였다. 처음에는 새누리당의 박근혜, 민주통합당의 문재인, 무소속의 안철수 간의 3파전이었으나 안철수 후보가 전격적으로 후보를 사퇴함으로써 대선이 양자대결로 압축되었다. 2파전에서 박근혜후보가 민주화 이후 최초로 50%가 넘는 득표율로 당선됨으로써 보수정권이 연장되었다.

3) 박근혜 대통령 시기: 대통령-국회간의 대립 속에 국회의 탄핵으로 대통령직 상실

박근혜 대통령의 집권 4년 동안 대통령-국회 관계를 분석해 보면 대립이나 극한 대립이 계속되었다. 특히 집권기간 내내 국회와 반목을 계속하다가 2016년 12월, 집권 4년 차에 최순실 게이트로 인해 국회로부터 탄핵소추를 당한 후 헌법재판소의 판결에 따라 대통령직을 상실하였다. 이런 결과를 초래한 원인은 그의 불통과 은둔의 리더십 스타일, 소수의 측근에 의존하는 통치 스타일, 반대당의 정치공세, 대통령당 내 반대세력(비박)의 저항과 이탈, 진보세력 및 언론과의 갈등 등이다.

김대중 대통령이후 모든 대통령이 겪은 것처럼 박근혜 대통령도 국회의 국무총리 임명 동의를 얻는데 3차례나 어려움을 겪었다. 첫 번째 총리 내정자, 김용준 전 헌법재판소장, 그리고 정홍원 총리 후임으로 내정된 안대희 전 대법관과 문창극 전 중앙일보 주필이 여러 가지 이유로 총리후보직을 사퇴하였다. 2015년 2월에 임명된 이완구 총리는 뇌물 수수 의혹으로 불과 70일만에 사임하고 6월에 황교안 법무부장관이 총리에 취임하였다.

박근혜 대통령은 출범 초에 국정원 대선 개입 의혹 사건, 2004년에는 세월호 사건으로 인해 국회 반대세력의 정치적 공세에 시달렸다. 특히 세월호 사건의 경우 사고 수습과정에서 최대의 정치적 쟁점이 발생했다. 박대통령이 당일 사고 보고를 받은 뒤 7시간 후에 사고대책본부에 갔는 바, 사망자 가족이나 반대당은 인명구조를 진두지휘해야 할 대통령이 왜 7시간을 허비했느냐 하는 의문을 줄기차게 제기했다.

그런데 세월호 참사에도 불구하고 2014년 6월에 실시된 지방선거에서 대통령당인 새누리당은 광역단체장 선거에서 9대8이라는 근소한 차이로 패배하고, 기초단체장 선거에서 승리하였다. 비록 새누리당이 지방선거에서 승리했으나 박근혜 대통령은 정당 파워 약화로 대통령당과 국회의 지지를 얻기가 매우 어려웠다. 지방선거 전

<표 7> 박근혜 대통령 집권시기의 대통령-국회 관계의 전개 양상

시기	국회	대통령 지지세력		주요 반대당	주요 정치적 쟁점	대통령-국회 관계
		원내 위상	대통령당의 기율			
2013.2.-2016.4	19대	새누리당 (다수당 단점정부)	약한 편	민주당 (김한길)/새정치민주연합 (김한길-안철수)/더불어민주당 (박영선/문재인/김종인)	김용준 국무총리 지명자 사퇴/국정원 대선 개입 의혹 사건/북한의 개성공단 폐쇄후 재개/2014년 4월 세월호 사건/2014년 지방선거/비박계 정의화 의원이 국회의장에/2014년말 정윤회사건 발생/2015년 메르스 사태/박대통령-유승민 원내대표 충돌/2016년 안철수 국민의당 창당/새누리당 공천 파동	대립적
2016.5-2016.11	20대	새누리당 (제 2당 분점정부)	약한 편	더불어민주당 (추미애)/국민의당 (안철수)	총선에서 새누리당 패배/제 1당 소속 정세균이 국회의장에 /최순실사건 폭로후 촛불 시위/국회가 최순실 게이트 국정조사와 특검 의결	극한 대립
2016.12-2017.3.10	20대	자유한국당 (제 2당 분점정부)	매우 약한 편	더불어민주당 (추미애)/국민의당(박지원)/바른정당 (정병국)	박근혜 대통령에 대한 탄핵 소추/탄핵 반대 태극기 시위/헌재가 박근혜 대통령 파면 결정	극한 대립

후로 실시된 국회의장과 당대표와 원내대표 선거에서 박대통령이 지지하는 인사가 모두 패배하는 바람에 대통령의 정당 파워는 더욱 약해졌다. 2014년 5월, 19대 국회 후반기 국회의장 선거에서 대통령 지지세력이 지원한 황우여의원이 낙선하고 정의화의원이 당선되었다. 또 2014년 7월, 새누리당 전당대회에서 소위 비박계 후보 김무성이 친박계 후보 서청원을 누르고 당대표로 선출되었다. 그리고 2015년 2월 원내대표 선거에서 비박계의 유승민의원이 당선되었다.

새누리당은 2014년 7월에 실시된 재·보궐 선거에서 11대 4로 압승한 후 역사교과서 국정화 등을 추진함으로써 새정치민주연합을 비롯한 진보세력과 갈등이 더욱 고조되었다. 한편 2014년 말에 소위 정윤회 문건 사건이 터지는 바람에 박대통령에 대한 지지율이 30%대로 추락하였다. 이런 상황에서 박대통령이 소속당을 완전히 장악하려는 시도로 당내 갈등이 더욱 증폭되었다. 2015년 6월 공무원연금법, 국회법 개정 등을 둘러싼 갈등으로 인해 박대통령이 유승민 원내대표를 "배신의 정치"를 하는 사람으로 비난하면서 원내대표직을 내놓게 만들었다. 박대통령은 과거에 유승민 의원을 많이 도와주었는데, 유의원은 박대통령을 도와주지 않고 배신을 했다는 것이다. 이러한 감정의 정치가 2016년 총선을 앞두고 새누리당의 공천파동으로 이어졌다. 친박계가 유승민 의원을 비롯하여 대통령에게 충성하지 않는 의원들을 공천에서 탈락시키고 다른 후보를 공천하려고 하자, 비박계의 김무성 당 대표가 다른 후보를 승인하지 않음으로써 이들 선거구에 새누리당 후보가 출마할 수 없게 되었다.

이러한 당내 계파 갈등에 크게 실망한 많은 새누리당 지지자들이 이탈한 결과 2016년 4월에 실시된 총선에서 새누리당이 예상과 달리 제 2당으로 전락하였다. 총선 결과 민주당이 123석으로 원내 제 1당이 되고, 새누리당은 122석으로 제 2당이 되어 12년만에 처음으로 총선에서 분점정부가 등장하였다. 더욱이 국민의 당이 38석을 차지하여 제 3당으로 원내교섭단체를 구성함에 따라 원내 3당구도가 등장하였다. 이로써 2004년 총선이후 12년간 계속된 양당구도가 3당구도로 변하였다.

2016년 10월부터 박근혜 대통령은 최순실 사태로 인해 사퇴 압력에 시달렸다. 언론에서 박대통령의 최측근으로 알려진 최순실씨의 태블릿PC에서 대통령의 연설문을 포함한 각종 문서가 공개된 후 많은 의혹이 터져 나왔다. 이러한 의혹에 대한 진실 규명과 위법 여부를 가리기 위해 검찰 특별수사본부의 수사에 이어 국회의 국정조사, 특별검사의 대규모 수사 등이 진행되었다. 2016년 12월에는 국회 재적의원 299명 중에서 234명의 찬성으로 박대통령에 대한 탄핵 소추안이 가결되어 대통령의 업무가 중지되고 황교안 총리가 대통령 권한대행을 맡았다. 이런 과정에서 대통령 탄핵에 찬성하는 대통령당 소속의원 30여명이 탈당하여 바른정당을 창당하고, 대통령당(새누리당)은 비상대책위원회를 구성하여 당명을 자유한국당으로 개칭한 후 위기를 극복하기 위해 노력하였다. 한편 수십만명의 유권자들이 박대통령에 대한 탄핵 찬성과 반대로 나누어져 3개월 이상 각각 촛불과 태극기를 들고 대규모 시위를 벌였다. 더욱이 대선 주자를 포함한 현역 국회의원들이 촛불과 태극기 시위에 참여함으로써 국회의사당이 아닌 거리에서 충돌하였다. 2017년 3월 10일 헌재의 탄핵 인용에 따라 헌정사상 처음으로 박대통령이 대통령직에서 물러났다.

4. 민주화 이후 한국 대통령제의 진화과정에 대한 종합 분석

<표 8>에서 보는 것처럼 민주화 이후 지난 30년간의 대통령제 운용방식을 심층적으로 분석한 결과 2가지 점을 새롭게 발견하였다: 1) 대통령제 운용방식이 3김시기에는 제왕적 대통령제였으나 3김이후시기에는 "대통령 중심적 대통령제"로 변화하였다; 2) 지난 30년 동안 대통령-국회 관계는 항상 대립적이 아니라 노태우 대통령 집권 전반기 1년 6개월과 노무현 대통령 집권초기 6개월동안 대통령-국회 관계는 협력적이었다. 먼저 첫 번째 발견과 관련하여 이러한 대통령제 운용방식에 변화를 가져온 요인이 무엇인지를 살펴보자. 대통령과 국회의 헌법상의 권한에는 아무런 변화가 없었으나 3김이후 대통령의 정당파워가 현저히 약화된 결과 제왕적 대통령제가 대통령 중심적 대통령제로 진화하였다. 그런데 대통령의 정당파워를 약화시킨 요인은 제도적 요인과 리더십요인이었다. 3김에서 3김이후로 넘어가는 시기인 2002-2004년에 각 정당과 국회의 정치제도 개혁은 제왕적 총재의 제도적 기반을 크게 약화시켜 대통령의 정당 파워가 약해졌다(김용호, 2008). 2002년에 도입한 각 정당의 제도 개혁(대권-당권 분리, 대선후보 경선제도 도입, 상향식 국회의원 공천제도 도입에 따른 당총재의 공천 독점권 상실, 원내 정당화 등)과 2004년 국회의 정치관계법 대폭 개정으로 인해 과거처럼 대통령이 정치자금과 공천권을 독점할 수 없어서 대통령이 당을 장악하기 힘들어졌다. 즉 과거 3김시기에 제왕적 대통령이 공천권, 지역 패권, 정치자금 살

<표 8> 민주화 이후 한국 대통령제의 진화과정 종합 정리

<table>
<tr><th>대통령</th><th>대통령의 헌법상 권한</th><th>대통령의 정당 파워 (지지세력+정당기율)</th><th>대통령제 유형</th><th>정치개혁 성향과 리더십 스타일</th><th>대통령-국회 관계</th></tr>
<tr><td>노태우</td><td rowspan="6">매우 강한 편</td><td>강한 편</td><td rowspan="3">제왕적 대통령제</td><td>보수적-유연한 리더십(당과 국회에 타협적)</td><td>타협적 → 대립적</td></tr>
<tr><td>김영삼</td><td>매우 강한 편</td><td>개혁적-제왕적 리더십(당과 국회 위에 군림)</td><td>대립적</td></tr>
<tr><td>김대중</td><td>매우 강한 편</td><td>개혁적-제왕적 리더십(당과 국회 위에 군림)</td><td>대립적</td></tr>
<tr><td>노무현</td><td>약한 편</td><td rowspan="3">“대통령 중심적 대통령제”</td><td>개혁적-포플리스트 리더십(당과 국회를 우회하여 국민에게 직접 호소)</td><td>타협적 → 대립적</td></tr>
<tr><td>이명박</td><td>약한 편</td><td>보수적-막후형 리더십(막후에서 지지세력을 통해 당과 국회 통제)</td><td>대립적</td></tr>
<tr><td>박근혜</td><td>약한 편</td><td>보수적-명령형 리더십(전면에 나서 당과 국회 압박)</td><td>대립적</td></tr>
</table>

포 등을 통해 대통령당을 사당화시켜 국회를 장악하는 것을 더 이상 볼 수 없게 되었다. 또 리더십 요인도 크게 작용하였는바, 3김시기에는 리더십이 강한 카리스마를 가진 민주투사로서 정치권과 국민들의 탄탄한 지지가 있었기 때문에 탄핵이나 촛불 시위 등 국회나 시민사회의 저항이 불가능하였다. 그러나 3김이후에는 대통령 리더십의 권위나 카리스마가 현저히 부족하였기 때문에 3김시기에 상상할 수 없었던 대통령 리더십에 대한 국회와 시민사회의 강한 도전이 있었다. 그리하여 3김이후 제왕적 대통령제는 사라지고,

오직 헌법상의 막강한 권한과 함께 강한 행정국가에 힘입어 대통령 우위의 대통령제를 유지하고 있다.

두 번째 발견과 관련하여 대통령-국회 간의 협력적인 관계를 만들어 낸 요인을 살펴보면 분점정부, 상황적 요인, 리더십 요인에 주목하게 된다. 노태우 대통령 집권 초기에 분점정부 아래 국민의 강한 민주화 요구, 서울 올림픽, 중간평가 약속을 비롯한 상황적 요인, 그리고 그의 유연한 리더십이 대통령-국회 관계를 협력적으로 만들었다. 한편 노무현 집권 초기에는 분점정부 아래 3김 정치 청산이라는 국민적 요구와 함께 새로운 정치를 추구하는 그의 개혁 리더십이 대통령-국회 관계를 협력적으로 만들었다. 이러한 2가지 사례에서 공통적으로 나타난 요인은 분점정부와 리더십 스타일이라고 할 수 있다. 결국, 대통령제 비교정치 연구 전문가들이 한결같이 지적하고 있는 대통령의 리더십이 대통령제 운용방식에 크게 영향을 미치는 중요한 요인 중의 하나라는 것을 한국의 사례에서도 확인하였다.

이런 분석 결과는 2가지 점에서 기존의 견해와 다르다. 첫째, 민주화 이후 한국의 대통령제는 제왕적 대통령제라고 천편일률적으로 비판하는 경향이 있는데(박원호, 2017), 위에서 자세히 설명한 것처럼 3김 시기에는 제왕적 대통령제였으나 3김 이후 "대통령중심제"로 진화되었다. 일반적으로 많은 정치학자들이 3김 시기와 3김 이후 시기의 대통령제 운용방식에 변화가 없는 것으로 간주하는 경향이 많은데 심층적인 분석 결과 변화가 드러났다. 이러한 주장은 한국 대통령제가 고정된 것이 아니라 진화하고 있다는 것을 의미하며 향후 진화의 방향을 전망하는데 큰 도움을 줄 것이다. 둘째, 민주화 이후 대통령-국회 관계는 항상 대립적이 아니라 협력적인 관계가 있었다는 것은 앞으로 대통령-국회가 협치를 할 수 있는 가능성이 있다는 것을 의미한다. 그리고 양자 관계가 대립적이어서 국회의 공전이나 파행이 잦았기 때문에 많은 정치학자들과 언론은 이를 부정적으로 평가하는 경향이 강하다. 물론 대립적 대통령-국회 관계, 국회 공전과 파행이 분명히 타협적인 대통령-국회 관계, 국회의 상시적인 정상운영과 비교하면 대단히 비판의 여지가 많지만 이러한 현상은 국회가 제왕적 대통령이나 "대통령 중심적 대통령제"에서 벗어나려는 진통의 산물이라고 평가할 여지가 있다. 특히 대권 중시 정치문화, 대통령의 헌법상 막강한 권한, 과대성장 행정부라는 불리한 정치 환경 속에서도 그동안 국회가 자율성을 회복하려는 노력을 경주해오고 있다는 것을 인정해야 할 것이다.

IV. 한국 대통령제 민주주의에 대한 평가와 전망

민주화 이후 지난 30년간의 한국 대통령제 민주주의에 대한 평가는 매우 다양하고, 또 우리가 앞으로 어떤 정부 형태를 유지하는 것이 좋을지에 대해서도 의견 차이가 크다. 이러한 다양한 평가와 전망을 너무 단순화시킨다는 위험이 있지만 긍정적-낙관적 시각과 부정적-비관적 시각으로 나누어 볼 수 있다. 양대 시각이 모두 현행 대통령제에 대해서는 비판적이지만 전자의 경우 지난 30년간의 한국 대통령제가 민주주의 공고화에 기여하였고, 현행 대통령제의 문제점과 모순을 바로잡는 경우 대통령제 민주주의가 발전될 것으로 전망한다. 이와 대조적으로 후자는 현행 대통령제의 제도적 폐해를 강조하면서 이러한 대통령제를 유지하는 경우 민주주의가 위태로울 수 있기 때문에 내각제나 이원정부제(dual executive system)로 정부 형태를 바꾸는 것이 바람직하다고 주장한다.[11]

1. 긍정적-낙관적 시각: 권력분립형 대통령제로

지난 30년간의 한국 대통령제 민주주의의 전개과정을 평가해 보면 과(過)도 있지만 공(功)이 많다. 현행 대통령제 헌정체제에서 2차례에 걸친 정당 간의 평화적인 정권교체, 시민의 자유와 권리의 신장, 공공복지의 확대, 광범위한 정치제도 개혁, 2차례의 경제 위기 극복, 권위주의 청산 노력, 과거사 진상 규명, 민주화운동관련자 명예회복 및 보상 등 수많은 성과를 올렸다. 그리하여 민주주의 공고화단계를 넘어섰고, 또 선거민주주의를 실현한 것으로 평가한다(김용철, 2016). 물론 이러한 성과에도 불구하고 현행 대통령제가 많은 문제점을 안고 있다. 특히 노무현 대통령에 대한 탄핵, 이명박정부 초기의 미국산 소고기 수입 반대 촛불 시위, 탄핵에 의한 박근혜 대통령의 퇴진은 현행 "대통령 중심적 대통령제"가 불안정하다는 것을 의미한다. 따라서 현행 대통령제의 변화가 예상되는데, 긍정적-낙관적 시각을 가진 학자들은 다음과 같은 민주화 추세를 고려해 볼 때 현행 대통령제 민주주의가 붕괴하지 않고 앞으로 권력분립형 대통령제로 진화해 나갈 가능성이 있다고 본다. 첫째, 국회

11) 이원정부제는 이원집정부제, 준대통령제(semi-presidential system), 혼합정부제, 분권형 대통령제 등 다양한 명칭으로 불리고 있으나 여기서는 이원정부제로 통일해서 사용한다.

의 자율성이 꾸준히 확대되고 있어서 대통령에 대한 견제와 감독 기능이 증가하여 앞으로 국회가 대통령과 대등한 통치 주체로 발전해 나갈 수 있을 것으로 판단한다. 그동안 국회는 헌법상 대통령의 막강한 권한과 과대성장 행정부, 그리고 대권 중시 정치문화 속에서도 자율성을 회복하기 위해 노력해 나왔다(이현우, 2015). 국회가 과거 권위주의 시기의 "통법부"에서 탈피하여 의원들의 법안 제안 수가 대폭 증가하는 등 입법 활동에 적극적으로 나서고 있다. 특히 노무현과 박근혜 대통령에 대한 국회의 탄핵소추 발의는 과거 "제왕적 대통령-종속적 국회" 관계에서 탈피한 것을 의미한다. 물론 이러한 긍정적인 추세에도 불구하고 국회가 과거처럼 장외투쟁, 정당 간의 극한적 대립 등으로 인해 공전과 파행을 거듭하고 있는 바, 앞으로 인식의 전환과 함께 제도 개선이 필요하다.

둘째, 민주화 이후 지난 30년간 헌법재판소를 비롯한 사법부가 민주화 개혁에 크게 기여하였다. 표의 등가성을 확보하기 위해 선거구 인구를 최대 3대1에 이어 2대1로 조정해야 한다는 판결, 비례대표 선출에 있어서 유권자의 의사가 반영되도록 1인1표제 대신 1인2표제를 지지하는 판결, 노무현 대통령 탄핵 소추에 대한 기각과 박근혜 대통령에 대한 탄핵 인용 결정을 통해 대통령-국회 사이에서 최종 중재자 역할 수행, 재외국민에 대한 참정권 제공, 선거운동의 자유를 확대하는 각종 판결 등이 사법부가 민주화 개혁에 기여한 대표적인 사례들이다. 물론 정치의 사법화, 사법의 정치화에 대한 우려가 대두되고 있으나 과거 권위주의시기에 길들여진 사법부와 다른 모습을 보여 주고 있다. 미국에서 연방대법원의 판결을 통해 국민의 자유와 권리 신장, 사회적 약자에 대한 보호가 이루어져 3부 간에 견제와 균형을 통한 권력분립형 대통령제가 작동하고 있는 것처럼 우리나라에서도 사법부의 민주적 역할 증대를 통해 미국식 권력분립형 대통령제로 진화해 나갈 수 있는 가능성을 보여 준 것이다.

마지막으로 지난 30년간의 시민사회 성장은 앞으로 한국의 대통령제를 미국식 권력분립형으로 바꾸어나가는 밑거름이 될 것으로 본다. 민주화 이후 가장 괄목할만한 정치적 변화는 시민사회의 성장이라고 해도 과언이 아니다. 권위주의 시기의 관제형 이익집단의 자율성 회복, 새로운 시민단체의 대거 등장, 시민연대의 총선 낙천낙선운동, 효선-미선 사망사건 추모 촛불시위, 네티즌의 정치참여 증대, 노무현 대통령에 대한 탄핵 소추 반대 시위, 최근 박근혜 대통령의 탄핵 찬반 시위 등은 시민사회의 성장을 의미한다. 특히 이번 탄핵 찬반 시위는 과거의 퇴행적 관제 데모나 과격하고 폭력적 시위 대신 시민의 평화적, 자율적인 정치 참여의 모습을 보여주었는바, 우리나라에도 민주적 시민사회가 점차 성장하고 있다는 것을 의미한다. 더욱이 시민사회가 대의민주주의를 부정하거나 또는 국회나 정당의 정치적 역할을 대체하려는 것이 아니라 보완해 주는 점에서 바람직하다(박상훈, 2017). 물론 일부 시민단체가 지나치게 이념적이고, 진영 논리에 빠져 있어서 우리 사회의 이념 갈등을 부추기는 등 안타까운 점이 있지만 많은 시민단체나 공익집단들이 공동체의 전체 이익을 위해 민주화에 앞장서고 있어서 매우 고무적이다. 앞으로 건전한 시민사회가 대통령, 국회, 사법부, 정당이 모두 제 기능을 할 수 있도록 책임있는 비판과 참여를 할 것으로 기대한다.

따라서 긍정적-낙관적 시각을 가진 학자들은 지난 30년간 대통령제를 운영해서 쌓아올린 우리의 소중한 경험을 살려서 대통령제 정부 형태를 유지하는 가운데 현행 대통령제를 개혁하는 것이 바람직하다고 주장한다(조정관 2017). 우리들이 정부 형태를 바꾸는 경우 이를 정착시키는데 오랜 시간과 노력이 필요하고, 국정운영의 시스템 전반을 고쳐야 하기 때문에 비용도 많이 소요될 것이며, 새로운 정부형태가 과연 소기의 성과를 거둘 것인지에 대해서는 매우 불확실하기 때문이다. 특히 현행 대통령제의 문제점과 모순을 해결하면 장차 질 높은 민주주의로 발전할 수 있을 것으로 믿는다. 현행 대통령제 개혁방안은 매우 다양하지만 일반적으로 미국식 권력분립형을 목표로 현행 헌법에 있는 대통령의 막강한 권한 축소와 내각제 요소 폐기, 하위 정치제도(선거, 정당, 국회제도 등) 개선, 정당의 공직후보 선정방식 개선 등을 제안하고 있다. 예컨대 5년 단임의 대통령-국무총리제 대신 4년 중임의 정부통령제, 대통령의 긴급명령권과 사면권과 법률안 거부권 제한, 대통령의 법률제안권 폐기 및 예산편성권과 감사원을 국회로 이관, 국회의원의 국무위원 겸임 금지 등을 위한 개헌이 필요하다. 또 국회의 입법 능력과 자율권 제고 방안, 정당정치의 비민주성과 유동성 해결 방안, 대선후보 캠프 정치의 폐해를 방지할 수 있는 방안 등을 도입해야 할 것이다.

2. 부정적-비관적 시각: 내각제 또는 이원정부제로

민주화 이후 한국의 대통령제 민주주의 전개과정에 대해 부정적인 시각을 가진 학자들은 다양한 지표를 제시하고 있다. 예컨대 영국의 이코노미스트 인텔리전스 유니트(EIU, Economist Intelligence

Unit)가 개발한 민주화 지수에 의하면 한국의 민주주의가 2014년에 "완전한 민주주의(full democracy)"에 속했으나 2015년에는 그 하위 단계인 "미흡한 민주주의(flawed democracy)"로 떨어졌다는 것을 강조한다(민주화운동기념사업회 2016, http://www.kdemo.or.kr/blog/report/post/1230 (검색일: 2017.04.10). 비록 0.03점 미달로 한 단계 떨어졌지만 민주주의 수준이 향상되지 않고 하락한 것은 한국 민주주의의 장래가 밝지 않다는 것을 의미한다고 주장한다. 김용철(2016)은 최근 한국 민주주의의 품질에 대해 매우 체계적이고 구체적인 평가를 내린 바 있다. 그에 의하면 "한국 민주주의는 선거민주주의와 자유민주주의 사이에서 민주화 진전이 정체된 상태"에 있다고 진단한 바 있다. 특히 시민의 자유와 권리 보장이라는 자유민주주의 차원의 민주적 품질들은 부분적 결함을 지니고 있으며, 정책 반응성과 정치적 책임성과 관련된 시민민주주의적 차원의 품질은 매우 취약한 수준에 있다고 주장한다. 김용철은 일찍이 "장기간에 걸친 민주화의 정체로 인한 민주주의 자체에 대한 시민적 회의감이 증폭될 가능성이 상존한다"고 주장하였는바, 이번 탄핵 사태를 미리 예견한 듯하다. 그는 이러한 진단과 함께 앞으로 한국 민주주의가 "자유민주주의적 품질 개선, 높은 수준의 민주적 책임성과 반응성의 확보, 그리고 민주주의의 사회적 기반을 강화할 필요가 있다"고 조언하였다(김용철, 2016).

김용철과 비슷한 입장에서 임혁백, 최장집, 강우진, 강문구, 윤성이, 김희민 등은 "한국 민주주의는 여전히 불안정하며, 사회적 요구와 필요에 부응하지 못하는 '허약한 민주주의'로 평가한다. 특히 한국 민주주의는 제왕적 대통령제, 과두지배 하의 정당들, 분열적 지역주의, 정치적 부패, 정치에 대한 국민적 불신 등으로 인해 장래가 불투명하다"고 주장한다(김용철, 2016). 그리고 진보성향의 학자들은 협애한 이념적 지형과 정치적 대표체제로 인해 사회적 갈등과 균열이 구조적으로 억압되어 있는 바, 적실성 있는 정책적 대안을 기대할 수 없는 부실한 민주주의라고 주장한다. 예컨대 모슬러(Mosler)는 최근에 한국 민주주의가 질적 퇴행을 경험하고 있는 취약한 민주주의라고 평가한 바 있다(Mosler, 2015).

한국 민주주의의 현실에 대한 이러한 전반적인 평가와 함께 일부 정치학자들은 한국의 현행 대통령제의 문제점을 해결하기 위해 내각제를 도입해야 한다고 주장한다. 강원택은 현행 대통령제가 정책 집행의 불연속성, 비효율성, 무책임성을 초래하고 있다고 비판한다(강원택, 2016). 대통령제는 기본적으로 대통령 1인에게 집행권이 주어지는바, 신임 대통령이 전임 대통령과 차별화를 위해 전임 대통령의 업적이나 정책을 존중하거나 계승하려고 하지 않기 때문에 정책의 연속성과 효율성을 기대하기 어렵다고 주장한다. 특히 우리 사회를 변혁시킬 수 있는 큰 프로젝트를 추진하기 어렵다고 본다. 이와 대조적으로 내각제는 정당이 집권의 주체가 되기 때문에 총리가 물러나더라도 같은 정당의 다른 정치인이 총리가 되면 기본적으로 정책의 연속성이 유지될 수 있다. 한편 현행 단임제는 현직 대통령이 다음 선거에서 유권자로부터 표를 달라고 할 필요가 없기 때문에 임기 중 국민의 반응을 살피지 않고 일방적으로 국정운영을 하는 경향이 있으나 정치적 책임을 물을 수 없다는 것이다. 과연 이것이 대통령제의 문제인지, 우리나라 정당의 이합집산과 정책을 소홀히 다루는 정치권의 오랜 타성에 기인한 문제인지는 분명히 논쟁의 여지가 있다.

그리고 대통령제 비판론자들은 그동안 우리나라가 이승만, 박정희, 김영삼, 김대중 같은 "슈퍼맨"이 있었지만 이제 더 이상 이러한 인물이 등장하기 어려운 환경이기 때문에 국민들의 대통령에 대한 과도한 기대가 실망으로 나타나고, 또 정치인에 대한 불만, 정치 전반에 대한 불신으로 확대될 우려가 있다는 것이다. 과거에 비해 우리 사회가 정치적으로 민주화되었고, 이해관계도 다원화되었기 때문에 대통령의 의지만으로 정책을 관철시킬 수 없는 환경이므로 여러 사회세력의 지지를 받고 있는 정당들의 협치가 필요하다는 것이다. 이러한 협치는 대통령제에서는 불가능하고 내각제에서만 가능하기 때문에 우리나라가 대통령제 대신 내각제를 도입해야 한다고 주장한다. 그러나 정당의 이합집산이 계속되고 있는 상황에서 내각제를 도입하면 과연 여러 정당들이 협치를 제대로 할 수 있을지는 의문이다.

한편 현행 대통령제에 대해 부정적인 평가를 내리는 일부 학자들은 대통령제 대신 이원정부제를 도입하자고 주장한다. 이들은 이원정부제가 가진 권력 분산의 효과와 대통령 직선제 유지라는 장점을 강조한다. 이들은 일반적으로 현행 대통령제가 대통령에게 권한을 너무 많이 주었기 때문에 권력 남용 사례가 빈번하게 발생하고 있으므로 이러한 대통령의 헌법상의 권한을 분산시키는 방안으로 이원집정부제를 제안한다. 그리고 국민들이 1987년 민주화를 통해 대통령 직선제를 쟁취했기 때문에 대통령 직선제를 폐기하고 내각제를 도입하는 경우 국민들의 지지를 얻기 어렵다고 판단하여 대통령 직선제를 유지하는 가운데 국회의 권한을 확대하는 방편으로 이원정부제 도입을 주장하는 경향이 있다(박찬욱, 2016). 그런데 이원정부제의 경우 대통령당이 국회 다수당이 되는 경우 지금처럼 막강한 대통령제가 등장하게 되고, 그렇지 않는 경우에는 현재 분점정부 이상으로 대통령-국회 간의 대립과 갈등이 예상되기 때문에 국정운영에 어려움이 발생할 가능성이 높다.

V. 결론: 요약 및 핵심주장

이 장(章)에서는 비교정치 제도적 시각에서 민주화 이후 지난 30년간 한국 대통령제의 진화과정을 분석한 후 이를 바탕으로 한국 대통령제 민주주의에 대한 평가와 전망을 시도하였다. 민주화 이후 한국 대통령제의 진화과정을 요약하면 3김 시기의 제왕적 대통령제가 3김 이후 "대통령 중심적 대통령제(president-centered presidentialism)"로 진화하였다. 1987년 헌법은 대통령에게 막강한 권한을 부여한 결과 3김 시기에는 대통령의 정당파워가 막강하여 헌법상의 막강한 권한을 거의 마음대로 휘둘렀으나, 3김 이후에는 대통령의 정당파워가 상대적으로 약화되어 제왕적 대통령이 사라지고 "대통령 중심적 대통령제"로 변화하였다. 이러한 변화는 주로 하위제도(선거, 정당, 정치자금법 등) 개혁과 각 정당의 내부제도(당정 분리, 국민참여경선제, 원내정당화 등) 변화에 기인한 것이다. 예컨대 3김 시기의 대통령은 각 당의 공천권과 정치자금을 독점하면서 머신 정당을 운영했으나 3김 이후 대통령은 정치자금법과 공천제도가 달라졌기 때문에 이러한 정치적 자산을 확보할 수 없어서 정당파워가 현저히 약화되었다.

그런데 지난 30년간의 민주화 추세를 고려해 보면 현행 대통령 중심적 대통령제가 앞으로 미국식 권력분립형 대통령제로 발전해 나갈 가능성이 있다. 즉 통치과정에서 대통령 우위의 "대통령중심제"에서 벗어나 앞으로 행정, 입법, 사법 3부가 서로 대등한 통치의 주체로서 견제와 균형을 이루어 민주주의를 발전시켜 나갈 수 있을 것으로 본다. 특히 그동안 국회의 대통령 견제와 감독 기능의 증가, 사법부의 독립성 증대, 시민사회의 책임있는 정치참여 증가 등이 권력분립형 대통령제를 가능하게 할 것으로 본다. 따라서 현행 정부 형태를 바꾸지 않고 대통령제를 유지하는 가운데 현행 대통령제의 문제점을 시정해 나가는 것이 바람직할 것이다. 이를 위해 현행 헌법상의 대통령 권한을 축소하고, 4년 중임의 정부통령제로 변경하는 개헌이 필요하다. 또 현행 헌법의 내각제적 요소를 제거해야 한다. 그리고 권력분립형 대통령제를 뒷받침할 수 있도록 국회제도, 정당제도, 선거제도, 공직후보 선정제도를 개선하고 대통령제와 관련된 잘못된 인식과 잘못된 정치적 관행을 고쳐 나가야 한다. 이와 대조적으로 현행 대통령제를 부정적으로 평가하는 학자들은 대통령제의 제도적 병폐를 강조하면서 정부 형태를 내각제나 이원정부제로 바꾸지 않으면 한국 민주주의의 장래가 밝지 않다고 본다.

제5장 |

분권형 대통령제로의 전환

강상호

I. 서론

1987년 시행된 9차 헌법 개정으로 한국에서 제6공화국이 탄생한 지 30년이 되었다. 그러나 아직도 정치 분야는 많은 문제점을 안고 있다. 제6공화국의 정치적 비효율성과 관련해서는 여러 가지 현상들을 지적할 수 있는데, 문제는 이러한 현상들이 정도의 차이는 있지만 어느 한 정권에 국한되어 나타나는 것이 아니라 여러 정권을 거쳐 지속적으로 반복된다는 점에서, 권력구조와 관련한 제도적인 분석이 필요하게 된다. 권력구조란 포괄적 개념으로 정부형태, 정당체계, 선거제도, 중앙정부와 지방정부의 관계 등을 총괄한 정치체제 자체를 말할 수 있으나, 여기에서 말하는 권력구조는 정부형태, 즉 행정부, 입법부, 사법부의 관계를 중심으로 한 대통령제, 내각 책임제, 혼합제 등 협의적 의미로 정부 권력구조를 지칭하는 개념으로 사용하고자 한다.

제6공화국 정부의 권력구조가 지니고 있는 문제점을 논의하고, 그의 대안을 모색하는 것은 규범적인 차원에서 가능할 지라도 현실적으로는 상당한 어려움이 있어 보인다. 권력구조는 특성상 어떤 권력구조이든 한 번 채택되면 다른 권력구조로 쉽게 전환되지 않는다. 권력구조와 민주주의 공고화 관계에 대한 메인워링(Mainwaring)과 슈가트(Sugart), 스테판(Stepan)과 스카시(Skach), 그리고 슈가트(Sugart)와 케리(Carey)의 연구 보고서를 보면, 일반적으로 내각제를 채택한 국가들이 대통령제를 채택한 국가들에 비해 민주주의를 유지한 비율이 높았다는 사실을 밝히고 있다(린쯔, 1995: 187-194). 그러나 중요한 사실은 대통령제에서 실패한 대다수의 국가들이 권력구조를 대통령제에서 내각제로 바꾸지 않았다는 사실이며, 내각제에서 실패한 대다수의 국가들 역시 내각제에서 대통령제로 바꾸지 않았다는 점이다. 1945년 이후 대통령제를 하다가 내각제로 권력구조를 바꾸고 안정적으로 운영하고 있는 나라는 스페인 정도이며(라종일, 강량, 1997: 506), 브라질은 내각제를 검토하다 이를 포기하고 대통령제를 지속하고 있다(이종찬, 1997: 30). 내각제를 하다가 대통령제로 바꾼 나라는 나이지리아, 스리랑카, 파키스탄 그리고 최근의 터키 등이 있다. 1987년 이후 현재까지 주기적으로 실시된 여론조사결과를 살펴보면, 한국 국민들은 대통령제를 가장 선호하는 것으로 나타나 있다.

그러나 9차 헌법 개정이후 한국 사회에 지속적으로 반복되고 있는 정치의 비효율성, 여야 간 교착 상태의 일상화, 조기 레임덕 현상, 책임정치의 실종, 신당 창당을 통한 상황 극복과 정당제도의 위기, 국가 정책의 지속성에 대한 신뢰도 추락, 아마추어리즘의 반복 등을 대통령 한 개인의 리더십 또는 특정 정치 그룹의 문제로 남겨두어서는 우리의 정치 발전을 기대할 수 없다. 일부에서는 제도의 개선보다는 운영의 묘를 강조하나, 1987년 이후 7명의 대통령을 거치면서도 유사한 문제점들이 개선되지 않는다는 것은 제도의 변화 없이는 문제의 핵심을 해결 할 수 없다는 결론에 이르게 한다. 노무현 정권에서 야당의 협조 하에 시도하려 했던 책임 총리제나 대연정이 실현되지 못한 사례에서 알 수 있듯이, 제도의 변화를 수반하지 않은 권력구조의 변칙적인 운영은 위헌 시비뿐만 아니라 야당의 협력조차 얻어내기 어려워, 운영의 묘는 한계를 가질 수밖에 없다.

따라서 이 장(章)에서는 헌법 개정을 전제로, 대통령제, 내각 책임제, 대통령 중심 혼합제, 내각 중심 혼합제를 정부형태, 정당체제, 선거제도, 지방 분권화, 정치문화를 중심으로 비교 분석하고, 그 결과를 제6공화국 정부 권력구조의 특징과 연관시켜, 우리가 직면하고 있는 제반 문제점들을 해결하는데 적합한 대안적 권력구조를 모색하고자 한다.

권력구조를 비교 분석함에 있어서, 계량분석을 이용한 인과적 추론 방법을 사용하는 데에는 상당한 제약 요건이 있다. 첫째, 권력구조와 민주 정치의 안정과의 관계를 인과관계로 설명하기에는 다중 인과성에 따른 누락 변인의 오류가 예상되고, 둘째, 특정 기간 동안 비교하고자 하는 각국의 정치 상황을 조작화 하여 통계 처리함으로서 각각의 권력구조와 민주정치의 안정성 정도를 인과적 추론 방식으로 설명할 경우, 우선 방법론적으로 분석단위의 동질성

(unity homogeneity) 유지의 문제가 예상된다. 린쯔(Linz)도 권력구조 연구 시 실증연구에는 통제하기 어려운 변수들이 많기 때문에 체계적인 계량 분석에는 방법론상으로 문제가 많다고 지적한다(린쯔, 1995: 187).

따라서 여기에서는 문헌연구를 통해 접근하고자 한다. 우선 II절에서는 대통령제, 내각 책임제, 대통령 중심 혼합제, 그리고 내각 중심 혼합제를 비교 정치학적인 관점에서 정부형태와 정당체계, 정부형태와 선거제도, 정부형태와 지방 분권화 그리고 정부형태와 정치문화의 관계를 중심으로 비교 분석하고자 한다. 정당체계, 선거제도, 지방 분권화 그리고 정치문화의 관계는 각 제도의 전체적인 분석보다는 이들 제도가 각각의 정부형태와 어떻게 조응하고 있는가의 관점에서 따져보고자 한다. III절에서는 현재의 권력구조인 제6공화국 권력구조의 특징과 문제점을 검토하고, IV절에서는 제6공화국 정부의 권력구조에 내포되어 있는 문제점과 관련하여 기존의 논의들을 순수 대통령제 회귀론, 순수 내각제 개헌론 그리고 제6공화국 권력구조 보완론을 중심으로 비판적 관점에서 분석하고자 한다. V절에서는 대안적 권력구조로서 분권형 대통령제를 분석하고, VI절에서는 대안적 권력구조로서 분권형 대통령제가 가장 바람직한 것으로 평가하고자 한다.

분권형 대통령제는 국내 일부 정치권(박상천, 2002)과 학자들(황태연, 박명호, 2003)이 사용하는 용어로 아직까지 적절한 영어 표기에 대한 합의를 보지 못한 상태에서 그냥 'Semi-presidential system'으로 표기하고 있다. 그러나 이 장(章)에서는 분권의 개념이 권력을 나누어 갖는다는 개념보다는 권력을 공유함으로써 책임도 공유한다는 의미를 갖는다는 점에서 분권형 대통령제의 영문 표기로 'Power sharing presidential system'을 사용하고자 한다.

이 장(章)에서 시사하고자 하는 바는 정부형태가 효율적으로 운영되기 위해서는 정부 형태를 채택할 때, 정당체계, 선거제도, 지방분권화 그리고 정치문화를 함께 검토하여 이들이 어떻게 조응하는지를 분석해야 한다는 것이다.

II. 권력구조에 영향을 미치는 주요 요인

대표적인 정부형태인 대통령제, 내각 책임제, 대통령 중심 혼합제 그리고 내각 중심 혼합제가 미국, 영국, 프랑스, 독일에서 안정적으로 운영되는 원인들을 분석하면, 이들 권력구조에 영향을 주는 주요 요인들을 도출해낼 수 있을 것이다.

사르토리(Giovanni Sartori)는 미국의 대통령제가 제대로 기능하기 위해서는 세 가지 조건이 필요하다고 보았다. 첫째, 정치가 실용주의적이며 융통성이 있어야 하고, 둘째, 정당들이 약하면서 당내 규율이 강하지 않아야 하며, 셋째, 정치가 지방 중심으로 이루어져야 한다(사르토리, 1995: 231). 사르토리는 이러한 세 가지 조건이 충족되는 상황에서 대통령이 의원들을 설득하여 자신이 원하는 법안을 통과시킬 수 있다고 보았다.[1] 요약하면, 미국의 합리적 실용주의 정

1) 사르토리는 대통령이 사용할 수 있는 설득의 주요 수단으로서, 의회 의원 선거구의 주민들이 원하는 것을 들어주는 것을 들었다. 그러나 이러한 거래가 미국이 아닌 제 3국, 특히 한국의 정치문화에서 수용될 수 있을지는 의심스럽다.

치문화, 규율이 약한 정당제도 그리고 연방제도가 미국의 대통령제 정착에 기여하고 있다.

영국의 내각 책임제 안정 요인으로는 의회 주권 원칙, 단순 다수제에 입각한 양당제와 단일 정당에 의한 집권, 규율이 강한 정당 문화 등을 든다(이규영, 2002: 102). 그러나 유럽의 경험을 토대로 보면, 다당제와 연립정부가 꼭 불안정한 지배 형태라고 볼 수 없으며, 정당들이 강력한 규율을 갖추고 있는 상황이라면, 일당 지배 정부보다 연립정부가 더욱 민주적인 대표와 토론을 허용한다고 주장되기도 한다(린쯔, 1995: 175). 아무튼 양당제와 다당제 그리고 단일 정부와 연립 정부의 여부를 떠나서, 내각 책임제가 안정적으로 운영되기 위한 공통요인으로는 규율을 지닌 안정된 복수 정당제, 유권자층의 정당 충성도, 정당들 사이에서의 공조 능력과 타협적인 정치문화, 주류 정치에서의 반체제 정당의 소외, 정치적 중립을 지키는 직업 공무원제, 그리고 지방자치의 확립을 든다.

대통령 중심 혼합제인 대통령 중심 분권형 대통령제가 1958년 이래 프랑스에서 안정적으로 운영되고 있는데, 이와 관련하여 린쯔(Linz)는 분권형 대통령제가 안정적으로 운영되기 위한 전제 조건으로 정당체계와 대통령의 리더십을 들었다. 린쯔에 따르면, 첫째, 정당체계가 분권형 대통령제의 성과를 좌우한다는 것이다. 최적의 조건은 대통령이 속한 여당이 의회 내 과반수 의석을 점유하는 것이다. 구조적으로 안정된 정당체제가 존재하여 정부내각을 받쳐주는 의회를 구성할 수 있을 때, 대통령 중심 분권형 대통령제가 잘 운영되었다는 것이다. 둘째, 분권형 대통령제는 대통령 개인의 성격이나 능력 여하에 크게 의존하며, 대통령은 주요 정당의 지도자이거나 그 정당의 가장 영향력 있는 인물이어야 한다(린쯔, 1995: 147-150).

끝으로, 1949년 기본법 채택 이후 내각 중심 혼합제인 재상제를 운영하고 있는 독일의 경우, 다당제하의 연립 정부가 일상화 되어 있어도 이 제도를 안정적으로 운영하고 있다. 독일 재상제의 안정적 운영에는 재상제라는 정부형태뿐만 아니라 정부형태와 함께 채택된 각종 제도적 보완 장치가 커다란 영향을 미치고 있는 것으로 분석된다. 첫째, 건설적 불신임제를 통해서 연방 수상과 내각의 안정을 기하고 행정권 우위를 유지하였으며, 동시에 연방 대통령에게 조정자 역할을 수행할 수 있도록 제도적 장치를 마련하고 권위를 부여했다. 둘째, 안정적 정당 구도를 위해 군소 정당의 난립을 막는 5% 제한 규정과 합리적 비례 대표제를 선거제도에 도입하였다. 셋째, 연방 제도를 통해 중앙정부의 권력 집중을 예방하고 지역의 특수성을 지키면서 정치적으로 연방의 통합을 이루어 냈다.

이상에서 살펴본 각 정부 형태의 안정적 운영과 관련하여 그 배경을 분석해 보면, 정부 권력구조에 영향을 미치는 주요 요인으로 네 가지가 있음을 알 수 있다. 즉 한 국가의 권력구조가 안정적으로 운영되기 위해서는 정부형태의 제도차원에서 이루어지는 규정뿐만 아니라, 이 정부 형태를 뒷받침하는 정당체계, 선거제도, 중앙과 지방의 권력 분산 그리고 정치 문화가 함께 검토되어야 한다는 것이다. 따라서 여기에서는 권력구조에 영향을 미치는 주요 요인들로 정당체계, 선거제도, 지방 분권 그리고 정치문화를 선정하고, 이들 요인들과 권력구조와의 관계를 분석하고자 한다. 즉, 정당체계의 경우는 양당제와 다당제, 선거제도의 경우는 단순 다수 대표제와 비례 대표제, 중앙정부와 지방정부의 관계는 중앙집권화와 지방 분권화 그리고 정치문화의 경우는 타협적 정치문화와 갈등적 정치문화가 각각의 권력구조와 어떤 조응성을 갖는지 살펴 볼 것이다. 여기에서 조응성이 높다는 것은 양자의 관계가 긍정적으로 영향(positive effect)을 미친다는 것이며, 조응성이 낮다는 것은 양자의 관계가 부정적으로 영향(negative effect)을 미친다는 의미를 갖는다.

1. 정당체계와 권력구조

정당체계는 정당의 수, 경쟁성 그리고 정당의 수와 경쟁성을 함께 고려하는 등 다양한 분류 기준이 있고, 그 기준에 따라 여러 가지 형태로 대별될 수 있다.[2] 그러나 여기에서는 양당제와 다당제를 중심으로 권력구조와의 조응성 정도를 살펴보고자 한다.

정당체계와 권력구조와의 관계를 대통령제와 내각 책임제를 기준으로 분석한 것에 의하면, 양당제의 경우 대통령제와 내각 책임제 모두 조응성이 높은 것으로 나타난다. 그러나 다당제의 경우, 온건 다당제는 내각 책임제가 대통령제에 비해서 상대적으로 조응성이 높으나, 극한 다당제나 비구조화 된 다당제는 대통령제와 내각 책임제 모두 조응성면에서 많은 문제점이 발생하는 것으로 나타난다(정준표, 1997: 146). 현실적으로 대통령제를 운영 중인 미국과 내각 책임제를 운영하는 영국이 안정적인 정치를 유지해 오는 데에는 양

2) 듀베르제(Duberger)는 정당 수에 따라 일당체제, 양당체제 그리고 다당체제로 나누었고, 사르토리(Sartori)는 수와 경쟁성을 함께 고려하여 일당체제, 패권적 정당체제, 지배적 정당체제, 양당체제, 제한된 다원주의와 극단적 다원주의 체제 그리고 원자화 된 정당체제 등으로 나누었다.

[그림 1] 정당체계와 권력구조

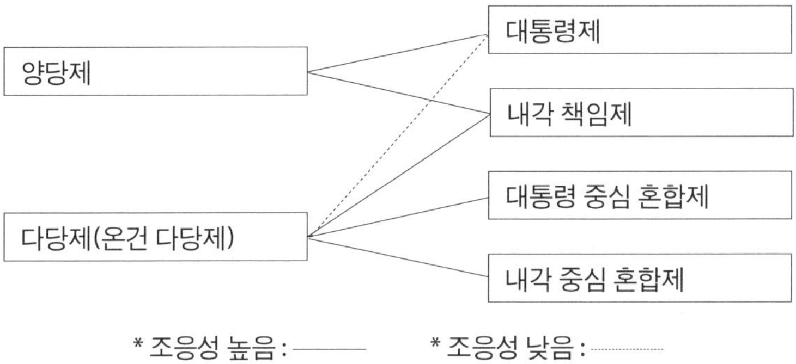

당제가 기여하는 바가 크다. 미국의 경우, 양당제이면서 정당의 규율과 이념적 갈등이 약하고 실용주의적이라는 것이 대통령제의 안정적 운영에 크게 기여한 것으로 평가된다. 영국의 경우도 양당제 체제 하에서 일당에 의한 집권이 가능함으로써, 정책 수행 능력이 제고되고 책임정치가 이루어지는 것으로 여겨진다.

대통령 중심 혼합제를 운영중인 프랑스나, 내각 중심 혼합제를 운영중인 독일의 경우, 정부형태에 의해서 정당체제가 유도되기 보다는 다차원적 사회 구조로 인해 다당제가 발생하고 있으며(신정현, 2000: 451), 이념적으로 극한적인 소수당이 출현함으로써 발생할 수 있는 극한 다당제 체제를 우려해 비례 대표제를 운영하면서도 의석 배정 최소 제한 규정을 운영하고 있다. 이들 혼합제의 경우, 다당제 하에서 분점정부가 발생할 경우, 연정을 통해 권력과 책임을 공유할 수 있는 제도적 장치가 마련되어 있다는 점이 대통령제에 비해서 상대적으로 다당제와의 조응성을 높이는 것으로 평가된다.

이처럼 권력구조와 연관성을 갖는 정당체계를 결정하는 주요 요인은 다음과 같다(신정현, 2000: 450-451), 첫째, 그 국가의 역사적, 문화적 특성들에 따라 정당체계가 다르게 나타난다. 종교적, 인종적, 종족적 구성이 다양하고 이들이 서로 대립적이고 갈등적일 때 대체로 다당체계가 형성되는 경향이 있으며, 반면에 문화적 종교적 동질성과 인종적 일체감이 오랜 기간 유지되어 온 곳은 일당체계가 형성되는 경향이 있다. 둘째, 사회구조가 경제적 이해관계에 따라 첨예하게 대립 분열되어 있는 곳에서는 계급적 구별에 기초한 양당체계가 형성되기 쉽다. 영국의 보수당과 노동당의 양당체계가 대표적인 사례이다. 셋째, 정당체계의 형성은 법적, 제도적 요소들과 관계된다. 특히 선거제도는 정당체계를 형성시키는데 중요한 영향을 미친다. 넷째, 정당체계는 기본적으로 국가나 정부의 성격 및 구조와 관계 된다. 개방적이고 경쟁적인 민주주의적 국가에서는 양당체계 아니면 다당 체계를 채택한 반면, 폐쇄적이고 전체주의적인 국가에서는 일당체계 혹은 지배적 일당체계가 형성된다.

2. 선거제도와 권력구조

듀베르제(Duverger)는 단순 다수 대표제는 양당제를 조성하는 경향이 있고, 비례 대표제는 다당제를 조성하는 경향이 있다는 소위 '듀베르제의 법칙(Duverger's law)을 주장하였다.[3] 레이파트(A. Lijphart)도 새로운 헌법을 설계하는 사람이 당면하게 되는 기본적인 선택으로 선거에 있어서 단순 다수 대표제와 비례 대표제 중 하

3) 정준표(1997: 147-148) 참조. 듀베르제 법칙의 생성 과정에 대해서는 Riker(1986) 참조.

나를 선택하는 것이라며 선거제도의 중요성을 강조하였다(Lijphart, 1996: 187-188). 그 만큼 선거제도의 선택은 정부 형태를 결정하는데 있어서 중요한 변수다.

레이파트는 대통령제와 의회제 그리고 단수 다수 대표제와 비례 대표제의 조합에 따라 장기간 정치적으로 안정을 보인 국가군을 다음과 같이 3가지 범주로 분류하였다.[4)]

1) 대통령제와 단순 다수 대표제 : 미국
2) 의회제와 단순 다수 대표제 : 영국, 케나다, 뉴질랜드, 오스트레일리아
3) 의회제와 비례 대표제 : 오스트리아, 벨지움, 덴마크, 핀란드, 독일, 이탈리아, 네덜란드, 스웨덴

이상의 레이파트 분류에서 나타난 것을 보면, 단순 다수 대표제는 대통령제와 내각 책임제(의회제)와 그리고 비례 대표제는 내각 책임제(의회제)와 분권형 대통령제(혼합제)와 조응성이 높은 것으로 분석된다. 그리고 비례 대표제는 대통령제와 조응성이 낮은 것으로 나타난다.[5)] 이것을 도표로 표시하면 다음과 같다.

4) 레이파트는 동 분류에서 장기간에 걸쳐 안정적인 민주주의를 보이고 있지만, 3개의 어떤 범주에도 적합하지 않은 4 개국(프랑스, 아일랜드, 일본, 스위스)과 외부적 요인에 영향을 받고 있는 3개국(이스라엘, 아이슬란드, 룩셈부르크)은 제외하였다.

5) 레이파트는 오스트리아, 핀란드, 독일, 이탈리아를 의회제로 분류하고 있으나, 본 논문의 분류에 의하면, 오스트리아, 독일, 이탈리아는 내각 중심 혼합제로서 오스트리아 이탈리아는 총리 중심 분권형 대통령제에 속하고, 핀란드는 대통령 중심 분권형 대통령제에 속한다.

[그림 2] 선거제도와 권력구조

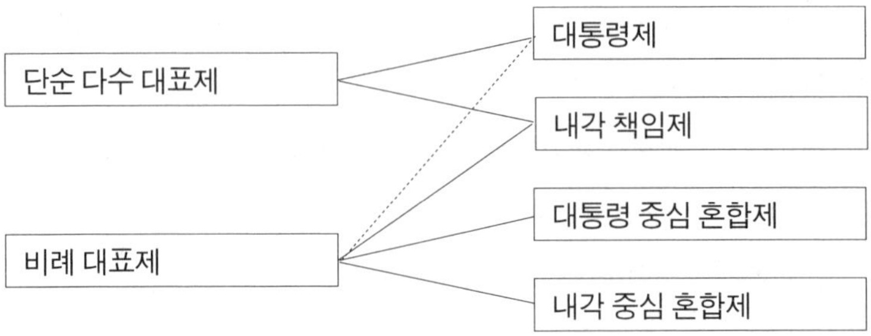

레이파트의 분류에는 포함되지 않았지만, 대통령 중심 분권형 대통령제를 운영하는 프랑스의 제5공화국은 1958년에서 1986년까지 결선 투표제를 겸비한 다수 득표제도를 운영해 오다가, 1986년부터 비례 대표제를 재도입하였다. 다만, 비례 대표제를 도입하면서, 최소 득표 비율 요건을 두어서 극단적인 소수파 정당의 원내 진출을 막았다(린쯔, 1995: 144). 이렇게 보면, 대통령제, 내각 책임제, 대통령 중심 혼합제 그리고 내각 중심 혼합제를 성공적으로 운영하는 대표적 국가들인 미국, 영국, 프랑스 독일의 선거제도는 위 분석틀과 일치하는 것으로 나타난다.

단순 다수 대표제가 대통령제와 내각 책임제 모두에 조응성이 높다는 점에서, 대통령제나 내각 책임제를 채택한 국가들이 어떤 선거제도를 운영하는가 하는 문제는 선거제도 자체보다는 정치문화와 같은 다른 요인에 기인한다. 즉, 보다 균형을 이루고 소수의 가치를 인정하고 분파된 사회의 단결과 평화를 추구할 경우 비례 대표제를 채택하게 되고, 민주주의의 책임뿐만 아니라 확고한 리더십과 효과적인 정책 결정을 이유로 일당 내각을 고려한다면 다수 대표제를 채택하는 것이 바람직하다.[6] 그러나 근원적으로 사회가 다원화 되어 있어서 이해가 상충하고 있다면 단순 다수 대표제를 채택하는 것은 어려움이 있다. 영국을 제외한 유럽의 대다수 국가들이 이러한 이유로 비례 대표제를 운영하는 측면이 있다.

3. 지방 분권과 권력구조

미국 대통령제의 성공 요인 중 하나가 연방제도라는 것은 이미 잘 알려진 사실이다. 미국의 연방제도는 권력의 수직적 분권을 통해 중앙정부를 견제하면서, 한 편으로 주정부가 중심이 되어 지방행정을 주도하고 있다(무라마쯔 미찌오, 1991: 18; 이종원, 2005: 38). 내각책임제를 실시하는 영국의 경우도 연방제도는 아니지만 지방자치라는 위임과 보완의 분권 형태를 갖추고 상보적 원리에 입각하여 중앙정부의 효율성을 높이고 있다. 기관 통합형을 실시하던 영국이 2005년 5월 런던시장과 런던 시의회 선거를 기점으로 역사상 처음 기관 분리형 지방정부를 구성함으로써 지방분권화를 확대하고 있다. 대통령 중심 혼합제를 실시하고 있는 프랑스의 경우, 다른 유럽 국가들과는 달리 200여 년 동안 중앙집권화 된 시스템을 운영해 왔으나, 1982년 지방 분권법을 제정하여 간선 도지사의 지방행정

6) Lijphart(1996: 165) 참조. 라데레트(Guy Lardeyret)는 비례 대표제가 소수의 이익을 보호한다는 레이파트의 주장에 대해서 비례대표제가 잘 조직된 압력 단체들에게 의석을 차지하는 기회를 주게 되어 결국 그런 식으로 선거민을 나누어 나가면 한 사회에서 충돌을 악화시키는 경향이 있다면 부정적으로 보았다. 특히, 비례 대표는 작은 정당이 다수당을 만들기 위해 필요한 swing seat를 통제하기 때문에 작은 정당에 어울리지 않은 권력을 주는 경향이 있다고 비판하였다(Lardeyret, 1996: 176-178).

집행에 관한 권한을 파격적으로 지방의회 의장과 의회에 양도함으로써 지방 분권화가 보다 구체화 되었다(석철진, 2005: 132-133). 내각 중심 혼합제를 운영 중인 독일은 연방제 국가로서 지방 분권화 된 연방제도를 통해 국가 차원의 통합과 지방 차원의 다양성이 조화를 이루는 것으로 평가 받고 있다(심익섭, 2001: 403; 이규영, 2005: 99).

이처럼 모든 권력구조의 형태에서 지방 분권화는 권력구조의 효율성을 높여주는 것으로 나타난다. 지방분권이 중앙집권의 폐해나 중앙정부의 권력 남용을 억제하는 측면이 있기도 하지만, 분권을 통해 중앙정부의 책임이 될 경우 중앙정부의 부담이 커질 수 있는 사안을 지방정부에 넘김으로써 중앙정부 본래의 업무에 충실할 수 있기 때문이다.

[그림 3] 지방 분권과 권력구조(효율성 관점에서)

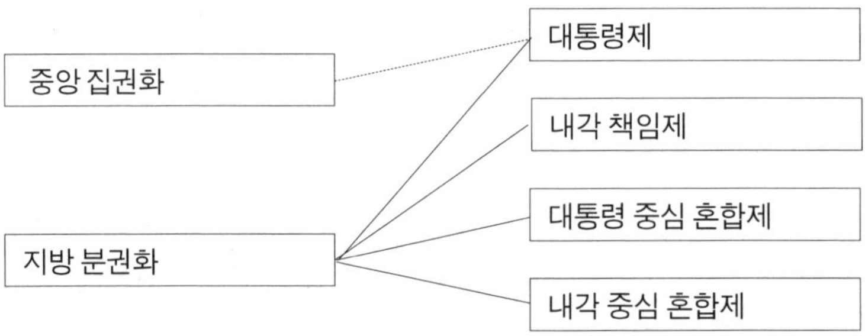

* 친화적 관점에서는 다른 결과가 나온다. 대통령제는 중앙 집권화에 친화적인 반면, 내각 책임제와 대통령 중심 혼합제 그리고 내각 중심 혼합제는 지방 분권화에 친화적이다. 대안적 권력구조를 모색하는데 유용한 관점은 효율성 관점이 될 것이다.

4. 정치문화와 권력구조

한 나라의 정치문화는 권력구조의 선택과 효율적 운영에 있어서 매우 중요하다. 바이마르 공화국에서는 실패한 정부형태가 프랑스의 제5공화국에서는 성공적으로 운영되고, 미국의 대통령제가 미국 이외의 국가들에 이식되었을 때는 다른 결과를 초래하는 현상 등은 권력구조가 한 국가의 경험을 반영한 역사적 산물로서 권력구조를 선택할 때에는 반드시 정치문화가 고려되어야 한다는 사실을 보여준 사례들이다.

문화란 전수되고 학습되며 공유되는 것으로 정치문화는 고정되어 있는 것이 아니라 시간을 두고 지속적으로 변화하는 속성을 가지고 있다. 이러한 정치문화는 다양한 분석 틀에 의해서 여러 가지 형태로 분류가 가능하다. 그러나 여기에서는 정치문화를 단순화시켜 타협적 정치문화와 갈등적 정치문화라는 분석의 틀에서 권력구조와의 조응성을 살펴보고자 한다. 타협적 정치문화의 경우, 모든 형태의 권력구조와 조응성을 갖는다는 점에서 비교의 초점은 어떤 권력구조가 갈등적 정치문화에서도 효율적으로 운영될 수 있는가가 될 것이다.

대통령제에서 주목해야 할 것은 이 제도가 민주정치 내에 강력한 제로 섬(zero sum) 게임의 요소를 도입함으로써 승자 독식의 결과를 초래하게 된다는 점이다. 내각 책임제나 혼합제에서도 한 정당이 절대 과반수 의석을 확보하는 선거 결과가 나타날 수 있지만, 일반적으로 내각책임제와 혼합제 하에서의 선거는 다수 정당이 권력을 공유하는 결과를 초래한다. 이러한 권력구조의 속성 때문에,

대통령제는 다수결에 근거한 민주주의로 가는 경향이 강하며, 내각책임제와 혼합제는 합의제 민주주의로 가는 경향이 강하다. 그런데 권력을 공유하면서 권력을 제한하고 또 분산시키는 특징을 갖는 합의제 민주주의가 다수결 원칙에 따르는 것보다 갈등 해소에 훨씬 더 효과적이다. 쉬미터(Philippe C. Schmitter)가 지적한 바와 같이, 합의제 민주주의는 '방어적' 민주주의이기 때문에 문화적, 인종적, 정치적 소수들에게는 다수결 민주주의 보다 훨씬 덜 위협적이다(레이파르트, 1995: 196-219). 대통령제는 내각책임제나 혼합제와는 달리 진정한 연립 정부의 형성을 어렵게 하기 때문에 형식적이고 경직된 제도로 운영될 수밖에 없다. 그리고 대통령은 타협을 싫어하고 또 심리적으로 타협을 기피하게 만든다. 이러한 태도는 다수결에 의존하는 경향을 강화시키고, 다수결에 의거하여 결정을 내리는 것은 합의보다는 갈등과 좌절 그리고 교착상태를 초래한다.

[그림 5] 정치문화와 권력구조

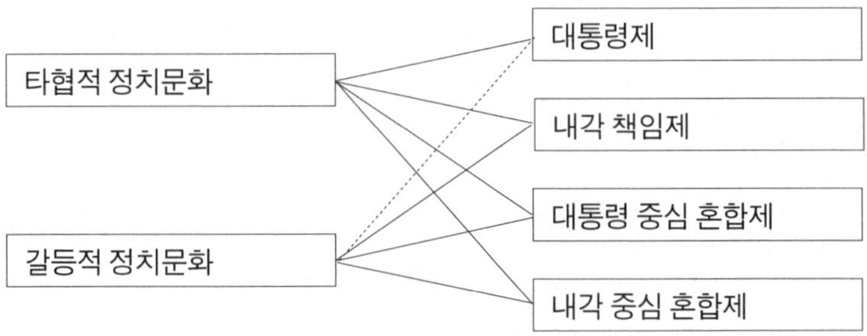

III. 제6공화국 정부 권력구조의 특징과 문제점

제6공화국 헌법이 민의를 반영하여 추진되었지만, 군부 권위주의 정권과 6월 시민 항쟁이 대립하는 과정에서 정부형태에 대한 충분한 토의과정을 거치지 못하고 대통령 직선과 중임제 철폐를 중심으로 졸속하게 처리된 측면이 있다. 그 결과 제6공화국 헌법이 민주주의 공고화에 크게 기여 했음에도 불구하고, 권력구조라는 제도적인 측면에서 많은 문제점을 야기하고 있다.

1. 제6공화국 정부 권력구조의 특징

(1) 대통령 중심 혼합제

제6공화국 헌법에 다수의 내각책임제적인 요소, 분권형 대통령제적 요소가 포함되어 있음에도 기본적으로 대통령 중심 혼합제로서 보다 대통령제에 근접되었다는 이유는 첫째, 제6 공화국 헌법이 국회의 정부 불신임권[7]과 대통령의 국회 해산권을 규정하지 않고 있으며, 둘째, 국무회의는 내각책임제의 각료회의와 달리 의결 기관이 아니라 심의 기관에 불과하고, 국무총리 또는 국무위원도 내각책임제의 수상이나 각료와는 달리 집행에 관한 실질적인 권한과 책임이 귀속되는 기관이 아니라 대통령의 보좌기관이며, 셋째 무엇보다도 내각책임제적 요인이 국회의 영향력을 실질적으로 증대시키는 역할을 하기 보다는 대통령으로 하여금 입법부의 정치 과정

7) 국무총리 국무위원에 대한 해임 건의는 단순한 정치적 성격의 건의일 뿐 해임의결이 아니라는 점에서 정부 불신임권과는 구별된다.

에 적극적으로 개입하게 하고, 따라서 삼권분립 하의 행정부의 수반으로서보다는 삼권 위에 위치하는 국가의 수반으로서의 위상을 강화하고 있다는(조정관, 2004: 91) 점을 들 수 있다.

(2) 정당 체계 : 다당제의 보편화

한국 정치에 있어서 신당 창당을 통한 정치적 상황 극복은 하나의 패턴이 되어 가고 있으며, 지역주의 투표 성향과 비례 대표제의 확대로 다당제가 보편화 되어 가고 있다. 제6 공화국 하에서의 유효 정당의 수를 살펴보면 3.7개로 나온다. 후기 산업사회에 나타나는 사회 욕구의 다양성, 정당 유동성의 증가(정진민, 1998: 175), 유권자들의 정당 일체감의 약화 그리고 지방 자치 확산으로 인한 지역 중심 정치 활성화와 지역 정당의 등장 가능성 등을 고려하면, 한국 정치에서 향후 다당제 현상은 일반화 될 것으로 보인다. 메인워링(Mainwaring)은 대통령제와 다당제가 결합하였을 때 대통령의 소속 정당이 의회 내 소수당이 될 가능성이 커서 정당 간의 경쟁에 있어 구심력보다 원심력으로 작용하여 행정부와 의회 간의 교착상태가 악화될 수 있다고 보았다.

(3) 선거 제도 : 비례 대표제 확대

한국은 다수 대표제와 소선거구제를 근간으로 하여 비례 대표제에 따른 전국구를 병행해 왔다. 비례 대표제의 경우 권위주의 정부 시대에는 제 1당인 여당에게 안정적 의석을 확보해 주는 방편으로 이용되기도 하였으나, 1987년 민주화 이후 점차 개선되어 1996년, 2000년 그리고 2004년의 개정을 통해 다양한 정책 정당과 새로운 정치세력이 제도권에 진입할 수 있는 계기를 만들었다. 그러나 소선구제를 실시하면서 비례대표제에서 다수당 프리미엄을 제거함에 따라 앞으로의 선거는 다당화를 더욱 가속화 시킬 가능성이 있다(정의관, 2000: 129). 1인 2표 비례 대표제를 도입한 2004년 국회의원 총선거에서 민주 노동당이 지역구에서 2석 밖에 얻지 못했으나 비례대표에서 8석을 차지함으로써 총10석으로 제 3당으로 국회에 입성한 것은 선거제도가 정당구도에 미치는 영향을 단적으로 보여주는 사례가 되었다. 향후 비례대표제가 확대 될 경우, 정강정책에 근거한 정당 발전을 촉진시킬 수 있으나, 비례대표제의 성격상 이념지향적이고 당 규율이 강한 정당들을 다수 생성해 낸다고 가정할 때, 이는 범국민적 지지 하에서 정치적 리더십을 추구하는 대통령에게는 장애요인으로 작용할 수 있다(정의관, 2000: 106).

(4) 지방 분권화의 강화

한국의 지방자치제도는 1961년 5.16 군사 쿠데타로 전면 중단되다가 제6공화국 이후 본격적인 검토 과정을 거쳐 1991년 지방의회의원 선거와 1995년 지방자치 단체장 선거를 계기로 본격적으로 다시 시작되어 지방분권화가 강화되었다. 지방자치가 전국적으로 실시되면서 한국의 정치문화에 많은 변화가 예상된다. 권력구조면에서 정부형태가 권력의 수평적 분권에 의한 견제와 균형을 결정한다면, 지방자치는 권력의 수직적 분권을 통해 중앙정부의 권력 집중을 견제하면서 지방정치의 활성화를 가져오고 지방정치 세력이 조직화 되면서 중앙정치에 상당한 영향력을 행사할 것으로 보인다. 과거 지방정치는 없고 지방행정만 있던 시기에 지방정부는 중앙정부에 일방적으로 의존할 수밖에 없었지만, 이제는 중앙정부도 지방정부를 의식하지 않을 수 없게 되었다. 지방정부의 정통성이 중앙정부에 의존하지 않고 지역주민에 의해서, 포괄적으로 말하면 국민에 의해서 부여되기 때문이다.

정부형태와 지방의 권력구조 간 연관성에 대한 문제에 대해서는 II절에서 기술한바 있다. 그에 따르면, 대통령제는 지방분권에 친화적이지 못하다(이종원, 2005: 27-72).

(5) 정치문화의 변화

제6공화국은 헌법 개정을 통해 제도의 변화를 가져 왔을 뿐만 아니라 정치문화에 있어서도 많은 변화를 동반하고 있다. 그 내용들을 살펴보면 다음과 같다.

첫째, 권위주의 문화와 반체제 정치문화가 퇴조하고 있다. 이 시기 권위주의 문화의 쇠퇴는 3김 정치의 종식에 의한 것도 있지만, 디지털 인터넷으로 대변되는 지식 정보화 사회로의 변화가 지식과 정보의 대중화를 가져오면서 신비주의적 권위주의 문화의 급격한 쇠퇴를 가져 왔다. 이제 대중적 언어로 변환되지 않은 지식, 그리고 정치인과 정당은 대중으로부터 외면당하는 본격적인 탈권위주의의 시대로 접어들었다.

둘째, 참여 정치문화가 조성되고 대의정치가 변화되고 있다. 사이버 공간은 이제 새로운 정치 공간을 만들고 있으며, 직접 민주주의의 새로운 대안적 장소로 등장하고 있다. 인터넷을 통한 참여 민주주의의 확산으로 시민사회의 자발적 참여가 기존 제도권 정당의 조직을 압도했다는 것은 주목할 만한 변화이다. 직접 민주주의 혹은 전자 민주주의에 대한 비판적인 시각들이 있지만, 정치 영역에서 정보 통신 기술의 활용은 현재 대의 민주주의가 갖고 있는 많은 문제점들을 보완하는데 상당한 기여를 할 수 있을 것으로 기대된다.

셋째, 제도적 민주주의가 공고화 되고 있다. 절차적 민주주의가 강조되면서 광범위한 정치제도의 변화가 있었고, 권위주의 시대의 가신정치와 같은 비제도적인 요인의 영향력은 현저하게 감소하였다.

끝으로, 타협적 정치문화와 정권교체의 경험을 들 수 있다. 제6공화국 대통령제하에서 1990년 3당 합당(민주정의당, 통일민주당, 신민주공화당)과 1997년 DJP 연합(새정치국민회의, 자유민주연합)은 서로 다른 정치세력 간의 연대는 근본적으로 권력의 유지나 획득을 목적으로 한 것이지만, 한국 정치의 과제로 주장되어온 권력의 분점과 공유라는 점에서 의의가 있고, 한국 정치문화에서 타협과 정치적 관용성을 확대시킨 사례로 분석하는 시각도 있다(이홍종, 1997: 489-499).

노무현 정권에서 책임 총리제를 매개로 한 대연정 제안이 있었다. 비록 헌법상 제도적 문제와 한나라당의 거절로 성사되지는 않았지만, 이 또한 과거 권위주의 정부에서 볼 수 없던 타협적 정치문화의 한 사례로 볼 수 있다.

제6공화국에서 또 다른 사건은 1997년 12월 대통령 선거에서 새정치국민회의의 김대중이 15대 대통령에 당선된 것이었다. 여·야간의 정권교체 경험은 국가기구들뿐만 아니라 다양한 사회 조직 단체들에게 정권 종속성의 위험성을 예고하였고, 정권 종속성에서 상당히 이탈하게 만들었다.

2. 제6공화국 정부 권력구조의 문제점

(1) 불안정한 혼합제

제6공화국 헌법은 제헌 헌법과 8차례 개정 헌법에서 갖고 있었던 몇 가지의 문제점들을 부분적으로 보완한 점이 있으나, 혼합제에 내재되어 있는 불안정한 성격을 지우지는 못했다. 문제는 대통령제에 내재된 일부 내각책임제적 요소가 대통령제 권력구조 운영의 기본 원칙에 부합되지 않아 그 효율성을 떨어뜨린다는 것이다.

구체적인 사례를 보면, 국회의원이 국무위원을 겸직함으로써 국회의 제도적 독립성을 훼손하고 있다.[8] 국회의원들이 국무위원이 되려고 대통령의 눈치를 보는 경향이 있는데 이를 통해 대통령이 국회를 통제하게 된다. 노무현 대통령의 경우, 국무위원 임명과정에서 국회의원을 최대한 배제하였기 때문에 오히려 소속당의 반발을 사고 소속당과 국회의 지지를 얻는데 걸림돌이 된 바 있다.

(2) 이원적 정통성과 행정부·입법부 간 비대칭성

제6공화국 헌법 하에서는 대통령과 국회의원 모두 국민의 직접 선거에 의해서 선출된다. 따라서 대통령과 국회의원 모두 국민들로부터 직접적으로 권한을 위임받은 구조를 갖고 있다. 이러한 이원

---

8) 김용호(2004: 316-317) 참조. '9차 개정 헌법은 대통령제의 원칙에 어긋나는 국회의 국무위원 해임 건의안이 포함되어 있다. 내각제에는 국무위원이 국회에 책임을 지지만 대통령제에서는 대통령에게 책임을 지도록 되어 있으므로 국회가 국무위원의 인사권에 개입해서는 안 된다. 이는 대통령제의 운영원리에도 부합하지 않을 뿐만 아니라 행정부의 안정적인 정책수행에 걸림돌이 되고 있다. 더욱이 분점정부의 상황에서 국회를 장악한 반대당이 국무위원 해임 건의안을 자주 행사함으로써 대통령과 국회가 서로 충돌하게 된다'고 주장한다.

적 정통성의 문제는 대통령제를 채택한 모든 나라에서는 구조적으로 내재된 일반적인 현상이지만 미국과 같이 정당의 규율이 약해 교차투표(cross voting)가 일반화 되었거나 분점정부 하에서도 대통령이 설득을 통해 문제를 해결해 가는 타협적인 정치문화 아래에서는 크게 문제가 되지 않는다.

그러나 한국의 정당들은 규율이 강하고 교차투표의 관행보다는 당론투표가 지배적으로 나타나며 민주화 과정에서 형성된 선명성을 중시하는 투쟁적 정치문화를 갖고 있다. 이러한 한국적 정치문화가 대통령의 행정부와 국회 간 교착상태를 야기해 왔다.

행정부와 입법부 간의 비대칭성은 2가지 측면에서 이야기 할 수 있다. 첫 번째 비대칭성은 국정운영에 있어서 행정부의 지나친 우위 현상이다(김용호, 2004: 314-315). 산업화 과정에서 관료주의적 권위주의 정권이 경제성장에 성공함으로써 아직도 행정부 중심의 국정 운영을 당연시 여기는 경향이 있다. 또한 행정부는 검찰과 국정원 등 권력기관은 물론 거대한 조직이 뒷받침 되는데 반해, 국회는 인력과 자원이 부족한 관계로 대통령이나 대통령 측근의 비리폭로와 같은 수단을 동원하여 견제기능에 치중하였다.

두 번째 비대칭성은 정치적 책임에 관한 것이다. 대통령의 행정부와 국회 간 교착상태가 발생했을 때 교착상태에서 발생하는 모든 책임은 대통령이 속한 행정부에 돌아간다는 점에서 야당 국회의원들은 정치적 목적으로 사태의 악화를 유도한 경우도 있었다. 이러한 현상은 대통령제하에서 행정부와 입법부가 권력을 공유하지 않는 관계로 의회에 정치적 책임을 물을 수 있는 제도적 장치가 없기 때문에 생기는 일이다.

(3) 승자의 권력 독점과 제왕적 대통령

대통령제하에서 승자와 패자의 위상은 현격하다. 대통령 선거의 승자는 득표율과 관계없이 모든 권력을 독점하게 되고, 패자는 미미한 차이로 패배했다고 하더라도 차기 선거 때까지 모든 것을 잃게 된다.

다당제 하에서 결선투표가 실시되지 않을 경우에 대통령 선거에서 어느 후보도 과반수를 넘는 절대 지지로 당선될 확률은 지극히 낮다.

제6공화국의 헌법 하에서 당선된 모든 대통령들 역시 득표율과 관계없이 모든 권력을 독점하였다. 헌법상 행정권의 수반으로서 행정부의 구성뿐만 아니라 국가 원수로서 입법부와 사법부에까지도 막강한 권한을 행사하였다. 뿐만 아니라 대통령은 주어진 권력을 바탕으로 공기업과 정부 산하 기관의 인사까지 개입하였다. 한국사회의 모든 분야에 정치권의 영향력이 미치는 관계로 대통령의 선거 결과에 따라 공적 영역뿐만 아니라 민간 영역에서도 주류세력의 교체가 이루어졌다. 이렇게 승자가 권력을 독점하는 상황에서 한국의 대통령 선거는 사생결단의 전면전 양상으로 치러져 왔다. 막대한 선거자금과 인력이 동원되었으며, 온갖 부정한 방법과 편법이 동원되었다. 한국 정치의 후진성은 이러한 선거문화와 무관하지 않았으며, 그 선거문화의 이면에는 승자가 권력을 독점하는 제도적 장치가 있었다.

제6공화국의 대통령들은 선출된 군주로 군림하였다. 그것은 제도적으로 보장된 '다른 헌법 기관에 대한 대통령 지위의 우월성'에 기반하고 있으며, 여기에 한국의 전통적 가부장적인 권위주의 정치문화가 제왕적 대통령의 정치행태를 조성하였다. 대통령 개인에게 권력이 집중됨으로써 권력의 사유화 현상이 발생하였고, 이로 인해 국가 기능이 왜곡되는 결과를 가져왔다. 대통령의 가족 그리고 주변 인사들이 공식적인 지위와 관계없이 국가 기관에 영향력을 행사하였다.

한국의 대통령이 제왕적 대통령으로 불리는 이유를 헌법적인 제도보다는 헌법 외적 요소로 보는 시각도 있다(정준표, 2014: 260-261). 국정원, 검찰, 경찰, 국세청과 같은 이른바 '권력기관'이 대통령의 직·간접적 영향 하에 있기 때문이라는 것이다.

(4) 분점정부의 보편화와 통치력의 약화

제6공화국 이전 군부 권위주의 시대에는 양당제의 골격이 유지되었다. 보다 정확히 말하면 사르토리(G. Sartori)가 말하는 '일당 우위 정당제'가 유지되었다.[9] 그러나 제6공화국에서 '1인 2표 정당 명부식 비례 대표제'가 도입되고, 지역주의 정치가 힘을 발휘함으로써 군부 권위주의 시대의 양당제 경향은 무너지지 않을 수 없었다. 이제 한국에서 다당 체제는 상수에 가깝다(안순철, 2004: 132). 그리고 이러한 다당 체제는 향후 분점정부의 출현 가능성을 더욱 높게 만든다.

미국과 마찬가지로 한국에서도 분점정부와 정치적 효율성의 저

9) 군부 권위주의 시대에 집권 여당과 이에 대립했던 야당이 존재하기는 했으나, 여당은 야당에 의한 정권 교체가 불가능할 정도의 거대 여당으로 존재했기 때문에 이를 '일당 우위 정당제'로 본다. 학자에 따라서는 이를 '1.5 당제'라고 부르기도 한다.

하는 무관하다는 분석도 있으나,[10] 분점정부에 직면했을 때 대통령이 분점정부 상황을 극복하기 위하여 정당 간 합당(1990)이나 무소속 의원의 영입(1992, 1996), 또는 권력공유에 의한 정당 간 정책연합(2001)을 추진함으로써, 여야 간의 관계가 급속히 냉각되고 대립과 갈등이 심화되어 행정부와 입법부의 교착상태가 나타나 대통령의 통치력이 크게 약화되는 결과를 가져왔다(조정관, 2004: 97-99; 김정현, 2006: 158-159).

(5) 정당 정치의 위기와 책임 정치의 실종

정부 수립 이래 한국의 정당은 이념을 중심으로 한 정당이라기보다는 권력을 잡기 위해 동원되는 성격으로 만들어져 왔다. 그러다 보니 대통령제를 추구하면서도 행정부와 입법부는 권력의 분산보다는 권력의 융합적인 성격을 가졌고, 이러한 체제 하에서 한국의 정당은 대통령 개인의 사당적 구조를 벗어나지 못했다. 그래서 정당은 권력의 주체와 함께 떠오르고 사라져 갔다. 한국 정치에서 지속적으로 나타나는 신당 창당을 통한 정치적 상황 극복은 정당정치의 제도화를 불가능하게 하고 있을 뿐만 아니라, 대통령의 단임제로 인해 국민은 정당에게도 그리고 단임제 하의 대통령에게도 책임을 물을 수 없는 함정에 빠지고 말았다.

10) 장훈(2002: 546-547) 참조. '국회의 개의 일수와 개의율, 회기당 개의일수, 비 개의일수, 국정조사권 발동상황 등에 있어서 단점정부와 분점정부는 별다른 차이가 없으며, 국회의 해임건의안 제출은 대부분 단점정부 상황에서 제출되었다. 경험적으로 획득한 공식적 통계로 판단하면 분점정부가 단점정부에 비해 행정부와 의회 간 갈등과 교착으로 입법 산출이 낮고 의회의 집회가 위축된다는 증거를 발견할 수 없다. 오히려 인위적인 정계 개편을 통한 단점정부로의 전환 이후 행정부와 의회 간 관계가 급속 냉각되고 대립과 갈등이 증폭되었다'고 주장한다.

제6공화국에서 자주 발생하는 분점정부의 상황은 또한 국정 결과에 대한 책임소재를 찾기 어렵게 만드는 것으로 지적된다. 분점정부 하에서 대통령은 행정부가 추진하는 정책에 대해 확실한 의회 내 지지를 얻어내기가 어려워 수많은 타협을 하게 되며, 그 결과 최종 통과된 정책안은 최초안과는 전혀 다른 것으로 변질되기 때문에 유권자들이 이 정책안의 공과에 대한 책임소재를 찾기란 쉽지 않게 된다(안용흔, 2005: 42).

제6공화국에서 다양한 이익 단체와 시민단체가 시민정치의 형태로 새로운 정치 문화를 조성하고 있으나, 이들 단체들의 활동이 정당 고유의 기능을 대체할 수는 없다. 국민들은 이들 단체들의 행위 결과에 대하여 책임을 물을 수 있는 방법이 없고, 결국 이들 단체들이 표출 하는 다원적 이해관계를 정책으로 승화시키는 것은 정당의 고유 역할이기 때문이다.

제6공화국에서 발생한 정당정치의 위기는 국가 정책 지속성에 대한 신뢰도를 하락시켰고, 한 정권의 경험이 다음 정권에 계승되지 못함으로써 권력의 주변은 아마추어리즘으로 둘러싸여 국가 경영의 효율성이 저하되었으며, 국가 경영에 대한 국민들의 신뢰도는 추락하였다.

IV. 대안적 정부 권력구조에 대한 논의

1. 순수 대통령제 회귀론

(1) 총리제 폐지와 내각책임제적 요소 제거

대통령제 회귀론자들에 의하면 현행 대통령제하에서의 국무총리 위상은 제도적으로 상당히 애매한 위치에 있다. 국무총리를 대통령의 보좌기관으로 규정하면서도 대통령 유고시 제1 순위의 권한 대행권을 갖게 했고, 임명 절차에 국회의 동의를 득하도록 되어 있다. 국민들로부터 직접 정통성을 인정받지 않은 임명직인 국무총리에게 대통령 권한 대행을 맡긴다는 것은 민주적 대표성 원칙에 위배될 소지가 있다(김정현, 2006: 171).

다음으로 국무총리와 국무위원의 의원직 겸직을 허용한 조항이 문제로 거론된다. 이는 내각 책임제적인 요소로서 행정부가 정당정치로부터 자유롭지 못하게 만드는 조항으로 여겨진다. 총리의 국무위원 제청권은 실효성에서 문제가 있는데, 현실적으로 대통령이 국무총리의 국무위원 임명 제청을 존중해 주는 차원을 넘어서 이에 구속된다면 대통령의 임명권은 형식적인 것이 되고, 국무총리가 실질적인 임명권을 갖는 결과가 된다. 더불어 국무총리가 해임되었을 경우에 국무총리가 임명 제청한 국무위원들도 총사퇴해야 하는가의 문제가 제기된다. 이처럼 국무총리제는 권한과 책임에 있어서 애매성과 모순성을 갖고 있기 때문에 폐지되어야 한다는 주장이다.

또한 국회와 대통령이 원만한 관계를 유지하면서 효율적으로 국정을 운영하는 대통령제를 정착하려면 내각책임제적 요소를 제거함으로써 헌정 제도상의 부정합성을 시정함으로써, 대통령의 리더십 스타일에 좌우되지 않는 안정된 대통령제 시스템을 만들어야 한다는 것이다. 무엇보다도 국무위원이 내각책임제에서는 국회에 책임을 지지만, 대통령제에서는 대통령에게 책임을 지도록 되어 있음으로 국회가 국무위원의 인사권에 개입하는 국회의 국무위원 해임 건의권은 폐지되어야 한다고 보았다(김용호, 2004: 323-324).

그러나 국무총리제도를 긍정적으로 보는 시각에서는 국무총리제의 폐지보다는 운영의 묘를 살릴 필요가 있다고 주장한다(이재원, 1998: 335-339). 비록 국무총리제도가 제헌 국회에서 정치세력 간 타협의 산물로 생긴 제도이지만, 지난 70여 년 동안 우리의 정치, 행정의 현실에 적응해 온 제도이며 그 존재에 대한 국민적 공감대가 형성되어 있다고 보기 때문이다. 따라서 우리의 정치 행정 제도에 익숙해진 국무총리제도를 정착시켜 권력의 수직적 견제, 정치적 요구에 대한 여과, 정치적 완충 장치로 계속 운영해야 한다는 것이다.

(2) 부통령제의 도입

총리제를 폐지하고 부통령제를 도입해야 하는 이유로는 다음과 같은 것들이 지적된다. 첫째, 국민들의 직접 선출로 정통성을 갖는 부통령이 대통령의 제왕적 행태를 견제할 수 있고, 둘째, 대통령 유고시 국무총리에 의한 권한 대행보다 민주적이고, 셋째, 차기 대통령 후보를 가시화 할 수 있어 정치의 예측 가능성이 높아지고, 넷째, 지역 간 갈등의 완화에 도움이 될 수 있다는 것이다.

그러나 부통령제 도입에 따른 문제점들도 많이 노출되고 있다. 첫째, 국무총리와 달리 대통령이 임기 중 마음대로 해임할 수 없는 부통령이 제2인자로 존재할 때, 대통령과 부통령이 대립과 갈등을 보일 수 있으며, 둘째, 대통령 유고시 부통령이 대통령직을 승계하는 것도 현재의 국무총리에 의해 승계하는 것 보다 오히려 정책의 연속성에 문제가 있을 수 있다. 왜냐하면, 대통령 후보가 부통령 후보자를 지명할 때 가장 우선적으로 고려할 요소는 부통령 후보자가 얼마만큼 자신의 당선 가능성을 높여 줄 것인가 일 것이며, 따라서 후보자의 자질보다는 다른 지지 기반을 갖고 있는 다른 정파의 인물을 지명할 가능성이 높기 때문이다. 셋째, 단임제 하에서 차기 대통령 후보의 가시화는 대통령의 조기 레임덕 현상을 가져 올 수 있고, 중임제로 개헌한 경우에도 부통령의 유명무실화 혹은 내부적 권력 투쟁이라는 결과를 가져오기 쉽다(정준표, 1997: 282).

부통령제 선거 방식은 대통령 선거와 별도로 부통령을 독자적으로 선출하는 방식과 대통령과 한 조를 이루어서 선출하는 런닝 메이트 방식이 있다.[11] 독자적인 선출 방식을 통해 부통령을 뽑을 경우, 대통령과 부통령의 갈등으로 비화될 가능성이 높다. 따라서 부통령제의 도입은 신중할 필요가 있다는 주장이다.

(3) 단임제와 중임제

현행 5년 단임제에 따른 문제점들을 지적하면서 4년 중임제를 실

---

11) 김정현(2006: 175-177) 참조. '독자 투표 방식은 네 가지 선거 결과로 나타날 수 있다. 1) 대통령과 부통령이 동일 정당이면서 대통령의 득표수가 많은 경우, 2) 대통령과 부통령이 동일 정당이지만 대통령의 득표수가 적은 경우, 3) 대통령과 부통령이 다른 정당이고 대통령의 득표수가 많은 경우, 4) 대통령과 부통령이 다른 정당이면서 대통령의 적은 경우이다. 1)의 경우는 런닝 메이트제 방식에 의한 선출과 유사하다. 그러나 나머지 경우는 대통령과 부통령의 갈등이 비화될 가능성이 높다.

시해야한다는 주장이 많다. 그러나 4년 중임제를 실시한다고 하더라도 첫째, 2번째 임기는 역시 심판을 받을 수 없고, 둘째, 2번째 임기가 시작되면서 마찬가지로 레임덕 현상은 나타날 수밖에 없으며, 셋째, 중임을 위해 소신 있는 정책보다는 오히려 인기 영합적인 정책을 쓸 가능성이 높아지고, 넷째, 중임제는 대통령의 권력 독점 현상을 심화시켜 권위주의화 경향을 더욱 자극할 가능성이 크며, 대통령이 수단과 방법을 가리지 않고 재선을 노릴 경우 극단적인 대립과 갈등이 나타날 수 있다.

책임성에 대한 국민의 심판은 정당 정치의 제도화를 통해서 연속성을 갖는 정당에게 정치적 책임을 물을 수 있고, 또 제도화 된 정당을 통해서 경험을 축적할 수 있기 때문에, 책임의 심판과 경험의 축적 등이 5년 단임제를 4년 중임제로 반드시 바꾸어야 하는 이유가 될 수 없다. 다만, 대통령의 임기는 5년이고 국회의원 임기는 4년이기 때문에 불규칙적으로 두 선거가 실시됨으로써 여러 가지 문제점을 일으킨다는 점에서, 대통령의 임기를 5년 단임제보다는 6년 단임제로 하여 두 선거가 규칙적으로 실시되도록 하는 것이 바람직한 것으로 판단된다는 것이다.

2. 순수 내각제 개헌론

한국 정치 현실에서 내각 책임제를 도입해야 하는 여섯 가지 이유를 다음과 같이 들고 있다.[12] 첫째, 한국의 정치 문화에서 절대

12) 자유 민주 연합에서 발표한 자료에는 7 가지를 들고 있으나, 나머지 한 가지는 정치 슬로건적인 성격이어서 여기서는 6 가지만을 거론하였다.

권력은 절대 부패한다는 것이다. 둘째, 탈산업화 사회에서 1인에 의한 권력 집중은 비효율적이며 위험하다. 셋째, 대통령 선거는 한국 사회에서 천문학적인 규모의 돈이 든다. 넷째, 내각책임제를 통해 지역화합과 국민통합을 이룰 수 있다. 다섯째, 평화 통일과 안보에 내각 책임제가 적합하다. 여섯째, 내각 책임제를 통해 책임 정치를 실현할 수 있다는 것이다.

이러한 주장에 대해, 내각 책임제가 한국의 정치 현실에 적합한가를 먼저 검토해 보아야 한다면서, 다음과 같은 이유로 이를 부정적으로 보는 시각도 있다.[13]

첫째, 내각제를 위한 사회적·정치적 기반이 조성되지 않았다. 내각 책임제가 효과적으로 작동하기 위해서는 다원화 된 사회에서 발달된 이익 대표체제가 갖추어져야 하는데, 한국사회는 아직 서구 사회처럼 사회 경제적 이익 관계를 중심으로 한 균열 구조가 아니라 원색적인 지역 갈등 구조만이 지배하고 있다. 따라서 내각책임제가 이념 갈등, 이익 갈등을 수렴하기 보다는 사회적 갈등을 심화시킬 것이라는 주장이다.

둘째, 내각 책임제가 배타적 지역주의 정치를 고착시킬 것이라고 본다. 즉, 현재의 지역주의를 '주어진 것'으로 받아들이고, 지역 주의적 정당구도를 인정하는 전제 하에서 권력공유를 말하는 것으로 이것은 지역주의의 극복이 아니라 지역주의에 기반한 현행 정당구도의 존속을 불러온다는 것이다.

13) 정영국(1999: 25-40)은 자유 민주 연합이 주장한 7가지 내각 책임제 채택 이유에 대해 그것이 부당한 이유를 7가지로 설명하고 있으나, 여기서는 4 가지만을 인용하였다.

셋째, 내각책임제는 끊임없는 정치 불안정을 초래한다. 한국과 같이 특정 정치 지도자에 종속된 정당들에 기반하는 내각책임제는 사회갈등의 조정과 통합보다는 정치 지도자들의 권력이익을 우선하기 때문에 빈번한 정치적 야합과 갈등으로 이어져 사회갈등을 증폭시키고, 권력이익에 따른 정치적 극한 대결과 이합집산을 불러와 정부의 지속성과 안정성을 위협할 가능성이 크다.

넷째, 내각제는 경제 위기 극복정책의 합리성을 저해할 가능성이 크다. 내각 책임제 하에서의 정부 부처 장관의 교체는 사실상 정책노선의 변경을 의미하게 된다는 점에서 내각 책임제의 불안정성은 심각한 정책 혼선을 초래하게 된다.

순수 내각책임제 도입과 관련한 학술적 논의도 위에서 제기된 현실적 지적들에서 크게 벗어나지 않는다. 현재 내각 책임제 도입에 부정적인 학계의 논쟁 중 위에서 언급되지 않은 것들을 요약해 보면 다음과 같다.

첫째, 비구조화 된 다당제와 낮은 정당정치 수준을 감안하면, 내각제가 오히려 국민의 의사에 반하는 정치적 독과점 체제 혹은 극도의 비효율성을 초래할 가능성이 크며, 정당의 이념적 정체성이 모호하고 지역 할거적 구도가 잔존하는 상황에서 3김씨와 같은 강력한 보스마저 존재하지 않을 경우 내각책임제는 프랑스의 제3공화국 형태인 '의회 정부(assembly government)' 유형으로 전락하기 쉽다.

둘째, 내각제 옹호론자들은 내각책임제에서 합의형 정치체제가 나타날 가능성이 커서 사회 내 소수의 이해관계가 보다 잘 대표될 수 있다고 주장하나, 내각책임제에서는 대통령제와는 달리 다수의 정당이 경쟁하는 정당체계의 파편화가 초래 될 가능성이 큰 데, 이처럼 파편화된 정당체계에서는 정치적 결과에 대한 책임 소재가 불분명해지면서 책임정치가 실종될 수 있다. 더군다나, 유권자들의 의사와는 관계없이 정치인 또는 정당들 간의 담합이 빈번해지며 결국 기존 정당이나 정치인들의 기득권을 강화하는 정당 카르텔화를 가속화 할 가능성이 있다(정진민, 1998: 232).

셋째, 내각 책임제 하에서 총리에 대한 견제 수단의 결여로 총리의 독주가 우려된다. 단일 정당이 국회 의석의 과반수이상을 차지할 경우 민주적 정당성이 일원적 구조를 이루는 내각 책임제에서는 총리의 강력한 권한 행사를 견제할 수단이 전혀 없게 된다는 것이다(김정현, 2006: 178-182).

3. 제6공화국 정부 권력구조 보완론

(1) 책임 총리제론

제6공화국 헌법에 규정된 국무총리제를 통해 헌법의 개정 없이 동 헌법을 책임총리제 형태로 운영할 수 있다는 주장이다. 그러나 제6공화국 헌법을 분권형 대통령제로 운영하기에는 문제가 적지 않다. 즉, 대통령의 자의적 판단과 국정 운영 방식에 의해 좌우되는 조건 속에서 야당이 책임 총리제의 제안을 수용할 수는 없다.

제6공화국 헌법 66조 4항의 '행정권은 대통령을 수반으로 하는 정부에 속한다'는 규정과 88조 2항의 '국무총리는 대통령을 보좌하며, 행정에 관하여 대통령의 명을 받아 행정각부를 통할한다'는 규정은 제6공화국 헌법이 분권형 대통령제의 양식으로 운영될 수 없는 결정적 요인이다. 그래서 현재까지 어느 정부도 분권형 대통령제의 양식으로 운영한 적이 없다고 보는 것이 지배적이다.

제6공화국 헌법 하에서 책임총리제가 여러 차례 논의되면서도 실효를 거두지 못하고 정치적 구호로만 끝나는 양상을 보인 것은 제도적 보완이 뒤따르지 못했기 때문이라는 분석이 있다. '책임 총리제'로 운영될 수 있도록 하기 위해서는 총리의 임기를 보장하고 권한 배분을 법제화하여 총리의 지위와 역할을 보장해야 한다는 것이다(김용복, 2003: 18-21). 구체적인 내용은 다음과 같다.

첫째, 임명된 총리는 임기를 보장하여 대통령의 임의에 의해 해임당하는 일이 없도록 해야 한다. 둘째, 총리는 순수한 행정 총리로서 대통령을 보좌하며, 일정한 권한 분담을 제도화 하는 것이 요구된다. 가능하다면 정부 조직법이나 가칭 '국무총리 지위와 권한 행사에 관한 법률'과 같은 특별법의 제정을 통한 법제화가 필요하다.

셋째, 총리의 역할 분담과 확대에 관련된 문제인데, 외치와 내치의 역할 분담보다는 국정 운영과정에서 총리에게 인사와 예산에 대한 참여의 기회를 넓히는 것이 실질적인 총리의 역할을 확대할 수 있으며, 중요 정책 외에는 과중한 대통령의 업무를 적절히 총리에게 분담시키는 것이 국정의 효율성을 제고할 수 있다. 넷째, 총리에게 국무위원의 실질적인 임명 제청권과 해임 건의권이 인정되어야 한다.

다섯째, 관행이었던 당정 간의 협의를 폐지해야 한다. 당정 간의 협의 제도는 의회와 행정부의 견제와 균형보다는 행정부와 여당을 동일시하게 되어 야당과의 대립을 격화시킬 가능성이 높다.

이상에서 살펴본 것처럼 헌법 개정 없이 책임총리제를 실시하는 데에는 총리의 임기보장, 총리의 실질적 권한 분담에 대한 대통령의 결단, 총리의 국무위원 제청·해임에 대한 대통령의 존중 등 많은 전제 조건과 제약이 따른다. 따라서 실질적인 분권형 대통령제로의 운영이 필요하다고 하다면, 이 장(章)에서 대안적 정부 권력구조로 제시하고자 하는 분권형 대통령제로 헌법을 개정하는 것이 타당하다.

(2) 중간수준 정치제도의 보완론

한국 정치의 문제점을 정부 형태보다는 정당제도, 선거제도와 같은 중간 수준의 정치제도개선을 통해 문제에 접근하려는 경우다. 현재의 정부 형태인 대통령제와 중간 수준의 각종 정치제도들과의 조응성을 검토할 뿐만 아니라, 중간 수준 정치제도 간의 조응성 그리고 하위제도들 간의 조응성도 함께 검토하자는 것이다. 일종의 다층적인 조응성을 검토하여 제도 상호 간에 최적의 효율성을 낼 수 있도록 정치제도를 조정하자는 주장이다.

이 같은 주장은 권력구조를 바꿔야 하는 다른 제안들과 비교할 때 사회적 비용을 줄일 수 있는 합리적인 방안이라고 여겨진다. 그러나 중간 수준의 정치제도 보완을 통해서 문제점을 해결하는 데에는 스스로 한계가 있을 수밖에 없다.

V. 대안적 정부 권력구조의 모색 : 분권형 대통령제

분권형 대통령제가 다른 대안적 권력구조에 비해 갖는 장점과 함께 분권형 대통령제를 채택해야 하는 이유를 요약하면 다음과 같다. 첫째, 역사적으로 한국은 대통령 중심 혼합제를 운영해 온 바, 분권형 대통령제로의 변환이 순수 대통령제 또는 순수 내각 책임제로의 변환보다 충격과 사회적 비용이 적게 든다. 둘째, 대통령제나 권한이 집중된 내각책임제 하에서 발생하는 승자의 권력 독점문제를 해결함으로써 여야 간의 극심한 갈등에서 야기되는 교착상태를 제도적으로 해소할 수 있다. 셋째, 다당제 하에서는 정파 간 권력의 공유가 필요한데, 이를 가능하게 하는 제도적 장치가 분권형 대통령제이다. 넷째, 다당제 하에서는 대통령제 하의 분점정부보다 분권형 대통령제 하의 동거정부가 보다 더 효율적이다. 다섯째, 프랑스에서 분권형 대통령제를 채택한 이후 예상치 못한 효과로서 정당제도가 발전했다. 따라서 여기에서는 한국 정치에 적실성이 높은 분권형 대통령제의 구체적인 운영양식을 중심으로 살펴보고자 한다.

1. 분권형 대통령제의 특징

(1) 분권형 대통령제의 유형

분권형 대통령제의 유형은 두 가지 차원에서 결정된다. 하나는 헌법에서 대통령과 총리의 권한을 명백히 규정하여 어느 한쪽에 우월적 권한을 인정한 경우이고, 다른 하나는 대통령과 총리의 위상이 의회의 의석에 따라 가변적으로 권력의 중심이 바뀌는 경우이다. 헌법상의 규범을 중심으로 보면, 프랑스, 루마니아, 폴란드 등은 대통령 중심 분권형 대통령 국가이고, 오스트리아, 그리스, 아일랜드 등은 총리 중심 분권형 대통령 국가라고 볼 수 있다(황태연, 박명호, 2003: 55).

그러나 분권형 대통령제의 특성인 가변성과 유연성으로 인하여 특정시기에는 대통령이 총리에 비해 주도적으로 정국을 주도하다가도, 어떤 시기에는 반대로 총리가 정국을 주도해 나가는 경우가 있었다. 이처럼 분권형 대통령제는 정치적 상황, 대통령과 총리의 리더십, 대통령과 총리를 중심으로 한 정파 간의 세력 관계, 의회 내의 역학 관계에 따라 실제적인 운영 형태가 대통령 중심 분권형 대통령제로 때로는 총리 중심 분권형 대통령제로 교체되면서 나타난다. 즉, 분권형 대통령제의 유형은 대통령의 지위와 권한의 정도, 대통령과 총리의 관계, 대통령과 의회의 관계에 따라 대통령 중심 분권형 대통령제와 총리 중심 분권형 대통령제로 나눌 수 있다.[14)]

2. 분권형 대통령제의 조직 운영 원리

대통령제와 내각책임제의 혼합제로서의 분권형 대통령제는 국민의 직접 선거로 선출된 대통령과 의회라는 두 개의 국민적 정통성

14) 법제처(1980: 223-244)에서는 여론의 민감한 반응때문에 이원집정부제라는 용어를 피하는 대신 '절충형'이라 칭했는데, 동 보고서에서는 절충형 정부 형태를 3가지로 분류했다. (1) 제1 절충형(의원 내각제에 대통령제적 요소가 가미된 정부) : 그리스 헌법과 1961년부터의 터키 헌법. (2) 제2 절충형(대통령제에 의원 내각제적 요소가 강하게 가미된 정부) : 오스트리아 헌법과 핀란드 헌법. (3) 제3 절충형(대통령제에 의원 내각제적 요소가 다소 가미된 정부) : 프랑스 헌법.

을 갖는 기구가 권력을 공유하게 된다. 즉, 행정부는 국가원수로서 일정하게 실질적 권한을 갖는 대통령과 의회 앞에 정치적 책임을 지는 총리를 중심으로 이원적 구조를 갖게 된다. 분권형 대통령제는 기본적으로 다음의 3가지를 본질적 요소로 한다.

> 첫째, 대통령은 국민이 직접 선출하는 것을 원칙으로 한다.
> 둘째, 대통령은 국가 원수로서 상당한 실질적인 권한을 갖는다.
> 셋째, 총리와 내각은 행정권을 갖고 대통령을 견제하며, 의회의 신임에 의존한다.[15)]

분권형 대통령제의 본질적 요소라고는 볼 수 없지만, 분권형 대통령제를 구성하는 주요 조직 운영 원리로 대통령의 의회 해산권과 대통령의 국가 긴급권을 포함시킬 수 있다.

분권형 대통령제의 조직 운영 원리를 도표로 표시하면 다음과 같다.

---

15) 김철수(1988: 607) 참조. 이원집 정부제의 개념을 처음 소개한 헌법학자 김철수는 이원집 정부제의 본질적 요소로 첫째, 대통령의 의회에 대한 독립성, 둘째, 의회에 책임지는 내각, 셋째, 국가 긴급 시 대통령이 총리와 국무위원의 부서 없이 행정권을 행사할 수 있는 점을 들었다.

[그림 6] 분권형 대통령제 조직 운영 원리

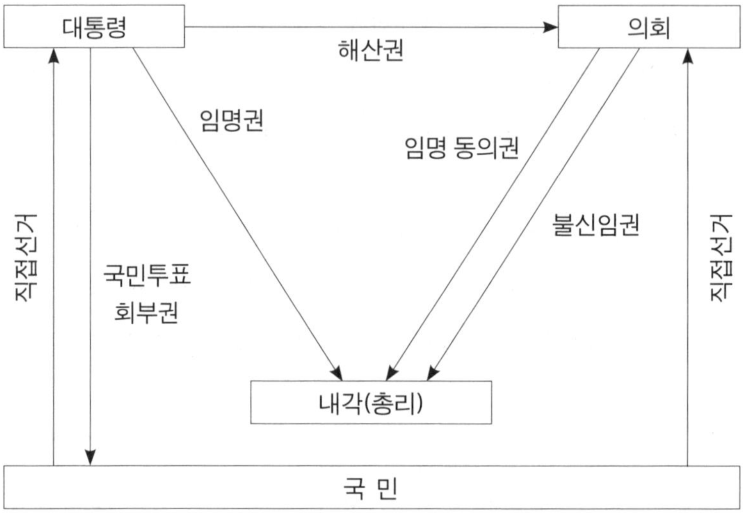

* 대통령이 총리를 임명하는 것으로 헌법에 규정되어 있으나 이는 형식적인 권한이고, 대통령은 실질적으로 의회 다수당에서 선임하는 자를 총리로 임명하게 된다.

분권형 대통령제를 채택하고 있는 나라들이 기본적으로 위에서 언급한 3가지 본질적 요소를 가지면서 헌법상 유사한 규정을 갖고 있음에도 불구하고, 듀베르제(Duverger)가 지적한 것처럼 실제로는 나라마다 상황에 따라 다르게 운영된다. 그러한 운영상의 차이는 헌법의 실제적 내용뿐만 아니라 전통과 환경적 요인, 의회 내 과반수 구성, 그리고 의회와 대통령의 관계 등 다른 변수와 관계가 있다(이계희, 1998: 258). 한국에서도 중요한 정권 변동기, 특히 정권 교체 또는 승계 문제가 대두 되었던 시기에는 분권형 대통령제가 검토되었는데, 시기별로 다소 차이를 보이는 것도 같은 맥락에서 이해될 수 있다(이계희, 1998: 265-270).

끝으로, 분권형 대통령제의 실제적인 운영은 의회의 의석에만 의존하지 않는다. 헌법 규정상의 대통령과 총리의 권한뿐만 아니라, 정당제도, 선거제도, 연립 정권의 형성 여부, 정치문화 그리고 역사적 경험 등이 결합되어 분권형 대통령제의 실제적인 운영양식을 결정한다. 이에 따라 분권형 대통령제에서 권력구조의 성격과 운영을 결정하는 중요한 요소들을 분석해 보면 다음과 같다.

(1) 대통령

분권형 대통령제하에서 대통령의 선출은 국민이 직접 선출하는 것을 원칙으로 하나, 총리 중심 분권형 대통령제를 실시하는 국가들에서는 간선으로 선출하는 경우도 있다. 대통령을 직선하는 국가로는 프랑스, 핀란드, 포르투칼, 루마니아, 폴란드, 오스트리아, 아일랜드, 불가리아 등이 있으며, 대통령을 간선하는 국가는 이탈리아, 헝가리, 체코, 그리스 등이다(황태연, 박명수, 2003: 67). 다당제를 실시하는 프랑스의 경우, 대통령에 당선되기 위해서는 유효투표의 과반수를 득해야 하는데, 만일 1차 투표에서 해당자가 없을 경우에는 다수자 2인을 대상으로 결선투표를 하고 있다. 프랑스의 결선투표가 다당제를 고착시킨다는 비판도 있지만, 국가 원수로서 국민적 통합을 이끌어야하는 대통령의 역할과 관련하여 과반수이상을 획득해야 한다는 결선투표 조항은 중요한 의미를 갖는다. 대통령의 임기와 중임 허용 여부는 각국의 정치적 상황에 따라 다르다. 한국에서 분권형 대통령제로 개헌을 한다면, 대통령 직선제에 결선투표를 채택하고, 6년 단임제로 하는 것이 바람직하다고 본다.

분권형 대통령제하에서의 대통령은 일반적으로 외교, 국방, 안보와 위기관리 업무를 맡게 된다.[16] 한국적인 상황에서는 민족교류와 통일문제가 대통령의 주요 업무에 포함되어야 할 것이다. 대통령은 국가수반으로서, 총리임명권, 외교권과 군통수권, 비상대권, 국민투표 부의권, 헌법 개정 발의권, 법률안 발의권 및 거부권, 대법원장·대법관·헌법재판소장 임명권, 사면권, 대통령령 발동권 등을 갖는다. 동거정부 시에도 외교, 국방, 통일, 안보(국정원)와 관련된 인사권은 대통령의 재량에 속해야 할 것이다. 국무회의 주재권은 원칙적으로 대통령에게 속한 것으로 두고, 의제가 외교, 국방, 안보와 관계없는 경우에는 총리가 주재할 수 있도록 해야 할 것이다.

분권형 대통령제하에서 의회의 해산권과 관련해서는 대통령의 독자권한으로 인정하는 경우와, 공동권한으로 인정하는 경우로 나누어 볼 수 있는데, 독자권한으로 인정하는 경우는 일반적으로 헌법상의 제한이 있는 경우가 대부분이며, 공동권한인 경우는 헌법상 제한 사유가 별도로 규정되지 않는다.[17] 공동권한이란 대통령이 총리나 내각의 제청 또는 제안에 따라 대통령이 권한을 행사하는 것을 말한다. 한국에서는 제4공화국 유신헌법에서 대통령에게 국회 해산권을 부여하였는데, 내용으로 보아 대통령의 독자 권한으로 인정한 형식이었다. 만약 분권형 대통령제를 도입한다면, 프랑스처럼 헌법상 제한 규정을 두고 대통령의 독자권한으로 인정하는 것이

16) 유럽 나라들의 경우, 유럽 통합의 진전으로 사실상 국내 정책과 대외 정채간의 차이가 애매해졌다. 그러나 이원정부를 설정한 법적 규정으로 국내 사안에 대해 문제가 생기는 경우에 대통령은 그로인한 책임 소재로부터 벗어날 수 있다는 점에서 대통령이 이를 이용하여 정치적 책임을 회피할 여지가 있다. 강원택(2005) 참조.

17) 김정현(2006) 참조. 헌법상의 제한의 예를 들면, 프랑스의 경우, 의회가 구성되고 1년 이내에는 의회의 해산이 불가능하고, 포르투칼의 경우, 대통령의 임기 중 마지막 6월 이내, 계엄 또는 비상사태의 발효기간 중에는 해산되지 않는다.

바람직하다고 본다.

분권형 대통령제하에서 의회의 대통령에 대한 통제는 일반적으로 두 가지 방법에 의해 이루어진다. 첫 번째는 의회의 결의로 국민투표를 실시하여 대통령을 해임시키는 것으로 바이마르 공화국, 오스트리아, 아이슬란드가 이 방식을 채택했거나 하고 있다. 국민투표에서 대통령의 사임이 부결될 경우, 일반적으로 의회는 해산한다. 즉, 의회와 대통령이 충돌하는 경우, 국민투표의 결과에 따라 의회가 해산하거나 대통령이 사임함으로써 양자 간의 갈등을 정치적으로 해결하는 제도이다. 두 번째 방법은 의회가 대통령을 탄핵소추 하는 것이다. 프랑스, 오스트리아는 이 제도를 채택하고 있지만, 아이슬란드는 의회에 탄핵 소추권이 없다. 포르투갈과 핀란드도 탄핵에 대한 규정이 없다(김정현, 2006: 142).

분권형 대통령제하에서 대통령과 총리의 관계는 3가지 유형으로 나타나고 있다(김정현, 2006: 143). 첫째, 의회 의석에 의해서 양자 간 우열이 결정되는 경우로, 바이마르 공화국과 프랑스의 제5공화국이 여기에 해당한다. 대통령이 의회 다수의 의석을 확보하면 강력한 대통령제가 출현하지만, 이와 반대로 의회의 과반수를 확보하지 못하면 실질적인 권한이 총리에게 이동한다(김정현, 2006: 188-192). 이런 유형은 정국 상황에 따라 권력의 중심이 옮겨지는 가변성을 특징으로 한다. 둘째, 점진적으로 총리의 권한이 강해지는 유형이다. 핀란드와 포르투갈에서 과거에는 대통령이 총리에 대해 우세를 나타냈으나, 최근에는 총리의 권한이 강해지는 추세가 나타나고 있다. 핀란드의 경우, 1950년대부터 1970년대까지의 케코넨(Kekkonnen) 대통령 집권 시절 강한 대통령제의 특성을 보였으나,

그의 퇴임 후 총리의 권한이 점차 강해졌고, 1990년대에는 양자 간의 균형을 보이다가, 2000년 헌법 개정으로 총리의 권한이 강해졌다. 포르투칼의 경우 1976년 민주화 이후 총리에게로 권력의 중심이 이동하고 있다(김정현, 2006: 188-192). 냉전해체라고 하는 국제 요인의 변화를 그 원인으로 보는 시각이 있다. 셋째, 약한 대통령의 유형이다. 오스트리아, 아일랜드, 아이슬란드의 대통령의 경우, 직선 대통령임에도 불구하고, 내각 책임제 하의 상징적 대통령의 지위에 머무르고 있다. 한국에서 분권형 대통령제를 실시할 경우, 첫 번째 유형이 되어야 할 것이다.

(2) 내각과 총리

분권형 대통령제하에서 대통령은 초당적 국가수반으로서의 역할이 강조되는데 반해, 총리는 기본적으로 의회의 신임에 종속된 당파적 내각 수반이면서 동시에 법리적으로는 임명권자인 대통령에 대해서도 책임을 지는, 즉 의회와 대통령 양측의 신임에 의존한다.

대통령과 관련하여 총리의 위상은 다음의 3가지 유형을 중심으로 변화한다(황태연, 박명호, 2003: 51-55). 첫째, 대통령의 소속 정당이 의회 다수당이고, 대통령이 이 당의 제1인자인 경우에는 전적으로 대통령의 의지에 따라 총리가 지명된다. 비록 총리에게 제청권이 있다고 하더라도 내각의 구성도 대통령이 주도하게 된다. 이 경우 분권형 대통령제는 대통령제처럼 운영되며, 총리의 위상은 약화된다. 대통령이 당내 제1인자가 아닌 경우에는 정파 간 타협에 의해 총리가 지명되며, 내각의 구성은 물론 국정 운영에서 대통령과 총리의 역할 분담이 이루어진다. 둘째, 과반수 의석을 차지한 다수당이 없거나 의회의 의석이 4-5개 이상의 다수당으로 분산되어 있는 상황에서는 대통령이 다수당 소속이 아니라고 하더라도 대통령의 총리 지명권은 상당한 정도의 영향력을 발휘한다. 여러 정당이 단합하여 총리 불신임 투표에서 행동통일을 이루기가 어렵기 때문이다. 셋째, 야당이 과반수이상의 다수당이 된 경우에는 대통령은 불가피하게 야당 대표를 총리로 지명해야 하며, 이때의 총리는 동거정부의 총리로서 국정을 주도할 수 있다. 총리는 외교, 국방, 안보 관련 장관을 제외하고 실질적인 내각의 조각권을 가지며, 대통령과 총리 측 인사들이 뒤섞인 '거국 내각' 또는 '대연정'과 유사한 형태로 국정이 운영된다. 분권형 대통령제하에서 대통령과 총리의 위상은 대통령제 하의 양자 간 관계와 비교될 수 없다. 총리의 입지가 가장 유력한 경우에도 총리가 대통령의 지위를 넘볼 수 없는 것과 마찬 가지로, 총리가 가장 취약한 경우에도 대통령이 총리의 고유 권한을 형해화 할 수 없다.

분권형 대통령제하에서 의회가 총리를 견제하는 수단은 내각 불신임권이다. 아일랜드와 아이슬란드의 경우처럼 내각 불신임권을 인정하지 않는 경우도 있으나, 대다수의 분권형 대통령제를 채택한 국가들은 내각 불신임권을 채택하고 있다. 아이슬란드의 경우 의회가 총리를 견제할 수 있는 수단은 탄핵 소추에 한한다. 분권형 대통령 제하에서 총리는 의회의 지지를 얻지 못하면 의회의 해산을 대통령에게 제청할 수 있다.

한국에서 분권형 대통령제를 채택했을 경우, 실질적인 내각의 운영에 대해서는 단점정부와 분점정부로 나누어서 검토할 수 있다(김정현, 2006: 192). 단점정부에서의 국정 운영은 두 가지가 가능하다.

첫 번째 방식은 대통령은 국방, 통일, 외교, 안보의 업무를 수행하고 헌법기관을 구성하는 일과 개혁 과제 가운데 '대통령 프로젝트' 또는 대통령 프로그램'을 수행하는 일에만 집중하고 나머지 일상적인 행정 업무는 국무총리가 중심이 되어 행정 각부를 관장하는 것이다. 두 번째 방식은 총리를 더욱 활용하는 방식으로 국정의 2인자로 전문가를 발탁하여 총리에게 전폭적인 권한을 위임해 독자적인 결정을 할 수 있는 여건을 조성하여 관계부처 장관의 임명권도 실질적으로 보장해 주는 것이다. 단점정부 하에서 첫 번째 혹은 두 번째 방식 중 어느 것을 선택할 것인가는 대통령의 통치 스타일에 달려 있다.

동거정부의 경우에는 단점정부에서와 같은 국정 운영은 기대하기 어렵다. 동거정부에 대비해 내각에 '팀제 시스템'을 도입해 팀별로 선임 장관을 두고, 동거 정부 구성 시 대통령과 총리 간에 합의를 통해 분야별로 나누어진 행정부처 팀을 각각 관장하게 하거나 책임장관제를 도입함으로써 업무영역에 대한 논란을 불식시킬 필요가 있다.

(3) 건설적 불신임제

제2차 세계 대전이후 1949년 독일 연방 공화국이 수립되고 지금까지 독일에서는 어떤 정당도 단독으로 정권을 잡은 일이 없다. 모두 연립 정권 형태로 정권을 유지하였는데도 현재까지 역대 총리는 8명에 불과하고 재임 기간은 평균 9년을 넘는다. 역대 총리들은 국정의 최고 책임자로서 강력히 정책을 추진해 비슷한 시기에 출범했으면서도 잦은 불신임에 따른 정권 교체로 국민들의 염증을 불러온 이탈리아와 비교된다.

독일의 헌법인 기본법이 총리의 우위를 규정하고 총리가 단독 결정으로 정책을 집행할 수 있는 근거를 제공한 원인도 있지만, 의원 과반수의 지지를 받은 후임 총리가 합의되지 않은 상태에서 현 총리를 불신임할 수 없도록 규정한 건설적 불신임제도로 총리가 안정적으로 내각을 이끌 수 있었기 때문이다.

한국에서 분권형 대통령제를 채택할 경우, 내각 책임제에 대한 경험 부족과 낮은 정당의 제도화 수준, 지역주의와 비례 대표제 채택에 따른 다당제, 엄격한 당 규율 그리고 타협문화의 부재로 총리와 내각에 대한 불신임이 빈번할 수 있다. 따라서 분권형 대통령제 채택과 동시에 건설적 불신임제도도 함께 도입할 필요가 있다.

3. 정당체제와 분권형 대통령제

(1) 다수제 민주주의와 합의제 민주주의

레이파트는 현대 민주주의 모델을 다수제 민주주의 (majoritarian model of democracy)와 합의제 민주주의(consensus model of democracy)로 구분하였다. 다수제 민주주의는 동질적인 사회에 적합하고 거기서 최고의 기능을 발휘한 반면, 합의제 민주주의는 다원적 사회에 적합하다고 보았다. 웨스트 민스트 체제로 불리는 영국의 경우 양당제와 다수제 민주주의에 바탕하고 있고, 서유럽 국가들은 다당제와 합의제 민주주의에 기초하고 있다. 한국 사회는 동질적인 사회로서 권위주의 정권시절에는 다원적인 정당 체제보다 양당제에 가깝게 운영되었고, 다수제 모델이 일반적으로 적용되어 왔다.

그러나 제6공화국의 등장에 따른 정치사회체계의 민주화 이후 지역주의 정당의 등장과 비례 대표제 도입으로 다당제 정당 체계에 진입하였고, 후기 산업사회의 정당 특성상 더 이상 한국 정치에서 양당제를 기대하기는 어렵게 되었다. 이제 한국에서도 다수제 민주주의는 한계 상황에 부딪히고 합의제 민주주의로 전환해야 한다는 주장이 제기되고 있다(선학태, 2006). 합의제 모델에서는 권력의 분점과 공유 그리고 협상과 타협이 전제된다. 합의제 민주주의 주장자들은 한국 민주주의가 다수제 모델을 고수하고 있는 한 사회적 균열과 정치적 갈등은 갈수록 고착된다고 생각한다.

일반적으로 양당제 대통령제와 양당제 의회제 하에서는 다수제 민주주의가 효율적으로 운영되고, 다당제 의회제 하에서는 합의제 민주주의가 안정적으로 운영된다. 그런 점에서 분권형 대통령제는 그 출발이 다당제를 운영하는 서유럽 국가들에서 시작되었고 정치 권력구조의 한 형태로서 정착되고 있다는 사실에서 알 수 있듯이 기본적으로 합의제 민주주의와 어울리는 권력구조라고 볼 수 있다.

(2) 양당제와 다당제

한국의 정당을 돌이켜보면, 정당 간의 이념적 거리가 크지 않다. 더욱이 1988년 이후의 한국 정당들은 그나마 과거에 존재하던 성격상의 차이가 더 불분명해졌다. 한국정치에서 유효 정당의 수를 살펴보면[18], 유신체제 하에서는 2개였고, 제5공화국에서는 3개였

18) 신명순(2001: 219-223) 참조. 효율적인 정당의 수는 국회에 진출하는 정당들 중에서도 실제 정치에 영향을 미치는 중요한 역할을 하는 정당들의 수이다. 한국의 국회에서 효율적 정당은 원내 교섭단체의 요건을 갖춘 정당으로 파악될 수 있다.

으며, 1987년 민주화 이후에는 평균 3.7개였다. 이처럼, 제6공화국하에서의 한국 정당 정치는 인위적인 3당 합당시기를 제외하고 3-4개의 정당이 원내에서 의미있게 활동하는 다당제 정당체계를 유지하고 있다. 제6공화국에서 다당제가 일반화 되는 배경에는 집권당과 야당 간 민주와 반민주의 구도가 사라지면서 지역중심의 구도로 변모한 것이 주된 원인이 되고 있다. 이러한 지역주의 정당의 성향과, 17대부터 도입한 1인 2표 정당명부식 비례 대표제의 영향으로 한국 정치에서 온건 다당제는 당분간 보편적 현상이 될 것으로 보인다. 이미 앞에서 살펴 본 것처럼, 다당제 정당체계에서 대통령제는 많은 문제를 야기할 수 있다. 대통령제하에서의 분점정부보다 분권형 대통령제하에서의 동거정부가 제도적으로 행정부와 의회의 교착상태를 해결해 나갈 수 있다는 점에서, 다당제와 분권형 대통령제는 서로 어울리는 권력구조이다.

(3) 선거정당과 정책정당

정권이 바뀔 때마다 해체와 급조의 역사를 반복하고, 특히 대통령 선거 때만 되면 신당 창당론이 등장하는 것은 한국 정당이 선거 정당이라는 사실을 단적으로 보여주고 있다. 이러한 한국의 정당 문화는 권력구조와 무관하지 않다. 일반적으로 내각책임제에 비해서 대통령제는 상대적으로 약한 정당을 초래하는 것으로 알려졌다. 유권자들이 정당 보다는 개인에 대한 평가에서 후보를 선택하는 것이 대통령제하에서 나타난다. 그 결과 대통령 후보도 정당에 의존하기 보다는 직접 대 국민 호소에 나서게 되고, 정당들은 유력후보를 중심으로 헤쳐 모여를 반복해 온 것이 한국의 현실이다.

한국에서 정당이 정책정당이 되지 못한 이유는 무엇보다도 한반도의 분단에서 찾을 수 있다. 분단 상황에서 소위 보수와 진보 정당 모두 보수화 경향을 보였다. 정당의 보수화는 이념적 색채에 따라 정당을 구분하는 것을 불가능하게 하였고, 이념적 차별성이 거의 드러나지 않는 정당들이 강령이나 정책을 개발하는 것이 어려웠을 것은 당연한 이치다(이홍종, 1997). 다음으로 오랜 독재 정치의 역사가 정책 정당의 발전을 저해하였다. 정당의 가장 기본적인 성질은 정책을 제시하고 정치권력을 창출하는 것인데, 한국의 정당은 권력을 잡고 사후 정당화의 도구로 만들어졌다. 즉, 정당이 권력의 모체가 된 것이 아니라 오히려 권력에 기생하는 현상을 보인 것이다. 이것은 대통령제라고 하는 권력구조와 무관하지 않다. 의회의 신임에 내각의 존립 근거를 갖는 분권형 대통령제는 내각책임제와 마찬가지로 정당발전에 기여할 수 있는 권력구조로 평가 받고 있다. 프랑스 제5공화국에서 분권형 대통령제를 채택한 이후 예기치 못한 성과로서 정당제도가 발달되었다는 것은 잘 알려진 사실이다. 한국에서 정당 정치의 발전을 통해서 책임정치를 실현하고, 정당의 제도화 수준을 높이는데 분권형 대통령제가 보다 바람직한 정부형태인 이유다.

4. 선거 제도와 분권형 대통령제

(1) 다수대표제와 비례대표제

한국에서는 소선거구 다수 대표제에 비례대표제의 일종인 1인 1표에 의한 전국구 의석 배분제를 채택해 왔으나, 2001년 7월 19일

헌법 재판소에서 '1인 1표에 의한 전국구 의석 배분'에 대해 '선거인의 진정한 투표의사와 관련 없을 뿐만 아니라, 정당으로 하여금 사실상 중간 선거인의 역할을 하게 하는 결과를 초래하여 헌법에 보장된 직접 선거 원칙에 정면으로 위배 된다'며 위헌 결정을 내렸다. 이에 따라 17대 국회의원 선거에서는 '1인 2표 정당 명부 비례대표제'를 도입하였고, 그 결과 이념 정당인 민주노동당이 지역구 선거에서는 2명만 당선되었으나, 새로 채택된 비례대표제의 영향으로 비례대표 8석을 차지함으로써 총 10석의 의미 있는 의석수를 갖게 되었다.

진보적 정치학자들과 일부 시민단체들에서는 국회의원의 전문성을 살리기 위해서 지역구 의석을 감축하고 비례대표 의석을 늘일 것을 주장하고 있다. 구체적으로는 비례대표제의 취지를 살릴 수 있는 '독일식 정당명부 비례대표제'를 도입해야 한다고 말한다. 한국에서 비례 대표 의석의 증감에 대해서는 정당마다, 또 학자마다 그 이해와 주장이 다르기 때문에 향후 비례대표의 확산 여부는 예단할 수 없으나, 현재와 같은 수준을 유지한다고 하더라도 특수 이익을 대변하는 소수 정당의 원내 진입은 앞으로도 계속될 것으로 예상된다.

비례대표제가 다당제를 유발할 수 있다는 점에서 양당제를 추구하는 대통령제에 잘 어울리지 않는 선거제도라는 사실은 잘 알려져 있는 바와 같다. 그러나 분권형 대통령제는 이미 다당제 하에서 연정을 통한 권력의 공유를 제도적으로 강제하고 있기 때문에 비례대표 선거제도와 병행할 수 있는 제도이다.

(2) 결선 투표제

한국의 제6공화국 헌법은 대통령 후보자가 1인일 때를 제외하고는 대통령 당선에 필요한 득표율을 규정하고 있지 않다.[19] 이로 말미암아 유권자 또는 투표자의 과반수에 미달하는 득표율로 대통령 당선자가 나올 경우, 그 집권의 정통성에 관한 시비가 일고, 정국의 안정성이 위협받을 가능성이 있다(권영성, 2006: 949-950). 그래서 대두되는 것이 결선 투표제이다.

그런데 대통령제하에서 결선 투표제를 도입할 경우, 민주주의가 공고화 되지 않은 국가들의 경우 다당제를 유발해 정국의 혼란을 가져온다는 분석이 있다. 결선 투표를 하게 되면 자연스럽게 정파간에 연합이 이루어지고, 연합을 통해 승리한 후보는 연정을 해야 하는데 대통령제하에서 연정이라고 하는 것은 권력구조의 특성상 제도적으로 문제가 많기 때문이다. 그러나 분권형 대통령제의 경우, 연정은 제도적으로 자연스럽게 수용될 수 있다는 점에서, 향후 결선 투표제가 시행된다고 하더라도 그에 잘 조응할 수 있는 권력구조이다.

5. 지방 분권화와 분권형 대통령제

일반적으로 내각책임제와 분권형 대통령제가 대통령제에 비해서 지방 분권에 더 친화적이지만, 중앙 정부의 정부형태가 지방 정부

19) 제 6 공화국 헌법 67조에 의하면, '최고 득표자가 2 인 이상일 때에는 국회의 재적의원 과반수가 출석한 공개회의에서 다수표를 얻은 자를 당선자로 한다'고 명시되어 있고, '대통령 후보자가 1 인일 때에는 그 득표수가 선거권자 총수의 3분의 1 이상이 아니면 대통령으로 당선될 수 없다'고만 규정되어 있다.

의 운영 시스템에 절대적인 영향은 미치지 않는다는 분석도 있다(이규영, 2005: 489-511). 그런 맥락에서 보면, 대통령제에서 분권형 대통령제로 바뀐다고 하더라도 현재의 지방정부 운영 시스템에는 큰 변화가 없을 것으로 보인다. 중앙정부의 정부형태 변화가 지방정부의 운영 시스템의 변화에 직접적인 영향을 미치기 보다는, 중앙 정부 권력구조가 갖는 지방 분권에 대한 정향에 의해 중앙정부와 지방정부 간의 업무 분담이나 재원 분배 등 실제적인 운영에 변화가 있을 것으로 여겨진다.

VI. 분권형 대통령제의 정치적 효과

1. 이원적 지위의 한계 극복

분권형 대통령제의 경우, 국가 원수로서의 대통령과 행정 수반으로서의 총리의 역할이 나누어지기 때문에 두 직책을 한 사람이 동시에 수행함으로써 오는 직책 간 갈등으로부터 자유로울 수 있는 장점이 있다.

그러나 대통령제에서는 대통령이 국가의 원수(head of state)와 행정부의 수반(head of government)이라는 두 가지의 역할을 동시에 수행해야 한다(강원택, 2006: 80-86; 황태연, 박명호, 2003: 54-55). 한 사람이 두 가지 역할을 수행하다 보면, 국가 원수로서의 역할과 행정부 수반으로서의 역할이 서로 충돌할 수 있다. 국가 원수로서 대통령은 국가 통합의 상징으로 전 국민을 대표해야하는 역할이 기대되는 반면, 행정 수반으로서 대통령은 정파적인 이해관계를 완전히 벗어나기 어렵기 때문이다. 미국의 경우, 두 직책 간의 역할 갈등이 심하게 나타나지 않는 것은 미국의 정당 특성상 정당이라는 고리를 통해 대통령까지 그러한 갈등에 휘말리지 않으며, 미국의 정치 문화가 대통령이 국가 원수이지만 동시에 정파적 속성을 지녔다는 점을 인정한다는 것이고, 미국이 연방제라는 점에서 국민들의 일상생활에 관련한 결정은 주로 주 단위에서 내려지기 때문이다. 그러나 한국의 경우, 강한 정당 규율과 구속성, 대통령을 모두의 지도자로 인식한다는 점, 그리고 지방자치 역사가 오래지 않아 중앙정부에 의해서 주요한 내치가 결정된다는 점에서 두 직책 간의 역할 갈등이 나타나고 있다.

2. 교착상태의 제도적 해결

분권형 대통령제 하의 동거정부를 불안정한 연정 형태로 이해하기 보다는 여야 간의 교착상태를 해결할 수 있는 제도적 장치로 인식할 필요가 있다. 분권형 대통령제는 정치세력 간 연합과 연정을 제도적으로 수용하는 권력구조이다. 많은 사람들이 동거정부의 문제를 우려하지만, 현실적으로 다당제 하에서는 대통령제 하의 분점정부보다 분권형 대통령제 하의 동거정부가 더 효율적이라는 사실은 분권형 대통령제를 실시하고 있는 국가들의 경험적 사실에서 유추할 수 있다.

프랑스에서는 3번의 동거 정부가 나타났고, 핀란드도 군소정당 관계로 대부분의 헌정 기간을 동거정부로 보내고 있으며, 오스트리아는 1945년부터 1966년까지 12년간 사민당 대통령과 인민당 총리의 대연정을 그리고 1986년부터 1992년까지 6년간 사민당 총리 브니츠크와 무소속 발트하임의 동거 정부를 경험했는데, 초기의 우려와는 달리 모두 순항했다. 이제 이들 국가에서는 동거정부를 예외적 이탈로 보는 것이 아니라 정상적 정부 형태로 여긴다. 프랑스인의 2/3가 동거정부를 긍정적으로 평가하고, 반 이상이 동거정부가 더 지속되기를 바라는 경향을 보인다는 분석도 있다(황태연, 박명호, 2003: 54-55).

3. 권력의 공유와 책임정치의 구현

입법과 집행이라는 기능적 분권에 의해서 어느 일방은 견제를 통해서만 권력을 공유한다면, 정책 집행의 결과에 대해서 강한 책임의식을 갖지 못할 것이다. 권력 융합적인 내각 책임제에는 의회 해산을 통해서 의회의 책임을 묻는 장치가 있다는 것은 권력의 공유자로서 책임도 함께 있다는 것을 보여주는 것이다. 그러나 대통령제하에서는 4년 마다 치러지는 선거를 통해서만 책임을 물을 수 있을 뿐 의원의 고정된 임기 중에 의회의 책임을 물을 수 있는 장치가 없다.

분권형 대통령제에서는 의회 다수당의 대표가 총리로서 내각에 참여하여 정책 결정과 집행에 실제적으로 관여함으로써 집행권의 공유에 따른 책임도 함께 지게 된다. 분권형 대통령제의 경우, 내각 불신임권과 의회 해산권을 인정함으로써 구체적으로 권력의 공유와 책임을 명시하고 있다. 이러한 제도적 장치가 갈등의 정치문화를 상생의 정치문화로 이끌게 하는 것이다.

한국과 같이 과거 군부권위주의 정부 아래에서 정치란 대결과 투쟁의 장이라고 인식되어 온 경우, 구체적인 권력과 책임의 공유 형태가 없다면 의회는 견제 기능만을 강조하고 입법에 따른 정책 결과에 대한 책임의식을 갖지는 못하게 된다. 따라서 야당은 중요한 정치적 이슈가 발생하면 행정부에 대해 비타협적 자세로 일관할 수 있다. 더구나 한국의 정치문화가 실용주의적이라기보다는 명분과 선명성으로 평가받는 경향이 있어 타협적인 정치행태를 어렵게 한다. 따라서 포괄적인 규범보다는 구체적인 제도로서 권력과 책임을 공유시키는 것이 정치발전을 위해 바람직하다. 그런 의미에서 분권형 대통령제는 한국의 정치발전을 위해 필요한 장치이다.

4. 정당 정치의 제도화

후기 산업사회에서 정당의 유동성이 커지면서 정당의 존립이 크게 위협받고 있다. 대중이 정당을 통하지 않고서도 정치적 의사를 표명할 수 있는 길이 다양화됨에 따라 정당의 역할이 위축되고 있다는 것은 세계적인 추세이다(정진민, 1998: 172-181). 그러나 한국에서 정당이 발전하지 못하고 제도화 수준이 낮은 데에는 사회 환경의 변화 외에도 특정 지도자를 중심으로 사당화 된 지역정당이 지속되어 왔기 때문이다. 그동안 한국정치에서는 정치 지도자가 정당에 의존하는 것이 아니라 정당이 정치 지도자에 의존하는 현상을 보여 왔으며, 대통령 선거에서 국민은 정당을 선택하는 것이 아니라 후보자를 선택하는 양상을 보여 왔다. 후보자를 내지 못하는 정당은 불임 정당으로 불리고, 그것이 정당의 존폐로까지 위협받고 있는 현상은 한국 정당의 성격을 단적으로 설명해 준다.

정당이 유력인사를 중심으로 형성되다보니 정치적 지지의 동원 체제로 운영되어 왔고, 정당의 조직이 비대해지면 질수록 거기에 소비되는 정치자금은 천문학적인 규모로 늘어났으며, 그것이 한국 정치의 부패를 가속시켰다. 한국정치의 사당화는 바로 이러한 막대한 정치자금 및 조직관리 능력과 연계되어 있다. 이미 정치적으로 기득권을 갖고 있는 소수의 유력인사만이 이 자금과 조직을 감당할 수 있었는데, 그들은 이 자금과 조직을 이용하여 각종 선거의 후보자 공천권에 절대적 영향을 가짐으로써 장기적으로 사당화된 정당을 지배할 수 있었다.

한국의 정당은 일부 극소수 군소 정당을 제외하고는 포괄정당(catch all party)의 성격을 갖고 있다. 한국의 포괄 정당화는 산업화 이후 세계적으로 정당이 포괄정당을 지향하는 양상과는 다르다. 한국의 포괄 정당화는 지역주의 정당과 대통령 후보를 중심으로 운영되는 정당 구조에서 연유한다. 같은 정당 내에 이념적 스팩트럼이 광범위하게 분산되어 있다는 것은 정책 정당이 되지 못하고 선거정당으로 그리고 지역 정당으로 유지되는 한국 정당의 현주소를 보여주는 것이다.

이러한 한국의 정당 구조는 한국의 대통령제 권력구조와 무관하지 않다. 대통령제하에서 한국의 정당은 선거를 위한 동원체제와 대통령의 정치적 활동을 지지하는 것이 정당 활동의 중심 과제가 되어 운영된다. 그러나 이제 한국에서도 유력 인사나 대통령 후보자 대신 정당이 정치의 중심이 되어야 하는 때가 되었다(최장집,

2006.06.30.).

분권형 대통령제하에서 정당의 위상은 대통령제하에서의 정당의 위상과 다르다. 본시 내각책임제의 특성이 개인이 아닌 집단이 정치권력을 잡는 것이고 개인적 차원이 아닌 집단적 차원에서 정치적 책임을 지는 것을 특징으로 한다는 것은 잘 알려져 있다. 분권형 대통령제 역시 총리를 중심으로 한 내각은 집단적으로 의회에 대해 책임을 지는 권력구조이고, 그 중심에 정당이 있다. 앞서 연정은 정파 간에 정책 경쟁을 유발한다고 지적한바 있다. 연정이라는 것은 정당이 중심이 되어 움직이는 것이고, 그러다 보면 정책 경쟁은 결국 정당을 중심으로 이루어질 수밖에 없다. 분권형 대통령제하에서는 단순히 선거정당으로 존재하는 정당이 아니라 정책정당으로 기능하는 정당제를 갖게 되는 것이다.

5. 정치 지도자의 자질 향상

민주화 이후 한국의 경우를 되돌아보면, 민주화 운동 세력이 권력을 잡은 김영삼 정권에서 외환위기로 IMF의 통제를 받았으며, 2006년 노무현 정권에서는 소위 386세대의 아마추어리즘으로 민주주의의 위기와 신자유주의의 파고가 뒤섞인 혼란을 겪었다(최장집, 2006.06.30.). 김영삼, 김대중 그리고 노무현 정권으로 이어진 아마추어리즘은 대통령제가 갖고 있는 권력구조와 무관하지 않다.

정당을 통한 집단적 통치가 갖는 장점 중 하나는 정책 결정이 집단적 심의와 토의를 거치는 것이 일반적이어서 잠재적 정치 지도자들이 정책의 결정과 집행에 참여할 수 있는 기회가 많다는 것이며,

그 과정을 통해서 차기 지도자가 부상하고 검증될 수 있다는 것이다. 그러나 개인 중심의 권력 행사가 이루어지는 대통령제하에서는 정당정치의 유동성이 크고 정치적 불신이나 기존 정당에 대한 불만이 높을 경우, 정치적 경험이 일천하거나 전혀 검증되지 않은 국외자의 출현 가능성이 상당히 높아진다(강원택, 2006: 73-80). 더욱이 대통령제하에서는 다른 정치 지도자를 자신에 대한 도전자로 인식하고 후계 정치 지도자를 양성하지 않는 경우가 많다.

그러나 분권형 대통령제하에서는 차기 정치 지도자가 실제적으로 행정부를 이끌 수 있는 기회를 제공받고 있다. 프랑스 제5공화국에서 총리를 하다가 다음에 대통령으로 선출되는 경우가 많았다는 사실을 주목할 필요가 있다.[20]

대통령제는 내각책임제와 달리 이전 정부와의 연속성이 강하지 않기 때문에 이전 정부에서 봉직한 경험이 있는 참모들을 다수 포함하기 어렵다. 따라서 대통령제는 정부조직이나 정책 형성과 집행에 대해 별로 잘 알지 못하는 '아마추어'들의 통치에 의존해야 한다. 더구나 그들이 재임 중 얻은 경험은 후임 정부에는 별 소용이 없게 된다(린쯔, 1995: 98-99). 경험적 연구 결과도 장관을 역임한 사람이 다시 장관을 역임하는 재충전 비율은 대통령제 민주정치에서보다 내각제 민주정치에서 3배가 더 많았으며, 장관의 평균 재임기간은 대통령제 민주정치에서 보다 내각책임제 민주정치에서 거의 2배가 더 길었다(알프레도 스테판, 신디 스카치, 1995: 269).

20) 드골 대통령 당시 총리를 역임했던 퐁피두는 드골에 이어 1969-1974년 간 대통령으로 통치했으며, 퐁피두, 지스카르 데스텡 그리고 미테랑 하에서 총리를 했던 시라크는 1995년 이후 2006년 현재까지 대통령에 재임 중이다.

이상에서 살펴 본 것처럼 지도자의 양성과 검증 그리고 경험의 승계와 아마추어리즘의 극복이라는 측면에 있어서 분권형 대통령제는 대통령제에 비해 비교 우위에 있다고 말할 수 있다.

6. 합의제 정치 문화의 조성

또한 다당제하의 분권형 대통령제에서의 연정은 타협과 조정이 없이는 유지되기 어렵다. 연정은 권한과 책임을 공유한다는 것이고, 권한과 책임을 공유한 상태에서는 수적인 정치가 아니라 소수자를 배려하는 합의제 정치문화가 조성될 수 있다. 연정이 제도적으로 허용됨으로써, 타협이 야합으로 비난받던 대통령제 하의 경직된 정치문화가 유연한 실용주의에 기초하는 합의제 정치문화로 전환되는 것이다. 한국 정치에 있어서 합의제 정치문화의 조성을 위해서도 분권형 대통령제로의 전환은 바람직하다.

끝으로 대통령제하에서는 대통령 1인이 최종적인 권한과 책임을 갖는 구조이므로 같은 정당 출신의 후보자라고 하더라도 전임자의 평가와 책임을 물려받지 않는다는 점에서, 특히 단임제 대통령제의 경우, 국가 정책의 연속성에 대한 신뢰도가 떨어질 수 있다. 그러나 분권형 대통령제의 경우, 정당이 집단적으로 일정부분 통치에 관여함으로써 그 평가와 책임이 정당에 의해서 계승되기 때문에 국가 정책의 연속성 면에서 순수 대통령제에 비해 더 신뢰할 수 있다.

VII. 결론

제6공화국 출범이래 한국의 정당체계, 선거제도, 지방자치 그리고 정치문화에 많은 변화가 있었다. 대통령제가 다수결 정치 문화, 양당제, 선거정당, 다수 득표제와 잘 조응하는데 비해, 분권형 대통령제는 합의제 정치 문화, 정책정당, 비례대표제, 결선투표제 그리고 지방 분권화와 잘 조응할 수 있다는 점에서 대통령제 보다는 분권형 대통령제가 한국의 정치 상황에 보다 더 적실성이 높은 것으로 판단된다.

분권형 대통령제는 기본적으로 3가지를 본질적 구성요소로 삼는다. 첫째, 대통령은 국민이 직접 선출하는 것을 원칙으로 하며, 둘째, 대통령은 국가 원수로서 상당한 실질적 권한을 갖고, 셋째, 총리와 내각은 행정권을 갖고 대통령을 견제하며, 의회의 신임에 의존한다. 여기에 추가하여 대통령의 의회 해산권과 대통령의 긴급권을 분권형 대통령제를 구성하는 주요 조직 운영 원리로 들 수 있다.

분권형 대통령제의 유형은 대통령 중심 분권형 대통령제와 총리 중심 분권형 대통령제로 나눌 수 있는데, 이는 두 가지 차원에서 결정된다. 하나는 헌법에서 대통령과 총리의 권한을 명확히 규정하여, 어느 한쪽에 우월적 권한을 인정하는 경우이고, 다른 하나는 대통령과 총리의 위상이 의회의 의석에 따라 가변적으로 권력의 중심이 바뀌는 경우다. 후자의 경우 분권형 대통령제는 제반 상황 변화에 따라 실제적인 운영 형태가 대통령 중심 분권형 대통령제로 때로는 총리 중심 분권형 대통령제로 교체되면서 나타난다.

분권형 대통령제가 내각책임제적 운영 요소를 갖고 있다는 점에서, 총리와 내각의 안정을 기하기 위해 독일의 재상제에서 비롯된 건설적 불신임제를 채택할 필요가 있다. 특히 한국의 경우 내각책임제에 대한 경험 부족과 낮은 정당 제도화 수준, 다당제의 경향, 엄격한 당 규율 그리고 타협문화의 부재로 총리와 내각에 대한 불신임이 빈번할 수 있다는 점에서 분권형 대통령제 채택 시 건설적 불신임 제도의 채택 필요성은 더욱 높아진다.

분권형 대통령제의 정치적 효과로는 첫째, 분점정부 하에서 나타나는 대통령과 의회 간의 교착 상태에 대한 제도적인 해결이 가능하고, 둘째, 여야 간, 혹은 행정부와 입법부 간 일정 부분 권력을 공유함으로써 책임 정치의 구현이 기대되며, 셋째, 내각책임제적인 운영양식으로 인해 정당이 행정부와 의회의 매개 역할을 함으로써 정당정치가 발전하고, 넷째, 분권형 대통령제가 갖고 있는 집단적 통치 성향으로 잠재적 정치 지도자의 양성과 검증이 가능하며, 대통령제하에서 발생하는 정권 간 경험의 단절 현상이 분권형 대통령제하에서는 완화됨으로써 대통령제 하의 아마추어리즘의 폐해를 줄일 수 있고, 다섯째, 국가 원수와 행정부 수반을 분리시킴으로써 한 사람이 두 역할을 동시에 수행함에 따라 발생하는 역할 갈등을 해소할 수 있으며, 전임 정부의 평가와 책임을 정당을 통해 계승함으로써 국가 정책의 연속성에 대한 신뢰도를 향상시킬 수 있다.

따라서 현시점에서 헌법 개정을 통해 제6공화국의 정부 권력구조를 개편한다면 대안적 권력구조로서 분권형 대통령제를 제안해 보게 된다.

제6장 |

의회제적 이원정부제의 적용

이동성, 유종성

I. 서론

박근혜-최순실 게이트로 드러난 국정농단과 정경유착에 따른 부패는 박근혜 대통령의 탄핵을 넘어서서 제왕적 대통령제의 탄핵을 요구하고 있다. 국회에 개헌특위가 설치되었고, 이번 대선과정에서 주요 대선주자들 모두가 2018년 6월 지방선거와 동시에 개헌 국민투표를 하자는데 동의한 바 있다. 구체적인 권력구조의 형태에 대해서는 차이가 있지만 대통령 1인에게 집중된 권한을 축소, 분산해야 한다는 데 대해서는 이의가 없었다. 국회 개헌특위에서는 "분권형 대통령제"라는 명칭으로 이원정부제(dual-executive system) 또는 준대통령제(semi-presidentialism)로의 권력구조 변경에 다수 의견이 모아진 것으로 알려지고 있다. 특히, 오스트리아와 핀란드식 이원정부제가 바람직한 모델로 논의되고 있다고 한다. 권력구조에 대한 논의와 함께 다른 한편으로는 현행 소선거구제 중심의 선거구제도를 비례대표제 중심으로 개혁하자는 요구가 시민사회에서 확산되어 왔으며, 개헌논의와 맞물려 선거구제 개혁이 병행과제로 부상하고 있다.

그러나, 아직 국민여론은 개헌의 당위성을 넘어서면 권력구조에 대해서는 다수 의견이 형성되지 않고 있다. 각종 여론조사에 의하면 4년 중임 대통령제에 대한 선호도가 상대적으로 높은 편이며, 이원정부제와 의원내각제에 대한 지지는 비교적 소수에 그치는 것으로 나타나고 있다. 그럼에도 지난 제18대 국회의 헌법연구자문위원회(위원장 김종인)나 제19대 국회의 헌법개정자문위원회(위원장 김철수)에서는 이원정부제를 제1안 또는 단일안으로 채택한 바 있다(헌법연구자문위원회, 2009; 헌법개정자문위원회, 2014). 학계와 시민사회 여러 인사들이 많은 토론 끝에 내놓은 "대화문화아카데미 2016 새헌법안"도 이원정부제를 제안하고 있다(김문현 외, 2016). 이처럼 집단지성의 산출물로 나온 세 개의 개헌안이 모두 이원정부제를 단일안 또는 제1안으로 제시한 것은 시사하는 바가 크다.

국회 개헌특위의 논의와 대선과정에서 표출된 유력후보들의 입장 및 국민여론 등을 종합해볼 때 의회제(의원내각제)는 일단 선택지에서 제외되는 것으로 보이며 권한축소형 대통령 4년 중임제 또는 이원정부제(분권형 대통령제)로의 개헌으로 좁혀지는 것으로 보인다. 특히 국회가 개헌논의에서 주도적인 역할을 담당한다면 이원정부제로의 개헌 가능성이 상당히 높아 보인다. 그럼에도 이원정부제에 대해서는 일반 국민들뿐 아니라 학계에서도 아직 생소하고 상당한 우려도 제기되고 있기 때문에 이원정부제의 이론적, 경험적 고찰과 한국적 적용가능성에 대한 깊은 성찰이 요구된다.

이원정부제는 오늘날 세계 신생 민주주의 국가에서 대표적으로 채택하는 하나의 헌법 구조로서 현재 전 세계에서 대통령제나 의원내각제보다 더 많은 국가들이 이 제도를 채택하고 있다(Samuels & Shugart, 2010: 5). 이원정부제에 대한 고찰에 앞서 한 가지 고려해야 할 점은, 현재 개헌에 대한 많은 논의가 "오스트리아식", "핀란드식" 과 같이 특정 국가의 사례를 들어 비교되고 있는데, 이는 민주주의 역사가 오래 되었고 정치문화뿐 아니라 선거제도, 정당제도 등에서 우리와 큰 차이가 있는 사례들이므로 정부형태만을 따로 떼어 직접 비교하는 데에는 주의를 요한다. 또한 기존 논의에서 이원정부제의 두 가지 형태, 즉 대통령제적(또는 대통령-의회형) 이원정부제와 의회제적(또는 총리-대통령형) 이원정부제의 차이와 장단점에 대한 고찰이 대체로 간과되어 온 것으로 보인다.[1)]

특히, 이원정부제라는 구체적인 권력구조를 논하기 전에 제왕적 대통령제의 극복이라는 소극적 명제를 넘어서는 적극적인 지향점에 대한 논의가 이루어져야 한다고 본다. 이 점에서 필자들은 일반적으로 승자독식의 "다수제 민주주의"로부터 다양한 사회계층의 이익이 잘 대표되고 폭넓은 협치를 이룰 수 있는 "합의제 민주주의"로의 발전이란 관점에서 권력구조 개헌문제를 바라보고자 한다. 대통령 1인에게 권력을 집중시키는 대통령제보다는 권력을 분산하는 이원

1) 이원정부제의 두 가지 형태에 대해 김연규(2004), 강승식(2012) 등이 언급을 하고 있으나 이들은 프랑스, 폴란드, 러시아 등 특정국가들의 사례에 한정하여 논의하였다.

정부제가 합의제 민주주의 구현이란 관점에서 낫다는 점은 자명하다고 할 수 있다. 그러나, 이원정부제에 대해서는 기존에 여러 학자들로부터 정치적 불안정성과 갈등 가능성 등에 대한 문제제기가 있어왔기 때문에 이러한 우려에 대한 충분한 검토가 요구된다.

이 장(章)에서는 다음과 같은 연구질문들을 탐구하고자 한다. 한국이 합의제 민주주의를 지향하고자 하면 이원정부제가 적합한 대안인가? 이원정부제를 택한다면 대통령제적 형태와 의회제적 형태 중 어느 것이 더 바람직하고 현실적인 대안인가? 이원정부제 개헌과 함께 선거제도 개혁이 이루어져야 한다는 주장은 타당한가? 이원정부제에 대해 정치적 안정성 등의 측면에서 부정적인 견해는 어떻게 보아야 할 것인가?

이를 위해 여기에서는 다수제 민주주의에 비해 합의제 민주주의가 가지는 장점과 제도적 요건에 대한 간략한 고찰을 한 후 이원정부제의 정의 및 두 가지 형태를 중심으로 이론적 고찰을 하고 이원정부제의 실제 작동에 대한 기존의 경험적 연구 결과를 민주주의 체제 안정성, 대표성과 책임성, 그리고 내각 구성과 안정성 측면에서 살펴본다. 아울러 대통령의 권한 정도와 선거구제가 미치는 영향을 함께 살펴본 후 이원정부제의 구체적인 사례로서 오스트리아, 핀란드와 우리 나라와 여러 면에서 유사성을 지니는 이웃 나라 대만의 사례를 검토한다. 결론에서는 이상의 검토를 토대로 한국에서 이원정부제를 채택하는 것이 적합하며, 이와 함께 대통령선거 결선투표제 도입 및 국회의원 선거의 비례대표제로의 개혁이 요청됨을 강조한다. 이원정부제의 두 가지 형태 중 보다 손쉽게 받아들일 수 있는 제도는 대통령제적 형태이나 보다 이상적으로는 의회제적 형태를 선택할 필요가 있음을 주장한다.

II. 다수제 민주주의에서 합의제 민주주의로

영미식의 다수제 민주주의(majoritarian democracy) 국가들은 승자독식의 다수대표 선거제도에 기반한 양당제와 단일정당 정부를 특색으로 하며, 유럽식의 합의제 민주주의(consensus democracy) 국가들은 비례대표 선거제도에 기반한 다당제와 연립정부를 특색으로 한다(Lijphart, 2012). 합의제 민주주의의 구현을 위해서는 연정과 협치의 제도화가 필요하며, 이를 위해서는 권력분산형 정부형태와 비례대표 선거제도 도입이 중요하다. 이 점에서 대통령 1인에게 권력을 집중시키는 대통령제보다는 이원정부제나 의원내각제가 합의제 민주주의 구현에 적합하다고 할 수 있다. 비례대표제는 다양한 이익을 대표하는 다당제를 촉진하므로 다수당이 단독으로 과반수를 점하기 어려워 연정과 협치를 촉진한다. 영국처럼 의원내각제를 취하더라도 소선거구 다수대표제를 유지하면 양당제를 촉진시키고 제왕적 총리제로 귀결될 수도 있다.

대통령제하에서도 결선투표제를 도입하고 의회 선거에 비례대표제를 채택하면 연정이 촉진될 수 있으나, 그 연정은 불안정할 가능성이 높다. 가령 한국의 현행 헌법하에서도 DJP 연합에서처럼 연정을 수립하고 총리에게 상당한 권한을 위임하는 것이 가능하긴 하지만, 대통령이 국회의 동의 없이 총리나 장관을 해임할 수 있으므로 연정의 안정성이 보장되지 않는다. 노무현 대통령의 대연정 제안을 당시 다수 야당인 한나라당이 일언지하에 거절한 것은 이 때문이다. 따라서 합의제 민주주의 실현을 위해서는 비례대표 선거제도 채택과 함께 의회제 또는 의회에 총리 및 내각 불신임권을 주는 이원정부제로의 개헌이 필요하다고 할 수 있다.

다수제 민주주의와 합의제 민주주의는 사회적 통합 측면에서 상당한 차이를 드러낸다. 다수제 민주국가들보다 합의제 민주국가들이 낮은 경제적 불평등, 높은 수준의 복지와 약자/소수자에 대한 배려를 통해 사회통합 측면에서 더 뛰어나다는 것이 여러 실증적 연구결과 확인되고 있다(Armingeon, 2002; Crepaz, 2003; Iversen & Soskice, 2006; Lijphart, 2012). 선거제도, 정부형태, 그리고 정당정부의 형태등과 재분배와의 상관관계를 보면 일반적으로 합의제 민주주의 국가들이 취하는 비례대표제, 의회제(의원내각제) 및 연합정부가 각각 다수제, 대통령제 및 단독정부(단일정당 정부)보다 더 높은 재분배 효과를 가짐을 보여준다(강명세, 2013). 선학태(2012)는 다수제 정치제도가 지속가능한 보편적 복지국가를 가능하게 하는 복지정책 레짐에 역기능적으로 작용하는 반면에 합의제 정치제도는 순기능적 효과가 있음을 보여준다.

최태욱(2014)은 경제민주화와 복지국가 건설을 위해 영미식 신자유주의보다는 유럽식 조정시장경제(coordinated market economy)로 가야 하며, 조정시장경제와 복지국가는 사회적 합의를 통해 만들어지며, 이를 촉진하기 위해서는 합의제 민주주의가 관건임을 주장한다. 다수제 민주주의가 승자독식 및 배제의 정치를 촉진한다면, 합의제 민주주의는 포괄의 정치를 지원하기 때문이다. 1945년에서 1998년 사이 17개 선진민주국가들 중에서 다수대표제 국회의원 선거제도를 채택한 나라들은 정부의 약 75퍼센트가 중도우파였던 반면, 비례대표제 국가에선 약 74퍼센트가 중도좌파였다. 중도좌파가 오래 집권한 나라들이 복지 수준을 더 높이 발전시켰음은 물론이다(Iversen & Soskice, 2006). 또한 존 게링 등(Gerring et al., 2009)의 연구에 의하면 순수 대통령제보다는 이원정부제가, 이원정부제보다는 의원내각제가 경제적, 사회적 발전 측면에서 우월한 성과를 보이고 있다.

III. 이원정부제의 정의와 두 가지 형태

이원정부제(dual-executive system) 또는 준대통령제(semi-presidentialism)에 대한 본격적 연구는1990년대에서부터 이루어져 왔다(Elgie, 2016). 그 이전에는 이원정부제가 무엇인가에 대한 학문적 정의에 대한 토론이 이루어져왔는데, 이는 그간 대통령제 또는 의원내각제와 같이 순수형 헌법 구조에만 익숙해온 학자들이 새로운 혼합형 헌법 구조에 익숙하지 않았기 때문이다. 모리스 뒤베르제(Maurice Durverger)나 조반니 사르토리(Giovanni Sartori)와 같은 선거 및 정당 제도의 대가들이 먼저 이원정부제의 정의에 앞장섰다. 하지만, 여러 토론 및 우여곡절을 겪은 후에 학자들의 공감대(consensus)를 이룬 정의는 로버트 엘지(Robert Elgie)의 다음과 같은 정의이다. "이원정부제란, 국민에 의해 직접 선출된 임기가 정해진 대통령(a directly elected fixed-term president)과 의회에 공동 책임을 지게 되어있는 총리와 내각(a prime minister and cabinet who are collectively responsible to the legislature)이 존재하는 헌법적 형태이다"(Elgie, 1999, 13).

이러한 정의는 실제 정당 정치나 의회 구조에 따른 작동(behavioural conditions)과 관계 없이 정치 제도적 관점에서만 설명한 가장 명확한 정의이다. 즉, 이 정의에 따르면 이원정부제가 실제 어떻게 작동하는가에 관계없이 대통령(국가원수, head of state)은 국민투표에 의해 직접 선출이 되고, 총리(정부수반, head of government)와 내각은 어떠한 형태로든 의회에 헌법상의 책임을 지게 되어있다. 그렇다면 헌법적 정의에 초점을 맞춘 이원정부제는 어떤 관점으로 분석이 되어야 하는가? 매튜 슈거트(Matthew Shugart)에 따르면, 이원정부제는 크게 총리와 내각이 대통령에게 주로 책임을 지는 대통령제적 이원정부제(president-parliamentary)와 의회에게 주로 책임을 지는 의회제적 이원정부제(premier-presidential)로 구분된다(Shugart, 2005). 둘 사이의 핵심적 차이는 총리와 내각에 대한 해임권한이 의회에만 있느냐(의회제적 형태), 또는 대통령과 의회 양자 모두가 가지느냐(대통령제적 형태)에 있다. 이에 따라, 대통령제적 이원정부제 하에서는 대통령에게 총리 임명 및 내각 구성의 실질적 권한이 주어지며, 의회제적 이원정부제 하에서는 의회에 총리 임명 및 내각 구성의 실질적 권한이 주어지게 된다.

대통령제적 이원정부제의 경우는 내각 구성 과정에서 국민에 의해 직접 선출된 대통령이 총리를 임명하고, 총리에 의해 내각이 구성되는 형태이다. 비록 내각 구성 과정에 있어 총리가 정부의 수반으로서 장관 지명권을 행사한다고 하지만, 총리를 임면(임명 및 해임)하는 권한이 대통령에게 있기 때문에 실질적인 조각권은 대통령에게 있다고 볼 수 있다. 그렇다면 의회의 정부에 대한 영향력은 어떻게 행사되는가? 의회는 총리를 포함한 내각 전체에 대한 불신임권을 행사할 수 있다. 그러나, 이러한 경우에도 대부분의 헌법이 대통령에게 의회해산권과 같은 맞대응할 수 있는 권한을 주고 있다.

의회제적 이원정부제의 경우는 내각 구성 과정에서 의회 다수의 지지를 받는 총리를 국민에 의해 직접 선출된 대통령이 임명하고, 총리에 의해 내각이 구성되는 형태이다. 이 경우, 전자의 경우와 달리 총리가 정부의 수반으로서 실질적인 장관 지명권을 행사하고 이는 의회 다수의 뜻을 대표하는 조각 행사라고 볼 수 있다. 총리를 임면하는 권한은 의원내각제와 동일하게 의회의(불)신임에 따르게 된다. 만에 하나 대통령이 의회 다수가 지지하는 인물이 아닌 자신이 선호하는 인물을 총리로 임명할 경우, 대통령이 일방적으로 임명한 총리는 의회의 불신임에 의해 정상적으로 총리직을 유지하기 힘든 상황이 발생하게 된다. 다만, 헌법에 따라 대통령이 의회해산권을 일방적으로 행사할 수 있는 경우가 있는데, 현재 프랑스 헌법이 이에 속한다.

지금까지의 이원정부제에 대한 헌법적 측면에 초점을 맞춘 고찰을 정리하면, 대통령제적 형태의 경우, 기존의 순수 대통령제 골격을 유지하면서 내각에 대한 의회의 견제 요소를 가미한 구조로 볼 수 있고, 의회제적 형태의 경우, 기존의 순수 의원내각제 골격을 기본으로 국민에 의해 직접 선출된 대통령이 국가 수반으로서 어느 정도 제한된 권한을 행사하는 구조라고 볼 수 있다. 대통령제적 이원정부제, 의회제적 이원정부제, 그리고 한국의 대통령제 하의 총리와 내각을 비교하면 한국의 총리와 내각은 대통령에게만 책임을 지고(국회는 총리 및 국무위원 해임건의안을 통과시킬 수 있으나 구속력이 없음), 의회제적 이원정부제 하의 총리는 의회에만 책임을 지며(대통령에게 총리 해임권한 없음), 대통령제적 이원정부제하의 총리는 대통령과 의회 양자에 모두 책임을 지는 구조라고 할 수 있다(대통령이 총리를 해임할 수도, 의회가 불신임할 수도 있음). 하지만, 대통령의 실질적 영향력은 헌법에 명시된 것보다 상당할 수도 있고 반대로 제한적일 수도 있다. 이를 위해 이원정부제가 민주주의라는 틀에서 어떻게 작동했는지 실제 사례를 통해 보려고 한다.

IV. 이원정부제의 실제 작동에 대한 이론적 고찰과 경험적 연구 결과

2000년대 들어 학자들은 이원정부제가 실제 민주주의라는 틀 안에서 어떻게 작동하는지 본격적인 관심을 갖게 된다(Elgie, 2016). 이는 이원정부제가 내각이라는 정부의 핵심적 기능을 담당하는 조직에 대한 권한이 대통령에 있는지 의회에 있는지란 헌법적 틀을 떠나서 실제 이원정부제를 도입한 국가들 간에도 작동 과정에서 여러 차이가 있다는 점을 관찰한 데에서 기인한다. 유럽을 배경으로 이원정부제가 어떻게 작동하는가에 대한 사례를 체계적으로 연구한 학자들 가운데에는 피트라 슐레이터(Petra Schleiter)와 에드워드 모간-존스(Edward Morgan-Jones)가 있다. 그들은 이원정부제를 주인-대리인(principal-agent) 관점에서 내각을 둘러싼 주요 행위자들의 권한을 이론적으로 고찰하고, 실제 이원정부제의 작동이 민주주의 주요 가치인 대표성과 책임성에 어떤 함의를 지니는지, 그리고 정부의 안정성 면에서는 어떤지를 유럽 사례를 통해 고찰하였다(Schleiter & Morgan-Jones, 2009a: 2010). 로버트 엘지는 이원정부제를 채택한 전세계 52개국에 대한 통계적 분석과 개별 사례연구들을 통해 이원정부제의 두 가지 형태인 대통령제적 이원정부제와 의회제적 이원정부제의 실적을 비교하였다(Elgie, 2011). 그동안의 이원정부제의 작동 사례에 대한 경험적 연구를 크게1) 민주주의 체제의 안정성과 민주화 지표, 2) 민주주의 대표성과 책임성, 3) 내각 구성과 안정성 측면에서 살펴보고자 한다.

1. 이원정부제 하의 민주주의 체제의 안정성과 민주화 지표

이원정부제의 실제 작동에 대한 사례 연구는 신생 민주주의 국가에서 그 도입 사례가 늘어나면서 다음과 같은 근본적 질문으로부터 시작되었다. 이원정부제를 채택한 국가가 안정적인 민주화를 이루었는지 아니면 다시 권위주의 체제로 회귀 되었는지에 대한 연구가 초기 연구의 주요한 흐름이었다.

후안 린츠(Juan Linz)를 비롯한 대통령제의 체제 안정성에 대해 비판적인 학자들은 기존의 논쟁- 대통령제는 의원내각제에 비해 권력 구조 상 본질적인 취약점을 가지고 있다- 을 이원정부제로 확대했다. 그들의 주장은 이원정부제, 특히 대통령제와 권력 구조 상 많은 유사점을 지닌 대통령제적 이원정부제에 대해 유사한 이유로 비판을 했다(Linz, 1994: 55). 하지만, 추후 이러한 사실을 일반화하기엔 무리가 있으며 이원정부제가 본질적으로 민주주의 체제 유지에 취약하다는 주장은 옳지 않다는 반박이 나오게 된다(Shugart, 2005: 340). 이를 뒷받침하는 경험적 연구로 가령 1946년부터 2002년까지 신생 민주주의 국가들을 상대로 조사한 결과, 권위주의로 회귀하는 경향은 이원정부제를 도입한 국가나 의원내각제를 도입한 국가들 간에 큰 차이가 없었다(Cheibub, 2007). 또한, 비교 대상을 순수 대통령제로 확대하더라도 이원정부제는 대통령제나 의원내각제에 비해 쿠데타나 체제 위기를 통해 권위주의로 회귀할 가능성은 크게 차이가 없었다(Moestrup, 2007: 40). 이원정부제 하에서 갈등 상황이 발생할 수 있는 의회-대통령간의 대립 상황에 대한 완충 기제만 확립된다면 이러한 권력구조가 민주주의 체제 유지에 부담을 줄 가능성은 크지 않다는 것이다.

다음으로 이원정부제의 두 가지 형태를 두고 민주주의 안정성과 민주주의 지표 등 성과에 대한 비교연구들이 이루어졌다. 가령, 이원정부제를 도입한 신생 민주주의 국가들에 대한 분석 결과, 의회제에 유사한 구조를 지닌 의회제적 이원정부제의 형태가 대통령제적 이원정부제의 형태에 비해 민주주의 체제 유지 측면에서 더 우월한 결과를 보여주었다는 것이다(Elgie, 2011; Moestrup, 2007: 41). 엘지는 그 이유로 대통령제적 이원정부제에서는 총리와 내각에 대한 해임 내지 불신임권을 대통령과 의회 양자가 모두 가지고 있기 때문에 총리 및 각료의 임명과 해임을 둘러싸고 대통령과 의회 간에 갈등이 지속되는 데 반해 의회제적 이원정부제 하에서는 의회의 신임 없이 정상적으로 행정부를 구성할 수 없기 때문에 대통령으로서는 의회와 협력해서 일하는 수밖에 없기 때문이라고 주장한다(Elgie, 2011). 즉, 여소야대 상황에서 대통령이 소수파 정부 구성을 고집할 수 없게 만들고 동거정부를 수용할 수밖에 없게 하는 의회제적 형태가 오히려 대통령과 의회와의 대립과 갈등을 줄이고 타협을 가능하게 하는 것이다. 대통령제적 이원정부제를 택한 바이마르 공화국과 달리 의회제적 이원정부제를 택한 프랑스 제5공화국에서는 의회와 대통령이 대립하는 경우 대통령이 국회해산이나 비상대권을 남용하지 못하고 동거체제로 정치적 안정성을 이룰 수 있었다는 것은 이원정부제 중에서도 의회제적 형태의 장점을 보여주는 사례이다(조병륜, 2009).

엘지에 의하면, 역대 이원정부제 국가중 민주주의 붕괴 비율을 단순 비교해 보면 폴리티6점 이상을 민주주의로 볼 때 대통령제적 형태의 42.1%(19개국중 8개국), 의회제적 형태의 12.5%(24개국중 3개국), 프리덤하우스의 선거민주주의(electoral democracy)를 기준으로 할 때 대통령제적 형태의 57.9%(19개국중 11개국), 의회제적 형태의 14.8%(27개국중 4개국)로서 의회제적 이원정부제의 민주주의 체제유지 안정성이 훨씬 더 높게 나타난다(Elgie, 2011: 52). 뿐만 아니라 민주주의의 질적 수준을 나타내는 폴리티 점수나 프리덤하우스 점수 등에서도 의회제적 이원정부제가 대통령제적 이원정부제에 비해 우월한 성과를 보인다는 것이다. 2008년도 폴리티 점수를 보면 의회제적 이원정부제 20개국의 평균점수가 8.75로서 대통령제적 이원정부제 11개국의 평균점수 7.36보다 훨씬 높게 나타났다(Elgie, 2011: 73). 민주주의 안정성과 민주주의 지표 상의 이러한 차이는 1인당 GDP, 대통령의 권한정도, 동거정부(cohabitation, 대통령의 정당이 내각에 참여하지 않는 경우), 분할 정부(divided executive, 대통령과 총리의 소속정당이 다르지만 대통령의 정당이 연정에 참여하는 경우),

소수 정부(minority government, 내각에 참여한 정당 또는 정당연합이 의회내에서 과반수에 미달하는 경우), 민족 및 언어다양성(ethnolinguistic fractionalization) 등 여러 변수를 통제한 후에도 여전히 현저하게 나타난다. 이들 통제변수 가운데서는 1인당 GDP가 높은 나라일수록 민주주의 안정성과 민주주의 지표가 공히 현저하게 높았고, 대통령의 권한이 강한 나라일수록 민주주의 체제안정성과 민주화지표가 낮게 나왔다. 반면에, 동거정부, 분할정부, 소수정부 등은 민주주의 체제의 안정성 측면이나 민주주의 발전지표 측면에 있어서나 특별한 차이를 야기하지 않았다(Elgie, 2011: 62~63, 83~84).

2. 이원정부제 하의 민주주의 대표성과 책임성

이원정부제의 가장 큰 장점은 대표성과 책임성의 소재가 확실하다는 데에 있다. 즉, 정책의 결정과 집행에 있어서 대통령과 의회가 담당하는 분야가 분명하기 때문에 국민들의 다양한 이익이 더 분명히 반영되고 어느 정책 분야의 책임이 누구에게 있는지 구분이 가능하다는 점이다(Shugart & Carey, 1992: 274~275).

민주주의의 대표성과 책임성에 대한 논의는 의회제와 순수대통령제에 대한 비교로부터 거슬러온다. 헌법 구조적 측면에서 볼 때, 스트롬(Strom, 2000)은 의회제가 순수대통령제에 비해 대표성 측면에서는 우월하지만 책임성 측면에서는 대통령제가 우월하다고 한다. 의회제 하에서는 지역주민들에 의해 선출된 의원들에 의해 정부를 구성하도록 되어있고, 이들에 의해 내각이 구성되도록 되어있다. 반면에 순수대통령제하에서는 지역주민들에 의해 선출된 의원들과 내각을 구성하는 인물들이 상당히 다른 경우가 일반적이다. 그렇기 때문에 전자에서는 정당이 국민과 정부를 잇는 매개역할을 통해 대표성을 높일 수 있는 반면, 후자에서는 결정권이 대통령에게 집중되어 있는 만큼 대표성은 비교적 약하지만 그 책임 소재는 분명하다고 볼 수 있다(Strom, 2000: 266~275).

그리고 이러한 논의는 이원정부제로 확대되어서 이루어진다. 의회의 영향력이 강한 의회제적 이원정부제에서는 대표성이 더 높은 정부가 구성이 될 것인 반면에 대통령의 영향력이 강한 대통령제적 이원정부제에서는 상대적으로 대표성과는 관계없이 대통령이 선호하는 정부 형태가 구성될 것이라는 논의이다(Amorim Neto & Strom, 2006; Schleiter & Morgan-Jones, 2010). 이에 대한 경험적 분석과 그 결과는 다음 섹션의 내각 구성에 대한 부분에서 구체적으로 소개하고자 한다.

그동안의 이원정부제의 대표성과 책임성에 대한 연구는 선거 결과와 연관되어 이루어져왔다. 먼저, 대표성과 관련해서 대통령의 헌법적 권한이 강할수록 정책 집행 과정에서 중위 투표자(median voter) 와 그 거리가 커진다는 스트롬 등의 연구는 현재 개헌 논의의 핵심인, 이원정부제를 통한 대통령의 권한 축소 및 책임성 강화라는 두 마리 토끼를 잡고자 하는 것이 제대로 된 지향점이라는 점을 시사한다. 1980년에서 1990년대 사이 15개 서부 유럽 국가들을 비교한 결과, 대통령의 헌법적 권한이 강한 국가에서 정부가 중위 투표자의 요구를 신뢰성 있게 반영하는 정도가 더 낮다는 결과가 나타났다(Strom et al., 2003: 677).

또한, 이원정부제 하에서 국민들은 정책의 책임 소재가 어디에 있는지 제대로 알고 있다는 연구 결과도 나왔다. 현 프랑스의 이원정부제 하에서는 국내 정책 집행은 의회의 지지에 기반을 둔 총리가 이끌고, 외교 및 국방과 같은 정책 집행은 대통령이 이끌게 되어 있다. 그래서 경제 위기로 인한 정부 성과가 하락했을 때, 국민들은 총리에게 책임을 물음으로써 정책 집행의 책임 소재를 분명히 하고 대통령에게 불필요하게 과중한 부담을 주지 않을 수 있는 것이다 (Skach, 2005: 125).

아울러, 이원정부제 하에서 국민들은 국회의원들의 성과에 따른 공과를 분명히 구분할 수 있다는 사실도 발견되었다. 1975년에서 2002년까지 이원정부제를 도입하고 있는 75개국에서 562번의 선거 결과를 분석한 결과, 통일정부(unified government) 시에는 정부의 성과가 대통령 소속 정당의 의원들의 당락에 큰 영향을 미쳤지만, 동거정부(cohabitation) 시에는 정부의 성과가 총리 소속 정당의 의원들의 당락 결과에 큰 결과를 미쳤다(Hellwig & Samuels, 2008: 78).

종합적으로 볼 때, 이원정부제는 민주주의의 대표성 측면에서 순수 대통령제보다 더 우월하고, 책임성 확립 측면에서는 의회제보다 더 명확한 관계를 보여준다고 하겠다.

3. 이원정부제 하의 내각 구성과 안정성

앞에서 살펴보았듯이 이원정부제의 순수 대통령제 및 의회제와의 주요한 차이점은 대통령과 의회가 함께 내각 구성에 영향을 미친다는 것이다. 이원정부제가 도입될 당시, 초기 학자들 사이에서는 이러한 구조가 내각의 유지에 긍정적인 융통성을 부여할 것이라는 의견과 조각을 두고 대통령과 의회 간에 갈등이 생기고 내각 유지에 위기를 초래할 것이라는 의견이 양립하였다(e.g., Linz, 1994). 내각 구성을 두고 의회는 의회를 대표할 수 있는 정당 인물을 총리 및 장관으로 선호할 것이지만 대통령은 자신이 선호하는 인물이라면 의회 대표성과 관계없이 총리와 장관으로 임명하고자 할 것이기 때문이다. 실제로 여러 연구들이 이러한 예측을 지지하는 결과를 내놓았다. 1990년대 24개 유럽 국가에서 내각 구성의 패턴을 분석한 결과, 이원정부제에서는 의원내각제와 비교할 때 더 많은 비정당 인물(non-partisan)들이 내각에 임명이 되었다(Amorim Neto & Strom, 2006). 시기를 확대하여 1945년에서 2005년까지 유럽 내의 13개 이원정부제 국가의 내각 구성을 분석한 결과, 대통령의 헌법적 권한이 강한 국가일수록 의회와 관계없는 비정당 인물들이 내각에 임명되는 경우가 많았다(Schleiter & Morgan-Jones, 2010).

뿐만 아니라 "내각의 요직에 어떤 인물이 임명이 되는가"에도 큰 차이가 있었다. 28개 유럽국가들을 분석한 결과, 의원내각제에서는 95퍼센트 이상의 경우, 국무총리나 외교부 장관과 같은 요직이 정당 인물들에게 돌아갔지만, 이원정부제의 경우, 그 비율이 75-80퍼센트 정도로 낮아졌다(Schleiter & Morgan-Jones, 2009b). 이러한 연구가 시사하는 바는 만약 대한민국이 개헌을 통해 이원정부제를 채택할 경우, 대통령의 권한이 축소가 될 것이기 때문에 현재보다는 내각에 정당 인물들의 비율이 더 높아질 것이고 이에 따라 정당정치의 영향력이 강화될 것으로 예상할 수 있다. 즉, 헌법 구조면에서 볼 때, 내각에 대한 의회의 영향력이 더 커질 것이기 때문이다.

다음으로 내각의 안정성 측면을 볼 때, 이원정부제에서는 내각이 형성된 후 유지되는 기간은 순수 대통령제나 의원내각제에 비해 1년여 이상 짧다는 연구 결과가 나왔다. 1946년부터 2002년까지 대부분의 모든 민주주의 국가를 분석한 결과, 대통령제와 의원내각제 하에서 내각이 유지되는 기간은 평균 4.7년과 4년이었지만, 이원정부제 하에서는 2.9년에 그쳤다(Cheibub, 2007: 80). 그렇다면 과연, 이원정부제 하에서 대통령의 헌법적 권력이 내각의 안정성 유지에 어떠한 영향이 있을까? 현재까지의 연구 결과는 긍정적일 수도 또는 부정적일 수도 있다는 상반된 결과가 공존하고 있다. 긍정적이라는 입장의 경우, 총리의 의회 해산권에 대한 대통령의 거부권이나 대통령의 의회 해산권과 같은 헌법적 권한이 내각의 안정성을 높이는 데에 기여한다는 입장이다(Strom & Swindle, 2002). 반면에 부정적이라는 의견은 대통령의 내각해산권과 같은 권한은 의회의 내각에 대한 영향력과 충돌하여 내각 안정성에 불확실성을 증가시킨다는 것이다(Schleiter & Morgan-Jones, 2009a).

V. 선거제도와 대통령의 헌법적 권한이 미치는 영향

앞에서 합의제 민주주의의 제도화를 위해서는 권력구조 못지않게 선거제도가 중요함을 지적한 바 있다. 하지만 이원정부제의 영향과 선거제도의 영향을 구분해서 계량적 분석을 하는 것은 매우 어렵다. 왜냐하면 상당수의 이원정부제 국가들이 대통령선거에는 결선투표를 통한 절대 다수제를 채택하고 있고, 국회의원 선거에는

<표 1> 각국 대통령의 헌법적 권한 비교

	한국	미국	필리핀	인도네시아	대만 (1997~)	오스트리아	프랑스	핀란드 (2000~)
입법권한								
법률안 전면거부권	2	2	2	0	0	0	0	0
법률안 부분거부권	0	0	3	0	0	0	0	0
긴급명령권	2	0	0	1	1	2	1	1
예산권	3	0	3	0	3	0	0	0
국민투표 제안권	2	0	0	0	0	0	0	0
소계	9	2	8	1	4	2	1	1
비입법권한								
조각권	3.5	3	3	4	4	4	1	1
각료 해임권	4	4	4	4	4	4	0	1
의회의 불신임권	3	4	4	0	2	0	0	0
의회해산권	0	0	0	0	1	3	3	0
소계	10.5	11	11	8	11	11	4	2
총계	19.5	13	19	9	15	13	5	3

출처 : Hicken and Kasuya(2003), Kasuya(2013, 16~24), Schleiter and Morgan-Jones(2009a, 2010), Shugart and Carey(1992: 148~155), and HeinOnline World Constitutions Illustrated(http://www.heinonline.org/HOL/COW?collection=cow)

주 : 각 권한의 점수는 0에서 4사이로 Shugart and Carey(1992, 150)의 기준을 따름. 한국, 미국, 필리핀, 인도네시아는 순수 대통령제, 대만과 오스트리아는 대통령제형 이원정부제, 프랑스와 핀란드는 의회제형 이원정부제를 취하고 있음.

비례대표제를 채택하고 있기 때문이다(Reynolds, Reilly, & Ellis, 2008). 이는 한편으로 이상에서 소개한 이원정부제의 긍정적 영향이 선거제도의 긍정적 영향으로 다소간 부풀려졌을 가능성을 시사하기도 한다.

그러나, 이원정부제를 채택한 국가들 간에도 대통령의 권한 정도는 상당한 편차가 있다. 헌법상 권한과 실제 권한 사이에는 차이가 나타나기도 하지만, 아래 <표 1>을 보면 헌법상 권한만 보더라도 대통령제 국가들 간에서나 이원정부제 국가들 간에서도 상당한 차이가 있다(Shugart & Carey, 1992: 148~155). 위에서 본 엘지(Elgie, 2011)의 연구에 의하면 이원정부제의 두 가지 형태에 따른 민주주의 안정성과 민주주의 발전 지표상의 현저한 차이와 동시에 대통령의 헌법적 권한의 정도가 독립적인 영향을 끼치는 것으로 나타났다. 즉 대통령의 권한이 강한 이원정부제일수록 민주주의 붕괴 및 권위주의 회귀가능성이 높고 폴리티나 프리덤하우스 등의 민주주의 발전 지표가 낮게 나타난 것이다. 또한, 이원정부제 하에서 대통령이 내각해산권과 같은 강력한 권한을 가질 경우, 내각의 안정성이 낮아진다는 결과도 나타났다(Schleiter & Morgan-Jones, 2009a).

VI. 이원정부제 도입의 구체적 사례 : 오스트리아, 핀란드와 대만

앞에서도 언급한 바와 같이 세계의 여러 신생 민주주의 국가들이 이원정부제를 기본 권력 구조로 선택을 하고 있다. 많은 유럽 국가들이 이원정부제를 유지하고 있으며, 아시아에서도 대만, 동티모르, 몽고 등이 이원정부제를 채택하고 있다. 엘지에 의하면 2010년 현재 이원정부제는 전 세계 52개국에서 채택하고 있으며, 이중 24

개국은 대통령제적 형태를 28개국은 의회제적 형태를 취하고 있다 (Elgie, 2011: 24, 29)[2].

만약, 대한민국이 개헌을 통해 이원정부제를 도입한다면 가장 유사한 형태가 될 가능성이 큰 사례 중의 하나가 오늘날의 대만이라고 생각한다. 내각 구성 및 안정성 측면에서 가장 큰 영향을 미치는 요소는 크게 선거 제도, 정당 정치의 역사 및 특성, 그리고 민주주의의 역사이다. 이 중 정당 정치의 역사는 민주주의 역사와 대개 그 궤를 함께 한다. 이러한 측면에서 볼 때, 대한민국과 가장 유사한 공통 요소를 지닌 정치 체제는 대만이라고 볼 수 있다. 대만의 선거제도는 대부분의 이원정부제 국가들과 달리 현재 한국의 선거제도와 같이 거대 정당에 유리한 혼합 다수형 선거제도(mixed-member-majoritarian)이고, 그 민주화 역사도 한국과 비슷하다. 그리고 정당 정치의 역사 면에서는 오히려 한국보다 더 오래된 부분이 있다. 그러나, 최근 국회 개헌특위에서 가장 많이 논의된 사례는 오스트리아와 핀란드로 알려져 있기 때문에, 우선 이 두 나라 사례를 간단히 검토하고 대만 사례를 고찰하고자 한다.

2) 엘지는 터키에 대해 대통령제적 이원정부제인지 의회제적 이원정부제인지 분명히 구분하지 않고 있다. 여기서는 일단 터키를 대통령제적 형태로 포함시켜 두 형태의 숫자를 카운트했다.

<표 2> 오스트리아, 핀란드, 대만의 내각 구성 과정, 대통령 권한 및 선거제도

	총리 또는 내각 구성권자 선택	대통령 권한	선거 제도
오스트리아 1945~	대통령 임명	내각 해산, 제한적 의회 해산	대통령: 결선투표제 의회(하원): 비례대표제
핀란드 1945~1991	대통령 임명	의회 해산	대통령: 결선투표제 의회: 비례대표제
핀란드 1991~2000	의회 정당과 협의 후 대통령이 임명		대통령: 결선투표제 의회: 비례대표제
핀란드 2000~	의회에서 선출, 대통령 임명		대통령: 결선투표제 의회: 비례대표제
대만 1997~	대통령 임명	내각 해산, 조건적 의회 해산 (의회가 내각 해산 시)	대통령: 다수대표제 의회: 혼합형, 다수대표제 중심 (2008~)

출처 : Reynolds, Reilly, & Ellis(2008); Schleiter & Morgan-Jones(2009a, 2010)

앞의 <표 2>는 오스트리아와 대만은 대통령제적 이원정부제를, 핀란드는 의회제적 이원정부제를 취하고 있음을 알려준다. 따라서 헌법상 제도만 놓고 본다면 오스트리아와 대만의 대통령이 상대적으로 강력한 권한을 행사하고 핀란드의 대통령은 총리에 비해 권한이 약할 것으로 생각할 수 있다. 그러나, 오스트리아의 역대 대통령들은 헌법상 권한을 다 행사하지 않고 사실상의 "역할 포기"를 통해 거의 의원내각제와 비슷한 정도의 국정운영 권한을 총리에게 허용해주었다(안병영, 2013, 123; 최태욱, 2017). 그런가 하면 핀란드에서는 의회제적 형태였음에도 대통령의 실제 권한이 크게 행사되어 이를 제한하기 위한 개헌 논의가 오랫동안 진행되었고, 결국 일련의 개헌을 통해 의회와 총리의 권한을 강화하고 대통령의 권한 행사에 대해 보다 세밀한 제한을 가하게 되었다(Nousiainen, 2001; Raunio, 2004).

오스트리아와 핀란드의 대통령은 모두 국민 직선으로 절대다수제(과반수 득표자 없을 경우 결선투표)로 선출되며 6년 임기에 1회 연임을 할 수 있다. 오스트리아 연방대통령은 연방총리 및 (연방총리의 제청에 의해) 연방정부의 장관을 임명하고 해임할 수 있는 권한을 지닌다. 대통령이 연방 총리와 장관에 대한 해임권을 가지고 있고, 의회의 내각불신임에 대항해서 의회 해산권을 가지고 있으므로 대통령이 마음만 먹으면 의회 다수파에 구애되지 않고 자신의 뜻에 맞는 총리를 임명하고 내각을 구성할 수도 있을 것이다. 그러나, 오스트리아의 역대 대통령은 일차적으로 국민의회내의 제 1당 당수를 총리 후보로 지명해 정부 구성을 의뢰했고, 총리후보가 내각의 진용을 짜면 그 원안대로 내각 구성원을 임명했다. 이로써 오스트리아의 이원정부제는 거의 의원내각제와 비슷하게 작동해 왔다. 구조화된 다당제 하에서 연정의 구성과 운영이 의회 내에서 순조롭게 이루어져 왔고, 대통령이 연방정부의 구성에 특정 정당의 참여를 거부하거나 특정 장관의 임명을 거부한 사례는 극히 예외적이었다. 대통령의 권한 양보는 외교에서도 행사되었다. 연방헌법은 연방대통령에게 오스트리아를 대외적으로 대표할 권한을 부여했으나, 역대 대통령들은 EU 정상회의 등 국제무대에서도 총리에게 역할을 양보해 왔다(안병영, 2013: 123~125).

이처럼 오스트리아가 의원내각제에 가까운 국정운영을 해온 것은 오스트리아 고유의 정치사, 그에 토대를 둔 정치문화와 전통에 기인한 것이다. 전전 오스트리아판 파시즘 체제와 히틀러의 독일에 의한 합병을 경험했던 오스트리아인들은 특정 정치인이나 정치세력에 의한 독재 또는 독주를 경계하는 정치문화를 형성해 왔고, 전후 미국, 영국, 프랑스, 소련 등 전승 4개국에 의한 10년간의 분할점령을 경험하면서 독립국가 회복을 위해 이념과 정파를 초월한 연합정치를 하게 되었다(선학태, 2005: 202). 또한, 비례대표 선거제도 하에서 다당제가 정착되어 연정과 협치가 촉진됨에 따라 합의제 정치문화가 자리잡았다(최태욱, 2017).

핀란드의 경우 의회제적 이원정부제를 채택했음에도 불구하고 극심한 다당제 하에서 대통령이 연정 협상에 깊이 개입하고 개별 각료 인선에까지 개입하는 것이 일반화되었다(Raunio, 2004). 특히 핀란드는 1960년대와 1970년대에 걸쳐 케코넨 대통령(1956-1982)의 제왕적 통치를 경험하였다. 케코넨은 두 차례 총리(1950-53, 1954-56)를 역임한 후 1956년부터 1982년까지 대통령직을 유지했는데, 그의 대통령 재임기간중 의회와 총리의 권한은 약화되었고 선거인단을 통한 대통령 간선제는 그의 장기 집권을 가능하게 하였다. 케코넨의 제왕적 통치를 가능하게 한 데에는 냉전체제 하에서 소련과의 지리적 근접성이라는 지정학적 특성이 크게 작용했다. 소련과의 우호적 관계를 유지할 필요성이 대통령 권한을 강화시키는 요인이 되었지만, 냉전체제의 종식으로 그럴 필요성이 사라졌다.

케코넨 대통령의 장기집권을 경험한 핀란드인들은 이후 대통령의 연임을 1회로 제한하고 간선제 대신 국민 직선으로 선출하도록 헌법을 개정하였고, 특히 2000년의 헌법 개정을 통해 대통령의 총리 임명과 내각구성 과정에서의 권한을 제약, 사실상 총리 선출권을 의회에 주고 의회해산도 총리의 요청 없이는 할 수 없도록 하였다. 또한 대외정책에 대한 대통령의 권한도 정부와의 협의를 통해서만 행사할 수 있도록 명시하였다(Nousiainen, 2001; Raunio, 2004). 이에 따라 핀란드에서 대통령이 조각과정에 실질적으로 개입하여 영향력을 행사한 일은 1987년 코이비스토 대통령이 중도당과 국민연합당간의 중도우파 연정을 거부하고 사회민주당을 포함하는 좌우파 대연정을 성립하도록 한 것이 마지막이었다. 대통령의 국민 직선제는 대통령의 권한 행사를 강화하는 요인이 되긴 하지만, 특히 2000년의 개헌은 핀란드의 정치체제가 대통령의 권한남용을 방지하고 의회와 총리의 권한을 강화하여 의회민주주의를 강화하도록 하였다(Raunio, 2004).

대만의 경우, 1980년대 말부터 시작된 점진적인 민주화 이후 개헌을 통해 1997년을 기점으로 기존의 순수 대통령제에서 이원정부제로 권력 구조가 변화하였다. 당시 이덩후이 대통령은 야당인 민진당과 대타협을 통해 개헌을 하였는데, 그 내용은 대만의 의회인 입법원이 대통령이 지명한 총리에 대한 임명동의권을 포기하는 대신 총리와 내각을 불신임하는 권한을 가지는 것이었다(Wu & Tsai, 2011). 대만의 개헌 전 헌법이 한국의 현재 헌법과 내각 구성면에서 유사했던 점을 알 수 있다. 현재 대만이 도입하고 있는 이원정부제는 대통령제적 형태이다. 즉, 이원정부제 중에서도 대통령의 권한이 상대적으로 강한 형태인 것이다. 대통령은 내각 구성 과정에서 총리 및 장관 임명에 대해 실질적인 권한을 행사한다. 대만의 헌법은 의회가 국무총리를 포함한 내각 전체에 대한 불신임권을 행사할 수 있는 권한을 주고 있으나, 이러한 경우 대통령이 의회해산권으로 맞대응할 수 있는 권한이 주어져 있다. 대통령의 임기는 4년으로 1회에 한해 연임이 허용된다.

대만은 1997년 이원정부제를 도입한 직후 대통령의 소속 정당과 의회 다수당이 동일한 통일정부(unified government) 가 구성됨으로써 대만의 이원정부제 도입은 연착륙에 성공하는 듯 했다. 그러나, 2000년 대선에서 오랜 야당 생활 끝에 대통령을 선출하게 된 민주진보당(Democratic Progressive Party 또는 민진당)이 의회에서 소수당의 위치에 있게 됨으로써 여소야대 분점정부(divided government) 상황이 발생하였다. 즉, 민진당 출신의 천수이볜이 대통령이 되었지만 의회인 입법원에서는 여전히 국민당(Nationalist Party 또는 Kuomintang)이 다수당이었던 것이다. 이러한 상황이 대만의 정치 역사상 처음 발생하자, 많은 시행착오와 갈등이 발생했다. 특히, 조각을 둘러싼 갈등이 대표적이었다. 헌법적 측면만을 고려할 때, 대만의 대통령은 의회의 동의나 지지없이 국무총리와 장관 임명을 독단적으로 진행할 수 있다. 그러나, 이러한 과정을 통해 구성된 내각이 통치 과정에서 의회와 끊임없는 마찰을 빚을 것은 쉽게 예상되는 결과였다. 이러한 상황에서 천수이볜 대통령이 선택한 방법은 야당이지만 의회의 다수당인 국민당 출신의 총리를 임명하고 상당수의 장관 역시 국민당 출신으로 임명하는 것이었다. 천수이볜의 1기 내각은 이전 국민당 정권에서 국방부 장관을 지낸 탕페이를 총리로 임명하고 20퍼센트 이상의 내각을 국민당 출신으로 구성했다(Wu, 2005). 이러한 내각 구성은 당시 국민당의 당수인 롄짠과 사전 협의를 거친 사안이 아니었기에 연립 내각이나 대연정으로 볼 수는 없다. 그러나, 천수이볜이 입법원내 다수당인 국민당과의 연정을 구성하는 노력 없이 단지 국민당 출신들을 일부 포섭하여 정부를 구성한 것으로는 행정부와 의회간의 끊임없는 갈등을 막을 수 가 없었다. 결국 천수이벤 대통령은 재임 8년(2000~2008) 동안 입법원의 다수당인 국민당과의 협의 없이 6명의 총리를 임명하였다. 특히, 재선에 성공한 2004년 이후에는 여전히 여소야대였음에도 불구하고 모든 총리를 자신의 소속 정당인 민진당 의원으로 임명하였다. 대신 여소야대의 입법원은 대통령의 일방적인 총리 임명은 저지할 수 없었지만 대통령의 정책을 거부하고 대통령에 대한 탄핵을 위협하였다. 이후 국민당의 마잉주 대통령(2008-2016)과 민진당의 짜이잉웬 대통령(2016~) 집권기간에는 집권당이 입법원의 과반수를 차지함으로써 천수이벤 대통령 시절에 있었던 의회와의 갈등은 피할 수 있었다.

대만은 2005년 선거법 개혁을 통해 113석의 입법위원중 34석을 비례대표로 선출하는 등 이전보다는 좀 더 균형적인 결과를 도출해낼 수 있는 선거제도를 채택하여 다수제 보다는 합의제에 가까운 형태의 정부를 구성하기 위한 노력을 해오고 있다. 그러나, 한국처럼 소선거구에 비해 비례대표로 선출되는 의원의 비중이 작아 아직 안정적인 다당제로 발전하지 않고 있으며, 향후 여소야대가 다시 출현할 경우 정부-의회 관계가 순조롭게 이루어질지는 의문이다. 대만의 사례는 여소야대 시 대통령제적 이원정부제가 처하는 딜레마를 잘 보여준다. 핀란드나 프랑스와 같이 의회제적 형태를 취하고 있었다면 이런 경우 대통령은 의회 다수당(또는 다수 연합)의 신임을 받는 총리를 임명할 수밖에 없을 것이므로 일정한 권력 공유를 통한 협치가 이루어질 수 있었을 것이다. 그러나, 한편으로 대만 사례는 대통령제적 이원정부제 하에서도 제도적 갈등은 있지만 민주주의 공고화가 이루어질 수 있다는 것을 보여주는 긍정적인 사례로 해석될수도 있다(Wu & Tsai, 2011).

VII. 결론

먼저 이상의 논의를 바탕으로 우리는 제왕적 대통령제의 극복과 합의제 민주주의의 구현이라는 점에서 분권형 대통령제 또는 이원정부제로의 권력구조 개헌은 바람직한 방향이라고 본다. 이원정부제는 권력의 분산을 통해 합의제 정치를 촉진할 뿐만 아니라 민주적 대표성과 책임성이라는 측면에서도 장점을 지닌다. 그리고 이원정부제에 대해 정치적 안정성 등의 측면에서 과거 부정적 시각이 존재했으나 그동안에 축적된 경험적 연구결과에 의해 이러한 우려는 대체로 기우인 것으로 판명되었다. 이원정부제보다 더 이상적인 방안으로 의회제(의원내각제)를 주장하는 견해도 있으나(예컨대 강원택, 2016), 의회제로의 개헌은 개헌논의에 상당한 영향력을 행사할 것으로 예상되는 대통령이나 국민여론의 지지가 없다는 점에서 적어도 현 국면에서는 현실적으로 불가능하다고 보인다. 이에 덧붙여, 의회제로의 개헌이 어려운 이유로 한국과 같이 왕이 없는 나라가 의원내각제를 도입할 경우 모든 국민을 대표하는 초당파적 국가원수의 부재로 인해 국가나 사회통합의 안정적 구심점 확보가 어려울 수 있다는 점이 지적되기도 한다. 입헌군주국이 아닌 대부분의 유럽 국가들이 의회제 대신 이원정부제를 택한 이유이기도 하다(최태욱, 2014: 284; 황태연, 2005; Elgie, 2011). 독일처럼 상징적 국가원수로서의 대통령을 따로 두는 방안도 고려할 수 있을 것이다. 한국의 제2공화국에서도 상징적 국가원수인 대통령을 국회에서 선출한 바 있다. 그러나 한국 국민들이 6월 항쟁의 쟁취물인 대통령 직선제를 쉽게 포기할 수 있겠느냐, 그리고 직선 대통령을 단순히 상징적 존재로만 국한할 수 있겠느냐 하는 문제가 생긴다(최태욱, 2014: 285). 이러한 현실적 어려움을 생각할 때 한국의 현실에서는 의회제보다는 이원정부제 또는 분권형 대통령제로의 개헌이 보다 현실적인 방안으로 보인다.

다음으로 현행 대통령제를 유지하되 대통령의 과도한 권한을 축소 분산하며 5년 단임제에 따른 폐해를 감안해 4년 중임제로 개헌하는 안이 이원정부제보다 우리 국민에게 더 익숙하고 지지를 받기 쉽다는 점을 고려할 때 이원정부제로의 개헌이 굳이 필요하냐는 질문이 제기될 수 있다. 또한 헌법개정 없이도 이원정부제적 정부 운영이 불가능한 것은 아니며, 특히 대통령 결선투표제 채택과 국회의원 선거의 비례대표제 확대만을 통해서도 다당제와 연합정치의 활성화를 통해 이원정부제적 정부운영을 촉진할 수도 있을 것이다(정해구, 2012). 그러나, 현행 헌법하에서 연정이나 이원정부제적 정부 운영을 하기 위해서는 대통령의 결단이 필요할 뿐만 아니라 야당의 동참 없이는 실현이 어렵고, 이러한 임시적 합의는 불안정하여 언제나 깨지기가 쉬운 한계가 있다. 따라서 대통령의 권한 축소 및 책임성 강화, 연정과 협치를 통한 합의제 민주주의의 제도화라는 측면에서 4년 중임 대통령제보다는 이원정부제로의 개헌이 바람직하다고 할 것이다. 대통령의 결단으로 개헌 이전에라도 이원정부제적 연정을 실험적으로 운영해보는 것도 좋을 것이다(유종성,

2017).

물론 이원정부제 개헌이 연정과 협치, 나아가 합의제 민주주의 제도화를 가져오는 충분조건은 아니다. 앞에서 지적했듯이 합의제 민주주의 구현에는 권력의 분산과 함께 다양한 계층의 대표성을 확보할 수 있는 선거구제의 개혁이 반드시 병행되어야 한다. 또, 이원정부제로의 개헌은 권력의 중심이 대통령에서 의회로 일정하게 옮겨 가는 방안인 만큼 이원정부제의 안정적 도입을 위해서는 국회의원의 전문성과 정당 정치의 성숙도 동반되어야 할 것이다. 이를 위해서는 대통령 결선투표제 도입과 함께 현행 혼합다수형 국회의원 선거제도를 비례대표제로 바꾸거나 비례대표 비중을 대폭 늘리는 방향으로 개혁하는 것이 필요하다. 이를 통해 국회의원 전문성이 확대되고 정당정치가 활성화되고 다당제가 제도화되어야만 이원정부제가 단순한 권력 나눠먹기를 넘어서서 사회통합을 위한 합의제 정치의 순기능을 제대로 발휘할 수 있다.

이원정부제를 채택할 경우 대통령제적 형태와 의회제적 형태 중 어느 쪽을 선택할 것인가를 우선적으로 논의, 결정해야 한다. 그리고 나서 대통령의 권한을 구체적으로 어떻게 설정하고 총리와의 역할분담 및 정책협의 기제를 어떻게 마련할 것인가 하는 구체적인 논의가 필요하다. 그러나, 지금까지 국회 개헌특위에서는 이원정부제의 두 가지 형태에 대한 논의와 검토 없이 바로 오스트리아식, 핀란드식 제도에 대한 논의가 이루어진 것으로 보인다.

이원정부제가 그동안 국내에서는 이원집정부제라는 명칭으로 다소 부정적으로 인식되어 온 것을 감안해 국회 개헌특위가 분권형 대통령제란 용어를 사용한 것은 이해할 수 있다. 이런 맥락에서

의회제적 형태보다는 대만이나 오스트리아와 같은 대통령제적 형태를 채택하기가 보다 쉬울 것이다. 이러한 형태의 이원정부제는 상대적으로 민주주의와 정당 정치의 역사가 짧고 국회의원들의 전문성이 비교적 낮은 국가에서 현실적으로 고려할 수 있는 선택이기도 하다. 대한민국의 민주주의 역사를 고려할 때, 당장 의회제나 의회의 영향력이 강한 의회제적 이원정부제를 도입하는 것보다는 대통령제적 이원정부제가 보다 채택하기 쉽고 현실적인 대안일 것으로 볼 수도 있다.

그러나, 다른 한편으로는 의회의 전문성 증가, 선거 제도의 개혁 등을 병행 추진하면서 의회제적 이원정부제를 선택하는 방안도 진지하게 고려해 볼 필요가 있다. 대한민국의 정치 역사 측면을 고려할 때, 현재의 오스트리아와 같이 대통령의 권한 위임이 발생하기보다는 오히려 과거 냉전체제하 핀란드의 경우처럼 대통령이 헌법상 권한 이상의 권력을 행사하기가 쉽기 때문이다. 마침 현재의 5당 체제는 선거제도 개혁을 통해 합의제의 근간이 되는 다당제의 형태를 공고화할 수 있는 좋은 기회라고 할 수 있다. 또한 국회 선진화법도 대통령의 권한을 제약하고 국회의 권한 강화와 함께 협치와 연정을 촉진하는 강력한 유인으로 존재하고 있다.[3] 이런 점에서 과거 어느 때보다 합의제 민주주의를 향한 각종 제도개혁을 동시에 추진하고 이를 단시일 내에 정착시키기에 좋은 여건을 맞이하고 있

---

3) 레이파트는 입법에 특별다수제를 필요로 하는 경우 최소승리연합 내각(minimal winning one-party or coalition cabinet)을 넘어서는 대연합 내각(oversized cabinet)이 형성될 가능성이 크다는 점을 지적한다. 가령 1990년대 초까지 핀란드에서 일정한 형태의 경제입법에 2/3 또는 심지어 5/6의 절대다수 의결을 요구하는 제도가 대연정을 촉진시킨 사례이다(Lijphart, 2012: 91~92).

다. 따라서 선거제도 개혁과 함께 의회제적 이원정부제로의 권력구조 개편을 병행한다면 합의제 민주주의를 위한 제도적 기반이 마련될 수도 있을 것이다.

제3부

지방분권과 개헌과제

제7장 |

지방분권개헌의 당위와 과제

이기우

I. 몇 가지 사례를 통한 문제의 제기

몇 가지 사례를 통하여 지방분권이 왜 필요한지에 대한 문제점을 짚어본다.

사례1: 정당공천과 지방정치의 중앙예속

2012년 대선과정에서 여당과 야당의 대통령 후보들이 지방선거에서 정당공천제도를 폐지하겠다는 공약을 하였다. 당시 일반국민의 여론은 조사기관에 따라 차이가 있었으나 국민의 70%내지 80%가 지방선거에서 정당공천제도폐지를 찬성하였다. 그럼에도 불구하고 여당과 야당에서는 정당공천제도를 폐지하는 것이 정당제도를 보장하는 헌법 제8조에 위반된다는 것을 이유로 정당공천

폐지공약을 번복하여 정당공천을 실시하였다. 정치권에서는 헌법재판소가 정당공천제도의 폐지가 위헌인지 여부에 대해서는 판단한 적이 없음에도 불구하고, 헌법재판소가 위헌결정을 했다고 사실을 왜곡하여 위헌의 근거로 삼았다. 법률학자들의 대부분은 정당공천배제가 합헌이라고 본다. 그럼에도 불구하고 헌법을 빙자하여 정당공천배제공약을 철회하는데 이용하였다.

사례 2: 지방재정의 중앙종속

지방자치단체가 재정난을 해소하기 위하여 지방세를 조례로 신설하고자 하나 법률의 위임이 없는 한 헌법 제59조의 조세법률주의에 가로막혀 법정외세의 도입이 불가능한 것으로 보고 있다. 더구나 국세와 지방세의 조정 등에 관한 법률에 특별한 규정이 있는 경우를 제외하고는 중복과세를 다른 법률로 규정하는 것도 금지하고 있어서 주요 세원인 소득세나 법인세 등을 조례로 지방세원으로 할 수 있도록 법률로 위임하는 것조차도 원천적으로 봉쇄하고 있다. 지방자치의 근간이 되는 자체수입의 확보방안이 헌법과 법률에 의하여 봉쇄되고 있는 실정이다. 이로 인하여 지방의 재정적 국가의존은 심화되고 지방의 자기책임성은 실종되고 있다.

특히 지방의 주요세원인 취득세에 대해서 국가가 일방적으로 세율을 인하함으로써 지방자치단체가 겪는 재정난의 원인을 제공하였다. 지방세의 세율조차도 중앙정부가 일방적으로 결정하고 있는 실정이다. 이는 지방자치단체의 과세권을 원천적으로 부정한 것으로 지방세는 국세처럼 운용되고 있다.

사례 3: 복지비용의 지방전가

국가적인 과제로 각종 복지정책을 도입하여 포퓰리즘정책을 양산하고 있으나 국가가 그 비용부담의무를 일부만 부담하여 지방정부에게 비용을 전가시키고 있다. 이로 인하여 지방재정이 취약해지고 있으며 디폴트의 우려가 제기되고 있는 실정이다. 국가적인 과제를 지방이 수행하도록 함으로써 중앙정부는 비용을 고려하지 않고 인기 영합 정책을 양산하게 되어 도덕적 해이에 빠지고 무책임하게 된다. 중앙정부가 지방의 비용부담으로 선심을 쓰고 있다. 지방정부는 국가 사무수행비용을 충당하느라 자치사무를 수행하는데 필요한 재원이 고갈된 실정이다. 지방자치단체의 자체사업을 할 수 있는 재원이 없다. 이는 자치없는 명목상의 자치가 된다. 역시 헌법상의 한계에 부딪혀 국가의 비용전가를 방어하기가 매우 어려운 실정이다.

사례 4: 지방자치단체의 중앙정부 하급기관화

지방자치단체는 자치입법권을 가지고 있지만 현행 헌법에 따르면 법령의 범위 내에서 인정된다. 자치입법권은 법령의 범위 안에서 인정되므로 법령으로 자치사무에 대한 세세한 규정을 하고 있으면 자치입법권을 통한 입법의 여지는 거의 없다. 특히 자치입법은 법령에 위반해서는 안 되기 때문에 법령에서 지방실정에 맞지 않는 규정을 하고 있더라도 법령에서 이미 규정을 하고 있으며 자치입법권을 행사해서 이를 변경할 수 없다(법률 우위의 원칙).

지방자치단체가 처리하는 위임사무에 대해서는 물론이고 자치사무에 대해서도 법령으로 상세한 지침을 정하고 있기 때문에 지방자치단체에게 독자적인 지방정책을 추진할 수 있는 여지가 거의 없다. 자치사무도 그 지침이 중앙정부에 의해서 법령의 형식으로 이미 다 정해진 경우가 대부분이므로 지방자치단체는 독자적인 정책구상에 의해서 이를 수행할 수 있는 자치주체가 아니라 사실상 중앙정부의 하급집행기관이 된다. 즉, 지방의 잘못은 중앙정부가 법령의 형식으로 입력한 정책의 잘못인 경우가 많다.

사례 5: 반쪽 정책결정권

지방자치단체의 조례제정범위를 두고 많은 논란이 있었다. 특히 주민의 권리제한이나 의무 부과, 벌칙에 관한 조례를 제정하기 위해서는 법률에 의한 위임이 있어야 한다는 지방자치법 제22조 단서에 대해서는 헌법에 위반되기 때문에 헌법에 위반된다는 주장이 많다. 이에 대해서 헌법재판소와 대법원은 이 문제를 적극적으로 다루지 않고 있다.

지방자치단체가 자치사무를 수행하기 위한 정책적인 과제는 주민의 권리제한이나 의무 부과와 관계있는 것들이 적지 않다. 이러한 정책은 국회가 법률로 위임해주지 않는 한 지방에서는 아무런 정책을 구상할 수 없다. 지방정부에서 조례로 정책화할 수 있는 방법은 유일하게 주민에게 인센티브를 제공하여 정책을 수행하는 방식밖에 없게 된다. 이는 지방재정을 더욱 어렵게 할 뿐만 아니라 주민이 지역발전을 위하여 당연히 협조하고 불편을 감수해야 하는 것이 적지 않음에도 불구하고 이익이 없으면 움직이지 않도록 하여 주민을 도덕적으로 타락시키고 있다.

예컨대,

- 주차문제를 해결하기 위하여 차고지 증명제를 조례로 도입하려고 했으나 법률에 위임이 없어 실패한 사례
- 어린이 놀이터 안전규격에 대한 법률상의 결함을 조례로 보충하려 해도 법률의 위임이 없어 20년간 방치
- 교통량해소를 위해 최소주차면적 대신에 최대 주차면적을 제한하려는 정책은 선진국에서는 조례로 많이 도입하고 있으나 우리나라에서는 법률에 조례에 위임하는 근거가 없어 어려움.

II. 현행 헌법의 문제점

현행 헌법은 지방자치발전의 디딤돌이 아니라 걸림돌이 된다. 헌법 제117조를 비롯하여 제37조 제2항, 제59조, 제13조 등이 지방의 손발을 묶고 있기 때문이다. 지방이 아래로부터 창조적인 혁신을 하려고 해도 할 수 없도록 가로 막고 있다. 지방정부는 손발을 묶어서 기능이 마비되어 있다. 그렇다고 중앙정부가 대신할 수 있는 것도 아니다. 중앙정부는 과부하로 인하여 제대로 작동할 수 없기 때문이다.

1. 법률유보의 원칙(지방은 중앙정부가 시키대로만 하라는 헌법 제117조 제1항)

지방자치단체는 자치입법권을 가지고 있지만 법령의 범위 내에서 인정된다. 자치입법권은 법령의 범위 안에서 인정되므로 국가가 법

령으로 자치사무에 대한 세세한 규정을 하고 있으면 자치입법권을 통한 입법의 여지는 거의 없다(법률 우위의 원칙).

지방자치단체가 처리하는 위임사무에 대해서는 물론이고 자치사무에 대해서도 법령으로 상세한 지침을 정하고 있기 때문에 지방자치단체에게 독자적인 지방정책을 추진할 수 있는 여지가 거의 없다. 자치사무도 그 지침이 중앙정부에 의해서 법령의 형식으로 이미 다 정해진 경우가 대부분이므로 지방자치단체는 독자적인 정책구상에 의해서 이를 수행할 수 있는 자치주체가 아니라 사실상 중앙정부의 하급집행기관이 된다. 즉, 지방의 실패는 중앙정부가 법령의 형식으로 입력한 정책의 실패에 기인하는 경우가 많다. 이는 다른 말로 하면 지방정부는 국가의 법령에서 시키는 대로만 해야 한다. 지방정부는 국가의 법령을 지방에서 베껴내는 복사기에 불과한 것이 된다.

중앙정부가 지역발전을 위한 정답을 가지고 있지 않음에도 불구하고 법령으로 규정하기만 하면 지방은 법령이 요구하는 대로만 해야 한다. 법령이 지역실정에 맞지 않고, 지방에서 더 좋은 문제해결 방안을 가지고 있어도 지방에서는 법령에서 시키는 대로만 하여야 한다.

2. 법률유보의 원칙(지방은 중앙정부가 시키는 것만 하라는 헌법 제37조 제2항, 59조 등)

헌법은 법률의 위임이 없으면 주민을 권리제한하거나 의무를 부과하는 자치입법을 할 수 없도록 하여 지방의 자치활동을 제한하고 있다. 헌법 제37조 제2항이나 헌법 제59조 등 여러 조항에서 국민의 자유와 권리를 제한하는 경우에 법률로 하도록 규정하고 있기 때문이다(법률유보의 원칙). 예컨대, 헌법 제37조 제2항은 "국민의 모든 자유와 권리는 … 법률로서 제한할 수 있으며 … "라고 규정하고 있으며, 헌법학자들은 절대다수가 여기서 "법률로써"라고 함은 국회가 법률의 형식으로 제정한 형식적인 의미의 법률에 근거해서라는 의미로 해석한다. 법률에 근거가 없는 한, 즉, 법률에 의해서 위임을 받지 않는 한 조례로는 주민의 권리제한이나 의무 부과에 관한 것을 규정할 수 없다는 결론이 된다.

이는 민법에서 정신적 제약이 있어 사무를 처리할 능력이 부족한 사람에 대해서 행위능력을 제한하여 후견인의 동의 없이는 활동할 수 없도록 한 제한능력자제도와 유사하다. 헌법은 국회가 제정한 법률의 위임이 없으면 지방자치단체가 활동할 수 없도록 하여 지방의 행위능력을 제한하고 있다. 즉, 헌법은 지방자치단체를 행위능력이 제한되는 제한능력자로 취급하고 있는 것이다. 그러다 보니 지방에서는 주민에게 혜택을 베푸는 조례만 제정할 수 있어 지방재정난을 가중시킨다. 뿐만 아니라 주민이 공공의 이익을 위하여 당연히 해야 하거나 하지 말아야 할 것도 조례로 의무를 부과하거나 금지를 할 수가 없어서 주민이 혜택이 없으면 실천하지 않아 주민을 타락시킨다.

헌법이 지방정부의 손발을 묶어놓고 중앙정부만 쳐다보도록 만들고 있다. 중앙정부는 지방의 살림살이까지 세세하게 챙기고 간섭하는데 진력하다보니 막상 전국적인 큰 과제에는 집중하지 못하고 있는 실정이다. 중앙이 법령을 통해 전국적으로 지방에 하달한 획일화된 정책은 지방 실정에 맞지 않아 무용지물이 되거나 지역발전에 걸림돌이 되는 경우가 적지 않다. 중앙정부는 과부하로 기능장애에 시달리고, 지방정부는 수족이 묶여 능력을 발휘하지 못한다.

3. 자치조직권의 박탈(헌법 제118조의 지방조직법률주의)

헌법 제118조는 의회와 지방자치단체장의 선임방식을 비롯하여 지방자치단체의 조직과 운영방식 등을 법률로 정하도록 하고 있다(조직법정주의). 지방자치단체의 조직은 지역에 따라 다양한 특성이 반영될 필요가 있고, 행정혁신은 대체로 조직혁신을 통해서 일어난다. 지방조직을 기관의존형으로 할 것인지, 기관독립형으로 할 것인지, 합의제기관으로 할 것인지, 지방자치단체장과 지방의회의 관계를 어떻게 설정할 것인지, 지방선거를 어떤 방식으로 할 것인지를 일일이 국가가 법률로 규정하도록 하고 있는 것이다. 이는 독립하여 분가한 자식의 집에 가구배치까지를 부모가 결정하고 자식들이 따라야 한다고 강요하는 것과 같다.

지방분권이 잘된 스위스에서는 중앙정부의 조직은 지방정부의 조직 중에서 잘 운영되는 것을 본받아 혁신하는 경우가 적지 않다. 중앙정부를 합의제기관으로 운영하는 것, 직접민주제의 도입, 복식부기제도의 도입 등이 이에 해당한다. 아래로부터의 정부혁신은 지방의 조직 자율성을 보장함으로써 큰 위험 없이 검증된 제도를 채택할 수 있게 되는 것이다. 지방자치단체의 조직법정주의를 통하여 우리는 아래로부터의 혁신효과를 원천적으로 봉쇄하고 있으며, 지방이 필요에 따라 조직을 변용할 수 있는 가능성을 배제하고 있다.

예컨대, 부시장을 몇 명으로 할 것인지, 의회와 집행기관의 관계를 어떻게 설정할 것인지, 집행기관을 독임제로 할 것인지 합의제로 할 것인지 다양한 실험과 지역특성의 반영이 요구되는 분야이다. 이를 전국적으로 획일적으로 법률로 규정하는 것 자체가 반분권적인 발상이다.

4. 지방재정위기의 유발

지방자치단체가 재정난을 해소하기 위하여 지방세를 조례로 신설하고자 하나 법률의 위임이 없는 한 헌법 제59조의 조세법률주의에 가로막혀 법정외세의 도입이 불가능한 것으로 보고 있다. 더구나 국세와 지방세의 조정 등에 관한 법률에 특별한 규정이 있는 경우를 제외하고는 중복과세를 다른 법률로 규정하는 것도 금지하고 있어서 주요세원인 소득세나 법인세 등을 조례로 지방세원으로 할 수 있도록 법률로 위임하는 것조차도 원천적으로 봉쇄하고 있다. 지방자치의 근간이 되는 자체수입의 확보방안이 헌법과 법률에 의하여 봉쇄되고 있는 실정이다. 이로 인하여 지방의 재정적 국가의존은 심화되고 지방의 자기책임성은 실종되고 있다. 지방정부가 중앙정부의 재정지원으로 필요한 비용을 조달하다 보니 절약의 동기는 사라지고, 이래로부터 혁신을 통한 효율성의 향상도 기대하기 어렵게 된다.

특히 국가적인 과제로 각종 복지정책을 도입하여 포퓰리즘 정책을 양산하고 있으나 국가가 그 비용부담의무를 일부만 부담하여 지방정부에게 비용을 전가시키고 있다. 이로 인하여 지방재정이 취약해지고 있으며 디폴트의 우려가 제기되고 있는 실정이다. 국가적인 과제를 지방이 수행하도록 함으로써 중앙정부는 비용을 고려하지 않고 인기 영합 정책을 양산하게 되어 도덕적 해이에 빠지고 무책임하게 된다. 중앙정부가 지방의 비용부담으로 선심을 쓰고 있다. 지방정부는 국가 사무수행비용을 충당하느라 자치사무를 수행하는데 필요한 재원이 고갈된 실정이다. 지방자치단체의 자체사업을 할 수 있는 재원이 거의 없다. 이는 자치 없는 명목상의 자치가 된다. 역시 헌법상의 한계에 부딪혀 국가의 비용전가를 방어하기가 매우 어려운 실정이다.

III. 지방분권개헌의 과제

필자가 국회개헌특위 자문위원으로 활동하면서 가장 많이 받은 질문은 어떤 수준의 지방분권개헌을 해야 하는지에 대한 것이다. 많은 국회의원들이 지방자치강화형인가, 지역정부형인가 아니면 연방제형인가하는 질문을 많이 했다. 일부 학자에 의해서 잘못 유형화된 지방분권유형이 두고두고 영향을 미치고 있다. 지방분권을 그렇게 나눌 근거도 없을 뿐만 아니라 사실관계에 부합하지도 않는다. 왜냐하면 연방제 국가도 분권화된 단방제보다 더 중앙집권적일 수도 있기 때문이다.

우리가 필요로 하는 지방분권의 수준은 지방정부와 주민의 손발을 묶고 있는 헌법상의 족쇄를 풀어서 지방정부가 지역발전을 위하여 활동할 수 있는 능력을 회복시키는 수준이라고 할 수 있다. 지방분권헌법개정의 평가는 "그렇게 개정하면 지방주민과 지방정부의 손발을 묶어놓은 족쇄가 풀리는가?"라는 기준에 따라 이루어져야 한다.

1. 지방입법권의 헌법적 보장

지방의 조례가 법령의 범위 내에서만 제정할 수 있도록 하고, 국회와 중앙정부의 각 부처가 세세한 부분까지 법령으로 규정하게 된다면 지방정부는 결국 중앙정부가 법령의 형식으로 규정한 정책을 집행하는 하급기관에 불과하게 된다. 그렇게 해서는 지방정부에 의한 아래로부터의 혁신을 기대할 수 없다. 지방자치단체가 단순히 중앙정부의 하급기관이 아니라 독자적인 정책기관으로 자리매김하고, 혁신이 지방에서 일어나서 중앙정부를 혁신하도록 하는 지방분권의 기능이 발휘될 수 있도록 하기 위해서는 다음과 같은 다양한 방법을 생각할 수 있다.

(1) 지방정부의 법률제정권 보장

국가가 법령으로 위임하지 않는 일을 지방정부가 할 수 없다면 지방정부는 수동적이고 피동적인 역할을 하는데 그칠 수밖에 없다. 이는 지방정부가 주민복리를 실현하기 위해 적극적인 조치가 필요함에도 불구하고 법령의 위임이 없으면 손발을 묶어놓고 있어야 한다는 것을 의미한다. 예컨대, 어린이 놀이터에서 동네청년들이 술을 마시고 병을 깨뜨려도 법률의 위임이 없는 한 지방정부는 속수무책이 된다. 탄산음료가 청소년에게 유해한 영향을 미칠 수 있어 청소년 시설에서 탄산음료의 자판기를 설치할 수 없도록 하고자 해도 법률에 위임이 없어 할 수가 없는 실정이다. 지방정부의 이러한 무능력을 극복하기 위해서는 지방의회의 법률제정권을 헌법에 보장하여야 한다. 지방의회는 국회와 마찬가지로 민주적인 정당성을 가진 기관이므로 지방의회가 법률을 제정하지 못할 이유가 없다. 스위스에서는 지방정부(Gemeinde)가 제정한 법규범(Reglement)을 형식적 의미의 법률로 보고 있다. 지방의회가 스스로 법률제정권을 갖도록 헌법에 보장한다면 권리제한이나 의무 부과, 지방세의 부과나 벌칙을 법률의 위임을 받을 필요가 없이 지방정부가 직접 제정할 수 있게 되어 지방정부는 비로소 자치주체가 된다.

• 중앙정부의 입법권 제한

중앙정부가 입법권을 행사하는 경우라도 불필요하게 세세한 부분까지 법령으로 규정할 수 없도록 중앙정부의 입법권의 한계를 설정하는 방식이다. 중앙정부가 법령을 규정하는 것은 전국적인 통일이 반드시 필요한 최소의 범위에 그치고, 지방정부가 독자적인 정책을 채택할 수 있도록 입법자율의 영역을 남겨두는 방식이 있다. 예컨대, "국회와 국무총리, 각부장관은 전국적인 통일을 위하여 불가피한 경우에만 입법권을 행사할 수 있다" 라고 헌법에 규정하여 국회와 각 부처의 입법권의 한계를 설정하는 방식이다.

• 지방의 전속적 입법영역의 설정

중앙정부가 입법권을 행사할 수 없는 지방의 독자적인 입법권을 행사하도록 하는 방안이다. 즉, 지방정부의 독자적인 입법 분야를 헌법에 규정하는 방식이다. 헌법에서 규정하는 분야에 대해서는 지방정부만 입법권을 행사할 수 있도록 하고, 국회와 중앙정부의 각 부처에서는 아예 입법권을 행사할 수 있도록 하는 것이다. 만약 이러한 입법사항에 대해서 국회나 중앙부처가 입법권을 행사하면 관할권 위반으로 무효가 되도록 하는 방안이다. 예컨대 독일에서는 연방정부는 교육, 문화, 경찰, 지방자치 등에 관해서는 연방정부는 입법권을 가지고 있지 않으며 지방정부인 주만 입법권을 가진다.

(2) 지방정부의 변형입법권 보장

지방의회가 법률을 제정하도록 한다면 국회가 제정한 법률과 관계를 어떻게 설정할 것인지가 문제된다. 현행 헌법은 무조건 국회의 법률과 중앙정부의 법령이 지방입법에 우선하도록 규정하고 있다. 국가법령 우월주의를 채택하고 있어서 지방정부를 중앙정부의 하급기관으로 만들고 있다. 이는 정책의 전국적 획일화를 가져오고, 아래로부터 혁신이 불가능하게 만든다.

지방자치를 통해서 실현하려는 지역특성에 따른 다양성의 보장과 아래로부터 혁신이 가능하도록 하기 위해서는 국가법령과 지방법령의 관계를 재설정할 필요가 있다. 경우에 따라서는 지방법령의 국가법령에 대한 우선성을 보장할 필요가 있다. 전국적으로 획일화된 국가법령이 지역실정에 맞지 않거나 지방정부가 중앙정부보다 더 나은 입법을 할 수 있는 경우에 국가의 법령에도 불구하고 지방에서 달리 규정할 수 있도록 하는 것이다(변형입법권, "불구하고"조항).

2006년에 제정된 제주특별법에는 ○○ 법률 제○○조에 불구하고 제주도에서는 조례 정할 수 있다"는 규정을 다수 포함하고 있다.

또한 2006년 개정된 독일헌법 제72조는 자연보호, 사냥, 공간정서, 수리, 대학입학 등의 분야에서 주는 연방법과 다른 규정을 할 수 있도록 하여 연방법 우선주의에 대한 예외를 규정하고 있다.

국가법령에 대해 지방법령의 우월적인 효력을 보장함으로써 법령의 다양성 즉, 지방 간의 정책다양성을 보장하고, 지방 간의 정책경쟁을 가능하게 한다. 또한 중앙정부와 지방정부 간에도 정책경쟁을 가능하게 한다. 국가는 지역에 관련된 법률이나 명령 등을 규정함에 있어서 지방정부에 의해 다른 규율이 이루어 질 수 있다는 것을 의식하며 입법에 신중을 기하고 보다 높은 수준의 정책을 입법화할 수 있도록 노력하게 된다. 또한 지방정부도 국가의 법령에 반하는 입법을 하기 위해서는 주민을 납득시킬 수 있어야 한다. 주민이 납득하지 못하는 지방입법은 지속성을 갖기 어렵게 된다. 이를 통하여 지방정부와 국가는 보다 나은 입법을 하기 위해 서로 경쟁을 하게 된다. 이러한 입법경쟁을 통하여 입법의 품질이 높아질 수 있게 된다.

*(주의!!)

적지 않은 논자들이 자치입법권을 확대하기 위하여 현행 헌법 제117조 제1항의 "지방자치단체는 ... 법령의 범위 안에서 자치에 관한 규정을 제정할 수 있다"를 "법률에 위반되지 않는 범위 내에서"로 개정하자는 제안을 하고 있다. 이러한 제안은 아무런 내용상의 개정이 없는 표현의 변경에 불과한 무의미한 내용이다.

먼저, "법령"을 "법률"로 바꾼다고 해서 달라지는 것은 없다. 행정부의 위임명령을 인정하는 헌법 제75조와 제95조를 폐지할 수 없을 것이기 때문이다. 또한 정부가 명령으로 규정하던 것을 법률안으로 발의하여 규정한다고 해도 내용적으로 달라지는 것은 없다. 규정형식만 바뀔 뿐이다.

현행 헌법의 "범위 안에서" 라는 말은 이미 "위반되지 않는 범위내"라는 의미로 해석되고 있으며 헌법재판소도 그렇게 해석하고 있다. 즉, 모두 법률 우위의 원칙을 표현하는 것으로 차이가 없다. 이 조항을 헌법에서 유지하는 한 국가법우선주의를 완화할 수가 없게 된다. 전국적 획일성을 강조한 나머지 변형입법권을 부정하게 되고 이는 지방정책의 다양성을 부정하는 반자치적, 반분권적인 결과를 초래하게 된다. 이에 이러한 백해무익한 헌법개정안을 더 이상 무책임하게 주장해서는 안된다. 이렇게 되면 지방은 중앙정부가 시키는 대로만 해야 하고 지역실정에 맞지 않는 법령도 벗어날 길이 없게 된다. 빨간색을 "적색"으로, 노란 색을 "황색"으로 개정하자는 말장난 대신에 이 규정을 아예 폐지하고 국가법률과 지방법률의 상호관계를 별도로 규정하여 국가의 통합성과 지방의 다양성을 조화할 수 있도록 절충안을 찾아야 한다. 지금 대한민국은 지나친 획일화로 인하여 신선한 창조적 발상을 위한 유연성 대신에 낡은 해법을 고수하는 경직성 때문에 활력을 잃고 있다.

지금은 획일성 대신에 다양성이 숨쉴 공간을 만들어야 한다. 이를 위한 헌법개정이 요구된다.

2. 지방재정의 헌법적 보장

지방자치권은 지방재정의 뒷받침이 없으면 공허한 장식에 불과하다. 지방재정은 지방자치를 물질적으로 뒷받침하는 디딤돌이 된다. 하지만 최고규범인 헌법에는 지방재정에 대해서 아무런 지침을 설정하지 않고 있다. 전적으로 법령에 위임되어 있다. 이는 지방정부와 경쟁관계 또는 긴장관계에 있는 국가기관에게 지방의 운명을 맡기고 있는 것이 된다.

(1) 지방과세권의 헌법적 보장

지방자치의 본질은 각자 자신의 돈으로 스스로 살림을 꾸리도록 하는 데 있다. 스스로 결정한 업무를 수행하는데 소요되는 비용을 자기책임으로 받아들이고 이를 주민들이 조세로 부담하도록 연결하는 것이 필요하다. 이를 위하여 지방세를 어떻게 부과하고 징수하고, 쓸 것인지를 가능한 한 지방이 스스로 정하도록 하는 것이 바람직하다. 현행 헌법은 지방의 과세권을 인정하지 않고 있다. 세목과 세율이 모두 국회가 정한 국가의 법률로 결정되기 때문이다. 지방정부에게 세목과 세율을 스스로 결정할 수 있는 과세권을 부여하는 것이 지방재정의 자율성과 책임성을 보장하기 위하여 필요하다.

지방정부를 중앙의존에서 해방하여 자율의 주체로 설 수 있도록 하기 위해서는 지방의 과세권을 보장하고 소득세나 법인세 부가가치세 등 중요 세원을 지방정부에서도 필요에 따라 과세할 수 있도록 헌법에서 보장해 주어야 한다. 이에 개인이나 법인의 소득세에 대해서 지방정부도 부과할 수 있는 세원공유제도를 도입할 필요가 있다. 중앙과 지방간에 수직적인 이중과세 내지 중복과세를 허용해야 한다. 국세와 상관없이 지방에서도 소득세나 법인세 등 현재 국세로 분류되어 있는 세금을 부과할 수 있도록 하는 것이 필요하다. 독일이나 스위스 등과 같이 선진국에서는 국세와 지방세의 세목이 중복하도록 하고 있어도 큰 문제가 없다.

(2) 위임사무의 비용부담은 위임한 정부가 부담하도록 헌법에 보장

복지지출의 급증으로 지방정부들이 몸살을 앓고 있다. 국가가 결정한 복지정책 수행비용의 상당한 부분을 지방정부로 전가하고 있다. 중앙정부는 선심만 쓰고 비용은 지방정부가 상당한 부분을 부담하도록 하는 왜곡된 구조 속에서 도덕적 해이가 발생한다. 지방정부는 국가사무인 복지사무를 수행하는 손발에 불과하다. 국가사무인 복지사무의 소요비용은 당연히 국가가 부담해야 한다. 국가의 복지사무를 수행하는 지방정부는 복지의 배달책임을 맡고 있다. 그럼에도 불구하고 지방정부에게 복지비용을 부담하게 하는 것은 배달부에게 물건 값도 내라고 하는 것처럼 부당하다.

중앙정부가 결정한 복지비용은 중앙정부가, 지방정부가 결정한 복지정책은 지방정부가 그 비용의 전액을 부담하도록 해야 한다. 중앙정부가 결정한 복지를 일반재원인 지방교부세로 비용을 충당하도록 해서는 안된다. 이는 결국 중앙의 비용을 지방으로 전가하는 결과를 초래하기 때문이다.

(3) 재정조정제도에 관한 헌법적 보장

지역 간의 재정격차문제를 해결하기 위한 헌법적인 규정이 필요

하다. 지방정부의 과세자율성 보장은 자칫하면 지방간에 빈익빈 부익부를 고착화할 수 있으며, 재정이 빈약한 지역에서는 재정에 관한 지방자율대신에 중앙정부의 개입을 선호하는 경향이 나타날 수 있다. 지역 간 연대차원에서 재정이 풍부한 지역의 세금 중에서 일부를 재정이 빈약한 지역에 이전하는 수평적인 재정조정제도를 통해서 재정격차는 해소하고, 중앙의 간섭은 배제하는 방법이 바람직하다. 가능하면 재원이 풍부한 서울과 경기도, 울산 등에서 먼저 이를 제안하면서 다른 지방과 함께 세원공유와 지방과세권의 요구에 한 목소리를 내도록 하는 것이 필요하다.

또한 중앙정부는 지역 간 재정격차를 조정하는 역할을 수행하여야 한다. 즉, 수직적인 재정조정제도도 존치하도록 한다. 하지만 그 규모면에서는 수평적인 재정조장을 일차적으로 고려하고 수직적인 재정조정은 보충적으로 보장하는 것이 바람직하다. 헌법에서는 자세하게 규정하기 어렵기 때문에 "지역 간 재정격차를 완화하기 위하여 법률이 정하는 바에 따라 지방과 지방 간의 수평적인 재정조정과 국가와 지방 간의 수직적인 재정조정을 한다"는 규정이라도 하는 것이 바람직하다. 또한 재정조정의 기준도 단순하고 객관적으로 명확하게 규정하여야 중앙정부의 간섭을 배제할 수 있게 된다.

3. 양원제의 도입

연방제도를 포함하여 지방분권적인 권력구조를 가진 국가에서는 대체로 양원제도를 취하고 있다. 국가전체의 이익을 대표하는 하원과 지방의 이익을 대변하는 상원이 상호 견제하도록 함으로써 중앙정부가 지방정부의 자치권을 일방적으로 침해하는 것을 방지하고, 지방의 자치권을 방어하는 것을 가능하게 한다. 양원제는 의회 내의 권력분립을 의미한다. 동시에 국가전체의 의사결정과정에서 지방의 참여를 의미한다. 이 점에서 양원제는 국가와 지방 간의 수직적인 권력분립을 구체화한 것이라 볼 수 있다.

양원을 구성함에 있어서 하원은 인구비례로 구성하지만(민주주의 원리) 지역을 대표하는 상원은 지역 간에 동등한 참여를 보장하거나 인구가 작은 지역에게 인구가 많은 지역보다도 상대적으로 많은 대표성을 인정함으로써 대규모 지방과 소규모 지방 간의 균형을 이루도록 하고 있다(지역주의 원리). 이에 대규모 지방과 소규모 지방 간의 권력분립이 이루어지고 있다.

4. 자치조직권의 헌법적 보장

지방정부의 조직형태를 어떻게 할 것인지에 대해서 법률로 전국적으로 획일적으로 규정하는 방식과 지방마다 다양한 형태로 구성할 수 있도록 하는 방안 사이에 여러 가지 절충적인 방안이 있을 수 있다. 우리나라에서는 지방조직(중앙)법정주의를 채택함으로써 지방조직을 전국적으로 획일화시키고 있다. 조직혁신을 위해서는 지방마다 다양한 실험이 가능할 수 있도록 지방정부에게 자치조직을 자율적으로 규정할 수 있도록 하는 것이 필요하다. 우리나라에서도 지방정부형태 다양화에 관한 논의가 오래전부터 있었다. 이는 당해 지방정부를 위해서도 요구될 뿐만 아니라 중앙정부의 조직혁신을 위한 사전 검증과정으로서도 매우 필요하다. 지방정부의 조직은 다른 지방정부나 중앙정부에 미치는 영향이 거의 없다는 점, 조직혁신을 통한 민주성과 효율성의 요구가 크다는 점에서 지방정부의 조직 자율성은 광범위하게 보장하는 것이 바람직하다. 이를 위하여 지방조직지방 법정주의를 채택할 필요가 있다. 아울러 지방조직의 구성을 위한 인사에 대해서도 지방정부의 다양성을 보장하기 위한 자율성을 가능한 넓게 보장하는 것이 필요하다.

5. 보충성의 원칙

지방분권의 핵심적인 내용은 여러 단계의 정부 간의 역할배분이다. 정부 간의 역할배분에 대해서는 개별적인 내용을 헌법에 규정하는 것도 중요하지만 업무배분의 원칙을 규정하여 입법이나 해석의 기준을 마련하는 것이 필요하다. 중앙정부와 지방정부 간의 역할 배분 원칙으로서 유럽의 각국 헌법에서 채택하고 있는 보충성의 원칙이 거론된다. 한편으로는 정의의 원칙으로, 다른 한편으로는 효율성의 원칙으로 보충성의 원칙이 논의된다. 보충성의 원칙은 원래 개인과 공동체 간의 업무배분과 공동체 상호 간의 역할배분에도 적용될 수 있다.

보충성의 원리는 국가와 지방정부의 관계에서 가장 기본이 되는 법 원칙이므로 헌법개정안에 반드시 포함되어야 하며, 개인과 공동체와 공동체상호 간의 역할분담원리로 규정하는 방식이 가장 바람직하다고 본다. 보충성이라는 추상적인 표현보다는 구체적인 내용으로 규정하는 것이 일반의 이해를 쉽게 하기 위하여 바람직하다고 본다. 이러한 보충성의 원칙은 행정기능에만 적용되는 것이 아니고,

입법과 사법을 포함한 모든 역할의 배분에 모두 적용된다고 본다.

다만, 보충성의 원칙은 그 구체적인 내용과 사법적인 실효성이 반드시 명확한 것은 아니지만 입법과 해석에 일응 도움이 되기 때문에 헌법에 규정하는 의미가 크다. 보충성의 원칙은 유럽공동체의 소속국가 헌법에서는 모두 헌법에 규정하고 있다. 왜냐하면 유럽공동체협약에서 보충성의 원칙을 각 구성국가의 헌법에 명시하도록 의무를 부과하고 있기 때문이다.

6. 지방분권 국가의 헌법적 명시

대한민국이 지방분권 국가임을 헌법에 규정하는 것은 실제적인 내용보다는 상징적인 의미가 강하다. 헌법전문에 지방분권 국가임을 명확히 규정해야 한다는 주장이 있고 프랑스처럼 헌법 제1조에 규정해야 한다는 주장도 있다. 헌법전문이나 제1조에 규정함으로써 입법이나 해석에 있어서 나침반 역할을 한다는 점에서 규정하는 것이 바람직하다. 다만, 분권의 구체적인 내용을 규정하는 것이 중요하며 이를 헌법에 규정하는 것만으로는 충분하지 못하다는 점을 유의해야 한다.

7. 지방정부로 헌법상 명칭 변경

헌법과 법률에 지방자치기관을 지금처럼 지방자치단체라고 규정할 것인지, 아니면 지방정부라고 개정할 것인지를 두고 심각한 다툼이 있다. 지방자치에 관계하는 사람들은 지방자치단체라고 부르면 친목단체나 경제단체와 같은 인상을 주어 공적 신뢰가 떨어진다고 분개한다.

이러한 논쟁은 김영삼 정부로 거슬러 올라간다. 지방자치가 실시된 직후 학계와 언론에서 시·도나 시·군 등의 자치기관을 지방정부라고 부르기 시작하자 김영삼 대통령은 불편한 심기를 드러내면서 지방정부라는 말을 하지 말라고 주문했다. 그 후 지방정부라는 명칭은 오히려 급속하게 확산되어 오늘날은 일반사람들까지 일상적으로 사용하고 있다.

국가도 그 법적 성질을 설명한다면 전국지역의 국민으로 구성되는 단체라는 의미에서 '전국지역단체'라고 할 수 있다. 하지만 아무도 국가를 그렇게 부르지는 않는다. 국가나 지방이나 같은 성질의 공공단체이지만 유독 지방에 대해서만 단체라고 부르는 것은 지방을 폄하하고 경시하는 의미로 들릴 수 있다. 지방자치단체라는 명칭으로 인하여 지방자치기관의 공공성과 권위가 손상되고 지방에 관계하는 사람들의 자긍심에 상처를 준다면 구태여 법률전문가나 그 의미를 이해할 수 있는 이런 명칭을 고집할 필요는 없다. 국가의 공공기관을 총칭하여 일반적으로 중앙정부라고 부르듯이 지방자치기관도 지방정부라고 부르는 것이 자연스럽다.

IV. 지방분권개헌에 대한 비판적 견해에 대한 분석

1. 지방분권의 전통이 없는 나라에서 지방분권은 어렵다는 견해

지방분권은 독일이나 스위스와 같이 지방분권의 역사가 오래된 나라에서나 가능하고 우리나라와 같이 중앙집권적인 전통을 가진 나라에서는 실시하기가 어렵다는 견해가 있다. 지방분권은 중앙정부와 지방정부 간의 역할분담을 하는 정치체제로서 지방분권적인 역사가 있는 나라에서 발전된 것이 사실이지만 중앙집권적인 국가에서도 시대적인 요청이 있는 경우에는 얼마든지 도입이 가능하다. 만약 지방분권 전통이 없어 지방분권을 못한다는 주장은 민주주의 전통이 없으면, 민주주의도 실시하기 어렵다는 것과 같은 논법이다. 정치제도는 자동차나 컴퓨터와 같은 정치적인 발명품이다. 예컨대, 독일에서도 프로이센과 나치 체제하에서 중앙집권적인 체제가 등장하자 그 폐단을 시정하기 위한 지방분권제도가 도입되었고, 스페인이나 벨기에도 지방분권으로 중앙집권적인 체제를 시정하였다. 한국에서도 지방분권은 시대가 요청하는 국가경영전략으로서 경험의 부족에도 불구하고 조속하게 도입하여 경험을 축적하고 익혀야 한다. 자동차를 처음 도입했을 때 여러 가지 문제와 부작용이 있었으나 지금은 이를 극복하고 우리나라의 중요한 산업으로 자리잡은 것과 마찬가지로 지방분권도 도입하여 시행해야 그에 필요한 의식과 문화를 발전시킬 수 있게 된다.

2. 지방정치인을 신뢰할 수 없어 지방분권은 어렵다는 견해

중앙집권적인 권력구조에 대한 불신으로 지방분권을 한다면 시장이나 군수, 구청장, 도지사, 지방의원 등 지방정치인을 어떻게 믿을 수 있는가 하는 의문이 제기되는 경우가 많다. 중앙권력을 지방정부로 넘기면 지방정치인이 이를 남용하거나 지방정치인이 무능해서 권력을 잘못 행사하는 경우에 주민의 피해가 커질 것이라는 우려가 적지 않다.

지방분권을 한다는 것이 국회의원의 권한을 지방의회로 이양하고, 대통령이나 장관의 권한을 시장이나 도시자 군수에게 넘기는 것만을 의미하는 것이 아니다. 지방분권은 국민전체가 해결하던 것을 당해 지역의 주민들이 해결하도록 결정권을 넘긴다는 것이다. 주민이 지방자치의 주체이다. 지방의 권력기관에 대한 주민통제를 강화하는 것이 지방분권의 핵심이다.

지방정치인이 주민의 뜻에 어긋나는 결정을 하면 주민이 거부할 수 있어야 하고, 지방정치인이 해야 할 결정을 하지 않으면 주민이 직접 결정할 수 있도록 해야 한다. 지역발전을 지역주민이 결정하도록 하고 이를 위해 지방권력기관에 대한 통제를 강화하는 것이 지방분권이다. 오늘날 문제되는 제왕적 지방자치단체장의 문제는 국회와 중앙정부가 지방자치법으로 설계한 것이다. 지방분권이 되면 이러한 것도 주민이 결정하도록 함으로써 시정할 수 있는 기회가 생길 수 있다.

3. 빈익빈 부익부가 심화되어 지방분권이 어렵다는 견해

적지 않은 논자들이 지방분권을 하게 되면 잘사는 지역은 더 잘 살게 되고, 못사는 지역은 더욱 못살게 되어 균형발전에 어긋나게 되는데 구태여 이를 실시할 필요가 있는지 의문을 제기한다. 지방분권이 지역간의 차별성을 확대하는 원리라는 점에서 경제적인 차이도 커질 수 있는 측면이 있는 것은 사실이다. 이러한 빈익빈 부익부를 시정하기 위한 원리로서 독일이나 스위스와 같은 선진국에서는 재정조정제도를 도입하여 지역간의 재정적인 격차를 해소하고 있다. 중앙집권국가에서 지역간 격차는 지방분권적 국가보다 더 클 수 있다. 예컨대, 구소련이나 현재의 북한 지역을 보면 쉽게 알 수 있다. 지방분권 국가에서는 지방정부가 지역경제를 발전시키기 위한 자구적인 노력을 하기 때문에 지역간 격차는 중앙집권적인 국가보다는 오히려 줄어 들 수 있다. 그럼에도 불구하고 나타나는 지역간 재정격차는 재정조정제도를 통해서 감소시킬 수도 있다. 예컨대 스위스는 고도의 지방분권 국가이지만 지역간 격차는 우리보다도 약한 편이다.

무엇보다도 지방의 혁신을 통해서 못살던 지역도 잘사는 지역으로 변신이 가능하다는 점에 지방분권의 강점이 있다. 지방분권이 되지 않으면 이러한 변신은 불가능하게 된다.

4. 행정체제개편을 하기 전에는 지방분권을 할 수 없다는 견해

많은 논자들이 시군 통합이나 시도 통합을 통하여 지방정부의 규모를 확대한 후에야 지방분권을 해야 한다고 주장한다. 지금과 같은 중층적인 자치 행정구조나 지방자치 규모로는 지방분권을 해서는 안된다는 주장을 한다. 하지만 이러한 견해는 선진국의 경험에 비추어 맞지 않는 주장이다. 선진국에서는 자치계층이 3계층이나 4계층인 경우도 있으며 우리나라의 2계층보다 많은 경우가 대부분이다. 선진국일수록 다계층적인 자치계층을 가지고 있다는 점에서 단일계층이 되어야 효율적이라는 주장은 설득력이 없다.

또한 지방자치의 규모도 스위스와 같은 선진국은 지방정부의 주민수가 평균 3,000명 정도이고 대부분의 지방정부가 주민수 1,000명 미만임에도 불구하고 행정효율성은 세계에서 가장 앞서는 국가에 속한다. 따라서 지방자치 규모와 지방자치계층이 반드시 효율성을 좌우하는 것은 아니다. 오히려 다양한 계층이나 수많은 지방정부 간의 정책경쟁을 통한 혁신이 효율성을 높이는데 기여한다.

5. 대한민국과 같이 작은 나라에서는 지방분권이 불필요하다는 견해

지방분권은 미국과 같이 큰 나라에서나 필요한 것이지 대한민국과 같이 작은 나라에서는 지방분권이 불필요하다는 주장이 많다. 먼저 한국은 작은 나라가 아니다. 인구 규모로 보면 대한민국은 27위에 속한다. 우리나라보다 작은 국가들에서도 강력한 지방분권을 실시하고 있다. 선진국일수록 지방분권을 많이 한다. 우리나라보다 규모가 훨씬 작은 인구 800만의 스위스에서는 세계에서 가장 강력한 지방분권을 실시하고 있다. 이에 비하여 러시아나 중국과 같은 큰 나라가 오히려 중앙집권적인 국가구조를 가지고 있다. 이렇게 보면 국가의 규모와 지방분권은 직접적인 상관관계가 있는 것은 아니다. 위험을 분산시키고 아래로부터 혁신을 통해서 자원을 절약하고, 효율성을 높이고, 지방의 실정과 주민의 수요에 적절하게 대응하여 국가와 지방의 경제를 발전시키고 동시에 국민의 행복을 증대시키기 위하여 지방분권은 강화되어야 한다.

6. 지방분권보다는 경제발전이 시급하다는 견해

민주주의를 강화하기 위해서는 지방분권이 필요하지만 경제발전을 위해서는 중앙집권이 필요하다는 견해가 의외로 많다. 즉 효율성을 높이기 위해서는 중앙집권을 강화해야 한다는 것이고 민주성을 높이기 위해서는 지방분권을 해야 한다는 논법이다. 이러한 주장은 현실과 동떨어진 주장이다.

2009년도 유럽공동체 지역위원회의 조사결과에 의하면 지방분권과 국민소득은 정비례 관계에 있다. 국민소득이 높은 나라일수록 지방분권이 많이 되어 있다. 예컨대 스위스. 미국, 캐나나, 독일 등 지방분권이 많이 된 나라의 국민소득이 그렇지 않은 나라보다 높게 나타나고 있다. 이는 경제발전을 위해서도 지방분권이 강화되어야 한다는 것을 의미한다. 미래학자인 토플러도 경제발전을 위해서는 미국도 지방분권을 강화해야 한다는 요구를 하였다. 이에 지방분권은 민주화를 위해 필요할 뿐만이 아니라 경제발전을 위해서도 필요하다. 지방분권을 통해 지방정부 간의 경쟁은 물론 중앙정부와 지방정부 간 경쟁을 통해서도 혁신을 유발하고 이로 인해 효율성을 높일 수 있기 때문이다.

7. 지방분권을 위해서는 법률을 개정하면 되지 헌법개정은 불필요하다는 견해

현행 헌법은 지방자치의 디딤돌이 되지 못하고 지방자치의 걸림돌이 되고 있다. 지방이 지역발전을 위해 활동하지 못하도록 손발을 묶는 족쇄가 된다. 지방 사무에 대해서도 국가의 무제한 적인 입법권을 허용하여 세부적인 것 까지 규정하여 지방의 독자적인 활동영역이 거의 없고 지방정부는 중앙정부의 하급기관이 되고 만다. 지방은 법률의 위임이 없으면 주민의 권리제한이나 의무 부과를 통한 지역발전 활동을 아무 것도 할 수 없도록 행위능력을 제한, 지방정부를 정신 무능력자 취급을 하고 있다.

헌법이 지방의 손발을 묶어서 지방정부가 지역발전을 위하여 나설 수 없도록 만들고 있다. 법률로서 이를 시정하고자 해도 헌법상의 제약 때문에 바꿀 수가 없다. 설사 법률로 이를 시정할 수 있는 경우에도 국회와 주무 부처에서는 이를 바꿀 의지가 없다. 지난 30년간 지방의 손발을 풀기 위한 법률의 개정을 요구해 왔지만 거의 실현된 것이 없는 것이 이를 방증한다. 이로 인하여 어린이 놀이터 사고나 애완견에 의한 사고에 대해서 지방정부 차원에서 적절하게 대처할 수 없었고 쳐다 보고만 있어야 했다. 지방정부가 지역의 크고 작은 문제를 능동적으로 책임지고 해결하도록 하기 위해서는 지방의 손발을 묶어놓고 있는 헌법을 개정하여 지방의 손발을 풀어주어야 한다.

최근 일부 자유한국당 의원들이 헌법개정 없이도 지방분권이 가능하다고 주장하는 것도 같은 맥락이다. 지방분권 일괄법을 제정해서 중앙권한을 지방으로 넘기면 된다는 것이다. 이러한 주장은 지방분권을 행정분권에 한정시키는 저급한 지방분권을 염두에 둔 말이다. 시대가 요구하는 지방분권은 지방문제를 지방정부가 주도하여 해결하고 책임을 지도록 하는 수준의 정치적 지방분권을 포함하는 수준이다. 행정적 분권만으로는 이러한 목적을 달성할 수 없다. 지방정부의 손발을 풀기 위해서는 지방정부의 법률제정권을 인정하여 정책자율성을 부여해야 한다. 이를 위해서는 헌법개정 없이는 불가능하다.

8. 지방분권이 되면 선심행정이나 권한남용, 난개발이 우려된다는 견해

지방자치는 결국 주민의 자치이다. 주민이 채용한 일꾼인 지방정치인이 주민의 의사에 반하여 하지 말아야 할 결정을 하면 주민이 직접 이를 거부할 수 있는 주민투표제, 지방정치인이 주민의 의사에 반하여 해야 할 결정을 하지 않으면 주민이 스스로 결정할 수 있는 주민발안제, 선출된 지방정치인이 주민을 위해 활동할 것을 기대할 수 없는 경우에 주민이 이를 파면할 수 있는 주민소환제도가 실질적으로 도입되어야 한다.

현행 주민투표법이나 주민소환법은 이러한 주민통제가 작동할 수 없도록 가로 막고 있다. 요건이나 대상, 결정요건을 지나치게 엄격하게 규정하고 있기 때문이다. 이를 개정해서 지방정치와 지방행정에 대한 주민통제가 현실적으로 가능하도록 하는 것이 중요하다. 중앙정부나 국회가 이를 개정할 수 없다면 지방정부로 하여금 스스로 개선할 수 있도록 입법권을 지방에 이양해야 한다.

주민의 역할은 4년마다 한 번씩 지방정부의 수장이나 지방의원을 선출하는 것으로 끝나지 않는다. 선출된 지방정치인이 제대로 권한을 행사하는지 감사하고 주민의 의사에 반하는 경우에는 지방의 주권자로서 이를 바로잡을 수 있도록 참여장치가 제도적으로 보장되어야 하고, 주민들의 참여의식도 높여야 한다.

V. 여론(개헌을 위한 정치주체의 역할)

지난 대선과정에서 주요정당은 2018년 6월 지방선거개헌을 천명하였다. 과연 지방선거에서 개헌국민투표가 가능할까? 요즘 가장 많이 받는 질문이다. 이대로 두면 안 될 것이다. 하지만 다음과 같이 헌법개정에 관여주체들이 진정성을 가지고 나서면 될 수도 있을 것이다. 미국헌법제정이 4개월 안에 이루어 진 것이나 87 헌법개정에서 한 달만에 합의안이 만들어진 점을 감안하면 아직도 시간은 있다고 할 것이다.

이번 개헌에서 지금까지 정당들은 대체로 소극적이라고 볼 수밖에 없다. 개헌이 성사되기 위해서는 지금이라도 정당이 개헌안을 만들어 국민들에게 제시하고 정당 간에 협상을 시작해야 한다.

특히 자유한국당의 역할은 크다. 대통령이 개헌을 여러 차례 언급을 하였고, 연두기자회견에서 개헌의지를 천명하였지만 자유한국당의 적극적인 협조없이는 국회에서 헌법통과 정족수를 확보할 수 없기 때문이다. 자유한국당은 대선전에는 대선전 개헌을 강하게 밀어붙이다 지금은 개헌을 연기하려는 시도를 보이고 있다. 처음에는 권력구조 개편없는 개헌은 안된다고 하다가 최근에는 지방선거 개헌은 정략적이라고 개헌연기를 주장한다. 자유한국당이 개헌을 통해서 권력구조를 변경하여 권력집중을 막으려는 의도가 진정성을 가지려면 개헌정국으로부터 도망을 칠 것이 아니라 적극적으로 권력구조개편에 관한 개헌안을 제시하고 국민의 지지를 구해야 한다. 대통령의 권한이 축소되어야 한다는 데는 국민적 공감대도 광범위하게 확산되어 있다. 그럼에도 불구하고 개헌을 연기하려는 것은 야당의 주도적 역할을 포기하고 도피하려는 것으로 비추어 질 수 있다. 원하는 개헌을 얻어내기 위해서 자유한국당은 보다 적극적으로 개헌정국을 주도하는 입장을 취해야 한다.

더불어민주당은 집권여당으로서 개헌을 위한 진지한 노력을 하였는지 묻지 않을 수 없다. 대선전에는 개헌에 소극적이다가 대통령이 지방선거에서 개헌국민투표를 여러 차례 확인한 이후에도 더불어민주당 소속 특위위원들도 일부 위원을 제외하고는 개헌에 그다지 적극적이었다 할 수 없다. 여당의 국정운영책임은 무한책임이다. 개헌에 대해서도 더불어민주당은 진성성을 가지고 자유한국당을 비롯한 야당들을 설득하고 포용하는 자세를 보여야 한다. 더불어민주당은 어떠한 경우에도 개헌공약의 불이행책임을 야당에게 전가할 수 없다. 왜냐하면 더불어민주당이 여당이기 때문이다.

언론은 개헌에 대해 그동안 대체로 소극적이었다. 개헌특위가 구성된 이후에도 언론은 헌법개정에 큰 관심을 보이지 않았고, 공론의 장을 열지도 않았다. 국가의 운명이 걸려 있고, 국민의 70% 이상이 바라는 개헌에 대해 언론이 이렇게 무관심하다는 것을 이해하기 어렵다. 개헌이 실현되려면 언론이 개헌논의의 장터가 되어야 한다. 개헌이 국민들에게 어떤 의미를 가지고 어떤 개헌이 되어야 하는지에 대한 담론을 언론이 시작해야 한다. 특히 방송에서는 개헌토론을 열어 쟁점을 정리하고 국민들에게 알리는 역할을 해야 한다.

대통령은 연두기자회견에서 국민주권, 기본권, 지방분권개헌을 추진하겠다고 하고 권력구조는 정치권에 넘겼다. 국회가 일정한 시점까지 개헌안을 발의하지 않으면 직접 하겠다고 했다. 대통령이 국회개헌발의에 우선순위를 둔 것은 올바른 선택이라고 본다. 보다 중요한 것은 개헌안에 대한 국회협상을 위하여 야당이 개헌협상테이블에 나오도록 야당을 설득하고 포용하는 일이다. 개헌은 정파를 넘고 진영을 넘어야 비로소 실현할 수 있는 국가적인 과제이기 때문이다.

정치인이 무능하거나 당리당략으로 개헌에 실패한다면 이제 개헌의 주도를 국민에게 넘겨야 한다. 유신헌법이전에 국민에게 부여되었던 개헌 발안권을 국민에게 돌려주기라도 해야 한다. 국민은 개헌발안조차할 수 없도록 손발을 묶어놓고, 정작 정치인들은 권한만 가지고 일은 하지 않으니 공자가 오늘날 대한민국에 온다면 개헌에 실패한 국회의원들을 보고 "절위자(竊位者)"라고 일갈하지 않을까 한다.

국회의 국민신뢰가 위험수준이지만 현상이라도 유지하려면 국민들에게라도 개헌발의권을 넘겨주어야 한다. 국민의 손발을 풀어서 국민이 원하는 개헌을 스스로 발의해서 결정할 수 있도록 해야 한다. 헌법개정에 가장 확실한 국민참여는 국민발안이다. 말로만 국민개헌하지 말고 국민의 손발을 풀어서 국민이 개헌을 주도하도록 개헌국민발안권을 국민에게 돌려주어야 한다.

주권자로서 국민은 정치인들의 선처만 기다릴 것이 아니라 적극적으로 주권자로서 헌법개정을 요구하여야 한다. 국민 다수의 요구는 주권자의 명령이다. 주권자의 명령을 따르지 않는 정치인에게 주권자의 최종적인 결정을 보여 주어야 한다. 그래야 정치인들이 움직일 것이다. 헌법개정은 이번 한번으로 끝나는 것이 아니다. 이번 헌법개정에 모든 것을 담으려고 조급하게 서둘러서는 안된다. 앞으로는 헌법개정이 수시로 이루어질 수 있도록 헌법개정절차에 관한 개헌을 요구해야 한다. 특히 국민이 필요한 개헌을 수시로 요구하고 이를 국민 스스로 결정할 수 있도록 헌법을 개정하는 것이 국민주권을 회복하는 길이다.

제8장 |

격차사회의 등장과 분권개헌

임승빈

I. 어떤 분권국가를 지향해야 하는가?

2017년의 경제예측을 두고 정부와 KDI, 민간연구소 등이 각각 상이한 수치를 발표하고 있지만 공통적인 점은 성장률이 3%를 넘지 못한다는 것이다. 더군다나 경제협력개발기구(OECD)는 2060년까지의 장기 세계 경제전망 보고서에서 한국의 국내총생산(GDP) 성장률이 2030년까지 2.7%를 유지하고, 2031년부터는 1.0%로 추락할 것으로 예측한 바 있다. 이는 이제 상식이라고 할 정도로 우리 사회가 급격한 고령화와 함께 생산가능 인구의 지속적인 감소로 생기는 일이다. 저출산 고령화 등으로 인하여 정부예산에서 세출이 증가하고 세입이 감소하고 있다는 사실은 이미 새로운 정보도 아니며, 이런 현상을 진단하는 것 자체가 진부하다고 말할 정도가 되었다. 문제는 이런 현상의 원인에 대한 보다 정확한 진단과 탈출방법을 찾아야 한다는 데에 있다.

이런 문제와 당면하여 흔히 분권정부의 구현이 해답 가운데 하나라고 말하지만 과연 지방자치단체의 자치권을 강화한다고 해서 지금의 세출증대와 세수감소 위기를 극복할 수 있을까? 아니면 집권을 통한 효율성을 강화시켜 분배의 논리를 키우는 것이 보다 더 타당한 전략은 아닐까? 오늘날과 같은 전환기 사회에서 이런 과제에 대한 논의가 분분할 것은 당연한 일이다. 문제의 핵심은 집권적 전략이든 분권적 전력이든 현상을 정확히 파악해야만 대안 모색의 타당성 여부를 가늠할 수 있게 된다는 점이다. 이런 관점에서 볼 때 집권과 분권의 문제를 다루면서 관행적으로 흔히 자치입법권의 범위, 자치단체의 권한과 범위, 자치단체의 조직 및 인사권처럼 행·재정적인 권한 배분의 문제에 주목하는 것은 진부한 문제인식의 결과일지도 모른다.

보다 본질적인 문제는 현재와 같은 중앙과 지방 간의 수직적인 관계로는 미래사회의 변화에 적응하기가 어려울 것이라는 데에 있다. '불평등의 대가'의 저자이면서 노벨경제학상 수상자인 스티글리츠와 브루스가 공저한 '창조적 학습사회'에서 그들은 캐너스 애로우의 학습효과와 경제발전에 관한 상관성에 대해 구체적으로 언급하고 있다.[1] 애로우에 따르면 경제발전에 성공한 국가들은 평균성과와 최고성과의 간격이 적다는 것이다. 문제는 시장 스스로가 학습과 혁신을 효율적인 수준으로 만들거나 반복적인 현상으로 만

1) Stiglitz & Greenwald(2016)를 요약 정리했음을 밝힌다.

들고 있는가에 있으며, 그렇지 않을 경우 정부로서는 어떤 개입을 필요로 하는가에 주목해야 한다는 점이다. 애로우 교수의 언급에 의하면 사회의 발전은 기술진보의 결과인데 기술진보를 결정하는 두개의 요인으로는 연구개발과 행동학습이 있다는 것이다. 이때 정부의 역할은 어떻게 하면 학습경제와 학습사회를 구축할 수 있는지 그리고 사회후생을 강화하기 위해서는 어떤 일을 해야 하는지에 주력해야 한다고 보았다. 같은 맥락에서 로버트 솔로우(1957)는 자본축적에 대한 기술진보의 상대적 중요성을 수량화했으며 자본축적은 한명의 노동자가 만들어내는 생산량의 최대 3분의 1 정도만 설명 가능하다는 사실을 수리적으로 증명한 바 있다. 그러니까 개발도상국과 선진국의 차이 즉, 1인당 국민소득의 차이는 지식의 차이에 기인한다는 것이다. 나아가 정부는 이러한 차이를 극복하기 위하여 학습사회를 만드는데 진력해야 한다고 보았다. 그런데 기술진보 등 혁신이 어느 한 기업 내지 사회에 내생화하게 되면 발전으로 이어지기 힘들기 때문에 정부로서는 학습의 결과를 공유 내지 확산시키기 위해 외생화 하려는 노력을 끊임없이 경주해야 한다고 보았다. 이렇듯 지식과 학습에 있어 시장이 비효율적이라는 점을 애로우가 증명했듯이 스티글리츠 등이 강조하는 바는 선진국과 개발도상국의 차이는 부존자원의 차이에 있는 것이 아니라 지식의 차이이며 지식은 새로운 배움과 경험의 축적이 학습화되는 것이라고 보았다.

따라서 우리 사회도 저출산 고령화나 남북대치 등이 당면한 최우선적 과제가 아니라 우리 정부가 학습사회로의 이행을 위한 정부의 역할을 제대로 인식하고 있느냐에 있다고 해야 하겠다. 문제는 우리 정부가 그렇지 못하다는 데에 심각성이 크다. 2017년 현재 지구촌의 선진국 대부분은 4차 산업으로의 진입에 맞는 국가의 역할 구상에 주목하고 있다. 4차 산업혁명이란 IT 및 전자기술 등 디지털 혁명(제3차 산업혁명)에 기반하여 물리적 공간, 디지털적 공간 및 생물공학 공간의 경계가 희석되는 기술융합의 시대를 의미(WEF, 2016)한다. 인공지능, 로봇공학 등의 발전이 4차 산업혁명을 주도하며, 이로 인해 향후 전 세계 산업구조에 상당한 변화를 가져올 것으로 전망한다. 현재 초등학교에 입학하는 아이들의 65%가 기존에 존재하지 않았던 새로운 직종에서 일하게 될 것이라고 한다. 향후 급변하는 일자리 지형에서 발견되는 미래고용 전반의 변화가 요구하는 직무역량을 미리 예측하여 기업, 정부, 개인들이 대처해 나가는 일이 필요하게 되었다. 2020년에 부상할 직업으로 데이터 분석가, 컴퓨터·수학 관련 직업, 건축·엔지니어링 관련 직업 등 8가지 직업군이 소개되기도 했다. 정보통신기술(ICT), 전문서비스(PS), 미디어(MEI) 분야에서 상대적으로 고용 성장률을 높게 전망하며, 설득, 감성지능 등 사회관계 기술이 프로그래밍, 장비운용 등 좁은 범위의 기술보다 수요가 높아질 것이므로, 사회관계·협업 기술의 보완이 필요하다고 전망하기도 한다. 과거의 전통적인 공인자격 획득이나 하드스킬을 위한 교육보다는 다양한 형태의 직무기술이 요구된다는 뜻이다. 특히 '복합문제 해결능력(Complex-problem solving skills)'에 대한 요구가 가장 높을 것으로 전망된다. 따라서 교육현장에서는 인지역량(Cognitive ability)이라고 하는 사고의 유연성, 창의성, 논리·수학적 사고 등을 향상시키기 위해 노력해야 한다.

이와 같은 사회체계와 산업구조의 변화는 인문학과 자연과학의 양분화를 지양하고, 고전주의적인 연구방법론에서 흔히 다루던 독립변인들과 종속변인들로 형성되는 알고리즘을 깨야 하는 일로 이어지고 있다. 변인과 변인 간의 확률적 게임이 데이터로 생성되는 AI, IOT, ICT, 3D프린터, VR, AR 등의 일상화 시대에서는 과학기술의 변화가 정부 정책과정에 영향을 미치면서 정부역할의 변화를 요구하게 된다. 이런 4차 산업사회의 산업정책과 경제정책 영역의 특성이 동시병발성과 상호작용성에 있는 만큼 지금까지처럼 중앙정부는 정책을 수립하고 지방자치단체는 정책을 집행한다는 식의 고전적이면서 수직적이고 순차적이며 피라미드식인 접근방법에서 탈피하여 중앙과 지방이 함께 현장에서 동시에 정책을 수립하고 집행할 수 있는 수평적인 업무수행체계로 바뀌어 나가야 한다. 이럴 경우 지방분권의 문제는 중앙과 지방 사이의 수직적 또는 순차적 권한 배분의 문제가 아니라 수평적, 동시적 협업체계의 구축 문제로 치환된다.

II. 한국 사회의 구조 변화

1. 격차사회로의 급속한 진행

작금의 한국 사회는 앞 세대가 사다리 위에 올라가 뒷 세대의 진입을 막기 위해 계단을 걷어 차버린 형국이라고들 말한다. 특히, 각급 공공기관과 민간기업에서 강조하는 성과중심주의는 멀티태스킹을 요구하면서 개인의 체력과 인내력의 한계점까지 생산성을 끌어울리려 한다는 점에서 인간중심주의를 소진하는 모습조차 보이고 있다. 실제로 전국공무원노동조합의 발표에 따르면 사회복지 담당공무원 4명 가운데 1명은 자살의 충동을 느꼈으며, 한국사회복지사협회(2012)조사 결과에서는 응답자의 95.0%가 클라이언트 폭력을 직접 경험한 것으로 조사되었다. 경기복지재단(2014)의 연구에 따르면 응답자의 96.3%가 언어폭력을, 60.3%는 신체 폭력을, 84.7%는 기타 폭력을 경험해 그의 심각성이 상당한 실정이다. 지금은 안전처로 통합되었지만 소방방재청(2014)의 자료에 의하면 순직한 소방공무원보다 자살한 소방공무원의 수가 더 많았다. 더군다나 이들 대부분이 하위직 공무원이라고 할 수 있는 7급 이하가 많은데 이는 관료사회의 상층부가 서울 소재 특목고 출신의 고시 합격자 내지는 로스쿨 출신으로 채워져 가고 있는 현상에 대한 좌절도 한 몫 한 것으로 평가된다. 이렇게 한국 사회가 과다 성과를 요구하는 소진사회로 변화하는 일과 함께 지배 엘리트층이 공고화하면서 공동체 정신을 잃어가고 있다.

P. 피게티가 그의 저서 '21세기 자본주의'에서 지적한 바와 같이 서구 유럽 국가 및 미국의 지난 2~300여년을 통계적으로 분석한 결과 인구의 증가와 감소, 경제성장의 증감은 긴 시간으로 보면 그렇게 커다란 변화를 일으키는 요인이 아니었으며, 긍정적인 변화를 일으킨 국가들의 경우 국민들에게 희망적인 방향성과 비전을 제시했었다는 사실이 주요요인으로 평가되었다. 따라서 그는 국민과 그 사회가 희망을 갖게 해야 하는 데, 이를 위해서는 과거를 분석한 사례에서 보는 바와 같이 경제성장률의 급속한 성장을 기대하는 것이 불가능한 만큼 부의 재분배 정책이 필요하다고 보았다. 이런

P. 피게티의 주장을 고려해 보면 차기 정부의 가장 시급한 과제는 바로 이런 격차사회를 극복하기 위한 구체적이고 실효성 있는 정책을 발굴, 제시하는 일일 것이다.

2. 인구구조의 변화와 지역공동체의 붕괴

우리 사회의 출산율이 OECD 국가 가운데 최저를 기록하고 있다는 점은 이제 새삼스러운 현상도 아니다. 2050년에는 고령인구(65세 이상)가 생산가능 인구(15-64세 인구) 대비 71.0%에 이를 것이라는 점은 이미 주지하고 있는 바와 같다. 이에 따라 학령인구 감소와 지역공동체의 붕괴가 동반되고 있다. 다음의 <도표 1>은 2018년부터 입학자원이 부족할 것이라는 점을 예상케 한다.

<도표 1> 학령인구 예상

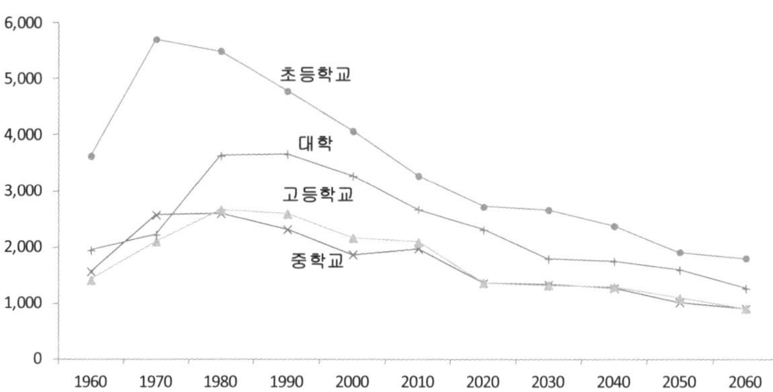

물론 학령인구가 적어진다는 것이 꼭 위기를 의미하는 것만은 아니다. "1인당 교육비가 증가할 수 있는 기회임을 의미하며, 이러한

기회를 맞아 교부금의 새로운 용도를 찾기 보다는 안정적인 운용 속에서 교육의 질을 높일 수 있는 방안을 모색하는 것이 바람직할 것이라는 (김진영, 2016.04.02.)[2]"의견도 개진되어 있다. 저출산과 그에 따른 학령인구의 감소가 역설적으로 학습사회로의 전환에 기여할 수 있다는 의미다.

그러나 다른 한편으로는 이러한 저출산 고령화가 인구급감으로 인한 농촌 커뮤니티 붕괴[3]와 함께 도시공동체 붕괴를 위험수준에까지 몰아갈 가능성이 커져 있다. 1인 가구 비율이 거의 4분의 1을 차지하고 있으며 2인 가구까지 포함하면 50%를 넘는다는 점은 우리 사회의 가족구성 자체가 크게 변해가고 있다는 점을 시사한다.

3. 변하지 않는 중앙과 지방의 행·재정 권한

2016년 현재 전 세계 인구 75억 명 가운데 50% 이상이 도시에 거주하고 있다. 그러나 아시아 국가 특히 우리나라의 경우는 대도시로의 인구 집중화가 상대적으로 훨씬 더 급속히 전개 중이다. 우리나라에서 지역별 인구 과잉과 과소의 문제는 이미 돌이킬 수 없는

---

2) 2010년에 있었던 교부율의 0.27%p 인상은 지방소비세 도입에 따른 내국세 수입의 감소에 따른 교부금 감소 요인을 보정하기 위한 조치이다. 2016년 현재 지방교육재정교부금은 내국세의 20.27%로 고정되어 있다. 그러나 학생수가 감소함에도 불구하구 교부세율이 감축되지 않은 큰 이유는 교육자치와 중앙정부의 사업이 교육청의 소관으로 이전되었기 때문이라고 볼 수 있다.

3) 2014년 인구기준에서 보면 고령화 율이 가장 높은 상위 60개 기초지방자치단체에서 가장 많이 포함된 광역자치단체는 전남으로 15개, 경북 13개, 경남 9개, 전북 8개, 충남 6개, 충북 5개, 강원 3개, 인천 1개 순이다. 인천의 1개 기초지방정부를 제외하고는 특별시 및 광역시에 해당하는 기초자치단체는 상위 60위 안에 들지 않았다. 특별·광역시 보다는 도 단위에서의 고령화가 더욱 심각한 수준임을 알 수 있다.

현안이 되어 있다. 이와 같은 과대 도시화와 농촌 공동화의 이중적 현상뿐만 아니라 기술문명 혜택의 현격한 격차가 개인 간, 커뮤니티 간 분쟁을 초래하는 또 다른 원인이 되고 있다. 이러한 문제점들을 극복하기 위해서는 인구의 균형적 분산 전략을 보다 적극적으로 펼쳐야 한다고 하지만 현실은 정반대로 움직이고 있다.

이런 인구의 도시화 현상은 우리나라에서 다음의 두 가지 점에서 특징을 보인다. 첫째, 6대 광역시를 비롯해 인구 50만 명이상의 15개 도시로의 인구 이동이 급속하게 진행되고 있으며 둘째, 수도권에 집중되고 있다는 점이다. 이로 인해 이러한 대도시들은 자신들이 속해 있는 시·도와의 지역개발 정책과 충돌하면서 많은 불협화음을 내는 등 새로운 과제에 직면하고 있다. 여기에 더해 대도시들이 저마다 행정수요가 다름에도 불구하고 중앙정부가 일괄적인 정책기조로 대응하는 것도 심각한 문제 가운데 하나다. 이런 문제를 극복하기 위해서는 중앙과 지방의 관계를 중앙-시도-시군구 같은 계층제적 발상에서 벗어나 중앙-대도시-중소도시 같이 인구의 규모를 기준으로 수평적 협업체계를 이루도록 하는 행·재정적 관계 재편이 필요하다.

그러나 다음의 <도표 2>와 <표 1>에서 보는 바와 같이 1970년에서 2015년까지의 중앙과 지방의 재정지출 비율 변동 폭은 거의 없다는 것을 알 수 있다. 즉, 1995년 본격적으로 지방자치가 부활했음에도 불구하고 중앙정부는 여전히 지방정부를 파트너가 아닌 상·하의 관계로 인식하고 각종 기관위임사무와 국고보조금의 형태로 중앙과 지방과의 관계를 계서적 관점에서 다루고 있다.

<표 1> 연도별 정부 총 지출액

	1970년	1980년	1990년	2000년	2010년	2015년
중앙 정부	4481억	6조 6624억	28조 4951억	109조 1947억	241조 1712억	307조 4092억
지방 정부	2611억	4조 3억	18조 7589억	63조 8344억	173조 2509억	217조 507억

우리나라는 이런 상태로 간다면 50만 이상의 대도시가 현재 약 15개 정도이지만 향후 전 인구의 7-8할은 대도시에 살게 될 것이다. 따라서 이들 인구 50만 이상 대도시들에게는 시도 권한만큼의 행·재정 권한을 부여하여야 하는 문제가 심각하게 제기된다. 그렇지 않을 경우 중앙의 행·재정 조정권한이 더욱 커져 지방자치가 훼손될 가능성이 훨씬 더 커지게 된다. 이와 같은 한국 사회 구조의 변화와 이에 적절히 대처 못하지 못하는 정부의 현행 시스템에 대해 2017년 대선을 앞둔 각 정파들이나 대선후보자들은 모두 분권개헌을 주장하고 분권국가의 실현을 주장했다. 이런 맥락에서 현재

<도표 2> 연도별 정부 총 재정지출액 비율 변화

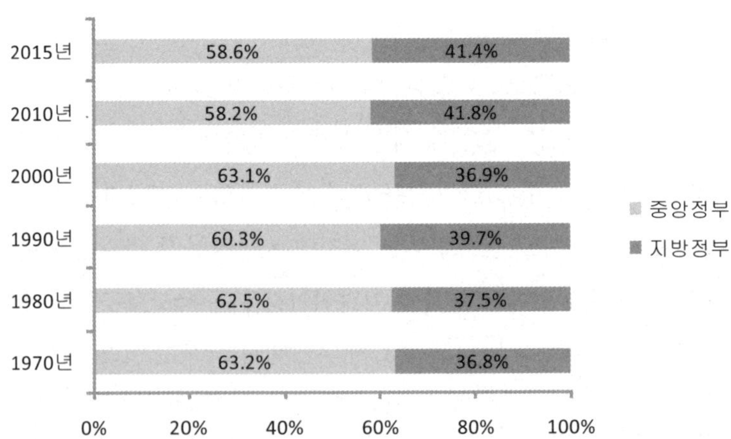

진행되고 있는 분권형 개헌의 논쟁점을 살펴보면 아래와 같다.

III. 지방분권형 개헌의 논점

요즘 개헌이 필요하다고 주장하는 논자들의 견해는 한결같이 제왕적 대통령제의 폐해가 헌법에 기인한다는 것이다. 그런데 미국 연방헌법의 기틀을 짠 제퍼슨은 말년에 입헌주의자를 '귀족주의자'와'민주주의자'로 구분했다. 그에 따르면 귀족주의자는 '국민을 무서워하고 불신하여 그들로부터 모든 권력을 빼앗아 상위계층에게 주려는 자'였다. 이와 대조적으로 민주주의자는 '국민과 하나가 되고 국민을 확고하게 신뢰하고 그들을 사랑하며 설사 항상 최고로 현명하지는 않더라도 공공이익을 정직하고 안전하게 지키려는 자'였다. 즉, 연방제이든 단방제이든 내각제이든 대통령제이든 문제는 국민과 권력을 함께 할 것이냐의 유무에 있는 것이지 체제의 성격이나 권력의 분립 형태는 중요치 않다는 것이다. 이런 관점에서 볼 때 중앙의 권력을 지방분권형으로 전환한다는 것은 민주주의를 수호하려 한다는 것과 같다. 중앙부처 내부에서의 권력분산을 수평적 권력분립이라고 한다면, 지방분권은 중앙정부와 지방자치단체 사이에서 일어나는 수직적 권력분립이라고 볼 수 있다. 우리의 경우 민주화 과정을 거치면서 수평적 권력분립에 관심을 갖고 제왕적 대통령제에 대한 경계를 게을리 하지 않았다. 그러나 수직적 권력분립이라고 할 수 있는 지방분권에 대해서는 1987년에 개정된 현행 헌법에서 헌법 117조와 118조를 통해 지방자치를 명문화하고 있으나 충분치 않다. 그렇다고 해서 현행 헌법이 제왕적 대통령제를 보장하고 있느냐 하면 역설적으로 그런 조항을 찾기는 쉽지 않다. 문제는 나누기와 뺄셈에 능하고 덧셈에 약한 정치문화 자체가 수직적 문화에 익숙한 데에 기인하는 것으로 여겨진다. 수직적 권력분립은 구조적으로(중앙과 지방), 시간적으로(임기와 정년), 권한상으로(직급과 직책 분할) 권력을 쪼개서 권력의 집중을 방지하는 것을 의미하거나 대통령과 국무총리(또는 내각)와 같이 동일한 권력에 속한 권력 간의 분립을 의미한다. 그러나 이 역시 실질적인 통제와 협업이 중요해진 4차 산업 사회의 특성을 감안해 볼 때, 헌법상에 어떻게 규정되어 있느냐 보다는 각 기관 내에서 수평적으로 각자의 기능을 얼마나 숙의민주주의 양식에 충실하게 수행하느냐의 여부에 좌우된다는 점을 알 수 있다. 이점을 감안해 보면 오히려 실질적인 수평적인 협업체제 구축의 문제는 보다 유연성이 높은 법률적 사항이지 상대적으로 경직성이 높은 헌법적 사항이라고는 말하기 어렵다.

지방분권을 위한 개헌논자들의 또 다른 주장은 현행 헌법하에서는 분권형 국가를 적극적으로 추구하기 어렵기 때문에 지방의 자율성에 한계가 나타나고, 그렇기 때문에 자주입법과 자주재정을 확보하기 위해서는 개헌을 통하여 법률유보, 조세법률주의, 죄형법정주의 등이 개선되어야 한다는 것이다. 그러나 문제는 국회가 자신들의 권한을 포함하여 중앙정부의 권한과 기능을 과감히 이양하는 입법행위에 나서지 않았기 때문이지 헌법의 탓이 아니라는 데에 있다. 권력은 운용하는 자의 몫이다. 작금의 정국혼란은 국가권력을 사유화시켰다는 데에서 비롯되는 것이지 단임제 대통령제를 규정한 헌법 때문에 벌어지는 사태는 아니다. 우리나라 헌법에서 지방자치와 관련된 규정은 제117조와 제118조에 명시되어 있다. 특히, 제118조 2항에 따르면 “지방의회의 조직·권한·의원선거와 지방자치단체의 장의 선임방법 기타 지방자치단체의 조직과 운영에 관한 사항은 법률로 정한다”고 명시하고 있다. 이는 지방의회 의원의 경우 선거로 선출함을 전제로 하고 있으나, 지방자치단체장의 선임방법에 대해서는 구체적으로 헌법상에 규정되어 있지 않다. 따라서 다양한 기관구성 양식의 선택 가능성을 열어두고 있다. 예컨대 지자체장의 직선제를 폐지하고 기관통합형 구조를 도입하는데 있어 헌법상의 제약은 없다. 하지만, 현재 지방자치단체장의 선임방법은 하위 법령인 지방자치법 제94조(지방자치단체의 장의 선거)에 명시되어 있고 주민의 직접 선거를 통해서만 선출하도록 하고 있다. 이에 따라 현행 기관분립형 지방정부의 기관구성이 이루어지고 있다. 따라서 향후 지방자치단체의 기관구성 다양화를 위해서라면 헌법보다는 오히려 경직성이 덜한 지방자치법 개정이 필요한 실정이다.

현행 헌법에 지방자치단체의 자주재정권 또는 지역 간 균형에 관한 규정이 없다고 해서 재정분권이 불가능한 것도 아니다. 실질적인 지방자치제도의 보장은 단체장 및 의회를 주민직선으로 구성하는 데에 끝나지 않고 지방행·재정의 분권화를 통해 이루어진다. 헌법 제117조 제1항은“지방자치단체가 주민의 복리에 관한 사무를 처리하고 재산을 관리하며 법령의 범위 안에서 자치에 관한 규칙을 제정할 수 있는 권한을 부여하고 있다. 이는 지방자치단체가 주민의 복리에 관한 사무를 처리하고 그 재산을 관리하기 위해 필요한 여러 가지 권한들, 즉 소속 공무원에 대한 임면을 비롯한 인사고권, 예산 및 재정고권, 조직고권, 계획고권, 자치입법고권 등 포괄적인 권한을 행사할 수 있다"는 것을 의미한다. 이러한 내용 중 하나가 자치재정권이다. 따라서 지방정부의 파산을 선고할 수 있는 권한은 중앙정부에 있지 않고 주민에 있어야 한다는 점은 지방분권의 기본원칙에 해당된다.

현행 지방자치법 제22조에 규정하고 있는 '법령의 범위 안에서'는 법률의 우위 및 상위법 우선의 원칙에 따른 제한이다. 그러나 이로 인해 자치입법권의 축소를 가져오며 단서조항에서도 자치사무에 대해 시행규정을 대통령령이나 부령에 위임하는 등 '법령의 과도한 입법선점'으로 자치입법권을 침해한다는 것이 지방분권 개헌론자들의 또 다른 주장이다. 그러나 정보공개법, 주민투표법, 청소년위해상품자판기금지법 등은 모두 자치단체의 조례가 먼저였다. 이런 점을 감안해 보면 자치법 22조 조항에 의해 자치입법이 극도로 제한된다는 해석은 과하다고 하겠다. 재정분권만 하더라도 자치재정권을 폭 넓게 인정하고 있는 미국에서 조차도 지방자치단체 파산 및 회생 절차를 담은 연방파산법이 따로 있다. '연방파산법 9장(Chapter 9)'은 1934년에 제정 되었다. 이 법의 기본정신은 자치단체의 회생에 있다. 일본도 그 취지는 마찬가지다. 예를 들어 개인파산제도의 핵심이 개인을 파산에서 회생시키려는 데에 있지 파멸시키려는 데에 그 목적이 있지 않은 것과 같이 건전재정을 유도하기 위해서는 지방자치단체의 재정파산제도 도입은 불가피한 일이다. 즉, 지방자치단체의 조례제정 범위의 확대문제와 행·재정분권과는 실질적인 관련성이 크지 않다. 행·재정분권을 실시하고 있는 미국, 우리보다 행·재정분권이 큰 일본마저도 재정파산제도가 도입이 되어 있다. 따라서 재정파산제도로 인해 자치입법의 범위가 제한되는 것은 분명한 사실이기는 하지만 이를 논하기 전에 우선 강구되어야 할 과제는 단체장 및 지방의원들이 필요한 사업을 합리적으로 자율 조정할 수 있어야 한다는 점이다. 이와 관련하여 개헌을 한다면 오히려 지방자치법 22조 자체를 개정하여 조례제정 권한을 확대하는 쪽에 무게를 두고 추진해야 할 것이다.

2017년에는 대통령선거가 있고 이후 이어서 개헌논쟁이 이어질 것이기 때문에 중앙과 지방의 관계는 확실한 변혁기를 맞이하게 된다. 지금이야말로 국가개조를 통하여 우리의 당면한 사회문제 해결, 그리고 경제성장을 이루기 위해 필요한 과제가 무엇인지에 대해 진지한 토론이 필요한 때다. 그런 관점에서 볼 때 현행 헌법이 채택한 지방분권 모델은 지방정부에 대한 중앙정부의 감독과 통제가 가능한 시스템이고, 지방자치단체의 상향식 의견 개진은 불가능하며, 이를 보장하는 법률도 마련되어 있지 않다. 현행 헌법에는 지방분권에 대한 별도의 선언 규정이 없으며 헌법 117조, 118조 만으로는 중앙정부와 지방자치단체의 협조관계 또는 상호보완관계를 이루기 어렵다. 따라서 중앙정부의 정책결정에 대한 지방자치단체의 항의 및 견제를 위한 법적 수단이 없게 되는 것이다. 지방자치단체가 주민의 삶에 보다 적극적으로 공동체 중심적인 정책 결정을 해나가기 위해서는 지방자치단체의 의사결정이 지역 안에서 자유롭게 집행될 수 있을 뿐만 아니라 국가 차원에서도 그러한 정책이 수용될 수 있는 틀이 마련되어야 한다. 지방자치단체의 정책 결정에 대하여 중앙정부가 개입하는 경우는 제한적으로만 가능하도록 규정하여 이를 헌법에 반영할 필요성이 제기되는 이유다.

이를 위해서는 중앙정부 수준에서 지방자치단체의 의견이 개진될 수 있는 공론의 장이 필요한데, 이를 위해 일부에서 지방자치단체의 대표성을 갖는 국회 내부의 상원 설치 또는 자치단체 연합회인 4단체에게 법률안 의견 제출권한 부여 등에 관한 논의가 전개되는 것은 다행한 일이다. 상원의 설치는 우리나라가 중앙집권과 수도권 집중 현상이 심각한 지경에 이르러 있고 그렇기 때문에 이에 대응해야 하고 나아가 통일에 대비하여야 하는 점에서도 의의가 작지 않다. 미국의 상원 100명은 지역의 규모(인구와 면적, 경제력 등)와 무관하게 50개 주에 각 2명씩을 배정하고 있다. 즉, 지역의 대표성을 인정하고 있는 것이다. 지방의 살림살이는 국가 차원에서도 대등하게 논의될 수 있어야 한다. 헌법재판소 결정에 따라 선거구간 선거권자 비율을 평등선거 원칙에 최대한 맞춘다면 사실 수도권에서 선출되는 국회의원 수가 전체 국회의원의 약 절반이 된다. 제20대 국회의 경우 지역구 253석, 비례대표 47석인데, 지역구 253석 가운데 수도권이 122석을 배출한다. 이를 극복하기 위해서는 지역을 대표하는 비례대표를 대폭 확대하거나 지역균등 원칙에 입각한 상원의 설치가 요구된다. 지역을 대표하는 상원을 설치할 경우, 지방자치의 헌법적 제도보장이 훨씬 더 강화될 수 있다. 지방의 국가정책 결정에 대한 참여가 보장되고 그에 따라 지역균형 발전도 꾀할 수 있다. 이 경우 지역 단위에서 국가정책 결정을 위한 공론의 장이 제공되고, 국가와 지역이 연결되며, 수도권 중심의 국회 구성이 극복되고, 통일 국가에도 대비할 수 있을 것으로 기대된다. 이 경우 상원은 지역대표형으로 지역마다 동수의 의원을 선출하는 것을 원칙으로 해야 할 것이다. 상원의원의 선거는 지역균등 및 자치단체의 기속위임을 강화하기 위한 간선과 주민대표를 강화하기 위한 직선의 방식 중 어느 것을 택할 것인지도 검토해야 한다. 스위스의 경우에도 국민을 대표하는 하원과 주를 대표하는 상원이 있으며, 의회권력을 양원이 분점하고 있다. 이는 국민전체의 이익을 대변하는 연방과 부분의 다양성과 이익을 대변하는 주(칸톤) 간의 권력분점을 제도화 하고자 한 결과다. 하원은 인구 규모에 따라 의석을 갖지만 상원은 모든 칸톤이 동일하게 2석의 의석(6개 반주는 1석)을 갖게 함으로써 농촌에게 더 많은 대표성을 갖도록 하고 있다.

개헌이 힘들다면 지방자치단체 또는 지방자치단체의 협의체(지방정책결정협의체)가 법률안 의견제출 권한을 갖도록 관련 법률을 개정할 수도 있다. 지방자치단체가 직접 국회에 법안을 제출할 수 있는 권한을 부여하기 위해서는 헌법을 개정해야 하지만(헌법 제52조) 입법의견을 제출할 수 있도록 하기 위해서는 법률 개정으로 충분한 일이다(현행 지방자치법 제165조 제6항 참조. 현재는 지방자치와 관련된 법률의 제정·개정 또는 폐지가 필요하다고 인정하는 경우에 국회에 서면으로 의견을 제출할 수 있도록 함). 또는 입법 과정에서 지방자치단체와 관련이 있는 법안에 대해서는 지방자치단체의 의견을 듣는 절차를 거치도록 필수 조항으로 삼아 각 개별법에 반영하는 것도 가능하다.

특히, 최근 몇 년 동안 중앙과 지방자치단체들 간의 갈등은 주로 사회복지에 관한 예산 및 권한위임에 관한 것이었다. 중앙정부가 해당 사무를 이양 또는 위임하기 위해서는 당연히 지방 재정에 대한 지원 내지 확충권한을 줘야 하지만 전혀 그렇지가 않았다. 그러나 현행 헌법에서는 지방자치단체의 자주재정권 또는 지역간 균형에 관한 규정이 마련되어 있지 않다. 1948년 헌법에 "지방자치단체는 법령의 범위 내에서 그 자치에 관한 행정사무와 국가가 위임한 행정사무를 처리하고 재산을 관리"하도록 규정하고 있었고(제96조), 현재도 주민의 복리에 관한 사무를 처리하고 재산을 관리하도록 하고 있지만, 이것만으로 자주재정권을 명확하게 규정하고 있다고 보기는 어렵다. 다른 한편 지방 자주재정권을 명시하는 경우라고 하더라도, 그것이 얼마나 실효성을 나타낼지에 대해서는 회의적인 시각도 존재한다.

이에 대해 독일기본법은 법인세와 근로소득세에 관한 연방법률을 정함에 있어 지방자치단체의 재정수요와 재정능력을 고려하여 적절한 균형을 유지하도록 규정하고 있고(제107조), 프랑스의 경우에도 법률에 지방자치단체 간 평등을 촉진하기 위한 재정조정 조항을 두도록 하고 있다(제72-2조). 지방분권을 강화하기 위한 헌법 개정 시에 고려할만한 조항들이다.

4차 산업사회의 도래와 함께 심화되는 격차사회의 문제에 보다 본질적으로 조응해 나가기 위해서는 이렇듯 다양한 차원에서의 지방분권형 개헌과제가 제기되고 있지만 그것이 전부는 아니다. 비록 분권형 개헌이 아니더라도 지금과 같은 정부 내 수직적 관계에 의존하는 지방자치 체제를 극복하는 일은 최우선적 과제 가운데 하나다. 이를 위해서는 차기 정부의 분권정책이 시대정신에 맞는 전략을 채택해야 할 것은 물론이다.

IV. 차기정부의 행·재정 분권을 위한 정책과제

1. 정부에서 자치(self-governance)시대로의 전환

다음의 <도표 3>은 우리나라의 GDP에서 정부예산이 차지하는 비중을 약 10년 단위로 그 변화의 추이를 나타낸 것이다. 이에 따르면 1990년 이전까지는 정부예산과 GDP의 규모에 거의 차이가 없었으나 1980년대 후반부터 급격하게 GDP의 규모가 확장되고 있음을 알 수 있다.

<도표 3> 한국의 GDP에서 정부예산이 차지하는 비중변화

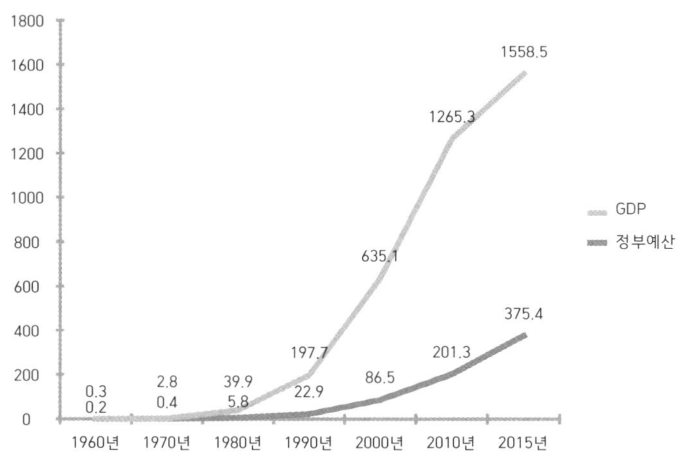

※ 단위 : 1조 원

<표 2> 한국의 GDP에서 정부예산이 차지하는 액수

년도	1960년	1970년	1980년	1990년	2000년	2010년	2015년
GDP	2500억	2조 7950억	39조 9470억	197조 7120억	635조 1850억	1265조 3080억	1558조 5910억
정부 예 산	3430억	4060억	5조 8040억	22조 6890억	86조 4740억	201조 2830억	375조 4000억

즉, 상기 <도표 3>과 <표 2>가 의미하는 바는 한국의 GDP에서 정부예산이 차지하는 비중이 1990년대 이후 급격히 적어졌다는 점이다. 이것이 가지는 의미는 민간부문 등 사기업의 영역이 커지고 시민사회의 역량강화 필요성이 커지고 있다는 증거이다. 즉, 정부의 역할은 축소되어야 하며 기업과 시민사회 간의 거버넌스 체제를 구축하여야 한다는 반증이기도 하다.

예를 들어, 최근 캐나다 정부의 미래정부보고서에서는 SNS 공동체의 국정참여와 견제가 정부중심의 3권 분립 체제의 한계를 극복할 수 있다고 보고 법제도적 근거를 마련하고자 한다. 파워블로거와 같은 공동체는 전국, 지역별로 추천을 받아 파워블로거 처럼 상시 운영하며, 각종 이슈에 국민과 지역주민의 목소리를 정제하여 입장을 표명하고, 정책에 대한 우선순위를 표명한다. 중앙 및 지방정부, 공공기관, 국회 및 지방의회, 지역공동체에서 쓸 수 있는 정책/국정운영 플랫폼을 구축하여 공공과 국민/지역주민과의 거리를 좁히도록 한다. 수준별로 쉽게 접근하고 지역/생활 이슈를 스스로 결정하는 협치와 자치(self-governance) 시대로 가야 한다는 주장은 매우 설득력이 있어 보인다. 수평적 사회공존체제의 구축에 주목하자는 뜻이다.

그러나 우리나라는 여전히 중앙정부-지방자치단체-시민사회의 관계를 수직적이고 전통적이며 관료적인 관점에서 다루는 일에서 벗어나지 않고 있으며 4차 산업혁명이 이미 시작된 네트워크 사회, 사이버민주주의, SNS 세상이 갖는 수많은 수평적 집단지성의 의사결정 방식이 제공하는 장점을 살리지 못하고 있다. 오히려 DAD(Decide-Announce-Defense)가 만연되어 정부가 이해당사자 및 갈등의 당사자로 부상하는 현상이 심화되고 있다. 즉, N. 루만이 언급한 바와 같이 기존의 관료제에서 말하는 계급적인 존재론과 유기체론적인 관계론 사이에서 우리가 우리 자신의 지위를 존재로서 인식하는 한 업무에서의 관계성은 떨어지고 지위(권위)로서 의사 결정하는 행태를 반복하게 된다.

따라서, 어떻게 하면 중앙정부-지방자치단체-시민사회의 관계를 존재론적 관점에서 관계론적으로 바꾸어 바라볼 수 있느냐가 관건이며 수평적으로 그리고 집단지성을 살릴 수 있도록 법제도와 의사결정과정체제를 구축하느냐가 중요한 과제로 제기된다. 즉, 협치의 의사결정 구조를 만들 수 있느냐가 중요한 과제이다. 위에서 언급했듯이 의사결정이 고전주의적인 수직적 관계에서 집단지성적 수평적 관계로 변화하는 일이 그 어느 때보다도 요구되는 시점이다. 이제는 지금까지의 중앙과 지방 간의 관계양식 설정으로는 미래사회 변화에 대응해나갈 수가 없다.

2. 자치행정계층의 다양성 보장을 위한 지방자치법 개정

이렇듯 수평적 업무수행체계의 구축과정에서 요구되는 과제 가운데 하나는 지방자치단체의 기관구성 양식을 다양화 하는 일이다. 중앙정부에 의한 획일적이고 일원주의적인 통제를 벗어날 수 있게 해줄 것이기 때문이다. 그런데 이런 자치단체의 다양화를 위해서는 지방자치법 개정이 필요하다. 예를 들어 인구 50만 이상의 대도시에서 4차 산업 중심의 지역경제 활성화를 통해 일자리를 만들지 못한다면 이는 다른 어느 곳에서도 어렵다. 왜냐하면 과거의 같은 굴뚝산업에서 일자리가 만들어 지는 것이 아니라 영상, ICT, 사물놀이 IT 산업 등 도시민과 밀접한 산업을 통해 일자리가 만들어지기 때문이다. 과거 산업국가에서처럼 도농 간의 격차해소를 통한 형평성 제고가 아니라 대도시 중심의 경제사회발전 전략을 채택해야 하는 이유다.

따라서 현재와 같이 시도, 시군구의 기본 축을 중심으로 하는 2층제가 아니라 제주특별자치도 혹은 세종특별자치시와 같이 다양한 자치행정 계층의 활성화를 촉진할 수 있도록 지방자치법을 대폭적으로 개정해야 한다. 이제는 더 이상 행정자치부 중심의 표준화, 모델링 등을 기준으로 하는 자치가 아니라 지방의 고유권한으로 이루어지는 지방자치권이 행사될 수 있도록 법제도적 장치를 바꾸어야 한다는 의미다.

3. 중앙의 재정조정 규모 확대 아닌 지방자주재원 확충

사실 국가경쟁력을 조세부담률, 세출 범위, 또는 IMD 등이 발표하는 경쟁력 지수 등으로도 설명하는 방법은 적지 않은 결함을 지닌다. 예를 들어 일본경제 회복의 원인을 이러한 지수들로 포착하기는 어렵다. 다음의 <도표 4>, <도표 5>, <도표 6>은 소위 잃어버린 10년 이라는 일본 불황기('90년대 초반에서 2000년대 중반)의 주요 경제 및 재정지표이다. 특히, <도표 4>를 보면 특이한 점이 IMD 국가경쟁력 지수가 일본의 경우 경제회복이 시작하는 시점인 2000년대 초반 크게 하락한다. 또한 일본의 조세부담률이 16%대이기 때문에 언론에서는 작은 정부로 간혹 분류하지만, 이는 일본의 대규모 적자를 감안하지 않은 분류방식이다. 낮은 조세부담률은 <도표 9>에서 볼 수 있듯이 고소득국가의 특징은 아니다. <도표 6>에서 보듯 OECD 기준 우리나라 정부규제 지수는 일본 정부가 축소 노력을 기울인 시점인 2004년의 일본과 비교해 보더라도 우리가 상당히 낮은 편이다.

그런데 정부역량이 낮음에도 불구하고 선진국이 되는 경우는 없다고 해도 과언이 아니다. 그렇다면 정부역량을 키우는 방안은 무엇일까에 대해 보다 깊은 고민이 필요하다. 이 시기에 일본에서는

<도표 4> 불황기('90년대 초반에서 2000년대 중반)의 일본의 재정지표

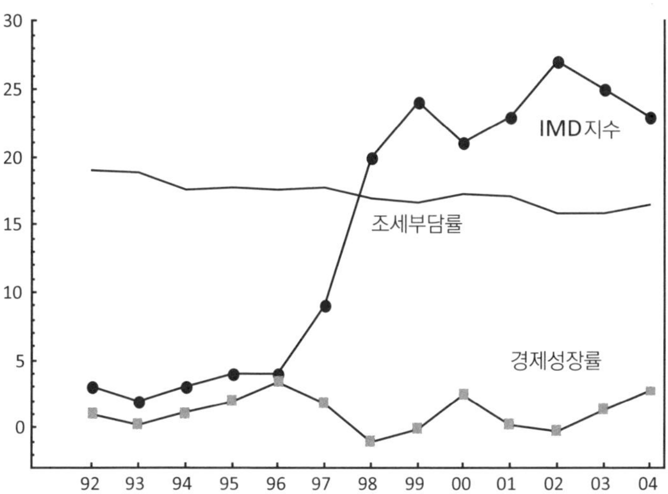

<도표 5> 불황기('90년대 초반에서 2000년대 중반)의 조세부담률과 1인당 GDP

(단위: 천불, 2004년)

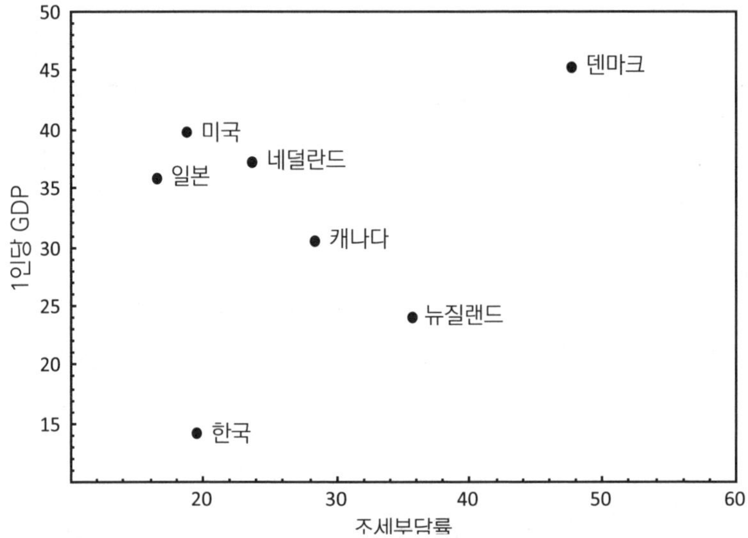

<도표 6> 불황기('90년대 초반에서 2000년대 중반)의 정부규제 지수(OECD, 2004년)

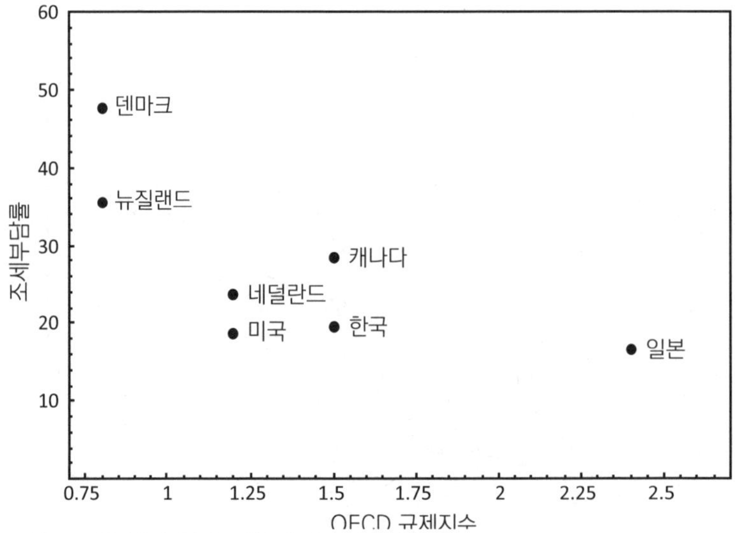

주 : OECD 규제지수는 정부의 시장개입 지수임.

자료 : OECD Economics Working Paper N

과감한 지방분권 정책을 1997년도부터 강력히 추진했고 2000년도에는 정부개혁의 일환으로서 중앙부처의 통폐합을 단행했다. 우리나라에서는 행정적 측면의 지방분권은 사무권한 이양의 형태로, 재정적 측면의 지방분권에 대한 논의는 주로 지방재정 규모의 확충에 초점을 맞추어 전개해 왔다. 그러나 행정분권을 위한 재정분권이 법제도적으로는 마련되어 있으나 현실적으로는 충분치 못하다는 점에 누구나 동의한다. 그렇다고 해서 단순하게 지방재정의 규모를 늘리는 전략이 지방과 중앙정부 역량을 강화할 것인지에 대해서는 보다 신중한 고민을 필요로 한다. 특히, 우리나라의 국고보조금 지급방식은 하드웨어(기반시설 등의 영조물설치)에 집중되어 있고, 자율적인 보조금인 포괄보조금은 극히 미미하여 인건비 등의 소프트웨어 등을 위한 국고보조금의 지급은 거의 없다. 따라서 지방자치단체나 주민들은 지방재정의 확충에 따른 세금 부담(tax-price signal)을 느끼지 않기 때문에 지역의 업자들과 결탁하여 사업을 신청하거나 또는 불필요한 사업임에도 불구하고 신청하고 보자는 식의 국고보조 사업이 넘쳐나는 실정이다. 중앙부처 역시 국고보조금의 편성권한을 갖고 법령에 의거하여 매칭펀드 방식이나 크고 작은 공모사업을 실시하여 지방에 군림한다. 즉, 이와 같이 공동재원이나 지역발전특별회계 등으로 지방재정의 확충이 지속될 경우, 정부의 재정규모만 증가할 뿐이지 지방자치단체와 중앙정부의 역량을 강화하지는 않는다. 따라서 중앙정부의 재정조정제도인 교부금 산정과 편성방식의 전면적인 개혁과 법인세 비율의 상향조정, 지방소비세율의 비중 확대, 주세(酒稅)의 지방세로의 이전 같은 자주재원 확충방안이 차기 정부에서 논의 되어야 할 핵심 과제 가운데 하나다. 현행 헌법에 지방자치단체의 자주재정권 또는 지역 간 균형발전에 관한 규정이 없다고 해서 재정분권이 불가능한 것은 아니다. 지방재정법의 개정을 통해서도 지방 재정권을 실효적으로 강화하는 일이 가능하다. 그러므로 현행 법률을 개정해서라도 지방자치단체와 주민이 세금 부담(tax-price signal)을 느끼도록 국세와 지방세를 재배분하는 것이 바람직할 것으로 생각된다.

V. 결론

선진국이라고 하는 나라치고 지방자치가 활발히 전개되지 않은 나라는 없으며, 지방의 경쟁력이 국가발전의 원동력이 되고 있다. 물론 지방과 중앙과의 관계는 각국마다 다르며 정형화된 정답은 없다. 우리의 경우는 중앙과 지방과의 관계를 기존의 '분권과 자율'이라는 명분론적 프레임으로부터 '신뢰와 협력'이라는 실용적 프레임으로 바꾸어 궁극적인 목적인 분권형 국가를 만들어 나가야 할 때가 되었다.

중요한 점은 국가 경쟁력 향상을 위해서는 정부의 범위를 어떻게 설정할 것인가 보다는 이를 집행 할 수 있는 정부역량을 개발하는 데에 주목해야 한다는 사실이다. 국가경쟁력과 정부역할과의 관계를 논할 때 경제학자들은 정부의 지출규모나 조세부담률에 초점을 맞춘다. 그러나 정부역량에 초점을 맞춘 이 장(章)에서는 행정학 등의 분야에서 흔히 언급하고 있는 전통적인 접근전략인 '큰 정부, 작은 정부'논쟁과는 차별성을 두고자 했다. 예를 들어 OECD 기준

우리나라 정부규제 지수는 최근 규제완화 노력을 기울여온 일본보다 상당히 낮은 편이다. 이런 사실들이 시사하는 바는 정부가 경쟁력을 갖춘다는 의미는 지금의 사회문제 등을 해결하기 위해 규제완화 또는 강화, 조세부담률의 증감 등과 같은 단순 수치로 결정되지 않을 가능성이 높다는 점이다. 오히려 사회적 규제완화와는 달리 중앙-지방-민간의 거버넌스 체제구축, 학습사회로의 이행을 위한 기반구축, 다양성이 반영 가능한 사회기반형성 등이 정부역량을 강화하는 본질적인 수단이자 가치라고 여겨진다. 이들이 차기정부의 중요 국정과제로 선정되기를 바라는 이유다. 즉, 우리나라의 국가 역할 개편 방향은 국가기능의 범위를 줄이거나 확대하는 것이 아니라 정부역량 자체를 강화한다는 의미에서 과감한 지방분권의 추진, 나아가서는 시민사회의 역량강화를 위해 노력해야 하며, 이는 개헌을 통해 추진가능한 과제도 있지만 대개의 경우 차기 정부가 자신의 핵심 정책과제로 다루느냐의 여부에 따라 달라진다는 점을 지적하고자 한다.

제9장 |

지방분권개헌의 방법과 대안

김성호

I. 개헌추진 동향

국가의 위기는 정부의 위기이다. 정부위기를 극복하기 위해서는 제왕적 중앙집권적 권력구조로 인한 기능부전 상태를 국가기관 간 수평적 분권과 더불어 중앙-지방정부 간 합리적 분권을 통해 각 정부가 핵심역량에 집중함으로써 경쟁력을 높이는 것이 무엇보다 절실하다.

그러나 지난 20년 동안 정권마다 지방분권을 대통령 국정과제로 선정하고 특별법으로 추진해 왔지만 성과는 미미하였다. 그 결과는 지방분권이야말로 특별법으로도 불가능한 헌법적 과제임이 입증되었다. 놀랍게도 선진외국에서도 지방분권은 법률로써는 불가능하다는 역사적 경험에 따라 헌법으로 해결하고 있다는 점을 보면 더욱 분명해 진다.

2017년 한 해 동안 국회 개헌특별위원회 자문위원회는 학계와 시민사회, 지방4단체가 제안한 의견 등을 반영하여 지방분권개헌안 합의안을 마련하였다. 이후 2017년 12월 국회에서는 여야대립 끝에 개헌특별위원회는 구성되었으나 야당이 개헌시기를 지방선거 후로 늦추자고 주장함에 따라 13개 지방분권단체로 구성된 지방분권국민회의는 2018년 1월 24일 보도자료를 통해 여·야 정치권의 지방분권개헌 대선공약, 국민약속 이행촉구 기자회견을 하는 등 거세게 반발하고 있다. 지난 대선에서 당시 문재인·홍준표·안철수·유승민·심상정 후보가 모두 지방분권개헌을 2018년 6월 지방선거에 국민투표를 통해 시행하겠다고 한 개헌공약의 연기 주장을 수용할 수 없다는 것이다.

문제는 개헌일정도 중요하지만 무엇을 어떻게 개헌할 것인지가 더 중요한데 민주당이 먼저 개헌내용을 발표했지만 상세한 사항은 언론에서조차 다루어지지 못했다.

이런 상황에서도 전국단위 13개 조직으로 구성된 지방분권개헌 국민회의에서는 2018년 2월 4일 더불어민주당 개헌 의원총회 결과 발표에 대한 논평을 통해 지역대표 상원제 도입과 지방세를 조례로 규정할 수 있게 한 것은 환영할만한 일이지만 시민사회와 학계, 지방자치단체와 지방의회 등이 한목소리로 제기, 요구해 온 핵심사항들 특히 대한민국은 지방분권 국가임을 천명하고, 헌법과 법률이 정하는 범위 안에서 기본권으로서의 주민자치권 명기, 지방정부의 자치입법권, 자주조직권, 자주재정권, 중앙정부와 지방정부간 및 지방정부와 지방정부간의 재정조정제도, 주민과 가까운 지방정부가 우선 사무를 처리하는 보충성의 원칙 등이 빠져있는 것에 실망감을 감추지 않았다. 또한, 헌법 제117조를 법률의 범위 안에서 조례를 제정할 수 있게 개정한 것은 일견 기존 조례 제정 가능 규정보다 상당히 개선된 것처럼 보이지만 개별 국가법률의 구체적인 조문으로 조례제정의 범위를 얼마든지 제약하고 구속할 수 있기 때문에 실제로는 현재와 같이 국가법률의 범위 내에 한정될 수밖에 없다는 점에서 지방정부는 관할지역내에 적용되는 자치입법권을 가질 수 있도록 확실한 재량권을 부여해야 할 것이라고 하였다.

10차 개헌은 대통령과 정치권의 이해뿐만 아니라 시민사회단체의 요구를 어떻게 어느 정도 반영할지가 관건이다.

이 장(章)에서는 지방자치관련 현행 헌법의 문제점을 살펴보고, 이러한 문제는 법률만으로는 한계가 있어 개헌으로만 할 수 있다는 것을 확인하고, 지방분권을 위한 개헌안을 제안하면서 현행 헌법 하에서도 추진할 수 있는 입법과제를 논하고자 한다.

II. 지방자치 관련 현행 헌법의 문제점

지방자치는 그 자체로서 민주적 정당성을 가지며 현대 국가에 있어 단순히 행정의 한 유형을 넘어 민주주의적, 권력분립적 그리고 사회국가적 기능을 수행한다는 점에서 지방자치에 대해서는 일반 국가행정에 대한 헌법의 기본적 결단과는 다른 특수한 규율의 필요성이 인정된다. 현행 헌법상 지방자치에 관한 규정인 제117조와 제118조는 비교법적으로는 물론 지방자치의 헌법적 보장의 현대적 의미에 비추어 볼 때 지방자치권의 내용과 범위를 규명하기에 지나치게 단순하며 지방자치의 구체적 내용의 대부분을 법률유보사항으로 하고 있다는 점에서 지방자치의 적극적 보호를 위한 기본결단으로 보기에는 부족하다. 이 때문에 조례제정권과 법률유보의 관계 및 자주재정권과 조세법률주의와의 관계 등에 대하여 많은 법리적 논쟁이 전개되어 왔다. 이번 기회에 헌법상의 쟁점을 해소하는 개헌이 필요한 이유다. 지방자치에 대하여 현행 헌법이 간접적 국가행정의 한 유형으로 파악하고 있다는 오해를 불식하려면, 일반 국가행정에 대하여 지방자치 영역에서 인정될 수 있는 예외적 영역 및 그 규율 내용에 대하여 헌법의 특성상 가능한 정도의 기본적인 규율, 소극적인 방어의 개념을 넘어 지방자치의 의의와 기능에 합당한 적극적 보장을 담보하는 헌법개정을 하여야 할 것이다.

지금까지 논의되어 온 지방자치관련 현행 헌법상의 쟁점과 문제점은 다음과 같다.

1. 법령유보로 자치입법권 침해

1) 헌법상 자치입법권의 법령유보

첫째, 헌법은 제40조에서 입법권은 국회에 속하는 것으로 규정하고 있으며, 지방자치단체는 헌법 제117조 제1항에 의하여 법령의 범위 안에서 자치에 관한 규정을 제정할 수 있도록 규정되어 있다. 헌법은 자치입법이 국회가 제정하는 법률과 정부가 제정하는 대통령령 또는 장관이 정하는 부령에 기속되도록 법령유보를 제도화 하고 있다.

둘째, 헌법 제12조의 죄형법정주의와 동법 제37조제2항에서는 국가의 안전보장, 질서유지, 공공복리를 위하여 국민의 기본권을 제한하고자 할 때에는 국회가 제정한 법률에 의해서만 가능하도록 하였다. 죄형법정주의(허영, 1997: 340)[1]를 규정한 헌법 제12조 제1항은 국민의 자유권 보장을 목적으로 무엇이 처벌될 행위인가를 국민이 예측 가능한 형식으로 미리 규정하도록 하여 개인의 법적 안정성을 보호하고, 성문 형벌법규체계를 확립하여 국가형벌권의 자의적 행사로부터 개인의 자유와 권리를 보장하려는 법치국가의 기본원칙이다. 이는 형벌법규의 법률주의(관습형금지의 원칙), 형벌불소급의 원칙, 절대적 부정기형금지의 원칙, 법규내용명확성의 원칙, 유추해석금지의 원칙을 그 파생원칙으로 한다(권영성, 1997: 377). 따라서 국민의 자유와 권리는 법률로써만 제한할 수 있어(헌법 제37조 제2항) 지방자치법 제22조 단서규정의 폐지는 헌법 제37조 제2항에 위배되므로 법률의 구체적인 위임이 있어야 하며(박봉국, 1992: 80-81),[2] 법률이 위임할 때에는 죄형법정주의의 취지에 비추어 그 구성요건과 양형의 범위 등에 관하여 구체적인 범위를 정하여 위임하여야 할 것이라는 것이다.

셋째, 헌법 제8장은 지방자치단체의 종류·조직·운영에 관한 사항과 지방의회의 조직·권한·의원선거와 지방자치단체 장의 선거방법

1) 죄형법정주의는 행위 시의 법률에 의해서 범리를 구성하지 아니하는 행위는 처벌받지 아니한다는 원칙을 의미한다. 구체적으로는 첫째, 법률이 없으면 범죄도 없다. 둘째, 사전에 제정된 법률에 의하지 아니하고는 처벌되지 아니한다. 셋째, 죄가 없으면 벌이 없다는 원칙이다.

2) 그러나 현행법상 이러한 조례벌칙의 제정기준은 조례의 실효성 확보 측면에서 지방자치단체가 자치사무(고유사무)일지라도 법률의 위임이 없으면 조례로써 벌칙을 정할 수 없으므로 자치법규의 실효성을 확보하기 어렵다는 점이다.

등이 법률유보하고 있어 입법독재를 용인하는 논리라고 할 수 있다(허 영, 1985: 123).

따라서 현행 헌법 하에서는 지방자치의 본질적 사항이라 하더라도 국가의 입법정책에 의하여 사실상 그 범위가 정해지고 있어 자치입법권의 범위는 국가의 입법권에 종속되어 있다.

2) 자치입법권의 법령유보, 지방자치의 위기 초래

헌법질서 안에서 국가권력은 국민의 기본권 행사에 의하여 비로소 창설될 뿐만 아니라 국민의 기본권 행사에 의하여 통제되고 정당화되므로(허 영, 1989: 54) 기본권침해가 아니라도 기본권이 관련을 맺을 수 있는 중요사항은 국회가 결정하여야 할 것(허 영, 1989: 30-38)이라 하였다.

이러한 주장은 국민의 기본권보장이 중요하다는 점에서 일면의 타당성을 가지고 있으나 다음과 같이 자치입법권에 의한 주민의 기본권 보장 기능을 간과하고 있다는 점에서 비판받고 있다.

첫째, 국가법령선점으로 인하여 자치입법권이 형해화 되고 있다. 현행 헌법 하에서는 입법자인 국가가 법령으로 광범위하게 자치입법권의 입법범위마저 선점할 수 있음에도 지방정부로서는 이를 제어할 제도적 장치가 없다. 이처럼 일방적인 법령선점론을 합리적인 선에서 규제할 수 있는 제도적 장치를 마련하지 않는 한, 자치입법권은 형식만 남은 입법권이 될 뿐이라는 점에서 지방자치의 위기를 초래하고 있다.

둘째, 지방자치법 제22조 단서에서 주민의 권리제한, 의무부과, 벌칙을 제정할 때 반드시 법률의 위임이 있어야 한다고 규정한 것은, 지방자치의 본질에 속하는 사항이므로 지방자치의 헌법원리에 도 어긋나는 규정이다.

셋째, 지방정부의 규제행정을 무력화시키는 요인이 되고 있다. 동법 제22조 단서조항은 주민의 기본권을 보장하고 지방의 질서와 고유한 미풍양속을 보존하기 위한 자율적 규제행정마저도 제한함으로써 법령의 공백을 스스로 보완할 수 있는 기회를 박탈하는 제도라는 점에서 지방자치의 본질을 침해할 수 있는 여지가 있다. 각 시도와 시군구가 수행하는 사무는 주민의 복지 증진을 위하여 다양한 급부행정으로 구성되어 있다. 그러나 지방사무는 급부적 성격뿐만 아니라 지역의 질서유지와 행정경찰적 규제사무 즉, 하천감시, 산불감시, 위생단속, 주차단속, 공원감시, 폐수단속 등 법령과 조례에 의한 단속업무를 수행하고 있다. 이러한 규제행정영역은 중앙행정권한의 지방이양과 자치경찰제 도입과 더불어 더욱 확대될 것으로 예상된다. 따라서 지방정부의 사무가 비권력적·급부적 사무로만 구성되어 있어 지방정부의 벌칙제정권을 법률유보 하여야 한다는 논리에는 문제가 있다.

넷째, 경범죄처벌법상의 제재수단보다 조례 벌칙수단이 미약한 실정이다. 조례위반행위에 대해서는 제재수단으로서 과태료벌칙만 과할 수 있으나 경범죄처벌법에서는 10만원 이하의 벌금, 구류 또는 과료로 처벌할 수 있다. 조례위반행위에 대하여 경범죄처벌법상의 형벌의 종류에도 미치지 못하는 질서벌로서의 벌칙만 부과하게 한 것은 입법자가 민주적 정당성을 가진 조례의 법적 성격에 비추어 볼 때, 자치입법권에 부수되는 벌칙제정권을 지나치게 제한 한 것이라 할 수 있다. 그 결과, 과태료 징수율이 절반수준에 그치고 있어 지방의 법치주의를 훼손하는 기제로 작용하고 있다.

다섯째, 법률유보사항에 대한 위임법률제정 절차가 미비되어 있다는데 문제가 있다. 지방자치법제22조 단서에서는 지방정부가 벌칙을 제정하려고 할 경우, 법률의 위임을 받도록 의무화 되어 있으나 개별 지방정부가 위임법률제개정안을 제안할 수 있는 제도와 절차는 미비되어 있다. 이 때문에 지방자치의 핵심적 사항인 주민의 권리제한, 의무부과, 벌칙제정에 관하여 자치입법권을 자율적으로 행사할 수 없어 자치입법권 행사범위가 무력화 하고 있다.

지방자치법 제22조의 단서규정에서 말하는 주민의 권리제한이나 의무부과, 벌칙제정은 헌법에 의하여 보장된 조례제정권의 본질적 요소이므로 법령에 의해서도 침해될 수 없도록(김성호, 1995: 38) 제도화 되어야 한다. 무엇보다 조례는 주민 직선으로 선출된 대표가 제정하는 것으로써 주민 스스로에 의한 자기구속성의 원리에 충실한 것이므로 국회입법에 적용되는 자기구속성의 원리와 차이가 없다는 점에서 과소평가해서는 안 된다(유상현, 1995: 101).

그러므로 현재 헌법 제117조제1항에 의해 자치입법은 진정한 지방법(Local Law)으로서의 기능을 수행하지 못하고 있다.

위법한 조례제정을 막기 위하여 법령제한이 필요하다는 주장은 이미 다양한 안전장치가 마련되어 있음을 간과한 것이다. 첫째, 지방자치법제15조에서는 주민에게 조례개폐청구권을 부여하고 있으며, 둘째, 동법 제172조제1항에서는 지방의회가 의결한 조례가 법령에 위반되거나 공익을 현저히 해친다고 판단되면 재의요구권을 주무부장관 또는 시·도지사에게 부여하고 있고, 셋째, 동법 제172조제7항에서는 제1항에 따라 지방의회의 의결이 법령에 위반되는 경우로서 재의요구지시를 받기 전에 그 조례안을 공포한 경우에는 주무부장관이나 시·도지사가 대법원에 직접 제소 및 집행정지결정을 신청할 수 있도록 되어 있다. 무엇보다 국회나 중앙정부가 상위법령을 제정하면 해당 조례를 무력화 시킬 수 있어 이중삼중의 장치가 마련되어 있다. 따라서 기본권 침해를 이유로 조례입법권을 법령유보하는 헌법 제117조제1항은 타당하지 않은 법이다.

2. 정부간 사무권한배분 국가의 법률선점 정당화

1) 정부 간 사무배분 법령유보

헌법 제96조에서는 행정각부의 설치, 조직과 직무범위는 법률로 정하게 되어 있다. 국가행정권의 범위는 헌법상 국회가 정하는 법률로 정하도록 제도화 하고 있으며, 대통령을 위시한 중앙 각부장관은 헌법 또는 법령이 위임한 소관 사무를 집행한다.

헌법 제117조제1항에서 지방자치단체는 주민의 복리에 관한 사무를 처리하고 재산을 관리하며, 법령의 범위 안에서 자치에 관한 규정을 제정할 수 있다. 헌법은 지방자치단체의 주요사무로서 주민복리 사무, 재산관리, 자치법규제정권을 자치사무로 보장하고 있을 뿐이다.

2) 현행 헌법규정상 중앙집권적 사무배분 문제점

첫째, 우리 헌법은 국가의 법률에 의한 사무선점을 정당화하고 있다. 우리 헌법은 기본권, 통치구조, 지방자치와 관련하여 중요사항에 대해서는 국가사무의 범위를 지나치게 포괄적으로 규정하거나 중앙집권적 사무배분이 가능하도록 법률유보하고 있다. 국가의 입법공백을 남겨두어 자치입법 및 자치행정영역을 보장하여야 함에도 우리헌법은 입법권을 가진 국가의 재량과 의도대로 중앙집권적 사무배분과 집권행정을 정당화 하고 있다. 이 때문에 형식적 지방자치가 시행되고 있다.

둘째, 중앙-지방정부간 사무배분 원칙과 기준이 헌법에 규정되어 있지 않다. 국가기관의 사무는 법률로 정하게 되어 있어 국가-시도-시군구 간 권한과 책임의 근간이 되는 역할배분의 원칙과 기준이 헌법상 규정되어 있지 않고 지방자치법, 지방분권 관련 특별법에 산재되어 있으나 각 중앙부처가 사무배분 시, 적용하지 않고 있는 실정이다.

3. 중앙-지방정부의 세제와 재정을 중앙집권적으로 통제

1) 정부간 세·재정 법령유보

우리 헌법 제59조는 조세부과와 징수에 있어서 지켜야할 기본원칙으로서 조세의 종목과 세율을 법률로 정하도록 조세법률주의를 규정하고 있다(성낙인, 2010:945). 조세법률주의를 엄격하게 해석하여 지방세의 종목과 세율까지도 국가가 입법정책적으로 정하고 있다. 이는 국가가 지방정부의 재정권까지도 중앙집권적인 체제로 관리하고 전국적,일률적으로 통제해 왔음을 의미한다.

국민은 헌법 제38조에서 납세의무를 규정하고 있기 때문에 국가의 재정경비를 부담할 의무를 진다. 그러나 지방자치를 실시하는 이상, 헌법 제117조에서 "지방자치단체는 주민의 복리에 관한 사무를 처리하고, 재산을 관리하며,"라고 규정하고 있어 우리 헌법이 지방자치의 본질에 따라 자주재정권을 부여하고 있는지 의문이다. 국민으로서는 국세를, 주민에게는 지방세를 부과징수 하도록 하여 국가와 지방정부가 세입과 세출의 자율성과 책임성을 갖도록 제도화하여야 함에도 국세법률주의를 조세법률주의로 확대해석하여 지방세마저도 국가법률주의를 정하고 있어 지방정부의 재정자율권을 침해하고 있다.

2) 헌법상 조세법률주의 문제점

가. 지방세 국가법률주의의 정당성

지방세 국가법률주의는 조세법률주의원칙에 입각하여 개별 법률의 위임 없이는 지방세의 세목, 과세객체, 세율, 부과·징수에 관한 사항을 조례로써 규정할 수 없다는 견해이다. 우리나라의 판례나 다수설은 조례에 의하여 주민의 권리를 제한하거나 의무부과를 할 수 없다고 보기 때문에, 조례에 의한 지방세 조례주의를 수용하지 않고 있다(김용진, 1997: 22-26). 즉, 헌법 제59조에서 조세의 종목과 세율은 법률로 정하도록 규정하고 있으므로 법률이 아닌 조례를 근거로 한 과세는 인정할 수 없다는 것이다(정종섭, 2010: 1033-1038; 김철용 외, 1997: 131-132). 판례도 조례는 법률이 아니므로 국민의 권리의무에 관한 사항을 법률의 위임 없이 정할 수 없음을 밝히고 있다(대법원 1964. 5. 5, 63다874). 우리의 판례나 학설에 의하면 조례를 근거로 하는 지방세의 부과는 불가능하다는 주장이다(홍정선, 1991: 151-152).

나. 지방세조례주의의 정당성

조세법률주의는 국세법률주의와 지방세조례주의로 해석·적용하는 것이 가장 타당한 법 논거임에도 이러한 합리적인 법 논리가 중앙집권적 헌법해석에 의하여 간과되어 왔다. 국세법률주의와 지방세조례주의는 다음과 같은 논리에 의하여 상호 법리적 모순을 초래하지 않고 합리적으로 공존할 수 있다.

첫째, 조세법률주의는 국세나 지방세의 경우 국민 또는 주민의 재정적 부담을 정하는 것이므로 "대표 없는 조세 없다"는 법언에 의거하여 민주적 정당성을 가진 법률 또는 조례에 의해서만 부과·징수 할 수 있음을 의미하는 것으로 해석할 수 있다.

둘째, 지방세의 납세의무자는 어디까지나 주민이므로 지방세의 세목·과세객체·과세표준·세율·기타 부과·징수에 관하여 필요한 사항을 조례로 정한다는 것은 주민의 대표에 의해 조례로 정한 부담을 주민이 승인하였다는 것을 의미한다. 따라서 주민의 대표에 의해 승인되지 않은 지방세는 주민이 부담할 의무도 없는 것이다. 법률로 정하지 않은 어떠한 국세도 국민이 납부할 의무가 없는 것처럼 조례로 정하지 않은 어떠한 지방세도 주민이 납부할 의무는 없다. 또한 지방세의 과세단체는 지방자치단체이고 과세객체는 주민이며, 지방세의 용도도 주민의 복리를 위하여 지출하게 되므로 국가가 지방세의 세목, 세율, 과세객체, 과세표준, 세율, 기타 부과징수에 관하여 법률로써 규제할 하등의 권한이나 명분도 없다.

셋째, 헌법 제59조에 규정된 법률에는 조례도 포함된다고 볼 수 있는데, 헌법 제117조에서도 지방정부의 과세권에 관하여 법률유보를 규정하고 있지 않는 것으로 보아 조세법률주의는 국세에, 지방세는 조례주의를 적용하는 것이 타당하다.

넷째, 헌법 제59조의 규정에 따라 모든 국가재정이 중앙정부에 의해서만 관리된다면, 모든 지방자치단체의 재정 역시 중앙정부에 의존됨으로써 헌법이 보장하는 지방자치단체의 자주재정권은 무제한으로 침해당할 수 있다. 그러므로 지방정부의 자주과세권을 법률로써 제약하는 것은 허용되지 않는다고 해석하여야 한다.

그러나 이러한 지방자치 관련 법리를 해석에만 맡기는 것은 법률제정권을 가진 국가의 의사에 의하여 전횡되어온 전례에 비추어 볼 때, 헌법에서 지방세 지방법률주의를 분명하게 정하여 주는 것이 법경제에 부합된다.

3) 국세중심 재정구조로 인해 지방재정 자율성 훼손, 격차 발생

헌법 제117조 제1항과 같은 중앙집권적 조항으로 인해 명목상의 지방자치제도를 도입한 결과, 현재의 재정제도를 유지하면서 지방세 비중을 확대할 경우, 현재의 부익부 빈익빈 지방세 제도가 고착화될 것이 우려된다. 반면, 인구 5천만 명 이상의 OECD 국가들 중 연방국가, 또는 연방적 분권국가 체제[3)]를 갖추지 않은 국가는 아직 개도국 상태를 못 벗어난 터키, 그리고 국가채무가 GDP의 250%를 차지하는 일본 정도이다. 우리나라가 향후 중앙정부 주도의 단일국가 정치체제를 벗어나 지방정부의 역량을 강화하여 국가

3) 1997년 분권을 단행한 영국, OECD 기준 공식적으로 지역 국가인 스페인, 북부 이탈리아의 요구로 2009년 재정연방주의를 도입한 이탈리아 등이 헌법상 단일국가이지만 사실상 연방적 분권국가에 속하는 국가들임.

전체의 경쟁력을 키우는 지방분권국가 확립이 필요하지만, 이를 우리나라의 헌법이 뒷받침하지 못하고 있다.

그렇다고 해서 지방자치 원리에 따라 단순히 지방세 비중만 확대할 경우, 이미 지방 재정력이 매우 풍부한 수도권으로 세원을 더욱 집중시키는 결과만을 초래할 우려가 크다. 그 이유는 2015년 기준, 소득세의 67%, 법인세의 69%, 부가가치세의 66%가 수도권에 집중되어 빈익빈 부익부를 오히려 심화시킬 수 있기 때문이다(김정훈, 2018: 51-52).

<표 1> 수도권의 국세 세수 집중도(%, 2015년)

	부가가치세*	소득세	법인세
서울	41	43.6	44.28
인천	5.37	3.2	3.31
경기	19.54	20.2	21.03
합계	65.91	67	68.62

* 부가가치세의 비중은 도소매판매액 기준. 자료: 국세청.

그래서 지방정부 자주재원 세원규모의 확대를 위하여 국세를 지방세와 공유하도록 하는 것이 필수적이다. 그런데 세원공유는 중앙정부의 적극적인 반대가 예상되므로 외국 사례와 같이 헌법에서 정해야 한다. 그 이유는 정치적 현실적으로 법률로서는 도저히 제도개선을 해낼 수 없는 재정제도 개선과제이기 때문이다.

4. 국가경쟁력 저하로 지속가능한 국가발전 한계 도달

우리나라 국가 경쟁력은 WEF[4)]순위(133개국) 2008년 13위, 2009년 19위, 2010년 22위, 2011년 24위(142개국), 2013년 25위(148개국 중), 2014년 29위로 하락하고 있다. 국가경쟁력 평가결과를 종합하면 우리나라는 교통·통신, 기술 및 과학부문의 인프라, 세련되고 성숙한 소비자를 보유한 시장의 질적인 측면, 기업혁신 등에서 비교적 강한 경쟁력을 가지고 있는 것으로 평가된다.

하지만 세계경제포럼(WEF)의 국가경쟁력 조사에서 한국은 144개국 중 26위일 때, 12개 중 지표 중 노동시장 효율성 83위, 금융시장 성숙도 87위, 노사협력 132위로 평가되었다. 결국 정부기능 무분별한 확대가 시장효율화와 국가경쟁력의 발목을 잡고 있다.[5)] 이처럼 공공부문에서는 터무니없이 매우 낮은 평가를 받고 있다. 중앙집권적인 구조 하에서는 더 이상 국가경쟁력을 높이기 어렵다는 평가가 가능하다.

---

4) WEF(세계경제포럼; World Economic Forum)는 지속적인 경제성장과 장기적인 번영을 가능하게 하는 정책, 제도 및 제반요소로 정의하여 기본요인, 효율성 증진, 기업 혁신 및 성숙도 등 3대 부문, 12개 하위부문, 113개 항목의 세부지표를 이용하여 국가경쟁력을 평가하고 있다.

5) 박진(2015: 4-5) 이하 재구성.

5. 통일대비 지역의 특수성 반영

평화적 통일방식에 대비하기 위하여 현행헌법 제3조와 같은 영토조항을 두는 것으로 부족하다. 영토조항을 토대로 하면서도 북한지역을 대표하는 정치세력과 통일에 대한 합의가 이루어지면서 가입통일이 이루어지며, 그 경우 우리헌법이 북한지역에 대하여 효력이 미친다는 규정을 신설해야 한다. 현행 영토조항과 가입조항의 연계가 필요하다는 견해도 있지만,[6] 한반도에서 정통성을 가진 유일한 국가인 대한민국의 영토범위를 규범적으로 밝힌 것일 뿐 아니라 나아가 통일한국의 영역범위를 규정하는 것이라고 해석하면 족하다고 할 것이다.

통일당시 독일기본법 제23조와 같이 북한의 각 지방이 주민의 선택에 의해 대한민국의 광역지방정부로 편입할 수 있는 헌법상의 제도를 마련하여 북한 지역을 우리 통치 질서 내로 끌어들일 수 있는 헌법규정이 필요하다. 즉 대한민국이 연방정부의 주정부 수준 자치권을 가진 지방정부를 통해 주민의 삶의 질을 높이기 위한 권한과 책임을 행사하고 필요 재원을 주민 스스로 마련할 수 있는 제도를 조속히 정착시키되, 재정력이 약한 지방정부만 중앙정부 또는 다른 재정자립도가 높은 지방정부가 도와주는 제도를 제도화 할 필요가 있다. 그래야만 북한 주민도 통일에 대한 희망을 가질 수 있을 것이다. 북한의 주민과 지도자들도 지역발전의 주체가 되어 스스로 노력할 수 있는 제도적 모델을 우리나라의 지방자치제도에서

6) 따라서 통일 당시 독일 기본법 제23조와 같은 규정을 현행 헌법 제3조의2에 신설하는 것이 필요하다. 이승우(2018: 389) 참조.

찾을 수 있도록 헌법을 개정할 필요가 있다.

III. 지방분권, 법률 아닌 헌법과제

- 지난 20년동안 정권마다 지방분권관련 특별법을 제정하였다. 그러나 모든 정권은 특별법에서 정한 지방분권과제 조차 입법 및 제도개선 의무를 준수하지 않았다. 중앙정부가 특별법상의 의무를 준수하지 않은 것은 지방분권이 법률사항이 아니라 헌법사항임을 반증한 것이다.

국회차원에서도 지방분권은 여전히 중요한 입법과제에서 벗어나 있음을 알 수 있다. 아래 표에서도 보듯이 국회 대수 마다 지방분권 관련 특별법에서 정하고 있는 지방분권 관련 발의법안들인 극히 일부를 제외하고는 국회 소관 상임위원회에서 심의조차 하지 않고 폐기되었다.

- 지방분권 관련 특별법이 정권마다 제정되고 중앙정부에게 지방분권과제를 특정하여 제도도입을 의무화 하였지만 어느 정권, 어느 국회도 진정성있게 처리하지 않았다.
- 일부 국회의원은 지방분권은 법률사항이지 헌법사항이 아니라고 강변하고 있다. 물론 법률로 대부분의 지방분권은 추진할 수 있다. 그러나 어떤 정권도 실천하지 않았다. 지난 20년 간 권력의 속성상 헌법상 중앙-지방정부간 지방분권을 규율하는 실체

<표 2> 지방분권 과제별 국회 발의 및 제·개정 여부

분권과제명		16대 (2000-2004)		17대 (2004-2008)		18대 (2008-2012)	
		발의 여부	제·개정/폐기	발의 여부	제·개정/폐기	발의 여부	제·개정/폐기
중앙권한의 지방이양 및 합리적 사무배분	기관위임사무 폐지 (법정수임사무 신설)	×		×		○	폐기
	사무구분 및 배분에 관한 특별법 제정	×		×		×	
	일괄이양법 제정	×		×		×	
	지방분권촉진특별법	○	대안 가결	○	수정 가결		
특별지방 행정기관 이양	관련 법률 산재 (17대-정부조직법개정안)	×		○	폐기	×	
교육 자치제도 개선	지방교육자치법 개정 (교육감 직선제 폐지)	×		○	폐기	○	폐기
자치경찰제 도입	경찰법, 경찰공무원법	×		○	폐기	○	폐기
지방 재정 확충	지방세법, 부가가치세법 개정 (지방소비세 도입)	×		×		○	가결
	지방교부세법 개정 (교부세율 상향)	×		○	가결		
	분권교부세율 인상과 연장	×		○	가결	○	가결
	신세원 발굴 (레저세 확대)	×		×		○	폐기
	지방재정법 개정 (보조금 공표제)	×		×		○	폐기
조례제정권 범위 확대	지방자치법 개정	×		○	폐기	○	폐기
지방정부의 국정참여 확대	지방재정법 개정 (지방재정부담 심의회 신설)	×		×		○	대안 가결
	국회법 개정 (의견 수렴)	×		○	폐기	×	

적 지방자치제도 보장 규정 없이 국회와 중앙정부가 법률로써 권한과 재원을 자발적으로 배분하지 않는다는 것을 경험하였다. 그렇다면 국회와 중앙정부가 지방분권 의무를 다하지 않는 이유는 무엇일까?

첫째, 우리 헌법이 중앙집권 국정운영체제를 정당화 하고 있기 때문이다. 지방분권특별법까지 제정하며 국가에게 지방분권을 의무화 하였지만 어떤 정권이나 국회도 지방분권 관련 특별법상 의무를 준수하지 않았다. 20년 전 지방분권과제는 여전히 현재의 지방자치발전특별법에 과제로 남아 있다는 것이 그 증거이다. 지방분권은 법률로는 사실상 불가능하고 개헌으로만 가능하다는 것이 경험적으로 입증되었다.

둘째, 지방자치 선진국 헌법을 보면 중앙-지방정부간 관계가 핵심적 사항으로 구체적 실체적으로 규정되어 있다는 점이다. 일부 국회의원 주장처럼 지방분권이 법률사항이라면 구태여 헌법으로까지 규정하지 않았을 것이다. 어떤 중앙정부도 자발적으로 자신의 권력을 지방정부에게 나누어 주지 않는다는데 착안한 것이다. 지방분권은 국가권력의 수직적 분권을 정하는 것이므로 이것을 권력을 나누어야 할 국가에게 맡기지 않고 헌법에서 입법권, 행정권, 재정권 그리고 국회 의사결정과정에 참여할 지역대표로 구성되는 상원까지 정하여 국회나 정부가 일방적 입법정책으로 지방자치권을 침해할 수 없도록 제도화 한 것이다. 그 이유는 지방자치는 법률사항으로서는 보장될 수 없고 헌법으로만 보장할 수 있다는 역사적 경험의 산물이다.

지방분권을 위한 특별법상 의무도 준수하지 않은 국회의원이 지방분권을 법률사항이라고 우기는 것은 국민을 호도하는 것일 뿐만 아니라 선진외국헌법의 교훈과 오랜 역사적 경험적 증거를 무시하는 것이다. "이게 국가냐", "국민이 주인이다"라는 민심을 반영하기 위해서라도 국가가 아니라 주민이 주인인 나라를 만들려면 지방분권개헌은 시대적 과제이다. 지방정부의 자기결정권을 현저하게 제한하는 조세법률주의, 죄형법정주의 관련 해석상 학리적 논쟁을 마무리하기 위해서도 개헌이 필요하다.

• 그러므로 지방자치와 지방분권의 핵심사항은 법률사항이 아니라 헌법소관사항이다.

IV. 지방분권을 위한 개헌안[7]

1. 기본방향

• 고도의 중앙집권으로부터 지방분권국가로의 이행선언

• 실질적 지방자치를 위한 지방자치권 보장

  - 지방의회의 자치입법권 보장

7) 본 개헌안은 국회개헌특별위원회 자문위원회안을 발제자가 수정 보완한 것이다. 2018년 3월 22일 대통령개헌안이 발표되어 중요사항을 포함시켜 비교분석하였다. 국회헌법개정특별위원회 자문위원회, 국회헌법개정특별위원회 자문위원회보고서(2018: 253-284, 435-455).
초안을 마련한 위원은 국회개헌특별위원회 자문위원회 제1소위원회 지방분권분과 간사 김성호, 김형기, 안영훈, 유재일, 이기우위원(제1소위원장), 최백영 위원 이상 6명이다.
본 개헌안 합의안은 국회 개헌특별위원회 자문위원회 지방분권분과 위원이 전원 합의하여 결정하였고 국회개헌특별위원회에 제출되었다.

- 중앙-지방정부간 권한배분을 위한 보충성의 원칙
- 지방정부의 행정권 배분
- 지방정부의 자주재정권 보장

• 지방정부의 국정참여를 위한 국회 상원 도입
• 주권자에게 헌법개정권력을 부여하기 위한 개헌절차

2. 지방분권 국가 선언

2018년 대통령안	2018년 국회 자문위안
제1조 ③ 대한민국은 지방분권국가를 지향한다.	제1조 ③대한민국은 지방분권 국가이다.

• 지방분권국가 이행선언이 필요한 이유

첫째, 제왕적 대통령제로 인해 87년 체제이후 대통령의 임기 후반마다 측근부패가 반복되어 왔다.

둘째, 중앙집권적 국가기능의 과부하 상태로 중앙정부의 비효율성과 기능부전, 무책임한 정책실패로 인해 국가경쟁력하락을 추세화하고 있다.

셋째, 지방정부는 중앙정부의 하청기관화 되어 갑을관계가 구조화로 국가발전 동력으로 작동하지 못하고 있다. 이 때문에 정권마다 특별법으로 지방분권을 공약했지만 어느 정권도 특별법을 준수하지 않았다. 25여년 전 지방자치를 실시할 당시보다 재정여건이 악화되었다는 것은 지방자치제도를 형식적 제도로 운영하였다는 증거이다.

이러한 이유 때문에 헌법총강에서 국회 자문위원회안과 대통령안에서 지방분권을 대한민국의 국가특성으로 규정하였다.

3. 지방자치권 연원 및 정부 간 사무배분 원칙 신설

가. 지방자치권 연원

대통령안	국회 자문위안
제121조 ① 지방정부의 자치권은 주민으로부터 나온다. 주민은 지방정부를 조직하고 운영하는 데 참여할 권리를 가진다.	제117조 ① 주민은 그 지방 사무에 대해 자치권을 가진다. 주민은 자치권을 직접 또는 지방정부의 기관을 통하여 행사한다.

- 헌법 제117조제1항은 헌법이 지방자치권을 주권자인 주민의 권리로 보장하였다. 지방정부가 행사하는 지방자치권력은 주민으로부터 위임받은 권력임을 명확히 하였다. 그러므로 헌법상 주민의 자치권은 입법자의 입법재량의 한계를 설정하고 법령해석의 지침이 되며, 사법부의 법선언작용에서 지방자치의 근간을 견지하는 안전장치로서 기능하기 때문에 중요하다. 중앙집권세력에 의한 지방자치의 공동화를 방지하기 위한 지표로서의 의미도 있다(김선혁 외, 2006: 336-337).

나. 지방정부의 종류 보장

대통령안	국회 자문위안
제121조 ② 지방정부의 종류 등 지방정부에 관한 주요 사항은 법률로 정한다.	제117조 ② 지방정부의 종류를 변경하고자 하는 경우에는 법률로서 정하되, 주민투표로 결정한다.

- 대통령안 제121조제2항에서는 지방정부의 주요사항과 지방정부의 종류를 법률에 위임하고 있다. 지방정부의 주요사항과 지방정부의 종류, 주민참여제도의 기본사항을 법률로 정하게 한 것은 결국 지방자치에 대한 국가통제 의지를 헌법에 반영한 것이다. 지방정부의 주요사항은 해당 지방정부의 현실과 주민의 부담과 직결되므로 중앙정부가 법률로 통제하기 보다는 조례로 정하는 것이 타당하다.
- 지방정부 종류를 중앙정부나 지방정부 정치인들이 자신들에게 유리한 정치적 결정을 예방하기 위한 장치로서 주민투표를 거치게 하는 것은 주민의 자기결정권을 보장하기 위한 최소한의 제도적 장치이다. 주민투표가 지방정부의 종류를 변경하는 법률에 대한 제한사항 또는 최종적 의사결정으로 보아야 할 것이다(최환용, 2018: 18).
- 그러므로 국회자문위안 제117조제2항에서는 지방정부의 종류를 변경하고자 하는 경우에는 반드시 주민투표를 통해 주민의 자치권과 자기결정권을 보장하였다. 지방정부의 종류를 변경할 때 법률에만 위임하지 않고 주민투표절차를 헌법에 정한 이유는, 첫째, 행정체제개편을 이유로 지방분권 논의를 무력화 시키지 못하게 할 필요가 있으며, 정치권 또는 중앙정부가 정치적인 이유로 지방정부의 종류를 함부로 설폐하지 못하게 하기 위함이다. 둘째, 지방정치와 지방행정의 안정성과 지속성 그리고 공동체성, 지역경쟁력을 보장하기 위해 주민의 공감대가 형성되었을 때, 주민투표로 변경할 수 있도록 확장성을 부여하였다(독일, 프랑스 등 주요선진국 헌법에서도 지방정부의 종류를 헌법에서 보장하고 있다).

다. 중앙-지방정부간 사무배분 원칙 명시

- 현재 우리 헌법은 대부분 사무의 소관을 법률에 위임하고 있어 사무배분의 주도권이 중앙정부에 부여되어 있다. 이로 인해 중앙정부는 법령을 통해 지방정부의 입법권, 행정권뿐만이 아니라 재정권까지도 장악함으로써 형식적 지방자치와 중앙집권을 정당화하고 있다.

대통령안	국회 자문위안
제121조 ④ 국가와 지방정부 간, 지방정부 상호 간 사무의 배분은 주민에게 가까운 정부가 우선한다는 원칙에 따라 법률로 정한다.	③ 입법자는 정부간 사무배분과 수행의 책임을 배분하기 위한 입법을 할 경우, 주민에게 가까운 정부가 우선 처리하는 보충성 원칙에 따른다.

- 대통령안은 중앙-지방정부간 사무배분 시 보충성의 원칙에 따를 것을 선언하고 있다. 매우 바람직한 개헌안이다. 문제는 사무배분을 법률로 정하게 한 것이다. 결국 사무배분을 법률에 위임하면 중앙정부의 법률선점이 현재와 유사하게 나타날 것이기 때문에 보충성의 원칙을 무력화 시킨다. 같은 조문에 모순되는 규정을 두고 있어 입법개선이 반드시 필요하다.
- 국회 자문위안 제117조제3항에 중앙-지방정부간 권한배분 원칙으로 보충성 원칙을 신설한다.

이 규정은 사무배분의 기본원칙으로서 보충성의 원칙을 헌법에 명문화시킴으로써 입법의 기준을 제시한 것이다. 따라서 보충성의 원칙은 입법자의 입법재량권에 대한 한계로 작용할 것이며 입법자는 사무를 창설하고 배분함에 있어 이 규정의 취지에 적합하도록 하여야 할 것이다(최환용, 2018: 11). 보충성의 원칙은 개인과 공동체, 공동체상호간의 역할배분의 원리로서 사무처리의 타당성과 효율성을 증대시키고 개인과 하위공동체의 자율과 책임을 최대한 보장하기 위한 헌법원칙이다. 즉 하위공동체가 우선 사무를 처리하고 상위공동체는 하위공동체가 처리할 수 없는 사무를 처리하도록 하자는 것이다. 독일, 프랑스를 비롯한 대다수 유럽 국가들은 헌법에서 보충성의 원칙을 사무배분 원칙으로 정하고 있다.

• 헌법상 정부 간 사무배분 원칙이 필요한 이유

우리 헌법은 중앙정부에 의한 일방적 사무배분을 정당화하는 법령선점론을 일반화하고 있다. 더욱이 지방자치법마저도 사무배분의 원칙과 기준을 규정하면서도 지방정부의 자치사무를 보장하기는커녕 법령우위를 정당화하고 있어 중앙정부에 의한 무제한적인 자치사무 침해를 방관하고 있다. 그러므로 중앙-지방정부간 사무배분의 원칙과 기준은 정부간 합리적 역할 분담을 위해 중앙-지방정부 모두를 규율해야 하므로 법률소관사항이 아니라 헌법소관사항으로 정해야 한다.

5. 입법 및 행정권의 배분

• 개정배경

현재의 조례는 지방자치권에 근거하여 정립된 고권적 규범이다. 주민의 대표기관인 지방의회의 통합된 정치적 의사는 조례형식으로 결실된다. 주민의 권리와 의무가 조례에 의하여 결정되므로 조례는 주민자치 실현을 위한 불가결의 법적 수단이다. 조례는 불특정 다수 주민에 대하여 일반적·추상적으로 권리·의무를 규율하며, 일반적인 구속력을 지닌 규범이기 때문에 법규의 성질을 가진다는 점에서 조례도 일종의 법률이며 해당 구역 내 법률과 마찬가지로 구속력 가진다. 대법원은 "조례는… 모두 그 지방자치단체의 주민 전체에 효력을 미치는 일반적이고 추상적인 법적 규범이다"라고 판시(대판 1962년 9월 27일·62 추 1) 조례의 법규적 성질을 분명히 하였다.

1949년 8월 시행된 지방자치법에서는 법령의 범위 내에서 조례를 제정할 수 있도록 규정하였다. 지방자치법제22조 단서는 1956년 2월 시행된 지방자치법에서 처음 도입되었다. 1991년 12월 시행된 지방자치법제20조에서는 시·도는 당해 지방자치단체 조례로써 3개월 이하의 징역 또는 금고, 10만원 이하의 벌금·구류·과료 또는 50만원 이하의 과태료의 벌칙을 정할 수 있도록 규정함으로써 행정목적의 실현을 위한 형법상 형벌을 제재할 수 있는 조례를 제정할 수 있었다.

그러나 1994년 벌칙을 과태료 수단에만 한정하였기 때문에 행정실효성 확보에 한계가 있다.

대통령안	국회 자문위안 수정
第40조 입법권은 국회에 속한다. 第107조 ② 명령·규칙·<u>조례 또는 자치규칙</u>이 헌법이나 법률에 위반되는지가 재판의 전제가 된 경우 대법원은 이를 최종적으로 심사할 권한을 가진다.	第40조 입법권은 국민 또는 주민이 직접 행사하거나 그 대표기관인 국회와 지방의회를 통하여 행사한다. 第118조 ① 지방정부는 외교, 국방, 국가치안 등 국가존립에 필요한 사무, 금융, 국세, 통화 등 전국적 통일성을 요하거나 전국적 규모의 사업을 제외하고 지방자치에 관한 법률을 제정할 수 있다.

- 현행 헌법제40조는 "입법권은 국회에 속한다"고 규정하여 국민주권 대신 의회주권을 규정하여 주권행사로서의 국민의 입법권을 봉쇄하는 문제가 있다(이기우, 2016: 401).
- 대통령안에서는 국회주권주의를 정하고 있는 헌법40조를 현행 유지하고 국회와 지방의회간 입법권의 배분을 수용하지 않았다. 아울러 지방의회가 정하는 조례를 행정입법으로 간주하고 규범통제기관을 대법원으로 규정하였다. 법률과 조례는 민주적 정당성을 가진 의회입법이므로 자치입법의 위법성을 논하려면 상위법의 위헌성도 동시에 판단되지 않으면 안된다. 따라서 조례의 규범통제기관은 행정입법에 대한 규범통제기관인 대법원이 아니라 위헌법률심판을 담당하고 있는 헌법재판소가 타당하다.
- 국회 자문위안 제40조에서 주권자인 국민 또는 주민이 입법권을 직접 행사하거나 국회 또는 지방의회에 위임하여 행사하도록 하였다. 국가의 입법권과 자치입법권은 민주적 정당성 측면에서는 본질적 차이가 없으며, 자치입법권의 경우 관할구역에서 효력을 가진다는 점에서 지역적 한계를 가질 뿐이다(최환용,

2018: 12).

- 국회 자문위안을 수정하여 제118조제1항에서 지방정부는 국가 존립 및 국가전체로서의 통일적 처리, 전국적 규모의 사업을 제외한 사항에 대하여 법률제정권을 보장하였다(최환용, 2018: 15).
- 외국헌법의 경우, 중앙정부 사무를 개별 구체적으로 열거·한정한 사례도 다수이나 우리 헌법에서는 중앙정부의 입법소관사항의 원칙과 기준에 해당되는 사항을 제외한 사항에 대하여 지방정부의 법률제정권을 보장하였다.

현행 헌법	국회 자문위안
신설	② 제1항에 해당하지 않는 사항에 대하여는 중앙정부와 지방정부가 각각 입법권을 갖는다.

- 제118조제2항에서 중앙정부의 사무 외에는 중앙-지방정부별 경합적 입법권을 갖도록 하였다. 이로써 지방정부 마다 관할구역내의 특수성을 반영할 수 있도록 하였다.

대통령안	국회 자문위안
제123조 ① 지방의회는 법률에 위반되지 않는 범위에서 주민의 자치와 복리에 필요한 사항에 관하여 조례를 제정할 수 있다. 다만, 권리를 제한하거나 의무를 부과하는 경우 법률의 위임이 있어야 한다.	③ 지방정부는 그 관할구역에서 효력을 가지는 법률을 제정할 수 있다. 다만, 주민의 권리를 제한하거나 의무부과, 벌칙을 제정할 때에는 주민투표를 거쳐 주민 과반수 이상의 찬성으로 확정한다. ※ 현행 제37조 ②국민의 모든 자유와 권리는 국가안전보장·질서유지 또는 공공복리를 위하여 필요한 경우에 한하여 법률로써 제한할 수 있으며, 제한하는 경우에도 자유와 권리의 본질적인 내용을 침해할 수 없다.

- 대통령안은 일견 조례제정권의 범위를 법령의 범위 안으로 제한하지 않고 법률에 위반되지 않는 범위로 규정하여 법이론 상 중앙정부의 행정입법에 규율되지 않는 것으로 해석할 경우, 자치입법권의 범위를 획기적으로 확대한 것이라고 말할 수 있다. 하지만 대통령안의 결정적인 문제는 현재의 국회나 중앙정부가 법규명령으로 정하던 것을 법률사항으로 정할 경우, 지방행정은 현재와 똑같이 법령에 기속되는 결과를 초래할 수 있고 법률로써 얼마든지 자치권을 제약할 수 있다. 오히려 주민의 권리제한, 의무부과, 벌칙제정은 주민의 대표기관이 결정할 사항이지 국회나 중앙정부가 결정할 사항이 아니라는 것이 공법학계와 지방자치학계의 다수설임에도 불구하고 이를 헌법사항으로 규정한 것은 개악이라 하지 않을 수 없다. 지방분권개헌국민회의는 대통령안의 수정안으로 "제123조 ③ 지방정부는 제13조 제1항, 제37조 제2항, 제59조 등의 규정에 불구하고 주민의 권리를 제한하거나 의무를 부과하는 자치법을 제정할 수 있다." 로 제시하였다.
- 국회 자문위안 제118조제3항에서 종래 지방의회가 제정한 자치입법을 조례라고 칭해 왔으나, 행정입법으로 해석하는 입법관행을 탈피하고 의회입법이라는 점을 반영하여 법률로 표기하였다.
- 본질적 자치입법권의 대상인 주민의 권리제한, 의무부과, 벌칙은 자기구속성의 원리에 따라 지방의회에서 통과된 법률로 제정하되, 주민투표를 거쳐 확정하게 함으로써 민주적 정당성을 확보하여 헌법 제37조제2항 죄형법정주의, 헌법 제59조 조세법

률주의 관련 해석상의 다툼을 해소하였다.

- 죄형지방법률주의 채택 이유(김성호, 2006: 81-83).

첫째, 지방의회의 입법권은 주민의 기본권 확대와 적극적 보장을 위하여 행사되는 법규범이다. 둘째, 지방정부 관할구역 내 법치주의와 질서유지를 실현하기 위해 필요하다. 현재 지방정부는 지역의 질서유지를 위한 하천감시, 산불감시, 위생단속, 주차단속, 공원감시, 폐수단속 등 행정경찰업무를 수행하고 있다. 자치경찰제가 도입되면 지방정부는 주민의 안전, 지역치안을 보장하기 위한 행정목적의 실현과 기본적 생활질서 관련 자치입법위반행위에 대하여 행정상 의무이행강제와 제재를 권력적 수단으로서 행사할 수 있어야 한다. 셋째, 과태료 벌칙만으로는 조례벌칙 경시풍조가 확산되고 지역의 질서가 파괴되면 그 피해는 주민에게 돌아가게 될 것이기 때문이다.

자치입법권의 헌법적 보장은 지방정부 관할구역주민의 행정목적 실현과 정책결정권을 온전히 부여하기 위한 것으로서 주민의 기본권 보장 및 삶의 질 향상에 필요하다.

현행 헌법	국회 자문위안
신설	제118조 ④ 중앙정부의 법률은 지방정부의 법률보다 우선하는 효력을 가진다. 다만, 지방정부는 필요한 경우, 행정관리, 지방세, 주민복리와 관련한 주택, 교육, 환경, 경찰, 소방 등에 대해서 중앙정부의 법률과 달리 정할 수 있다. ⑤ 지방검찰청장과 지방경찰청장은 법률이 정하는 바에 따라 관할 구역의 주민이 직접 선출한다.

- 제118조제4항은 중앙정부 법률의 우위를 원칙적으로 보장하되, 지역적 특수성을 반영하고, 위험의 분산을 위하여 다양한

규율이 요구되는 자치사무는 예외적으로 지방의 법률로 달리 정할 수 있도록 하였다. 독일은 2006년 헌법개정으로 지방정부의 변형입법권을 인정하고 있다.

- 이를 위해 지방정부의 행정관리, 지방세, 주민복리와 관련한 주택, 교육, 환경, 경찰, 소방 등 전속적 자치입법사항에 대해서는 예외를 인정하여 지역특성에 부합한 입법이 가능하도록 하였다.
- 지방 권력기관 장에 대한 주민통제제도를 도입하였다.
- 제118조제5항은 지방검찰청장, 지방경찰청장 등 권력기관 장을 주민이 선출하게 하였다.
- 검찰 인사가 중앙집권적으로 이루어지고, 검사동일체 관행이 오래되어 검찰의 기소편의주의 남용논란, 과도한 수사, 사회적 약자보호 미흡, 검찰권 행사가 임명권자의 정치적 의지에 좌우된다는 비판을 받고 있다.
- 경찰도 인사가 중앙집권적으로 이루어지고 있어 지역치안, 민생치안에 대한 국민들의 요구를 반영하기 위하여 자치경찰제 도입이 논의되었으나 경찰청의 반대로 무산되어 왔다.
- 지방검찰과 지방경찰의 장을 주민이 직선하는 등 주민통제제도를 도입하면 지역의 사회정의 실현, 질서유지를 위한 기관으로서 핵심역량을 집중하게 될 것이다.

현행 헌법	국회 자문위안
신설	제118조 ⑤ 중앙정부는 법률에서 직접 수행하도록 정한 사무를 제외하고는 지방정부에 위임하여 집행한다. ⑥ 지방정부는 당해 입법기관이 제정한 법률을 자치사무로 수행하고, 중앙정부 또는 다른 지방정부에서 위임한 사무를 수행한다.

- 제118조제5항은 중앙정부가 법률을 집행할 때, 원칙적으로 지방정부에 위임하여 수행하도록 하였다. 이는 지방정부가 수행할 수 있는 사무를 국가의 특별지방행정기관과 중복해서 사무를 수행하는 것과 중앙행정기구의 무분별한 팽창을 예방하고자 한 것이다.
- 제118조제6항은 지방정부의 행정권의 범위를 자치사무와 위임사무로 규정하였다.

6. 재정권 배분

- 재정권 배분 신설 배경

현재 우리나라의 지방정부는 중앙재정 의존적인 지방재정 구조로 운영되어 자주재정권이 매우 취약한 실정이다. 중앙정부에 의해 지방정부는 사실상 세출의 자율성이 매우 낮아 현재의 지방자치는 형식적이다 못해 무의미하다. 현재 광역시 자치구의 전체예산 대비 가용재원, 혹은 재정적 자율성은 0(zero)에 가깝고, 도의 경우 6~8%, 광역시의 경우 4%내외라는 것이 현실이다. 자체사업으로 분류하는 것도 대부분 법적·의무적 지출이므로 실제로는 지방자치단체 예산 150조 중 자율적으로 활용할 수 있는 금액은 약 10조원에 불과하다.

그렇다고 하여 단순히 지방세 비중만 확대하면 수도권 집중을 더욱 심화시켜 비수도권의 역량을 오히려 약화시킬 우려가 있다. 그러므로 균형적 분권국가을 추구하는 독일과 같이 세원이 풍부한 소득세, 법인세, 부가가치세를 중앙정부와 광역지방정부간 공유세로 하고, 광역지방정부간 세수격차를 완화하기 위하여 재정조정제도를 도입할 필요가 있다. 물론 중앙-지방정부간 공동사무를 헌법에 명시할 필요가 있다(김정훈, 2018: 52, 58).

대통령안	국회 자문위안
제124조 ① 지방정부는 자치사무의 수행에 필요한 경비를 스스로 부담한다.	제119조 ① 지방정부는 자기책임 하에 자치사무를 수행하고, 그 사무의 수행에 필요한 경비를 스스로 부담한다.

- 국회자문위안 제119조제1항은 지방자치 본질에 따라 지방정부의 자치사무 수행비용에 대해 자기부담 즉 자기책임을 규정하였다. 대통령안이 국회 자문위안의 취지를 반영하였다.

대통령안	국회 자문위안
제124조 ① 지방정부는 자치사무의 수행에 필요한 경비를 스스로 부담한다. 국가 또는 다른 지방정부가 위임한 사무를 집행하는 경우 그 비용은 위임하는 국가 또는 다른 지방정부가 부담한다.	② 위임사무를 처리하는데 소요되는 비용은 위임하는 정부에서 부담한다.

- 국회 자문위안 제119조제2항에서는 위임사무 수행비용의 부담주체를 규정하였다. 위임사무비용은 위임하는 정부가 부담하도록 하여 비용전가를 금지하고 중앙정부의 도덕적 해이를 방지하고자 하였다. 대통령안도 동일한 취지를 담고 있다.

대통령안	국회 자문위안
123조 ③ 조세로 조성된 재원은 국가와 지방정부의 사무 부담 범위에 부합하게 배분되어야 한다.	③ 중앙정부는 지방정부가 사무를 집행하는데 필요한 재원을 제1항의 취지에 부합되도록 배분하여야 한다.

- 대통령안 제123조제3항에서 조세를 국가와 지방정부가 사무부담 범위에 부합되도록 배분할 것을 의무화하였다. 이번 개헌안 중 가장 의미 있는 개정안이다.
- 국회 자문위안 제119조제3항은 중앙정부는 지방정부의 자치사무 수행에 필요한 적정재원 배분을 국가에게 의무화 한 것이다. 국세중심 재정배분구조는 국세의 지방세 조정을 통해 조세의 가격기능을 회복할 수 있도록 자주재정 중심으로의 개선의무를 부과하였다.
- 한국지방자치학회는 제119조제5항에서 지방정부의 자주세원규모를 확대하기 위해서는 대통령안과 국회자문위원회안과 같이 추상적 규정으로 중앙집권적 재정구조를 해소할 수 없다고 보았다. 이 문제를 실체적으로 해결하기 위하여 주요 국세 중 소득세, 법인세, 부가가치세를 헌법상 중앙-지방정부간 공동세로 규정하고, 세원을 공유하도록 하며(김정훈, 2018: 58), 상원이 정한 관련 법률에 따라 각 지역 간 합리적으로 배분되도록 제안하였다.

대통령안	국회 자문위안
제124조 ② 지방의회는 법률에 위반되지 않는 범위에서 자치세의 종목과 세율, 징수 방법 등에 관한 조례를 제정할 수 있다.	④ 지방정부는 지방세의 종류와 세율과 세목 및 징수방법을 법률로 정할 수 있다. ※ 현행 제38조 모든 국민은 법률이 정하는 바에 의하여 납세의 의무를 진다. 제59조 조세의 종목과 세율은 법률로 정한다.

• 대통령안 제124조제2항에서는 "지방의회는 법률에 위반되지 않는 범위에서 자치세의 종목과 세율, 징수 방법 등에 관한 조례를 제정할 수 있다"고 규정하였다. '지방세 조례주의'를 도입한 것은 획기적인 개정안이다. 하지만 이를 다시 '법률에 위반되지 않는 범위에서' 자치세의 종목과 세율, 징수 방법 등에 관한 조례를 정할 수 있도록 국가통제장치를 명문화하였다. 대통령안은 결과적으로 지방세에 관한 법률통제를 정당화함으로써 "대표 없는 조세 없다 원칙에 부합되지 않는다."라는 문제가 있다.

• 국회 자문위안 제119조제4항은 지방정부의 과세권을 규정한 것이다. 지금까지 조세법률주의를 지방세에 까지 무리하게 적용하여 사회적 사실과 부합되지 않았다.

• 지방정부는 자신의 사무수행에 필요한 비용을 지방세와 기타 세외수입으로 충당하기 위하여 지방세의 종목과 세율을 스스로 정할 수 있어야 한다. 이는 지방정부의 서비스와 주민이 부담해야 하는 세부담 간의 등가성을 보장하고 지방서비스의 조세가격을 형성하기 위함이다.

• 자주재정제도는 첫째, 지방정부에 대한 주민의 적극적인 참여와 통제를 활성화하는 계기를 마련할 수 있다. 둘째, 지방정부의 재정효율성과 주민의 재정책임성 높이고, 지방정책의 혁신이 가능하다, 셋째, 지방재정에 대한 중앙정부의 부담 경감효과도 클 것으로 예상된다.

• 지방세지방법률주의 채택 사유(김성호, 2004: 139-143).

첫째, 지방세의 과세권은 지방정부의 고유권한이다. 우리헌법상 조세법률주의는 국세법률주의, 지방세 자치입법주의로 해석하는 것이 타당함에도 오랫동안 지방세법률주의를 적용함으로써 자주과세권이 무력화 되었다. 지방세는 지방의회의 의결을 거쳐 지방정부의 법률에 따라 과세되고 납세의 의무를 부담하는 것이 원칙이다.

둘째, "대표 없는 곳에 조세 없다"라는 원칙에 따라 지방세지방법률주의는 지방세에 관한 조세채권채무관계 발생 법적 근거가 국가법률이 아닌 지방법률이다. 지방정부의 재정권은 현행헌법 제117조에 의해 창설되는 것이므로 현행헌법 제59조의 법률은 지방세에 관한 한 지방정부의 법률을 의미함에도 형식적인 국가의 법률로 해석함으로써 자주과세권을 한정해 왔다.

셋째, 지방세의 납세의무자는 주민이므로 지방세에 관한 한, 국회가 아니라 주민의 대표기관인 지방의회의 승인이면 충분하다. 개별 지방정부의 지방세의 세목·과세객체·과세표준·세율·기타 부과·징수에 관하여 필요한 사항은 국회에게 결정할 권한이 없다. 주민의 대표에 의해 승인되지 않은 지방세는 주민이 부담할 의무도 없다.

넷째, 국가의 법률로써 지방정부의 자주과세권을 침해하는 것은 지방자치권 침해이며 위헌이다. 국세법과는 달리 지방세법은 납세자를 직접 구속하기 때문이다.

각국 헌법의 지방재정권 보장 비교(김성호, 2014: 354-366)

국가	지방재정권 헌법보장 비교
대한민국 헌법	제117조 1항 '법령의 범위 안에서' 자치에 관한 규정을 제정할 수 있다. 2항 '지방자치단체의 종류는 법률'로 규정 제118조 2항 지방자치단체의 조직, 운영은 법률로 정한다고 규정. 자치입법권에 대한 제약은 물론 자치조직권, 자치행정권 등을 법률로 유보
독일연방 기본법 (헌법)	조세지출에 관한 지방정부 간 재정배분원칙 소득세, 법인세, 소비세 수입은 연방과 주에 공동귀속, 공동세 배분 세율 규정 연방과 주는 예산운영에 있어 자립적이며 독립적 지방소비세, 사치세 수입은 지방정부와 그 연합체 귀속 연방정부는 재정력 취약한 주에 교부금 지급, 연방은 수입과 지출 균형유지
이탈리아 헌법	지방정부의 재정·세제 자치권을 규정, 법률에 의한 재정조정기금의 설치를 규정, 특수한 상황 하에 지방정부에 대한 물질적·재정적 국가의 지원을 규정
스페인 헌법	지방정부의 자치재정권 보장 지방정부의 공동체 직무수행에 필요한 충분한 재원마련 위한 고유한 지방세 및 재원배분, 지방세 신설 및 징수권 부여 국가의 재정과 협력, 조화의 원칙 국민들 간 연대성원칙에 일치하는 범위 내에서 지역정부 자치재정권 인정 "지역정부간 경제적 불균형 해소를 위한 연대원칙(priniciple of solidarity) 따라 기금 활용 규정
프랑스 헌법	지방분권에 기초한 국가임을 선언(1조) 지방정부의 재정지출 자율권 보장, 지방정부의 과세기준, 세율결정권, 과세권 부여 중앙행정권한의 지방이양 국가비용 부담의무 규정 지방정부간 재정형평, 지방재정 건전성 위한 예산균형 지향 규정

현행 헌법	한국지방자치학회안
신설	⑤ 소득세, 법인세, 부가가치세 수입은 중앙정부 및 지방정부에 공동으로 귀속하며, 중앙-지방정부간, 지방정부 상호 간 배분은 상원이 정한 관련 법률에 의한다.

- 한국지방자치학회에서는 지방정부의 세원규모를 확대하기 위하여 국세 중 소득세, 법인세, 부가가치세를 중앙-지방정부간 세원 공유하도록 하고, 이러한 세원은 상원이 정한 관련 법률에 따라 각 지역 간에 합리적으로 배분되도록 하였다.
- 우리나라는 전 세계에서 수도권 경제력 집중이 가장 심화된 국가로서 국세 세원의 70%가 수도권에 집중되어 있다. 그러므로 단순한 형태의 지방세 확충은 균형적 분권국가의 달성을 근본적으로 제약하는 지리경제적 특성을 지니고 있다. 이러한 문제를 해결하기 위해서는 중앙-지방간 세원 공유를 통하여 지방정부의 세원규모를 확대하되, 그러한 세원은 지역대표형 상원이 각 지역 간 합리적 기준을 법률로 정하고 이에 따라 배분되도록 할 필요가 있다.

대통령안	국회 자문위안
제124조 ④ 국가와 지방정부, 지방정부 상호 간에 <u>법률로 정하는 바에 따라</u> 적정한 재정조정을 시행한다.	⑥ 중앙정부와 지방정부간, 지방정부 상호 간 연대의 원칙에 따라 적정한 재정조정이 이루어지도록 지방정부 의견을 청취한 뒤 관련 법률로 정한다.

- 대통령안 제124조제4항에서는 중앙-지방, 지방정부 상호간 재정조정제도를 도입한 것은 국회자문위원회안을 수용한 것으로 보인다. 문제는 국가의 법률로 정하게 한 것이다. 재정조정제도는 중앙정부의 법률로 정할 것이 아니라 지방정부간 자발적 합의를 우선하도록 할 필요가 있다.
- 국회 자문위안 제119조제6항은 지방정부에게 과세자율성을 부여할 경우, 일부 빈익빈 부익부 현상에 대응하여 지역 간 재정격차를 보완하기 위하여 정부 간 상호 연대를 통한 재정조정제

도를 제도화 하였다.

현행 헌법	국회 자문위안
신설	⑦ 지방정부는 재정건전성의 원칙에 따라 수지균형을 이루도록 투명하게 재정을 운영하여야 한다. ⑧ 지방정부의 채무는 법률이 정하는 기준에 따라 관리되어야 한다.

- 제119조제7항과 제119조제8항은 지방재정운용원칙을 규정하였다. 제119조제7항은 지방정부의 재정운영원칙은 수지균형을 통하여 재정건전성을 유지하고, 투명한 재정지출 의무를 부여하였다. 제119조제8항은 예외적인 상황에서 채무가 발생하는 경우, 법률이 정하는 방식으로 관리를 의무화함으로써 지방재정의 건전성 유지의무를 부과하였다.

7. 지방정부의 기관

대통령안	국회 자문위안
제122조 ① 지방정부에 주민이 보통·평등·직접·비밀 선거로 구성하는 지방의회를 둔다.	제120조 ① 지방정부에는 지방의회와 집행기관을 둔다. 다만, 주민투표를 거쳐 지방정부를 대신하여 주민총회를 둘 수 있으며, 구체적인 사항은 지방정부의 법률로 정한다.

- 제120조제1항은 지방정부의 기관으로 지방의회와 집행기관을 두되, 지방정부의 법률로 주민총회를 입법기관으로 설치할 수 있도록 하였다.

대통령안	국회 자문위안
제122조 ② 지방의회의 구성 방법, 지방행정부의 유형, 지방행정부의 장의 선임방법 등 지방정부의 조직과 운영에 관한 기본적인 사항은 법률로 정하고, 구체적인 내용은 조례로 정한다.	② 지방정부의 입법기관과 집행기관의 조직·인사·선거, 기관구성과 운영에 관하여 필요한 사항에 대해서는 주민투표를 거쳐 해당 지방정부의 법률로 정한다.

- 현재 대통령령으로 지방정부의 부단체장 정원, 실국수 등 자치조직권을 통제·규제하는 '폐쇄적 조직형성권'을 규정하고 있다.
- 대통령안은 지방정부 조직, 운영의 기본사항은 법률유보하고 구체적 사항에 대해서는 조례유보를 정하고 있다. 특히 지방정부의 기관구성도 법률에 위반되지 않는 범위 안에서 구체적 사항을 조례로 정할 수 있도록 한 것은 상당한 진전이다. 하지만 기본사항의 범위를 법률유보한 것이 현재와 같이 자주조직권을 제약하는 법적 근거로 작용할 수 있어 우려가 된다.
- 국회 자문위안 제120조제2항에서 지방정부의 전국적인 통일성을 유지하기 위한 사항은 중앙정부의 법률로 정하되, 해당 지방정부의 기관구성과 선거, 조직, 인사 등에 관한 사항은 지방정부의 법률로 정하도록 하였다.
- 입법기관과 집행기관의 기관구성에 대해서는 독임제기관 뿐만 아니라 합의제기관, 혼합적 집행기관 등을 지역실정에 맞는 제도를 선택할 수 있도록 하였다. 다만, 그 결정권을 지방의회에만 맡길 경우, 주민자치 보장이 미흡할 수 있어 지방정부의 운영에 관한 주요사항은 주민투표를 통해 아래로부터의 혁신이 가능하도록 하였다.

8. 지역대표형 상원 신설

현행 헌법	국회 자문위안
제41조 ① 국회는 국민의 보통·평등·직접·비밀선거에 의하여 선출된 국회의원으로 구성한다. ② 국회의원의 수는 법률로 정하되, 200인 이상으로 한다. ③ 국회의원의 선거구와 비례대표제 기타 선거에 관한 사항은 법률로 정한다.	제41조 ① 국회는 상원과 하원으로 구성한다. 상원은 역사적 문화적 지리적 동질성을 갖는 지역의 주민을 대표하고, 하원은 국민을 대표한다. ② 국회의원의 수는 상원의원은 50인 이하, 하원의원은 300인 이하로 한다. 하원의원수의 3분의 1 이상은 비례대표로 선출한다. ③ 지방자치 및 지역주민의 이해와 관련된 하원의 의결은 상원의 동의를 받아야 한다. ④ 그 밖의 하원의 의결에 대해서는 상원 재적의원 과반수의 의결로 재의를 요구할 수 있다. 하원은 재의결을 요구받은 의안에 대해서 하원의원 재적의원 과반수의 찬성으로 재의결할 수 있다. ⑤ 하원이 헌법을 개정하고자 할 경우에는 상원 재적의원 2/3이상의 찬성을 얻어야 한다. ⑥ 상원의 임기는 4년으로 하고 1차에 한하여 연임할 수 있다. ⑦ 상원의원은 국무위원, 정당의 당직을 겸할 수 없다. ⑧ 상원의원 선거는 지방선거와 동시에 실시한다.

- 제41조에서 상원은 역사적·문화적·지리적 동질성을 갖는 초광역 지역주민을 대표하고, 하원은 국민을 대표한다. 초광역적 지역을 대표하는 상원이 국회에서 지방자치와 지역의 이해를 대표하게 하였다.

※ 지역대표형 상원 필요성

- 현재의 단원제 하의 국회의원은 지역구 민원해결, 예산확보, 국책사업유치 역할 외에는 특별법상지방분권 의무마저도 준수하

지 않았다. 국회는 지난 20년 동안 자치입법권확대, 지방재정확충, 국가특별지방행정기관 정비, 자치경찰, 교육자치, 지방의회 활성화, 기관위임사무 폐지 등 특별법상 지방분권입법의무에 소극적이었고, 그나마 일부 발의된 법률안조차 해당 상임위원회에 상정도 하지 않고 폐기해 왔다.

- 상원은 지방분권에 소극적인 하원 대신 국회의 입법과 재정배분 과정에 지역의사를 반영할 수 있다.
- 상원은 수도권과 비수도권 간, 대도시와 농촌지역간의 정치적 비대칭성 완화에 유용하다.
- 지방분권, 중앙-지방정부간 또는 지역 간 갈등해소 관련된 사항을 입법하고, 단원제 국회의 극심한 대립갈등 교착상태를 완화함으로써 지역통합, 통일한국의 국민통합에 기여할 수 있다 (안성호, 2013: 40-46).
- 양원제는 상하원간 입법경쟁을 통해 입법품질을 높이고, 각 지방의 특수성·현지성·다양성을 국회의 입법과 정책, 예산에 반영할 수 있다.
- 통일과정 중 남북한의 지역 간 서로 다른 체제의 차이를 빠른 시간 내 극복할 수 있도록 도와 주는 제도로서 시행착오로 인한 시간과 비용을 줄일 수 있다.
- 자문위원회에서는 상원의 선거구와 선거구별 상원의원 정수산정방식을 헌법에 규정하는 방안도 검토하였으나 법률에 위임하기로 하였다. 다만, 상원의 선거구는 현재의 17개 시도를 기준으로 하기 보다는 역사적·문화적· 지리적 동질성을 갖는 초광역 지역을 선거구로 하는 방안을 제안하였다.

- 다음 사항은 상원제 도입 제도설계에 입각한 개헌안이다(안성호, 2018a: 128-131).

(1) 국회는 국민을 대표하는 하원과 지역을 대표하는 상원으로 구성한다.

(2) 상원이 대표하는 지역은 서울, 경기북부(+인천), 경기남부, 강원, 충남(+대전+세종), 충북, 전남(+광주), 전북, 경남(+부산+울산), 경북(+대구), 제주로 구분한다.

(3) 국회의원의 수는 상원의원은 50인 이하, 하원의원은 300인 이하로 한다.

(4) 하원의원의 선거구와 비례대표제 및 기타 선거에 관한 사항은 지역구와 비례대표선거를 연동하여 유효투표자의 비례대표 정당별 지지율과 전체 국회의원의 정당별 의석점유율의 비례성을 보장하여야 한다.

(5) 지역별 상원의원의 수는 주민 100만 명 이하는 2인, 주민 100만 명 이상 300만 명 이하는 3인, 주민 300만 명 이상 500만 명 이하는 4인, 주민 500만 명 이상 700만 명 이하는 5석, 700만 명 이상은 6인으로 한다.

(6) 상원의원의 선거는 지방선거와 동시에 실시한다.

(7) 상원의원의 임기는 8년 단임으로 하고, 4년마다 의원을 2분의 1씩 개선한다. 단, 지역선거구에 배정된 상원의원 수가 홀수인 경우에는 2분의 1에 미달하는 홀수의 의원을 먼저 개선한다.

(8) 상원의원은 임기를 마친 후 4년 동안 하원의원선거와 지방선거에서 후보로 출마할 수 없다.

(9) 하원의원의 임기는 4년으로 한다. 단, 하원이 해산된 때에는 해산과 동시에 임기가 종료된다.

(10) 상원의 의장과 부의장은 선거구의 인구규모 순서에 따라 최다득표자가 윤번제로 맡는다. 부의장은 차기 의장이 된다. 상원의장과 부의장의 임기는 각각 1년이다.

(11) 상원의장은 양원합동회의의 의장이 된다.

(12) 상원과 하원은 필요한 경우 법률이 정하는 바에 따라 양원합동회의를 개최할 수 있다.

(13) 국회가 다루는 의안은 예산법률안, 지역이익에 영향을 미치는 의안, 국방·외교·남북관계에 관한 의안, 이 밖의 일반의안으로 구분한다.

(14) 일반의안을 처음 통과시킨 원으로부터 의안을 전달받은 두 번째 원은 이견이 있을 경우 전부 또는 부분적으로 개정안을 작성해 첫 번째 원으로 송부할 수 있다. 이런 식으로 양원 간 왕복과정을 2회 거친 후에도 이견이 좁혀지지 않은 일반의안은 하원에서 각 원의 재적의원 과반수가 참석한 양원합동회의에서 출석의원 과반수로 최종 의결한다. 양원합동회의 의장은 가부동수일 경우 결정권을 행사한다. 각 원이 의안을 받은 날로부터 휴회기간을 제외하고 60일 이내에 의결하지 않을 때는 이를 부결된 것으로 간주한다.

(15) 예산법률안의 경우 하원가결안이 상원에 접수된 후 30일 이내에 상원이 이를 의결하지 않거나 각 원이 의결을 완료하지 못한 때에는 원래의 하원가결안을 국회에서 의결된 것으로 간주한다.

(16) 지역의 이익에 영향을 미치는 의안과 국방·외교·남북관계에 관한 의안은 양원 간 왕복과정을 2회 거친 후에도 이견이 좁혀지지 않는 경우 양원 동수로 구성된 조정위원회를 개최하여 타협안을 마련한 후 각 원에 회부해 수정불가의 조건으로 최종 의결한다. 어느 한 원이라도 반대하면 의안은 부결된다.

(17) 조정위원회는 각 지역에서 각 1명씩 선임된 상원의원과 정당의석비율을 고려해 선임된 동수의 하원의원으로 구성된다. 각 지역을 대표하는 조정위원은 지역 내 지방정부와 주민의 의사를 고려하여 자율적으로 협상하고 표결한다. 조정위원회의 의결은 다수결로 한다. 조정위원회는 양원 간 이견이 있는 사안에 대해서만 타협안을 마련한다.

(18) 각 지역 상원의원단은 지역이익에 영향을 미치는 의안과 국방·외교·남북관계에 관한 의안에 대해 표결할 때에는 지역 내 지방정부와 주민의 의견을 존중해 형성한 단일의 지역의사를 대표상원의원을 통해 일괄 투표한다.

(19) 상원의원과 하원의원은 그가 소속한 원에 법률안을 제출할 수 있다. 총리는 내각회의의 의결을 거쳐 양원 중 하나의 원에 법률안을 제출할 수 있다. 단 세입·징수에 관한 모든 법률안, 재정법률안 및 정부지출이 수반되는 사회보장법률안은 하원에 먼저 제출하여야 하고, 지방자치단체에 중대한 영향을 줄 수 있는 법률안은 상원에 먼저 제출하여야 한다.

(20) 상원의원은 재직 중 당직을 갖지 못하며 내각에 각료로 참여할 수 없다.

(21) 대통령·총리·장관·헌법재판소 재판관·법관·중앙선거관리위원회 위원·감사원장·감사위원 기타 법률이 정한 공무원이 그 직무집행에 있어서 헌법이나 법률을 위배한 때에는 국회는 탄핵의 소추를 의결할 수 있다. 탄핵소추는 하원의 재적의원 3분의 1 이상의 발의와 재적의원 과반수의 찬성으로 의결된다. 다만 대통령에 대한 탄핵소추는 하원의 재적의원 과반수의 발의와 양원에서 각각 재적의원 3분의 2 이상의 찬성이 있어야 한다.

(22) 상원은 대통령, 하원의원 선거권자 50만 명 이상, 하원 재적의원 3분의 1 이상과 함께 재적의원 3분의 1 이상의 찬성으로 헌법개정을 제안할 수 있다.

(23) 헌법개정은 양원에서 각각 재적의원 3분의 2 이상의 찬성으로 의결한다. 헌법개정안이 한 원에서 부결된 경우 국회의 부결로 간주한다. 이어 헌법개정안은 국민투표에 회부되어 유권자 과반수 투표와 투표자 과반수 찬성으로 최종 결정한다.

(24) 양원합동회의는 헌법재판소 재판관 9명 중 3명을 선출한다. 나머지 6명은 대통령과 대법원이 선임한다.

(25) 상원은 재적의원 3분의 2 이상의 찬성으로 대통령 탄핵소추를 의결한다. 하원은 재적의원 과반수의 찬성으로 대통령에 대한 탄핵소추를 발의한다.

(26) 상원은 재적의원 과반수의 찬성으로 국무총리, 국무위원, 행정각부의 장, 헌법재판소 재판관, 법관, 중앙선거관리위원회 위원, 감사원장, 감사위원 기타 법률이 정한 공무원에 대

해 탄핵소추를 의결한다. 하원은 재적의원 3분의 1 이상의 찬성으로 이들에 대한 탄핵소추를 발의할 수 있다.

(27) 상원은 법률이 정한 바에 따라 대통령이 추천한 고위 공직 후보자에 대한 동의인준권을 행사한다.

(28) 상원의 상임위원회와 본회의에는 필요한 경우 4개 지방정부 연합체가 각각 1명씩 선임한 4명의 비상임 지방정부 대표로 참석하여 발언할 수 있다. 단, 이들은 투표권을 갖지 않는다.

(29) 각 지역의 상원의원단은 연 1회 이상 지역 내 지방정부와 주민 대표를 대상으로 합동의정보고회를 개최하여 의정활동 내역을 보고하고 지역의 의견을 경청하여 의정활동에 반영하도록 노력해야 한다.

(30) 상원의원의 회의장 좌석은 지역별로 배치한다.

(31) 부칙: 이 헌법이 시행된 후 처음으로 선출된 상원의원은 각 지역선거구마다 득표의 순차에 따라 제1부와 제2부로 절반씩 나누고, 제1부 의원의 임기는 8년 제2부 의원의 임기는 4년으로 한다. 단, 지역선거구의 상원의원 수가 홀수인 경우에는 절반에 미달하는 홀수의 의원을 제2부로 배정한다.

9. 헌법개정절차

현행 헌법	국회 자문위안
제128조 ①헌법개정은 국회재적의원 과반수 또는 대통령의 발의로 제안된다.	제128조 ①헌법개정은 국회의원선거권자 60만명 이상이나 국회재적의원 3분의 1이상의 발의로 제안된다.

- 헌법개정절차는 헌법개정권자인 국민의 여망을 반영하여 국민의 개헌안 발의권을 부활하고, 헌법개정절차를 연성화하는 방향으로 개정할 필요가 있다.
- 국회 자문위안 제128조제1항에서 주권자인 국민이 헌법개정을 발의할 수 있도록 하여 국민주권을 실현하였다(이기우, 2016: 404-406). 국민발안제는 유신헌법 이전까지 우리 헌법사항이었다는 점을 감안하였다.
- 국회의원 헌법개정안 발의요건을 유신헌법 이전 수준으로 완화하였다. 일본은 국회재적의원 1/5, 독일이나 스위스는 일반법률안 발의 요건과 동일하다는 점이 고려되었다.
- 대통령 헌법개정제안권은 남용될 우려가 있으므로 삭제하였다.

현행 헌법	국회 자문위안
제130조 ①국회는 헌법개정안이 공고된 날로부터 60일 이내에 의결하여야 하며, 국회의 의결은 재적의원 3분의 2 이상의 찬성을 얻어야 한다.	제130조 ① 국회의원 선거권자가 제안한 헌법개정안은 공고가 끝난 날부터 6개월 이후 1년 이내에 국민투표에 회부하여 투표자 과반수의 찬성으로 확정된다.

- 제130조 제1항에서 선거권자가 헌법개정을 발의한 경우에는 별도의 국회의결절차 없이 국민투표로 확정한다. 국민들이 헌법개

정안을 발안하는 것은 국회가 헌법개정안을 발의하지 않는 경우에 해당하므로, 국민이 발안한 헌법개정안을 국회의결을 거쳐 국민투표를 실시하게 되면, 국회에서 통과될 가능성이 거의 없기 때문에 헌법개정에 관한 국민발안은 실효성이 없게 된다.

- 또한 선거권자가 발안한 헌법개정안을 국회가 부결한 경우, 국민투표에 회부하여 확정되면 국민대표기관인 국회와 국민간의 대립관계가 형성되므로 바람직하지 않다고 보았다.
- 그러므로 국민발안 헌법개정안은 국회의결절차 없이 바로 국민투표에 회부하는 것이 타당하다.

현행 헌법	국회 자문위안
② 헌법개정안은 국회가 의결한 후 30일 이내에 국민투표에 붙여 국회의원선거권자 과반수의 투표와 투표자 과반수의 찬성을 얻어야 한다.	② 국회의원이 발의한 헌법개정안은 공고된 날로부터 60일 이내에 의결하여야 하며, 국회재적의원 3분의 2 이상의 찬성으로 확정된다. ③ 국회의원 선거권자 60만명 이상이 제2항에 따라 국회가 의결한 헌법개정안에 대해 30일 이내에 국민투표청구가 있는 경우에는 청구일로부터 90일 이내에 국민투표를 실시하여 투표자 과반수의 찬성으로 확정된다.

- 국회 자문위안 제130조 제2항은 국회의원이 헌법개정안을 발의한 경우, 국회에서 확정할 수 있도록 절차를 연성화하여 헌법개정의 경직성을 완화하였다.
- 제3항의 국민투표청구는 국회의원이 발의한 헌법개정절차를 연성화 하는 대신, 국민 뜻에 반하는 개헌을 통제하기 위한 방안이다. 국회가 의결한 헌법개정안에 대해 선거권자 60만명이

상이 국민투표를 청구하는 경우에는 국민투표를 통해 국민의 뜻을 반영하도록 하였다.

현행 헌법	국회 자문위안
③ 헌법개정안이 제2항의 찬성을 얻은 때에는 헌법개정은 확정되며, 대통령은 즉시 이를 공포하여야 한다.	④ 헌법개정안이 확정되면 대통령은 즉시 이를 공포하여야 한다.

- 국회의결만으로 개헌하는 사항과 국민투표까지 거쳐야 하는 사항 구분 여부

10. 지방사법기관에 대한 주민 통제장치 신설

현행 헌법	국회 자문위안
현행 제5장 법원 현행 제101조 ① 사법권은 법관으로 구성된 법원에 속한다. ② 법원은 최고법원인 대법원과 각급법원으로 조직된다. ③ 법관의 자격은 법률로 정한다.	제5장 사법부 제102조 ③ 대법원과 각급법원의 조직, 인사, 운영에 관하여 필요한 사항은 법률로 따로 정한다. 고등법원에 상고부를 둔다. 제104조 ④ 각급법원의 장은 법률이 정하는 바에 따라 관할구역의 주민이 선출한다. 제106조 ③ 퇴직한 법관은 자신이 임명되었던 법원이 처리하는 사무에 법률상 또는 사실상 관여할 수 없다. ④ 국민 또는 주민은 법률이 정하는 바에 따라 법관을 소환할 수 있다.

- 국회 자문위안 제104조제4항을 신설하여 중앙집권적 법관인사 제도를 개선하기 위해 지방법원 장을 직선하여 지방사법기관에 대한 주민통제 제도를 마련하였다.

- 사법권의 독립의 핵심은 법원의 독립이 아니라, “개개 재판부의 독립”이며, 사법권의 독립은 “전체 국민에 대한 책임”을 위한 것이나 법관들이 주권자인 국민을 재판의 객체로 취급하고 두려워하지 않는 실정이다. 그 원인은 대법원장이 법원행정처를 통하여 전국의 법관인사권을 중앙집권적으로 행사함으로 인해 법관들은 국민보다 인사권자를 의식할 수밖에 없는 구조이기 때문이다.
- 이 때문에 사법기관의 사회적 약자보호가 미흡하여 국민 불신이 증가하고, 사법부의 신뢰하락이 민주주의의 위기를 초래하고 있으며, 상고사건 처리지연으로 헌법상 보장된 신속한 재판받을 권리가 침해되고 있다.
- 이처럼 공급자 중심 사법서비스 체제가 구조화되는 데에는 중앙집권적 법관인사제도와 대법원이 상고심을 독점하는데 있다. 그럼에도 불구하고 사법개혁이 이뤄지지 않아 전관예우의 부패가 구조화되어 국민의 불신을 초래하고 있다.
- 그러므로 헌법 제102조제3항에 고등법원을 대법원으로부터 분리하여 상고부를 두고, 법관인사도 고등법원 중심으로 행사하고, 지방법원장에 대해서는 선거 등 주민통제 제도를 신설한다. 고등법원 상고부 제도는 고등법원에 일부 상고사건을 심판하는 재판부를 둠으로써 고등법원과 대법원이 상고사건 심판권을 분담하는 방안이다. 고등법원 상고부 설치의 귀결점은 지역주민 또는 그 대표들이 판사임명과정을 민주화하는 것이다.[8] 국

8) 이국운(2008: 18) 재인용.

가사법에서 분권사법 그리고 자치사법으로 이어지는 과정이다. 고등법원별 사법평의회 구성 또한 필요하다(오동석, 2018: 89-90).

- 국회 자문위안 제106조제3항에서는 사법부의 고질적 전관예우 관행을 막기 위해 퇴직한 법관에 대해서는 자신이 임명되었던 법원이 처리하는 사무에 법률상 또는 사실상 관여할 수 없도록 하고, 법관에 대한 국민 또는 주민소환제를 도입하였다.

11. 통일절차(김성호, 2014: 453-454)

현행 헌법	통일절차안
신설	제000조 ① 대한민국에 편입하고자 하는 국가 또는 지역은 국제법상의 협약 또는 해당 국민 또는 주민의 동의를 얻어 대한민국정부에 신청할 수 있다. 대한민국 정부는 지체없이 국가원과 지방원 양원 합동회의의 동의를 얻어 지역정부(또는 광역지방정부)로 편입시킬 수 있다. 편입된 국가 또는 지역은 헌법과 법령에 따라 지방자치권을 가진다. 구체적인 편입절차는 법률로 정한다.

- 헌법에는 지방분권의 취지를 담은 통일절차를 규정할 필요가 있다. 구체적으로는 독일의 통일 헌법과정에서 동독이 서독의 연방에 가입하는 방식을 모델로 한 절차를 규정할 필요가 있다. 평화통일을 전제할 경우, 현재의 남북간 경제격차를 고려하면, 대한민국 헌법에 북한의 광역지역정부가 주민의 동의를 받아 대한민국의 지역정부로 편입하는 통일방식을 규정하는 장치를 마련할 필요가 있다.
- 현행 헌법에서도 북한을 대한민국의 영토로 규정하고 있는 이상, 수복이후에는 독일 통일 당시 기본법 제23조와 같이 북한

광역지방정부가 주민의 자기결정(Selbstbestimmung)에 의하여 대한민국에 편입함으로써 한국의 헌법의 적용을 받도록 할 필요가 있다.

12. 기타 대통령안의 중앙집권적 조항

- 대통령안 제114조제1항 감사원 감사대상기관에 감사원의 감사대상기관에 지방정부를 포함시킨 것, 선거관리위원회 안제118조제1항 1호 지방선거, 4호 주민발안 주민투표 주민소환, 7항 각급선거관리위원회 조직, 직무범위, 그밖에 필요한 사항은 법률로 정하도록 한 것은 지방자치에 부합되도록 재고되어야 한다. 뿐만 아니라 경제조항 관련 대통령안과 국회 자문위원회안은 농지 임대차 위탁경영 법률유보, 토지에 대한 특별한 제한, 농어촌, 농어민 지원, 농수산물 수급균형과 유통구조개선과 가격안 도모 통해 농어민 이익보호, 농어민 자조조직 육성, 중소기업과 소상공인 보호육성 및 자조조직 육성, 기초 학문분야를 강화하기 위하여 국가에게 기초학문 장려의무를 부과하는 조항을 신설하고 있다. 그런데 이러한 지극히 지역 현장에서 이루어져야할 사무가 헌법적 가치를 가진 국가사무인지에 대해서는 논란이 있으므로 재고가 필요하다.

V. 개헌전 정치권 지방분권 법률입법 과제

더불어민주당과 자유한국당이 진정성을 가지고 실질적 지방자치를 위한 지방분권개헌을 추진하고자 한다면, 개헌이전이라도 법률로써 시행 가능한 지방분권 개별과제 입법부터 추진하는 것이 순리이다.

먼저 현행 헌법 하에서 지방분권추진을 위해서는 중앙정부 내 지방분권 추진기구의 행정기관화, 국회 내 상설지방분권특별위원회 신설, 대통령이 의장이 되는 중앙-지방협력회의 설치 등이다.

첫째, 정부 내 지방분권추진기구의 행정기관화가 필요하다. 현재 우리나라의 지방자치발전위원회는 단순 대통령 자문기구에 불과하여, 사무이양 등 지방분권과제와 관련된 추진계획을 수립 및 심의·의결할 뿐이며, 주요 지방분권과제를 구현할 수 있는 권력적 수단이 불충분하고, 위원회의 심의·의결사항에 대해 개별 중앙부처가 불복하더라고 이를 강제할 수 있는 방법이 없다. 이 때문에 자치발전위원회를 대통령 자문기구가 아닌, 정부 각 부처의 지방분권을 주도할 집행권한을 가진 행정위원회로 개편할 필요가 있다.

둘째, 국회에 입법권을 가진 지방분권특별위원회 신설이 필요하다. 참여정부 이후 지방분권 관련 특별법이 정권마다 제정되었다.

하지만 지방이양일괄법안은 참여정부이후 정부발의 되었지만 특성상 다수의 국회 상임위원회와 관련되어 있다는 이유로 국회마다 접수조차 되지 않았다. 지방분권과제들은 이를 담당하는 국회 소관 상임위원회가 복수라서 개별로 발의하라는 취지이다.

더욱 심각한 것은 특별법상 지방분권과제에 해당되는 지방자치권 보장 법안들이 국회에서 발의는 되어도 상임위원회에서 국회 대수가 바뀔 때마다 폐기되었다는 점이다. 심지어 참여정부 이후로 국회마다 정부발의로 기관위임사무 폐지법안이 발의되었지만 폐기되어 왔다. 이러한 사실은 지방분권을 법률에 맡겨서는 소관 상임위원회가 지방분권을 반대하는 중앙부처 및 관련 이익단체의 압력을 피할 수 없다는 현실을 반증하고 있다. 사실상 국회와 중앙정부는 특별법상 지방분권 의무를 준수하지 않았다. 따라서 최소한 현행 헌법 하에서 지방분권을 추진하려면 국회 내에 지방분권과제와 관련된 각종 제·개정 법률안과 일괄이양법안까지 심의·의결할 수 있는 입법권을 가진 상설 '지방분권특별위원회'의 구성·운영이 반드시 필요하다.

하지만 개헌을 통해 지역대표형 상원이 구성되면 지방분권특별위원회를 폐지해도 무방하다.

셋째, 우리나라가 선진국가로 도약하기 위해서는 중앙정부와 지방정부간 수직적 하청관계를 청산하고 합리적 역할분담 및 협력이 필수적이라는 점에서 가칭 중앙-지방정부간 협력회의가 필요하다. 현재 우리나라는 중앙정부의 일방적 정책결정으로 지방정부에 행·재정적 부담을 전가하는 경우(사례 : 2011년 취득세 50% 감면, 2012년 영유아무상보육 확대, 2013년 취득세 영구인하 조치 등)가 지속적으로 발생되었고, 그 과정에서 중앙정부가 지방정부와 협의하거나 충분한 의견수렴 과정을 거치지 않아 갈등이 심화되고 있다. 이러한 갈등이 반복되는 것은 중앙정부의 국정 운영과정에 대한 지방정부의 공식적 참여체계가 구축되어 있지 않기 때문이다. 따라서 중앙-지방정부가 국정을 효율적으로 운영하기 위해 권한 및 재원부담 등과 관련하여 일방적 수직적 대립·갈등 보다 상생과 협력을 위한 파트너로서의 역할 분담 장(場)으로써 중앙-지방 협력회의가 필요하다. 대통령과 시·도지사와 지방4단체장 간의 정책협의를 통해 상생협력방안을 도출한다면, 중앙-지방정부간 갈등을 줄이고 정책집행의 실효성을 높이는데 기여할 것이다.

최근 대통령께서 제안하신 제2국무회의가 중앙지방협력회의의 기능을 대신할 수 있다. 이 경우, 대통령 임명직 국무위원이 아닌 주민선출 국무위원을 별도로 둘 수 있을지, 이를 헌법기관으로 설치하는데 대한 법리문제가 선결되어야 할 과제이다.

넷째, 현행 헌법 하에서도 국회와 중앙정부가 추진할 수 있는 지방분권 입법과제로서는 자치입법권 범위 확대, 권한이양 및 사무구분체계의 정비, 국가특별지방행정기관의 정비, 지방자주재정 확충, 자치조직권 강화, 자치경찰제 도입, 지방자치-교육자치 일원화, 중앙-지방정부간 협력체제 정립 등이다.

그런데 현행 헌법 하에서 지방분권을 추진하려면 국회와 중앙정부의 진정성이 무엇보다 중요하다. 중앙정부의 기구, 인력, 조직, 예산의 배분이 전제되어야하기 때문이다. 그러나 국회와 중앙정부가 진정성을 가지고 지방분권을 추진한다고 하더라도 한계가 있다. 왜냐하면 우리나라 헌법은 국회와 중앙정부가 법령제정권을 행사하고 있어 지방정부의 모든 행정행위를 사실상 통제하는 것을 정당화하고, 지방자치제도를 입법자의 결정에 따라 운영하면 된다는 제도보장설에 따르고 있기 때문이다. 따라서 실질적 지방자치의 실현을 위해서는 헌법적 차원에서 지방자치의 실질적 내용을 보장하는 지방분권 개헌이 반드시 필요하다.

VI. 결론

현재 우리나라의 헌법은 중앙집권적 국가권력구조를 정당화 하고 있다. 이로 인해 지방자치가 활성화되지 못하고 국가경쟁력은 나날이 낮아지고 있으며, 지방분권에 대한 피로감만 확대되고 있다.

그 동안 중앙집권적 국가권력은 단체자치라는 명분으로 주민의 자치권과 자율권을 제약하면서 지방정부의 창의적인 지방자치를 무력화하고 갑을 관계를 강요해 왔다. 그 결과, 중앙-지방간 사무·권한·책임이 불분명하여 책임행정을 구현할 수 없는 구조적한계를 보이고 있으며, 공공부문의 국가경쟁력은 대단히 취약하다. 중앙집권적 세제 및 재정배분체제로 인하여 지방정부의 재원구조가 국가의존적으로 구조화되어 있어 중앙-지방간 재정책임성이 매우 취약하여 비효율과 낭비가 심각하다. 자율과 책임에 바탕을 둔 지방자치는 요원한 실정이다.

주민들은 특별법상 지방분권의무 조차 준수하지 않는 국회와 정부를 더 이상 신뢰할 수 없다는 입장이다. 결국 지방분권은 입법자의 재량에 맡겨서는 실현될 수 없기 때문에 법률사항이 아니라 헌법사항으로 실체적으로 규율하지 않을 수 없다는 것이 명백하다. 선진외국조차 지방분권을 법률에 위임하지 않고 헌법으로 규정하고 있다는 명백한 증거가 있는데 일부 정치인은 지방분권이 헌법사항이 아니고 법률사항이라 강변하지만 현실을 아는 국민과 시민단체, 언론은 이러한 중앙집권적 기득권 보장적 주장에 반기를 들고 있다.

새로운 대한민국이 되려면, 북한 동포를 위시한 우리사회 모든 구성원과 공동체가 국가와 지역발전에 책임 있는 주체로 기여할 수 있는 지방분권을 위한 헌법으로 개정하는 것이 필수적이다. 국회 개헌특별위원회 자문위원회와 대통령안이 발표 되었다. 그럼에도 불구하고 2018년 4월 현재 각 정당은 개헌안 전문을 발표하지 않고 있어 개헌에 대한 진정성이 의심받고 있다.

지방분권개헌은 고도의 중앙집권적 국정운영체제를 중앙-지방 정부간 관계의 재정립 통해 중앙정부의 과부하를 덜어주고 지방정부에게 권한과 동시에 책임을 규율함으로써 중앙-지방정부별 핵심 역량에 충실하도록 개선하는데 목적이 있다. 지방분권개헌하면 되면 주민이 자신의 삶과 행복을 스스로 책임지는 성숙한 자치의식을 바탕으로 주권자로서 권력을 위임한 중앙-지방정부들을 실질적으로 견제함으로써 개인의 삶의 질 향상뿐만 아니라 대한민국 국가경쟁력을 높여 세계 초일류 선진국가로 만드는데 기여하게 될 것이다.

정치권은 여야를 불문하고 더 이상 국가재정이 위기에 처해지기 전, 2018년에는 지방의 경쟁력을 높여 국가경쟁력을 강화하기 위해 지방분권헌법개정에 전념하여야 한다. 대통령개헌안도 발표되었다. 국회의 헌정특별위원회는 이미 마련된 국회 자문위원회안과 대통령안, 시민사회가 내 놓은 다양한 개헌안을 놓고 선택만 하면 된다. 대한민국의 미래를 위해 진정성을 가지고 집중토론 한다면 국민이 합의할 수 있는 개헌안을 마련할 수 있을 것으로 확신한다.

2017년 촛불집회의 국민들은 제왕적 대통령제를 다수당의 독식으로 인한 부패, 극심한 대립과 갈등의 정치를 청산하고, 다수당과 소수당이 함께 정부를 구성하고 협치 할 것을 명령한 만큼 중앙정부와 지방정부 간에도 불공정한 갑을관계를 청산하는 실체적 지방분권을 국가운영의 특성으로 헌법에 반영하는 것이 시대적 과제이다.

제4부

사회변동과 헌법가치

제10장 |

정보사회의 도래와 헌법적 대응

박상돈

I. 서론

1987년부터 시행된 현행 한국 헌법은 현실에 적합하지 않으며 향후 헌법 개정이 필요하다는 의견이 여러 가지로 제시되었다. 이에 따라 오늘날 헌법 개정을 위한 움직임이 다양하게 나타나고 있다. 현행 헌법은 민주화의 산물로서 여러 가지 값진 가치를 담았지만, 30여년이 지난 현 시점에는 현대사회의 변화상을 받아들이면서 헌법적 가치를 새롭게 정립할 필요성도 있다는 점을 부인할 수 없다. 즉 현행 헌법에서 사회변동의 대응이 미흡하여 헌법적·국가적 차원의 중요한 가치를 규범화하는 것에 장애요인이 되는 부분은 헌법개정의 필요성이 인정되는 사항이 되는 것이다(박상돈, 2017: 159).

오늘날 현대사회의 변화는 여러 가지로 나타난다. 그 중심에는 과학기술의 발달이 있으며, 정보통신기술의 발달에 의하여 촉진된 정보화는 그러한 현상의 대표적인 경우이다. 정보화란 정보통신기술의 발달에 따라 정보가 중요시 되고 정보통신기기가 사회의 모든 분야에 보급되어 인간 활동의 효율성을 향상시키는 현상이다(최동수, 2012: 121). 정보화가 진전됨에 따라 정보 그 자체의 중요성이 증대하였으며 사회를 새롭게 바꾸어 정보사회가 등장하게 되었다. 정보사회란 정보 그 자체가 가치를 가지고 이를 바탕으로 새로운 가치를 만들어내는 사회이자, 정보화를 통하여 근본적인 변화가 이루어지는 사회라고 할 수 있다(김일환, 2001: 207). 오늘날 전세계적으로 정보화가 진전됨에 따라 선진국들은 고도정보사회에 이미 진입한 상황이고 한국에서도 그러한 상황은 다르지 않다.

과학기술의 급속한 발전과 그에 따른 사회변동에 헌법을 비롯한 각종 규범이 적응하지 못하는 경우에는 중대한 혼란이 야기될 가능성이 커지게 된다. 과학기술의 발전과 사회변화에 따른 헌법의 역할과 기능이란 과학기술의 발전에 의하여 사후적으로 정립되는 것이 아니라 이에 관한 법적, 정치적, 사회적 기준에 따라 사전적으로 판단하여야 할 문제이다. 따라서 헌법을 통하여 과학기술의 개발과 도입 및 운용에서 국가와 그 구성원들이 행하여야 하는 윤곽적 틀을 제시하여야 한다(김일환, 2007: 292). 정보사회의 형성과 발전은 그러한 요구가 시급한 대표적인 사회변화이다.

정보사회의 헌법상 수용에 대하여 살펴보는 것은 향후 새로운 헌법의 수립에 필요한 준비의 하나로서 의미를 부여할 수 있을 것이다. 이하에서는 정보사회의 형성과 발전이 사회변동의 일종이라는 점에 주목하여 사회변동의 헌법상 수용 문제를 논의의 출발점으로 하여 정보사회의 새로운 헌법현실을 헌법상 수용할 필요성을 확인하고 그에 기초하여 정보사회에 대응하는 헌법개정에 관한 논의를 이어가고자 한다.

II. 사회변동으로서 정보사회에 대한 헌법적 대응의 의의

1. 사회변동에 대한 헌법적 대응

(1) 사회변동의 의의

사회변동은 현재 여러 가지 의미로 사용되고 있으며 그 개념에 관하여 다양한 관점에서 의견이 제시되고 있으나, 사회체제와 문화, 인간과 인간, 인간과 사물, 기술 등의 변화를 총합하는 변동이라고 할 수 있다(박종민, 2014: 16). 사회구조에서의 변화를 의미하는 사회변동과 문화에서의 변화를 의미하는 문화변동을 구분하기도 하지만 양자의 구분은 의미가 없다고 한다. 대부분의 중요한 변동들은 사회적 측면과 문화적 측면을 모두 포함하기 때문이다(양춘 외, 1998: 409).

(2) 헌법상 사회변동 수용 근거와 필요성

규범적으로 새로운 문제를 야기하는 사회변동은 사고방식, 문화적 표준, 이념 등을 포함하는 사회적 현실의 변화와 같이 법의 외부에서 발생하는 변화이며, 법적 변화 그 자체는 제외된다. 즉 법질서 외부에 위치하지만 법적으로 규율되는 대상의 영역 내에서 발생하는 변동이다(Grimm, 2001: 203).

헌법개념에 대한 논의로서 헌법을 사실로서 보는 견해와 당위로서의 규범으로 보는 견해가 나뉘어 있는데 전자는 헌법도 사회적 현상의 일종으로 간주한다. 사회적 현상이 규범을 형성하는 과정이나 원인으로서 작용하고 헌법이 현실과 무관할 수는 없지만 헌법도 어디까지나 규범으로서 마땅히 있어야 할 당위적인 현실상을 제시하여야 한다는 점에서 헌법의 규범성이 강조되어야 한다. 다만 헌법은 다른 규범에 비하여 사회적 현상과 밀접한 관계가 있기 때문에 사회변동에 따른 헌법의 형성 및 변화를 주시하게 된다(정재황, 2012: 32-33).[1]

헌법은 많은 영역과 다양한 사회구성원들의 이해관계를 조절할 수 있도록 하기 위하여 경직성에 의한 구체적 타당성의 결여를 지양하고 유연성과 개방성을 가질 것을 요구받는다. 헌법의 유연성과 개방성은 사회적 변화에 헌법이 적응할 수 있게 하여 사회변동을 헌법적으로 수용하는 길을 열어놓는다고 할 수 있다(정재황, 2012: 33). 헌법은 그러한 유연성과 개방성에 상응하여 추상적으로 표현되는 추상화의 전략에 의존하기 때문에 정치적 구체화가 필요한 규범이라고 할 수 있다(전광석, 2002: 62).

특히 오늘날 급속도로 발전하는 과학기술은 사회변동을 가속화함으로써 규범이 제 역할을 다하지 못하게 될 가능성이 과거보다 증대되었다고 평가할 수 있다. 헌법은 국가의 규범을 이루는 근간이자 유연성과 개방성을 지닌 규범으로서 과학기술의 발전에 따른 사회변동을 수용하여야 한다. 이를 통하여 비로소 개별 법령들을

1) 헌법은 양면성을 지닌 개념으로서 사회학적 헌법개념과 법학적 헌법개념으로 분류된다고 한다. 이러한 헌법의 양면성에 대한 이해는 사회변동에 따른 헌법의 대응에 대한 단초를 제공할 수 있을 것이다. 헌법 개념의 분류에 관하여 자세한 내용은 권영성(2011: 3-10) 참조.

통한 과학기술에 의한 사회변동을 해결하는 것에 대한 합헌성을 부여할 수 있으며, 규범 전체가 체계성을 유지할 수 있다.

(3) 헌법상 사회변동 수용 방식

헌법은 유연성과 개방성을 가지고 있기 때문에 형식적 의미의 헌법을 변화시키지 않고도 헌법해석을 통하여 사회변동을 반영할 수 있는 길을 열어놓고 있다. 입법부는 사회변동을 수용하는 헌법해석에 합치되는 법률의 제·개정을 통하여 사회변동에 따른 구체적인 규범의 수요를 충족시킬 수 있으며, 사법부는 재판과정에서 사회변동을 수용하는 헌법해석 및 법률해석을 할 수 있다(정재황, 2012: 39). 특히 헌법재판소가 수행하는 헌법재판은 두 가지의 중요한 지표를 제시한다. 첫째, 사회변동을 헌법해석 및 법률해석에 수용할지의 여부를 결정하는 것이다. 둘째, 만약 사회변동을 수용한다면 어느 정도 수용할지를 결정하는 것이다. 또한 행정부는 입법부와 사법부에 비하여 상대적으로 규범적 측면의 역할이 작지만 법률을 실제로 시행하는 과정에서 사회변동을 반영하는 적절한 행위를 취하고 법률의 시행에 필요한 행정법규를 제정하면서 사회변동의 헌법적 수용에 기여할 수 있을 것이다.

사회변동의 수용이 헌법해석으로 불가능하고 헌법 변천도 어려운 상태에 이른 경우에는 헌법 개정을 통하여 사회변동을 헌법적으로 수용할 수 있다. 헌법이라는 규범이 지니는 목적의 달성이 보장되는 헌법 해석이 해당 조문의 문언 범위 내에서 허용되지 않는 경우에는 오직 헌법 개정을 통하여 사회변동을 수용할 수 있다(Grimm, 2001: 210).

(4) 중대한 사회변동의 헌법상 수용에서 헌법적 가치의 역할

독일연방헌법재판소는 사회변동의 문제를 다루면서 다음과 같은 방법을 활용한다. 일차적으로는 규범 내용의 이해에 기초하여 규범의 목적을 확정하고 기존의 해석이 어떠한지 확인한다. 그리고 기존 해석을 유지할 때 사회변동에 의하여 규범 목적의 달성이 어려워진다고 판단되면 새로운 해석을 시도한다. 경미한 사회변동이 있는 경우에는 특별한 해석의 문제가 발생하지 않는 경우가 많으며, 해석의 문제가 있더라도 비교적 큰 어려움이 없이 해석론적 대응이 가능하다고 한다. 중대한 사회변동이 있는 경우에는 해석원리가 근본적으로 달라진다고 한다. 기본권이 국가에 대한 주관적 방어권에 그치지 않고 객관적 원리로 이해되는 것이 그러한 예이다. 또한 중대한 사회변동 중 헌법영역에서의 가치변화와 관계된 사회변동이 있는 경우에는 규범의 목적 자체가 문제되는 상황으로서, 법적용자는 헌법제정자가 정한 목적에 기속되기 때문에 헌법해석이 아니라 헌법개정을 통하여 해결하여야 한다고 한다.[2)] 생각건대 이러한 견해는 사회변동의 중대성에 따라 헌법적 수용 방식이 달라야 함을 환기시킨다는 점, 사회변동의 헌법적 수용방법을 구체적으로 제시한다는 점에서 중요한 의미를 부여할 수 있다.

위와 같은 방식으로 사회변동의 헌법적 수용을 추진하고자 할 때 헌법적 가치는 중대한 사회변동에 대응하는 헌법개정 여부를 결정하는 주요한 지표가 된다. 사회변동에 의한 새로운 가치로서 헌법영역의 가치변화를 가져올 정도로 중대한 가치가 헌법규범의

2) 사회변동에 대한 독일연방헌법재판소의 처리방법에 관하여 자세한 내용은 Grimm(2001: 211-214) 참조.

영역에 포섭되어 헌법적 가치가 규범적으로 충분히 형성되어 있는지 여부를 판단한 후에 비로소 헌법개정의 필요성이 존재하는지 여부가 결정된다.

한편 사회변동을 수용하는 헌법개정시 어떠한 형태로 개정할 것인지를 결정하는 것에서도 헌법적 가치는 의미가 있다. 후술하는 바와 같이 규범적 의미가 있는 헌법적 가치의 종류 및 구체적인 규범화 형태가 무엇인지를 규명하고, 그러한 종류 중 어떠한 것을 선택하는 것이 적절한지를 결정함으로써 헌법개정 방안의 구체화가 가능하다.

2. 정보사회의 헌법상 수용의 타당성

(1) 사회변동으로서 정보사회

20세기 후반부터 정보의 전달 및 처리에 관한 기술이 혁신되었고 정보통신산업이 발달되면서 선진 각국에서는 정보화의 진행에 따른 정보사회로의 전환이 이미 현실이 되었으며, 이는 한국에서도 마찬가지이다. 정보통신의 기능과 그에 따른 정보사회의 국가적·사회적 영향은 크게 일곱 가지로 구분할 수 있다. 첫째, 안전과 질서유지 향상이다. 오늘날 정보통신은 사회의 안전을 보호하고 재난을 막는데 중요한 기능을 수행한다. 둘째, 지식과 정보의 발달이다. 정보통신의 발달에 따라 본래 무의미한 상태로 존재하였던 다수의 정보가 지식의 창조와 유통 과정을 거치면서 의미있는 지식으로 전환된다. 셋째, 국가·공공기관의 업무효율 증대이다. 오늘날에는 국가·공공기관 간 정보의 공동이용을 원활히 하기 위하여 행정

정보 데이터베이스가 구축되어 활용 중이며, 그 외에도 각종 민원 처리 등 국가의 공적 행위가 정보통신을 활용하여 이루어지는 행정의 전자화가 나타나고 있다. 넷째, 경제활동의 혁신이다. 오늘날 정보통신이 경제활동에 활용되는 경우가 많아지게 되었다. 이에 따라 정보통신은 산업의 발달을 촉진하고 경제발전에 기여한다. 다섯째, 인적 관계의 확장이다. 사람들의 대인 커뮤니케이션 욕구를 만족시켜줄 수 있는 통신기술이 제공되면서 시공간을 넘는 소통을 통한 인적 관계 형성을 용이하게 하도록 한다. 여섯째, 공론장의 새로운 부활과 발전이다. 오늘날 전세계로 확산된 인터넷 환경에 의하여 공론장의 전체적인 규모와 영역은 과거보다 확대되었으며, 의견개진의 형태도 자유로워졌다. 일곱 번째, 문화와 교육의 확대이다. 정보통신에 의하여 시간과 공간의 간극이 메워짐에 따라 문화가 세계 전역으로 자유롭게 유통되는 문화교류의 활성화가 발생하는 한편, 학습능률과 교육효과도 향상된다.[3)]

(2) 정보사회에서 규범적 패러다임의 변화와 중대한 사회변동

21세기 중에는 정보통신기술의 발달에 따른 정보사회의 고도화로 완전한 탈공업사회가 될 것으로 예측되며, 정보사회에서는 정보통신기술을 바탕으로 하여 정보가 물질자원이나 에너지자원보다 더 큰 비중을 가지고 사회·경제의 발전에 중추적인 역할을 할 것이라고 한다(최동수, 2012: 35-36). 이와 같이 과학기술의 패러다임 변화는 정보사회의 등장과 같은 사회변동을 이끌어내고, 이는 헌법을 비

3) 정보통신기반의 파생효과로서 정보통신의 기능과 정보사회의 국가적·사회적 영향에 관하여 자세한 내용은 박상돈(2016: 22) 이하 참조.

롯한 규범적 패러다임의 변화를 이끌어낸다. 오늘날 정보사회의 발전은 인간생활에서 과학기술이 차지하는 비중을 절대적으로 증대시켰으며(김일환, 2010: 560-561), 정보화에 의한 정보사회의 등장은 산업혁명 이후 가장 중요한 사회변동으로 평가할 수 있다. 정보사회의 등장은 현대사회에서 과학기술의 패러다임 변화에서 비롯된 규범적 패러다임을 이끌어내는 가장 큰 요인이다. 입법자나 정책결정자들이 정보통신기술의 내용과 그 사회적 영향을 고려하지 않고 정보통신 관련 법령을 제정하거나 해석할 수 없게 되었다(권영설, 2012: 123). 따라서 정보사회는 중대한 사회변동의 성격을 지닌다고 평가할 수 있다. 새로운 기술의 등장은 경미한 사회변동이라고 하면서 전화, TV, 원자력, 전자적 정보처리, 유전공학 등이 그 예라는 견해가 있으나(Grimm, 2001: 211), 전자적 정보처리는 정보통신이라는 한정된 범주를 넘어서 정치, 경제, 문화 등 여러 분야에 새로운 변동을 가져오기 때문에 중대한 사회변동으로 보아야 한다.

정보사회의 등장과 발전이 중대한 사회변동이라면 그 다음으로 검토할 사항은 헌법에 대한 해석원리의 변화만으로 충분한 상황인지, 또는 새로운 헌법적 가치의 창출과 같은 헌법영역에서의 가치변화가 있는 상황인지에 대한 문제이다. 전자라면 헌법 개정의 필요성은 존재하지 않고 기존 헌법에 대한 새로운 해석만으로 정보사회에 대응할 수 있다. 반면에 후자라면 헌법 개정이 필요할 것이다. 따라서 정보사회의 형성과 발전의 헌법적 가치의 문제를 살펴볼 필요가 있게 된다.

III. 정보사회의 헌법적 가치를 정립하는 헌법개정의 필요성

1. 헌법적 가치에 대한 이론적 고찰

(1) 헌법적 가치의 의의

헌법은 규범, 가치, 힘이 긴장과 갈등을 만들어내는 현장이다(오세혁, 2000: 60). 헌법은 제정 또는 개정을 통하여 형성되면서 가치를 규범화하고, 그러한 제정 또는 개정은 헌법제정권력 내지 헌법개정권력에 기초하여 개별 국민의 주권 행사에 의하여 표출된 인적·공간적 공동체의 통일된 의사에 의한다. 중요한 가치를 정하여 규범화한다는 점에서는 가치에 중점을 두는 견해가 의미를 지니며,[4)5)] 헌법제정권력 내지 헌법개정권력이라는 힘에 기초하여 통일된 국가의사를 결정하고 표현한다는 점에서는 힘에 중점을 두는 견해가 의미를 지닌다.[6)] 한편 그러한 가치의 선정과 결정을 통하여 헌법이 형성되면 규범의 형태를 지니게 된다. 이를 통하여 규범력이라는 효력이 부여될 수 있는 외적 요건을 갖추게 되며, 헌법이 성립한 이후의 후속세대들은 직접 헌법의 형성에 참여하지 않았더라도 현

---

4) 헌법학에서 가치에 중점을 두는 통합주의에 의하면 "군인은 용감하여야 가치가 있다"라는 가치판단을 전제로 하여 "군인은 용감하여야 한다"라는 규범이 성립한다고 한다(오세혁, 2000: 70).

5) 가치에 중점을 두는 견해가 의미를 지닌다는 것은 어디까지나 헌법에서 가치의 역할에 대한 주의를 환기하였다는 점에 주목한 것이며, 통합주의가 중시하는 가치의 내용을 따른다는 의미는 아니다. 따라서 개인의 자유와 다양한 이해관계를 반영하고 전체의 통합과는 무관한 가치도 중요한 가치로서 헌법적 가치가 될 수 있다.

6) 헌법학에서 힘에 중점을 두는 결단주의에 의하면 헌법은 힘에 바탕하여 헌법제정권력자가 내린 정치적 결단에 의하여 형성되고, 그러한 힘이 효력의 근거가 된다고 한다(오세혁, 2000: 72).

존하는 헌법 규범을 통하여 무엇이 헌법적 가치로서 중요한 가치인지 알 수 있게 된다. 이 점은 규범에 중점을 두는 견해가 의미를 지닌다.[7] 결국 헌법의 형성과 효력의 발생은 규범, 가치, 힘 중 어느 한 가지에 전적으로 의존하지 않으며 복합적 요인에 의하여 이루어짐을 알 수 있다. 힘은 헌법의 형성의 주체에 관련되고, 가치는 헌법의 내용에 관련되며, 규범은 헌법의 외형에 관련된다. 그리고 헌법적 가치란 국가가 중요하다고 판단한 가치로서 헌법이라는 규범의 내용을 이루면서 규범으로서의 외형에 따라 규범력을 부여받은 가치라고 할 수 있다(박상돈, 김일환, 2016: 12-13).

모든 헌법은 특유의 이념 및 가치질서를 내용으로 하고 있으며, 각 헌법에 내재하는 이념 및 가치질서는 해당 헌법의 핵심적 내용이다(권영성, 2011: 12). 헌법적 가치는 가치라는 명칭으로서 별도로 선언되는 것이 아니라 여러 가지 규정에 흡수된 상태로 산재되어 있다. 헌법은 일종의 궁극적 가치를 내포한다. 예를 들어 헌법 전문에 의하면 "…우리들과 우리들의 자손의 안전과 자유와 행복을 영원히 확보할 것을 다짐하면서…헌법을…개정한다."라고 명시하고 있다. 따라서 현행 한국 헌법은 국민의 안전, 자유, 행복에 이바지하고자 만들어진 것이라는 명제가 성립한다. 그렇다면 국민의 안전, 자유, 행복은 헌법 제정의 목적이자 헌법이 추구하는 궁극적 가치이다. 그러나 궁극적 가치는 지나치게 추상적이고 다의적이기 때문에 헌법적 가치를 실제로 실현하는데 필요한 규범적 지침을 제시할

7) 헌법학에서 규범에 중점을 두는 규범주의에 의하면 "군인은 용감하여야 한다"라는 규범이 있기 때문에 "군인은 용감하여야 가치가 있다"라는 가치판단이 가능하다고 한다(오세혁, 2000: 70).

수 없다. 따라서 헌법 조문들을 통하여 보다 상기한 궁극적 가치를 더욱 세분화하여 구체적으로 정한 헌법적 가치를 표현하게 된다(박상돈, 김일환, 2016: 13). 그러한 헌법적 가치는 기본권의 형태로 나타날 수도 있고 그 외의 다른 형태로 나타날 수도 있다. 즉 헌법적 가치는 그 실현의 필요성과 보호의 정도에 따라 권리가 되는 경우도 있고, 권리에는 이르지 못한 경우도 있는 것이다(정종섭, 2012: 290-291). 전자는 기본권이고 후자는 제도보장과 국가목표이며, 이들을 포함하여 도출되는 원리이자 헌법적 가치가 헌법원리인 것이다.

(2) 규범적 의미가 있는 헌법적 가치의 종류

1) 기본권

기본권이란 자연권사상에 바탕을 둔 천부인권론에 기초하여 실정헌법상 보장하고 있는 일련의 자유와 권리에 관한 규범적 이해의 체계로 볼 수 있다(성낙인, 1995: 15). 기본권은 헌법의 중심가치이며 헌법질서의 형성과 유지는 기본권을 중심으로 체계화된다. 오늘날 기본권은 주관적 공권이자 객관적 가치질서로 인정받고 있다. 헌법을 가치질서로 볼 때, 헌법이 지향하는 가치를 가장 잘 표현하는 것은 기본권이며, 기본권은 헌법이 지향하는 중심적인 가치라고 할 수 있다.(장영수, 2014: 421-422).

2) 제도보장

제도보장이란 주관적 권리가 아닌 객관적 법규범인 객관적 제도를 헌법에 규정하여 당해 제도의 본질을 유지하려는 것으로서, 헌법제정권자가 중요하고 가치가 있다고 인정하여 헌법적으로 보장할 필요가 있다고 판단한 제도를 헌법에 정한 것이라고 할 수 있다.[8] 제도보장에서 다루는 헌법적 가치는 몰가치적인 제도가 아니고, 공동체에게 필요한 가치를 반영한 제도의 본질을 유지하는 것이다. 따라서 이는 일정부분 공동체의 주관적 가치판단과 관련성이 있고, 헌법적 가치로서 인정될 수 있는 것이다(박상돈, 김일환, 2016: 14-15).

3) 국가목표

국가목표란 헌법상의 규정을 통하여 달성하고자 하는 국가기관의 행위에 대한 지시와 지침이다. 국가목표는 헌법이 추구하는 가치 중 특정 가치를 실현하기 위하여 국민 개인에게 주관적 권리는 부여하지 않으면서 국가에게 가치의 실현을 요구하는 것이다. 그러한 가치는 개인에게 배분하기에는 적절하지 않은 것으로서 특히 개인이 국가에 대하여 헌법을 근거로 직접 청구하는 것이 공동체의 유지나 지속가능한 발전에 적절하지 않은 것이다(정종섭, 2012: 296-297).

4) 헌법 원리

헌법원리란 헌법의 이념적 가치인 동시에 헌법을 지배하는 지도원리로서[9] 헌법적 가치의 일종이라고 할 수 있다. 헌법원리는 헌법원칙보다 상위의 범주이며, 헌법원칙은 헌법원리를 보다 구체적으

---

8) 헌법재판소 1997.04.24. 선고 95헌바48 결정.
9) 헌법재판소 2001.03.21. 선고 99헌마139 등 병합결정.

로 표현하는 것이다(백수원, 2011: 75). 따라서 헌법원리는 헌법 전체의 성격을 좌우할 정도로 비중이 있으며, 그 적용을 통하여 헌법질서의 형성방식과 방향이 달라질 수 있는 원리여야 한다(박상돈, 김일환, 2016: 14).

2. 정보사회에서 헌법적 가치의 중요성

사회변동으로서 정보사회의 형성과 발전에 따른 규범적 패러다임의 변화는 헌법적 가치에도 영향을 미치게 된다. 정보화와 정보사회는 전세계적인 차원에서 규범에 영향을 주고 있다. 정보화에 의한 정보통신의 발달이 가져온 전파와 확산의 위력은 인간존엄성과 인권의식의 고양 및 그 실효적 보장을 위한 메커니즘이 되었다. 이에 따른 파급효과는 일찍이 공산주의의 퇴조와 몰락을 가져왔으며, 최근에는 중동 지역의 재스민혁명과 아랍의 봄으로 나타났다(권영성, 2011: 126-127). 오늘날 세계적으로 헌법 상호 간의 이념적 지향성과 내용은 일반성과 보편성을 나타내는 양상을 보인다. 즉 각국의 헌법적 가치나 그 제도화가 세계적 수준으로 수렴되고 보편화되고 있으며, 이러한 현상의 주요 요인으로서 정보화가 손꼽힌다(권영성, 2011: 115).

그러나 국가라는 것이 소멸하지 않는 이상, 전세계적으로 헌법적 가치와 그 제도화의 공통점이 증대한다고 하여 국가의 법질서 형성의 근간이 되는 각국의 고유한 헌법은 여전히 유지되며, 그 소멸은 요원할 것이라고 전망할 수밖에 없다. 정보통신기술의 발전에 기초한 정보사회에서도 국가에게는 국민의 기본권 실현을 위협하는 과학기술의 적용에 대하여 간섭하고 통제할 책임이 부여된다. 이에 따라 헌법과 기타 관련 법률들은 그 핵심적 역할과 기능을 종전과 같이 계속 수행하여야 한다(Schoch, 1998: 163). 여기서 정보사회에서 헌법적 가치의 중요성이 있음을 확인할 수 있다. 국가적 차원에서 정보사회의 새로운 정보질서의 구조적 윤곽과 조건을 밝히는 기초적인 판단의 규범적 근거는 헌법이며, 판단의 기준은 헌법적 가치이기 때문이다.

헌법적 가치는 사회변동에 대한 사실판단과의 상호작용 속에서 실현된다(전광석, 2002: 62). 따라서 정보사회의 형성과 발전과 관련성이 있는 각종 사안들은 사회변동에 대한 사실판단의 대상이며, 그러한 사실판단에 기초하여 헌법적 가치로 포섭되어야 하는 사실인지의 여부를 결정하게 된다. 헌법적 가치로 포섭되어야 하는 사실이 있음에도 불구하고 그에 해당하는 헌법적 가치가 헌법규범으로부터 도출되지 못한다면 헌법의 가치체계에 대한 변화가 요구되는 상황에 직면하게 된다.

3. 정보사회에서 현행 헌법의 한계와 가치변화

현행 헌법에서 정보사회와 직접적으로 관계되는 헌법규정은 "국가는 과학기술의 혁신과 정보 및 인력의 개발을 통하여 국민경제의 발전에 노력하여야 한다."라고 하는 헌법 제127조 제1항이다. 해당 규정은 문언해석에 충실한 입장에서 보면 과학기술의 혁신과 정보 및 인력의 개발을 통하여 궁극적으로는 국민경제를 발전시키는 것을 목적으로 한다(김일환, 2010: 571). 즉 국민경제의 발전이라는 큰 범주의 국가목표 달성을 위한 보다 작은 범주의 국가목표로서 정보의 개발을 명시한다. 정보사회의 도래를 예견하고 정보의 개발을 명시한 것은 적절한 바이나(김일환, 2010: 572), 그 적용범위에는 한계가 있다. 정보의 개발이 담는 직접적인 내용은 각종 콘텐츠의 창출과 그에 기초한 데이터베이스의 구축이다. 이를 확대해석하여 정보의 개발에 필요한 제반 여건을 보장하는 것도 가능성이 없지는 않으나 그 보장의 정도는 미약하다고 할 수 있다. 한편 근본적인 문제는 해당 조문이 좁은 의미로 해석하면 정보의 개발을, 폭넓게 해석하면 정보사회의 형성과 발전을 국민경제 발전의 수단적 지위에 놓는 것이다. 즉 헌법 제127조 제1항이라는 규범의 궁극적 목적은 국민경제의 발전이다. 그러나 앞에서 살펴본 바와 같이 안전과 질서유지 향상, 지식과 정보의 발달, 국가·공공기관의 업무효율 증대, 경제활동의 혁신, 인적 관계의 확장, 공론장의 새로운 부활과 발전, 문화와 교육의 확대 등 정보사회의 국가적·사회적 영향을 고려하면 정보사회의 형성과 발전은 국민경제 발전의 수단에 그치지 않으며, 경제라는 범위 이상으로 폭넓은 의미와 가치를 지니고 있음을 알게 된다. 그렇다면 헌법 제127조 제1항의 '정보의 개발'이라는 문언은 지나치게 한정적인 범위이며, 특히 국민경제 발전이라는 목적은 오늘날의 정보사회에 관한 규범적 문제를 충분히 충족시키지 못하게 된다.

그 밖에 정보사회와 비교적 밀접한 관계가 있는 헌법규정은 "모든 국민은 통신의 비밀을 침해받지 아니한다"라고 하는 헌법 제18조이다. 다만 통신의 비밀은 본래 정보사회를 염두에 두었다기보다는 유선전화와 같은 종래의 통신에 대한 의미가 더 컸다고 할 수 있다. 다만 오늘날 정보사회의 발달로 인하여 통신의 상당수가 스마트폰과 같은 새로운 형태의 정보통신으로 변화된 것이다. "모든 국민은 사생활의 비밀과 자유를 침해받지 아니한다"라고 하는 헌법 제17조도 같은 맥락으로 볼 수 있다. 본래 정보사회를 특별히 고려한 규정이라기보다는 일반적인 사생활의 비밀과 자유를 정한 것이며, 다만 정보사회의 발달에 따라 정보통신의 활용과정에서 개인정보보호의 문제가 크게 대두된 것이다. 정리하자면 사생활의 비밀과 자유에 관한 헌법 제17조, 통신의 비밀에 관한 헌법 제18조는 헌법해석의 과정에서 정보사회의 헌법적 문제에 많이 적용된 것이며, 정보사회의 헌법적 대응을 본래의 목적으로 한 규정은 아니라고 할 수 있다. 그 밖에도 사안에 따라 정보사회의 헌법적 문제에 적용할 여지가 있는 여러 헌법규정들이 없지 않으나, 이들은 모두 확장적인 헌법해석 내지 헌법변천을 통하여 정보사회와 관련성이 발생하게 되는 것이며, 중대한 사회변동인 정보사회의 헌법적 대응에 충분한 것이라고 하기에는 어려움이 있다.

4. 정보사회에서 새로운 가치의 헌법상 규범화의 고려사항

현행 한국 헌법은 정보사회라는 사회변동이 담고 있는 가치를 충분히 담아내지 못한다고 할 수 있으며, 정보사회의 형성과 발전은 현행 헌법상의 규범 목적을 초과하여 헌법에서의 가치변화를 이끌어냈다고 평가할 수 있다. 따라서 사회변동에 대응하는 헌법개정이 요구되며, 이와 관련하여 새로운 헌법적 가치의 규범화 방법의 문제를 살펴보아야 할 필요성이 제기된다. 즉 앞에서 규범적 의미를 지닌 헌법적 가치의 종류로서 제시된 기본권, 제도보장, 국가목표, 헌법원리 중 어떠한 형태가 필연적으로 요구되며, 헌법개정에 부적절한 형태는 무엇인지를 검토하는 것이 필요하다.

IV. 정보사회에 대응하는 기본권 신설에 대한 검토

1. 새로운 기본권으로서 정보기본권 개념의 등장

오늘날 정보기본권 또는 정보인권이라는 용어는 더 이상 생소하지 않지만 용어의 사용과 그 개념은 아직 정립되지 못한 상태이다(김민호, 2015: 6). 정보인권은 대체적으로 정보에 관한 기본적 인권으로 이해되고(국가인권위원회, 2013: 10), 그 유형에 대하여 합의된 기준은 없지만, 정보사회의 특징에 기초하여 전자화된 정보의 수립·가공·유통·활용에 따라 발생하는 사회적 문제들을 중심으로 하여 정보프라이버시, 인터넷에서 표현의 자유, 정보접근권, 정보문화향유권 등을 제시할 수 있다(국가인권위원회, 2013: 16). 일단 용어의 사용에서 정보기본권과 정보인권의 차이는 헌법에서 규범화된 권리로서 기본권에 중점을 두는지, 또는 인간의 권리로서 인권에 중점을 두는지의 차이라고 보이지만, 정보기본권이라는 용어가 지칭하는 대상과 정보인권이라는 용어가 지칭하는 대상은 사실상 동일하다고 보아도 무방할 것이다. 따라서 정보인권을 바라보는 가장 기본적인 시각은 헌법상 기본권의 한 유형으로 보는 것이어야 한다(명재진, 2011: 4). 특히 헌법적 가치에 관한 논의에서는 헌법이라는 규범을 기초로 하여 국가와 국민의 문제를 다루어야 한다는 점에서 정보기본권이라는 용어를 사용하는 것이 적절하다고 본다.[10]

국내에서 정보기본권이라 함은 일반적으로 정보와 관련된 기본권을 통칭하는 용어로 사용되며(김현철, 2010: 18), 정보기본권의 개념은 다양하게 제시되고 있다. 그러한 견해들을 구체적으로 살펴보면 정보사회에서 새롭게 형성된 기본권으로서 정보의 개념과 분류를 기초로 하여 독자성과 고유한 타당범위를 가지는 기본권이라는 견해(김배원, 2006: 203), 헌법 제10조의 인간의 존엄, 인격발현권과 자기결정권 및 행복추구권에 근거하는 기본권이라는 견해(정영화, 2003: 419), 헌법이 "정보유통에 대한 통제권이 국민에게 있다"라는 정책지표를 선언하고 그 구현방안으로 국민 개개인이 가지는 정보유통에 대한 통제력을 정보의 자유와 정보프라이버시 라고 하는 두 가지 차원의 권리로 보장한다는 견해(이인호, 2008: 49), 정보의 자유, 즉 정보에 관하여 손쉽게 접근하고 이를 수집하여 축적하며, 개인이 가지고 있는 정보를 보호하고 자유롭게 활용할 수 있는 것에 대한 권리라는 견해(김상겸, 2010: 84) 등이 있다.

2. 정보기본권의 독자성 제기

현행 한국 헌법은 정보기본권에 대한 명시적 규정을 두지 않고 있다. 앞서 살펴본 정보기본권의 개념에 관한 여러 견해 중 대부분의 견해들은 기존의 헌법원리나 특정 기본권 또는 몇몇 기본권들

10) 이하에서는 정보기본권이라는 용어를 사용하고자 한다.

을 근거로 하여 정보관련 기본권에 접근하는 방법을 택한다(김배원, 2006: 206). 이러한 경우에는 정보기본권이란 종래의 기본권규정에 대한 헌법해석과 헌법변천으로 도출될 수 있는 권리들이 되며, 독자성은 부인된다고 할 수 있다. 따라서 새로운 기본권을 신설하여 정보기본권에 관한 헌법적 가치를 별도로 규범화하는 조문을 형성할 필요성은 없게 된다.

반면에 상기한 바와 같은 견해들은 정보기본권의 본질 또는 전 범주를 다루지 못하는 문제점이 있음을 지적하면서, 정보기본권이란 정보사회에서 새롭게 형성된 기본권으로서 독자성과 고유한 범위를 가지는 기본권이라는 견해가 있다(김배원, 2006: 203). 그러한 입장에서는 정보와 밀접한 관련이 있는 여러 기본권들을 하나로 묶어서 종래의 행복추구권, 평등권, 자유권적 기본권, 정치적 기본권, 사회적 기본권 등과 대응한 별개의 기본권계열로 파악할 것을 주장하며, 헌법에 정보기본권이라는 별도의 장을 마련할 수 있다고 한다. 그리고 정보기본권 행사를 가능하게 하는 정보통신기반의 확립과 유지는 국가적 임무로서 당연히 전제되어야 한다고 한다. 독자적인 정보기본권규정을 헌법에 신설할 것을 주장하는 견해는 정보통신의 안전과 비밀 보장, 정보제공권, 알 권리, 개인정보자기결정권을 독자적 기본권으로 볼 것을 주장한다. 각 유형별로 살펴보면 정보통신의 안전과 비밀 보장은 정보의 제공에서 전달과 수령에 이르는 전 과정에서 타당하게 보장되어야 하는 정보기본권의 초석이다. 정보제공권은 정보유통의 첫 단계를 여는 정보를 제공하는 측의 권리로서 정보를 제공할 권리와 정보를 제공하지 아니할 권리로 구성된다. 알 권리는 정보를 수령하는 측의 권리로서 정보수령권, 정보수집권, 정보공개청구권으로 구성된다. 개인정보자기결정권은 자기정보의 주체적 형성과 관리를 내용으로 하는 권리이다(김배원, 2006: 209-213).

한편 헌법에 정보기본권 규정을 별도로 신설하여 국가의 정보격차 해소 의무와 더불어 알 권리 및 정보접근권, 개인정보자기결정권, 정보문화향유권을 명시하자는 견해도 있다(국회 헌법개정 자문위원회, 2014: 89). 이러한 견해도 정보기본권의 독자성을 인정하는 입장에 기초하는 것으로 보인다.

3. 독자적 정보기본권 신설의 임의성

정보기본권의 독자성을 인정하면서 독자적인 기본권으로 구성하여야 한다고 제시하는 권리들의 종류를 망라하면 정보통신의 안전과 비밀 보장, 정보제공권, 알 권리 및 정보접근권, 개인정보자기결정권, 정보문화향유권 등이 있다. 그러나 이러한 권리들은 현행 헌법에서도 헌법해석과 헌법변천으로 도출이 가능한 상태이다. 정보통신의 안전과 비밀보장은 이미 통신의 자유에서 다루고 있는 권리이며, 통신의 자유는 사생활의 보호가 본질이다. 따라서 별도의 정보기본권 편제 하에서 다룰 필요성은 없으며, 현재와 같이 주거의 자유, 사생활의 자유와 함께 편제되는 것이 부당하다고 보이지 않는다. 정보기본권의 독자성을 인정하는 견해는 정보제공권과 관련하여서는 운전자의 음주측정을 위한 호흡측정이 신체의 물리적, 사실적 상태를 그대로 드러내는 행위이며 언어적 표출인 진술이 아니기 때문에 호흡측정에 응하도록 요구하고 이를 거부할 경우 처벌하는 것이 진술강요가 아니라는 헌법재판소 결정을[11] 비판하면서 진술거부권의 문제가 아니라 정보를 제공하지 아니할 자유라는 관점에서 보아야 한다는 이유로 독자적인 기본권으로서 정보제공권을 인정할 필요가 있다고 한다(김배원, 2006: 218-219). 그러나 이 경우는 새로운 기본권규정의 창설을 고려하기 이전에 진술거부권 또는 신체의 자유에 관한 헌법변천을 통하여 호흡측정을 진술의 문제로 볼 수 있도록 하거나 설령 진술이 아니더라도 신체의 물리적, 사실적 상태를 드러내도록 하는 것이 신체의 자유에 대한 침해가 될 수 있다고 주장하는 것이 선행되어야 한다고 본다. 알 권리 및 정보접근권의 경우는 이미 기존에 헌법상의 기본권으로서 보호가 이루어지고 있고, 정보통신과 관련되었다고 하여 알 권리의 본질이 바뀌는 것은 아니기 때문에 독자적인 정보기본권으로서 새로운 규정을 창설할 필요성이 크지 않다. 개인정보자기결정권은 본질적으로 사생활의 비밀과 자유를 보호하기 위한 권리로서 사생활의 비밀과 자유에 대한 침해를 제거하는 작위행위를 요구하는 것으로 구성하여 성립될 수 있다. 한편 국민이 문화를 향유할 수 있도록 하는 사항들을 이미 헌법에서 정하고 있기 때문에[12] 국민이 정보문화를 향유할 수 있다는 점을 도출하는 것이 불가능하지 않다고 본다. 이와 같이 현행 헌법으로도 헌법해석 또는 헌법변천을 통하여 정보기본권의 도출이 가능하기 때문에 독자적 정보기본권의 신설은 필

11) 헌법재판소 1997.03.27. 선고 95헌가14 결정.
12) 다양한 문헌에서 한국 헌법의 헌법원리 중 하나로서 문화국가원리가 제시되고 있다. 문화국가원리를 헌법원리의 일종으로 인정할 수 있는지 여부는 논외로 하고, 현행 헌법상 문화의 향유에 관한 사항을 정한 바가 있다는 점은 부인할 수 없다. 문화국가원리에 관하여 자세한 내용은 장영수(2014: 225) 참조.

연성이 존재하지 않으며, 일종의 임의적 성격을 지닌다.

그리고 새로운 독자적 정보기본권으로 제시되는 권리들이 보호하고자 하는 내용과 보호 영역이 불분명하여 각 권리 상호간 구별 및 기존 기본권과의 구별이 어렵고, 그러한 권리들의 내용들이 헌법적인 자유인지, 아니면 법률상의 자유인지 여부가 명확하지 않으며, 오히려 입법자의 영역을 헌법에서 너무 많이 침탈할 가능성이 있다는 비판도 존재한다(명재진, 2009: 300).

한편 최근 이른바 제4차 산업혁명과 인공지능 등 새로운 기술의 급격한 발전과 그 사회적 영향을 반영하여 새로운 유형의 기본권들이 제시되는 바가 있으나, 그 규범적 성격은 현행 헌법을 통하여 도출이 가능한 기본권의 일종이라고 할 수 있다. 향후 정보사회의 발달에 따라 기본권체계를 완전히 재구성하고 독자적 정보기본권을 신설하는 것이 불가피하게 될 가능성을 전적으로 배제할 수는 없을 것이나, 현 시점의 헌법개정에 반영하기에는 적절하지 않다. 예를 들어 최근 인공지능의 발달에 따라 새롭게 논의가 시작된 권리로서 개인정보를 이용한 자동의사결정의 알고리즘에 대하여 정보주체가 설명을 요구할 권리가 헌법적 차원의 기본권으로 인정될 수 있으나, 그러한 권리가 새로운 기본권으로 인정받기 위하여 반드시 헌법조문에 관련 사항이 명시되어야 하는 것은 아니다. 자동의사결정 알고리즘 설명요구권은 기존의 기본권과 완전히 별개인 기본권이 아니라 현행 헌법상 도출이 가능한 개인정보자기결정권의 일종으로서 현행 헌법조문을 근거로 할 수 있는 기본권인 것이다. 따라서 헌법적 차원에서 자동의사결정 설명요구권의 규범적 효력을 확보하기 위하여 자동의사결정 설명요구권의 헌법상 근거규정을 반드시 신설하여야 할 필요성은 없는 것이다. 다만 향후 인공지능이 더욱 발달하고 자동의사결정의 사용이 널리 확산되어 자동의사결정 그 자체가 사회의 중추적인 역할을 하고 자동의사결정 알고리즘이 인간의 생활에서 필수적인 기반이 된다면 자동의사결정 알고리즘 설명요구권의 내용이 근본적으로 변화하여 현 시점에 나타나는 바와는 완전히 다른 성격의 기본권으로 변화할 수 있다고 가정할 수는 있다. 그러한 가정 하에서는 자동의사결정 알고리즘 설명요구권을 개인정보자기결정권과 구별되는 별도의 권리로 구성하고 개인정보자기결정권의 성격 외에 다른 법적 성격을 지니는 새로운 독자적 기본권으로써 헌법상 근거규정을 신설하게 될 가능성을 배제할 수 없다. 그러나 이는 어디까지나 미래에 대한 가정을 전제로 한 것이며, 그와 같은 현상이 본격적으로 나타나지는 않은 것으로 보이는 현 시점의 헌법개정에 적용할 수는 없는 것이다.[13)]

이상에서 살펴본 바에 의하면 기존의 기본권을 정보기본권이라는 새로운 기본권으로 재배열하거나 기존 기본권들과 다른 별도의 기본권들을 창설하여 헌법에 담아내는 것은 시기상조일 수 있다(김일환, 2009: 21). 따라서 독자적인 정보기본권을 헌법에 명시하기 위하여 기본권 편제를 전면적으로 개편하고 새로운 기본권규정을 창설하는 것은 정보사회에 대응하는 헌법개정 사항의 우선순위를 정함에 있어서 시급히 고려되어야 하는 사항은 아니라고 본다. 다만 미래에 정보기본권의 독자성이 강화되고 기존에 존재하지 않았던 새로운 유형의 정보기본권이 헌법상 별도로 신설되어 명시될 가능

13) 자동의사결정 알고리즘 설명요구권에 관하여 자세한 내용은 박상돈(2017a: 185) 참조.

성은 열려 있으며, 그러한 헌법현실의 도래에 대한 주목을 게을리하지는 않아야 할 것이다.

V. 정보사회에 대응하는 제도보장 신설에 대한 검토

1. 제도보장의 대상에 요구되는 역사성의 의미

제도보장규정을 통하여 정보사회의 형성과 발전에 관한 제도의 보장을 헌법에서 명시적으로 밝힐 것이 타당한지를 결정하고자 한다면 그러한 논의의 전제로서 제도보장의 대상이 되는 제도가 무엇인지를 구체적으로 살펴볼 필요가 있다.

일반적으로 제도보장이 보장하고자 하는 제도란 역사적·전통적으로 성립된 기존의 제도를 보장하는 것이며, 기존부터 성립되어 운용되어 온 제도의 존재를 전제로 한다는 견해가 유력하게 제기되어 왔다. 반면에 그러한 제도의 개념은 독일의 특수한 성격을 반영한 것으로서 독일에서 제도보장의 대상인 제도는 중세시대까지 거슬러 올라가는 등 오랜 역사를 지닌 것이지만 한국에서는 제도보장의 대상인 제도가 역사성을 지닌 것이 아니라 새롭게 형성하여야 하는 것이라는 견해도 있다. 그러한 견해에 의하면 제도의 개념에서 역사적·전통적으로 전래되어온 제도인지의 여부를 판단할 필요가 없다고 한다(김세진, 2006: 288). 생각건대 한국에서 제도보장의 대상인 제도는 새로운 형성과정에 있는 것이기 때문에 역사성을 고려할 필요가 없다는 견해는 제도보장의 성격과 기능을 오인한 것으로 보인다. 한국 헌법은 서구의 헌법을 계수하면서 그 가치체계도 상당부분을 함께 수용하였다고 할 수 있다. 한국 헌법상의 제도보장은 그러한 서구식 가치체계를 한국의 실정에 맞게 발전시키는 과정에 포함되어 이루어지는 것으로 이해되어야 한다. 서구식 가치체계를 계수하는 것이 부적절하다는 반론이 있을 수 있으나 현재의 헌법이 형성될 때 국민이 주권을 행사하여 서구식 가치를 중요한 가치로서 헌법에 받아들인 행위를 통하여 서구식 가치체계의 계수는 정당화되었다고 보아야 한다. 다만 서구식 가치체계를 계수한다는 것이 서구의 가치체계를 그대로 모방한다는 의미가 아니라 한국의 실정에 맞도록 변형할 필요성이 있을 수 있다는 점도 명심하여야 하며, 그러한 과정에서 과거에는 한국에 존재하지 않았던 새로운 사항들을 상당부분 포함하게 될 수 있다는 점은 긍정할 수 있다. 그러나 그러한 창설적인 요소가 제도보장의 대상이 되는 제도의 본질이 되는 것은 아니다. 제도보장의 대상이 되는 제도에 일부 창설적인 요소가 있다는 점이 제도보장 전체가 창설적 성격을 지닌다고 주장할 수는 없으며, 그에 따라 역사성을 고려할 필요가 없다는 결론의 도출도 불가능하게 된다.

제도의 역사성이란 해당 제도의 필요성과 기능적 중요성 등이 존재하여 왔다는 역사를 의미하는 것이며, 제도보장의 대상이 되는 제도로 인정되기 위하여 갖추어야 되는 요소로서 역사성은 단지 오래 되었다는 것만으로 인정되는 것이 아니라 헌법적 가치와 연결되어야 한다. 그러한 역사성은 해당 제도가 헌법적 가치에 포섭되는데 요구되는 필요성과 기능적 중요성 등의 발현에 소요된 시간의 경과에 의하여 발현되는 것이며, 그렇게 발현된 역사성은 헌법적 가치의 존재를 나타내는 표지를 형성하는 것이다.

2. 정보사회 관련 제도의 가치표지적 역사성 부족

한국 헌법에서 제도보장의 대상은 역사성을 지닌 제도라는 명제의 정확한 의미는 두 가지로 나누어 살펴보아야 한다. 첫째, 서구의 헌법에서 이미 제도보장의 대상으로 정해져 있었던 제도인 경우에는 서구에서 역사적으로 형성되어 발전되어 온 가치체계를 받아들이면서 그 일부로서 제도를 받아들여서 한국이라는 새로운 공간에서 추가적으로 생성·발전시킨다는 의미이다. 둘째, 기존의 한국 헌법이 형성되던 시기에 서구의 헌법에서 제도보장의 대상으로 정해지지 않았고 한국에서도 과거에 존재하지 않았던 새로운 제도인 경우에는 해당 제도가 한국 헌법의 가치체계에 편입되는 과정에서 장기간이든 또는 단기간이든 일정한 시간의 경과에 따라 헌법적 가치로서 확인되었다는 의미이다.

정보사회의 형성과 발전은 서구와 한국을 막론하고 비교적 최근에 발생한 사항이며, 관련 제도도 마찬가지이다. 그렇다면 제도보장의 대상인 제도가 역사성을 지닌다는 명제의 두 가지 의미 중 후자에 해당한다. 정보사회 관련 제도가 헌법적 가치로서 확인될 수 있는 근거를 보여줄 정도로 충분한 시간이 경과하였는가를 생각하면 아직은 이를 선뜻 긍정하기는 어렵다고 본다. 따라서 현 시점에서는 정보사회의 형성과 발전에 필요한 제도보장규정의 신설은 필연적이지 않으며 유보적인 상태에 두는 것이 적절하다고 판단된다. 다만 정보사회는 과거에 비하여 급격한 속도로 이루어지는 사회변동이기 때문에 향후 관련 제도가 제도보장의 대상으로 편입되는데 소요되는 시간은 기존의 다른 제도보장의 경우보다는 짧을 것이라고 전망된다. 그렇다면 정보사회 관련 제도보장규정의 신설이 조만간 긍정적으로 논의되어야 할 가능성을 배제할 수는 없다.

VI. 정보사회에 대응하는 국가목표 신설에 대한 검토

1. 사회변동으로 형성된 헌법적 가치와 국가목표의 부합성

헌법이란 국가의 조직과 구성에 관한 규범으로서 국가기관의 행위에 대한 지시와 지침을 나타내는 규정을 필연적으로 포함할 수밖에 없으며, 그러한 규정이 바로 국가목표를 헌법상 표현한 국가목표규정이라고 할 수 있다. 국가목표규정은 국가의 행위에 필요한 원칙과 지침을 제시하고 객관적 과제를 부여하는 헌법적 선언이며(Scheuner, 1977: 335; Freund, 2002: 42), 입법부, 행정부, 사법부의 모든 국가기관에 대하여 구속력이 있다(Freund, 2002: 50). 국가목표는 보호와 실현이 요구되는 정도가 강한 주관적 권리의 성격을 지니는 수준에까지는 이르지 못한 객관적 질서의 성격을 지닌 헌법적 가치의 표지가 된다. 다만 국가목표를 통하여 궁극적으로 기본권을 보장하는 효과가 있더라도 국가목표규정 그 자체가 기본권의 직접적인 근거가 될 수는 없으며, 단지 기본권의 도출에 필요한 판단기준에 참고할 뿐이다. 한편 제도보장은 헌법적 가치의 존재를 확인하는 표지로서 역사성이 요구되며, 기존제도를 전제하고 그 핵심부분을 특히 입법자에 의한 침해로부터 방어하기 위한 소극적 측면에 중점을 두는 반면에, 국가목표는 입법자에 의한 적극적 입법형성에 중점을 둔다(명재진, 2007: 168).

헌법은 사회적 현실에 대하여 그 핵심적 문제만을 다루어 조문화하는 특징이 있다. 그러한 특징을 유발하는 주요한 원인으로는 다음의 세 가지가 있다. 첫째, 모든 사회적 현실을 헌법에 명문화하는 것이 법기술적으로 불가능하다는 점이다. 둘째, 헌법이 제정 또는 개정되는 시기에 당면한 정치적 이념과 정신 및 국민정서 등을 반영하는데 그친다는 점이다. 셋째, 장래에 당면하게 되는 불확정적인 문제를 합리적으로 포섭하고 능동적으로 해결할 필요성이 있다는 점이다. 국가목표규정은 상기한 세 번째 원인과 관련성이 있으며, 불확정적인 문제에 대한 방향설정과 내용결정을 위하여 활용되는 규범적 장치이다(정극원, 2003: 219-220). 즉 국가목표는 국가가 수행하는 활동의 한계를 정하는 것이 아니라 오히려 그 길을 터주는 역동적 특성을 지닌다(Bull, 1989: 802). 따라서 국가목표규정에서 밝히는 헌법적 가치는 미래의 바람직한 상태의 형성을 위한 적극적·미래지향적 성격이 강할 수밖에 없으며, 사회변동에 따른 새로운 가치와 밀접한 관계가 있게 된다.

2. 국가목표규정 개정의 필연성

정보사회의 형성과 발전은 비교적 최근의 사회변동이며, 현재에도 많은 의미를 지니고 있지만 미래에는 더욱 그 중요성이 증대되고 심화될 것으로 예상된다. 정보사회의 고도화와 그에 따라 헌법적 대응이 필요할 것으로 예상되는 점은 다음과 같다.[14] 첫째, 지능정보사회의 발전이다. 오늘날 정보사회의 발달은 유비쿼터스, 지식정보사회 등을 거쳐 지능정보사회의 개념에까지 이르게 되었다. 지능정보사회란 인공지능과 정보통신기술을 결합한 지능정보기술이 핵심적 역할을 하는 사회이며, 곧 도래할 정보사회의 새로운 발전상이라고 할 수 있다. 이에 따라 정부는 지능정보 중장기 종합대책을 수립하는 등 지능정보사회에 대비하는 정책의 수립을 추진하게 되었다(전자신문, 2016.01.27.). 지능정보사회의 발전은 산업의 획기적 전환과 일상의 변화를 발생시킬 것으로 예상된다. 오늘날 회자되고 있는 이른바 제4차 산업혁명은 그러한 상황에 대한 적극적 표현이라고 할 수 있으며, '소프트웨어 강국, ICT 르네상스로 4차 산업혁명 선도 기반 구축', '고부가가치 창출 미래형 신산업 발굴·육성', '4차 산업혁명을 선도하는 혁신 창업국가' 등을 비롯한 제19대 대통령 정부의 국정과제에 그러한 상황에 대한 인식이 반영되어 있음을 부인할 수 없다.[15] 둘째, 정보사회의 위험사회화와 새로운 위험의 대두이다. 현대사회를 특징짓는 사회적 위험은 이른바 '위험사회'라는 개념이 제시됨에 따라 커다란 의미를 지니게 되었으며, 오늘날 위험사회 개념은 다양한 학문분야에서 일반적으로 수용되고 있다(박광민, 이성대, 2006: 514). 정보사회에서 나타나는 새로운 위험도 위험사회의 문제에서 벗어나지 않으며, 사이버공간의 확대와

---

14) 정보통신기반의 변화로서 정보사회의 고도화와 그에 따른 헌법적 대응으로서 국가책임의 확장이 이루어지는 사항에 관하여 자세한 내용은 박상돈(2016: 56) 참조.

15) 제19대 대통령 정부의 100대 국정과제 및 4대 복합·혁신과제에 관하여 자세한 내용은 이상준 외(2017: 51) 참조.

같이 정보통신의 활용에 따른 현상도 현대사회를 위험사회로 특징짓는 위험요소가 된다(박광민, 이성대, 2006: 516). 셋째, 공유와 참여의 적절한 규율이다. 정보와 지식은 특정인이 독점하는 것은 점차 어려운 관념이 되어가고 있으며, 누구나 정보와 지식의 공유와 활용에 참여할 수 있는 것으로 변화하고 있다. 또한 사이버공간은 전자민주주의의 장으로서 시민사회의 전자적 확장에 있어 근본적인 기반이 되고 있다(이영우, 2013: 414). 이러한 상황에서 공유와 참여의 확대가 나아가야 하는 바람직한 규범적 방향이 사회의 변화상황에 따라 지속적으로 모색되어야 한다. 이와 같이 정보사회는 여전히 불확정적이며 계속 변화하는 과정에 있다. 이러한 형태의 사회변동에 따라 형성되는 헌법적 가치는 불가침의 권리나 불변의 제도라고 하기에는 부적절하며, 불확정적인 문제에 대한 방향설정과 내용결정을 위하여 활용되고 미래의 헌법현실을 형성하는 것을 내용으로 하는 국가목표를 통하여 그러한 헌법적 가치를 실현하도록 하는 것이 규범적으로 가장 적절한 해결책이 된다. 그러한 국가목표규정으로서 헌법 제127조 제1항이 존재하지만 그 한계점도 있음은 앞에서 밝힌 바와 같다. 따라서 정보사회라는 새로운 사회변동에 충분히 대응할 수 있는 헌법적 가치를 반영한 새로운 국가목표규정의 수립을 모색하여야 한다.

3. 새로운 국가목표의 방향

정보사회의 새로운 헌법적 가치를 반영하는 국가목표규정의 내용은 국가가 정보사회의 형성과 발전에 관하여 어떠한 역할을 수행하여야 하는지를 밝혀야 한다. 정보사회의 형성과 발전을 위하여 국가는 여러 가지 역할을 할 수 있겠지만, 정보사회의 형성과 발전에 필요한 기본적 조건을 갖추기 위하여 정보사회의 기술적 바탕인 정보통신의 기반을 구축하고 보호하는 것은 정보사회에 대한 헌법적 대응에서 가장 필수적인 사항이라고 할 수 있다. 향후 헌법개정시 정보소외계층에 대한 국가의 노력을 "국가는 개인별·지역별 정보격차를 해소하기 위하여 노력하여야 한다"라는 내용으로 헌법에 명시적으로 규정하여야 한다는 견해도 있다.[16] 그러나 정보격차의 해소는 새로운 국가목표의 범위로서는 지엽적이며, 단지 정보격차의 해소만을 다루는 국가의 역할은 법률의 차원에서 다룰 수 있는 문제라고 본다. 생각건대 정보사회의 정보통신의 공급을 원활히 하는 기초이자 정보사회의 기반이 되는 정보통신기반의 확보가 정보사회에 관한 국가의 일차적인 목표가 되어야 하고, 정보격차의 해소는 그 일부로서 포섭될 수 있다. 즉 정보의 생산, 활용(수집·가공·저장·처리), 유통(송신·수신)과 관련되는 일련의 활동의 기초가 되는 바탕 또는 토대로서 활용하는 정보통신망, 정보통신기기, 소프트웨어, 데이터베이스, 정보통신표준 등을 구축하고 보호하는 국가의 역할이 헌법해석으로 직접적으로 도출될 수 있는 내용을 헌법에 명시하는 것이 필요하다. 정보사회의 새로운 헌법적 가치를 반영하는 국가목표규정은 그러한 국가의 역할을 명시하는 것을 주된 목적으로 하여야 하며, 해당 규정의 해석을 통하여 다음과 같은 세 가

16) 국회 헌법개정 자문위원회(2014: 89) 참조. 다만 해당 문헌은 정보기본권 규정의 신설과 병행하여 국가의 정보격차 해소 노력의 의무를 정하는 규정의 신설을 주장하기 때문에 해당 규정이 정하는 바를 전형적인 국가목표로 보기에는 명쾌하지 않은 면이 없지 않다.

지 사항의 실현에 기여할 수 있어야 한다. 첫째, 정보에 대한 기본적인 수준의 접근이 가능한 수준을 넘어서 정보접근성의 질을 향상시킴으로서 정보사회의 고도화에 대응할 수 있도록 보편적 서비스의 질적 향상이 이루어져야 한다. 둘째, 망 중립성, 플랫폼 중립성, 콘텐츠 중립성, 기기 중립성 등 정보통신 관련 중립성의 문제에서 당사자인 사인(私人) 간 해결이 불가능한 경우 국가가 중립성의 조화로운 실현에 필요한 역할을 수행할 수 있어야 한다. 셋째, 안전한 정보통신의 활용이 가능하도록 정보통신이 보호되어야 하며, 특히 정보통신 보호 거버넌스에서 국가의 적절한 역할을 모색하여야 한다. 상기한 세 가지 사항이 새로운 국가목표규정에 직접적으로 명시될 필요는 없으며, 해당 규정의 해석을 통하여 도출되는 것으로 충분하다고 본다.[17]

VII. 정보사회에 대응하는 헌법원리 신설에 대한 검토

1. 새로운 헌법원리로서 정보국가원리의 제기

새로운 헌법원리로서 정보국가원리가 필요하다는 견해가 있다. 그러한 견해에 의하면 정보사회의 등장에 따라 그 특성이 국가적 차원에서 수용되기 시작하였고, 그에 따라 정보국가의 개념이 등장하였다고 한다. 정보국가는 정보사회의 여러 요소가 규범적 방

17) 정보통신기반을 구축하고 보호하는 국가의 책임을 헌법상 구현하는 방안에 관하여 자세한 내용은 박상돈(2016: 171) 참조.

법으로 통제되고 작동되는 국가이며, 통신공간인 사이버공간에서 통신망이라는 국가적 기반을 전제로 하는 국가를 정보국가라고 할 수 있다고 한다(김상겸, 2010: 77).

정보국가원리는 생활의 모든 영역에서 질적으로 향상된 고도의 기술정보생활을 향유하고 정보의 자유로운 공유에서 불합리한 요소를 제거하고 개인의 자아실현을 위한 개인정보보호를 통하여 정보질서를 구축하는 것을 목표로 한다고 한다. 정보국가원리는 객관적 원리이자 헌법의 이념적 기초로서 국가가 달성하여야 할 가치이고, 일련의 국가목표규정이나 기본권규정을 통하여 구현된다고 한다. 그 중 현행 헌법상 정보사회와 가장 밀접한 규정으로 소개한 헌법 제127조 제1항은 정보국가원리의 가장 핵심적인 규범적 근거이며, 그 밖에 관련된 여러 가지 국가목표규정과 정보기본권 등 여러 기본권규정이 정보국가원리의 근거가 될 수 있다고 한다. 또한 헌법규정의 존재여부와 관계없이 정보가 국가에 대하여 지니는 영향력도 정보국가원리가 존재하는 근거라고 한다(김성준, 2009: 114).

2. 현행 헌법상 정보국가원리 개념의 한계

정보국가원리를 제시하는 견해가 지닌 기본적인 상황인식은 중요한 의미가 있다고 본다. 그러한 견해는 정보가 국가적 차원에서 중요한 요소로 인식되고 있고, 국가는 정보가 국가작용이나 국민생활에 미치는 영향을 고려하여 정책을 수립하고 추진할 책무를 진다는 점을 강조한다(김상겸, 2010: 78). 바로 그러한 정보사회의 특징과 헌법현실의 변화가 중대한 사회변동으로서 새로운 헌법적 가치를 요구하면서 헌법개정의 필요성을 이끌어내는 것이다. 그러나 정보가 국가적으로 중요하고 새로운 헌법적 가치가 요구된다고 하여 곧바로 정보국가원리가 인정되지는 않는다.

정보국가원리에 대한 검토를 위한 선행사항으로서 헌법원리의 형성 구조를 먼저 확인할 필요가 있다. 원리란 누군가의 의욕이 개입되지 않은 개념으로서 당위적인 것을 의미하지는 않는다(조우영, 2014: 148). 헌법원리는 헌법적 가치를 담은 여러 규정들에서 공통적으로 존재하는 원리로서 지도원리라는 특성상 헌법상의 여러 규정을 통하여 종합적으로 구성되는 것이다. 헌법재판소는 "우리 헌법은…자유민주주의를 헌법질서의 최고 기본가치로 파악하고, 이러한 헌법질서의 근간을 이루는 기본적 가치를 '기본질서'로 선언한 것이다. 우리 재판소도 "우리 헌법은 자유민주적 기본질서의 보호를 그 최고의 가치로 인정하고 있고, 그 내용은 모든 폭력적 지배와 자의적 지배, 즉 반국가단체의 일인독재 내지 일당독재를 배제하고 다수의 의사에 의한 국민의 자치, 자유·평등의 기본원칙에 의한 법치주의적 통치질서를 말한다. 구체적으로는 기본적 인권의 존중, 권력분립, 의회제도, 복수정당제도, 선거제도, 사유재산과 시장경제를 골간으로 한 경제질서 및 사법권의 독립 등을 의미한다"고 천명한 바 있다"[18]라고 판시한 바 있다. 그 논증구조를 보면 기본가치로서 자유민주주의라는 헌법원리를 상정하고, 그러한 기본가치의 근간을 이루는 또 다른 가치를 질서로 선언한다. 그리고 질서의 구체적 내용으로 기본권, 각종 제도, 헌법원칙 등이 다양하게 포섭된

18) 헌법재판소 2001.09.27. 선고 2000헌마238 등 병합결정.

다. 그러한 논증구조에 초점을 맞추어 살펴보면 헌법원리는 헌법의 다양한 규범이 조합되어 형성된 헌법적 가치이며, 특정 규정이 요구하는 당위가 아니라 그러한 규정들의 존재를 체계적으로 정리한 결과로서의 성격이 있다고 할 수 있다(박상돈, 김일환, 2016: 18). 따라서 정보국가원리가 인정되려면 다른 헌법원리와 마찬가지로 정보국가원리가 형성될 정도의 헌법적 가치를 반영한 헌법규정들이 충분히 존재하는지 여부가 확인되어야 한다.

정보국가원리의 근거로서 제시되는 헌법규정 중 제127조 제1항을 제외하면 정보국가원리가 공통적으로 존재한다고 하기는 무리가 있다. 정보기본권이라는 관념은 헌법해석 내지 헌법변천의 산물로 이해하여야 하며, 헌법상 일련의 기본권규정으로부터 정보기본권이 도출될 수는 있으나, 그 근거가 되는 기본권규정들이 전적으로 정보기본권만의 근거가 되지는 않는다. 예를 들어 헌법 제17조에 의하여 개인정보보호에 관한 권리와 같은 정보기본권이 도출된다고 하여 헌법 제17조의 본질이 개인정보보호라고 하지는 못하는 것이다. 헌법 제17조의 본질은 사생활의 비밀과 자유이며, 개인정보보호는 그 일부이다. 그렇다면 정보기본권 관련 규정으로부터 정보국가원리를 도출한다는 명제는 성립되지 않는다. 그 밖의 기본권규정이나 국가목표규정은 정보사회와의 관련성이 정보기본권 관련 규정보다도 더욱 희박하다. 헌법 제127조 제1항이라는 단 하나의 규정만을 근거로 하여서는 헌법에 전체적으로 적용되는 지도원리로서 기능하는 새로운 헌법원리를 도출할 수는 없다.

3. 헌법개정에서 정보국가원리 개념의 무용성

정보사회의 형성과 발전에 따라 정보가 국가적으로 영향력이 크다고 하여 그 사실만으로 정보국가원리가 형성된다고 할 수 없다. 헌법원리라면 그 도출근거는 헌법에서 찾아야 하며 헌법상 근거가 없이 규범 외의 영역에서 헌법원리를 직접적으로 도출할 수는 없다. 규범 외의 영역에 존재하는 중요한 가치를 헌법에 포섭시키는 과정을 거쳐야 비로소 헌법적 가치가 형성되고 그 이후에 비로소 헌법원리의 모색도 가능하게 되는 것이다.

따라서 정보국가원리를 사전에 상정하고 헌법개정을 추진하는 것은 적절하다고 평가할 수 없다. 향후 헌법원리로서 정보국가원리를 형성하고자 한다면 헌법개정을 통하여 기본권규정, 제도보장규정, 국가목표규정 등의 형식으로 정보사회에 관한 헌법적 가치를 규범화하는 과정이 선행되는 것이 필요하다.[19] 즉 정보사회에 관한 헌법적 가치를 규범화하는 과정이 선행적으로 이루어진 이후에 새롭게 형성된 헌법의 제반 규정들을 종합적으로 검토하여 정보국가원리의 존재 여부를 결정하게 되는 것이다. 정보국가원리가 형성된 이후에 그 실현을 위하여 헌법을 개정하는 것이 아니라 헌법개정의 결과로서 정보국가원리가 형성될 가능성이 발생하는 것이다.

19) 앞에서 논한 바와 같이 현 시점에서는 기본권규정, 제도보장규정, 국가목표규정 중에서 국가목표규정의 형식을 우선적으로 취하는 것이 타당하다.

VIII. 결론

1987년에 만들어진 현행 헌법은 정보사회에 충분히 대응하기에는 부족한 점이 존재한다. 정보사회의 형성과 발전은 중대한 사회변동으로서 규범적 패러다임을 변화시키고 헌법의 가치체계에도 영향을 줄 수 있다. 현행 헌법의 헌법해석 및 헌법변천만으로는 정보사회에서 나타나는 중대한 사회변동과 규범적 패러다임의 변화를 수용하는데 한계가 있다. 따라서 새로운 헌법적 가치를 반영하는 헌법개정이 필요하다. 헌법적 가치는 기본권, 제도보장, 국가목표, 헌법원리 등의 형태로 헌법에서 구현될 수 있으며, 정보사회에서 나타나는 새로운 헌법적 가치는 그러한 형태 중 적절한 것을 취하여 규범화되어야 한다. 현 시점에서는 국가목표가 가장 적합한 형태인 것으로 판단된다. 따라서 향후 헌법개정에서는 정보사회의 헌법적 가치를 적절히 반영하는 국가목표규정의 신설을 추진하여야 한다.

사회변동에 대한 헌법적 대응은 현실에 기초하여 이루어져야 하며, 사회변동에 의한 새로운 헌법적 가치의 규범화는 적절한 형태를 취하여야 실질적인 가치의 실현이 가능하다. 아직 권리로서 보호하거나 불변의 제도로서 보장할 정도에까지는 이르지 않은 가치를 기본권이나 제도보장의 형태로 규범화하는 것은 오히려 무의미한 기본권 목록이나 제도보장 목록을 더하는 것이 될 수도 있다. 정보사회의 형성과 발전은 비교적 최근에 이루어진 사회변동이며, 향후 어떠한 형태로 변화할지를 단정할 수 없다. 따라서 기존의 기본권과 구별되는 독자적인 정보기본권을 헌법에 별도로 정하거나 정보사회에 관련된 제도를 헌법적 차원에서 보장하는 것은 성급한 감이 없지 않으며, 현 시점에서는 필연성이 인정되기가 어렵다. 정보국가원리는 관련된 헌법규범의 존재를 전제로 하여 도출되는 것이며 헌법규범을 창설하는 근거로는 적절하지 않다. 따라서 우선 국가목표의 형태를 취하여 상대적으로 유연한 대응이 가능한 규범화를 추진하고, 그 이후에 헌법적 가치로서의 성격이 더욱 확고해지면 기본권 또는 제도보장의 형태를 취하는 순차적인 방식이 바람직하다. 기본권규정 및 제도보장규정 개정의 필연성이 인정되지 않는다는 것은 현시점에서 국가목표규정 개정에 비하여 우선순위가 아니라는 의미이며, 기본권규정 및 제도보장규정 개정을 절대로 하지 않아야 한다는 의미는 아니다. 다만 개정이 반드시 이루어질 것이 요구되지 않는 규정을 개정하기 이전에 개정의 필연성이 인정되는 국가목표규정부터 개정하는 방식을 취함으로써 정보사회의 중요한 가치를 더욱 순조롭게 헌법에 수용할 수 있다는 점을 강조하고자 한다.

향후 정보사회에 대응하는 헌법개정을 본격적으로 추진하고자 한다면 국가목표로 정할 헌법적 가치의 세부 내용과 구체적인 규범적 해결방안을 모색하여야 한다. 또한 헌법적 가치의 실현에 관계된 세부 내용으로서 헌법적 가치를 내용으로 하는 책임의 주체와 객체, 대상에 대한 연구도 다양하게 이루어져야 한다. 이를 통하여 향후 정보사회에 대응하는 새로운 헌법의 내용과 그 해석이 풍부해질 것이며, 다양하게 등장하는 새로운 규범적 문제에 적절히 대응할 수 있는 해결책이 마련될 것이다.

제11장 |

성 평등 헌법과 남녀동수

김은주

I. 서언

1987년 제9차 헌법이 개정된 지 30년이 넘었다. 그동안 정계, 학계 및 시민사회단체를 중심으로 헌법 개정에 대한 필요성이 꾸준히 제기되었지만 2016년 6월 13일 정세균 국회의장이 제20대 국회 개원 연설에서 개헌을 공식적으로 제기하면서 헌법개정논의가 가시화되었다. 여기에 박근혜 대통령과 최순실 등 비선실세에 의한 헌정유린과 국정농단사건이 드러나면서 제왕적 대통령제에 대한 개혁의 목소리와 함께 헌법 개정에 대한 요구도 한층 달아올랐다. 동 사건은 정치권 중심의 개헌논의를 국민적 개헌논의로 확산시키는 촉매제의 역할을 하였다. 단지 권력구조의 문제만이 아니라 '87년 체제 이후의 시대변화와 다양한 국민적 요구를 반영한 새로운 헌법을 만들어야 한다는 국민적 공감대가 형성되었다.

이러한 국민적 요구에 부응하여 국회는 헌법 개정 특별위원회와 동 위원회의 자문위원회를 구성하여 본격적인 개헌방향에 대한 논의를 착수하였다. 또한 각계각층의 시민사회 영역에서도 헌법개정의 필요성에 대한 공감대를 형성하고 부문별 헌법개정안들을 제시하는 등 개헌논의 과정에 그 어느 때보다도 적극적인 참여 의지를 보였다. 물론 초기의 개헌논의는 조기대통령선거일정과 맞물리면서 개헌의 시기에 대한 공방이 적지 않았으나 2018년 지방선거 때 국민투표를 함께 실시하겠다는 데에 대체적인 합의가 이루어졌다.

이제 관건은 어떤 내용의 헌법을 만드는가이다. 헌법 제1조 대한민국은 민주공화국이며, 대한민국의 주권은 국민에게 있고 모든 권력은 국민으로부터 나온다는 국민주권원칙을 보다 광범위하게 실현할 수 있는 방향으로 새 헌법이 만들어져야 할 것이다. 과거의 주권자가 아닌 21세기를 살고 있는 현재의 주권자들의 다양한 요구와 가치를 담아내야 한다. 성 평등 실현에 대한 요구는 세계적인 흐름이며 남성과 동등한 주권을 가진 국민으로서의 여성의 권리를 보장하는 헌법 개정에 대한 요구는 완전한 민주주의를 위한 상징이 되었다. 그동안 정치, 경제, 사회 등 모든 영역에서 여성들의 역할과 기여가 확대되었지만 헌법상에서 여성의 권리는 20세기의 문제의식에서 벗어나지 못한 채 평등이라는 이름으로 여성에 대한 차별과 불평등을 은폐하고 성 평등 실현을 가로 막고 있다.

이 장(章)에서는 위와 같은 문제의식 하에서 성 평등 헌법의 필요성과 방향에 대한 논의와 성 평등 관련 외국헌법들에 대한 사례분석을 통해 제10차 헌법 개정에 대한 시사점을 살펴볼 것이다. 또한 제헌헌법 제정과정에 대한 분석을 통해 제헌헌법상의 여성의 권리 및 성 평등의 역사성을 살펴보고 1987년 제9차 헌법 개정으로 마련된 현행 헌법의 여성 및 성 평등 관련 조항의 내용과 한계 등을 검토하여 남녀동수(parity)라는 21세기적 가치실현을 지향하는 여성대표성 확대를 위한 헌법의 개정방향을 제언하고자 한다.

II. 성 평등 헌법의 필요성 및 내용

1. 성 평등 헌법의 의미와 필요성

실비아 서투(Silvia Suteu)와 이브라힘 드라지(Ibrahim Draji)의 정의에 의하면(Suteu, Draji, 2015: 11) 성 평등헌법 혹은 성인지적 헌법(Gender sensitive constitution)은 법의 지배, 여성과 남성간의 평등(equality between women and men), 그리고 여성과 남성 모두의 인권과 존엄성에 대한 존중을 담고 있는 헌법이다. 헌법의 조문이 성 평등에 어떻게 영향을 미치는 지와 성인지적 관점에 의거하여 여성의제가 어떻게 다루어지고 있는지에 대해 세심하게 주의를 기울이는 헌법을 의미한다. 또한 성인지적 언어를 사용하고 구체적인 성 평등조항을 포함해야 한다. 비록 사회적 정치적 문화적 배경이 다를지라도 성 평등 헌법은 여성과 남성의 인권의 보편성과 불가분성에 기초한 규범과 기준이라는 점에서 공통성을 가진다.

실비아 서투(Silvia Suteu) 와 이브라힘 드라지(Ibrahim Draji)는 성 평등 헌법이 필요한 이유에 대해 6가지를 제시하였다(Suteu, Draji,

2015: 13-25). 첫째 성 평등 헌법이야 말로 진정한 민주적 헌법이라는 점이다. 공적 생활의 모든 영역에서 여성의 동등한 참여가 없는 민주주의는 완전한 민주주의일 수 없기 때문이다. 현재 여성들은 공적인 의사결정과정에 과소대표되어 있다. 민주적 헌법의 정당성은 국민주권에서 비롯되며 여성 또한 국민의 동등한 구성원이라는 점이 인정되어야 한다. 따라서 민주주의는 헌법제정과정에 대한 여성의 참여를 촉진하고 여성들의 권리가 헌법조문에 적절하게 반영되어 있어야지만 제대로 작동할 수 있다. 여성에 대한 동등한 시민이자 국민으로의 헌법적 인정은 여성들만이 아니라 우리사회의 남성들의 의식세계에도 큰 변화를 가져올 것이다. 여전히 실제생활에서 성 평등에 대한 거부감이 강하게 작용할지라도 공적 영역에서는 남성들의 지위가 변화하고 여성들을 기존과는 다르게 대우해야 한다는 것을 이해하게 만들 수 있기 때문이다.

둘째, 성 평등 헌법은 여성의 역사적 경제적 비가시성의 문제를 변화시킬 수 있다. 헌법안에 헌법제정자로서 뿐만 아니라 헌법적 권리와 의무를 가진 자로서 여성들의 존재가 가시화되지 않았던 상황을 변화시킬 수 있다. 헌법 제정당시에 국민이라는 이름으로 여성들이 비가시적인 존재로 남겨짐에 따라 현재에 와서는 헌법과 현실정치 간의 차이가 확대되었다. 이러한 비가시성의 문제는 시간을 거슬러 올라가 역사적으로 그럴 수밖에 없었던 상황을 설명할 수 있지만 현재 새롭게 제·개정될 헌법에서 정치적 공동체의 완전한 구성원으로서 여성의 이름을 공공연하고 강하게 호명하지 못할 이유가 없기 때문이다. 따라서 성 평등 헌법의 제·개정을 통하여 여성을 헌법적 존재로 가시화할 필요가 있다. 또한 경제활동에 있어서 여성의 참여와 역량강화는 지속가능한 경제발전에 있어서 중요한 기여를 하고 있다. 노동시장에 대한 여성의 동등한 접근과 책임은 부인할 수 없는 인권임과 동시에 경제성장과 발전에 기여하고 있다. 따라서 여성의 경제적 역량강화를 촉진하는 성 평등 헌법은 매우 중요하다. 성 평등 헌법은 재산, 상속, 계약에서의 동등한 권리, 차별금지, 자원의 동등한 배분 등을 포함해서, 노동시장에 대한 여성의 참여를 저해하는 법률적 장애물을 제거하게 될 것이다. 또한 젠더기반 폭력, 여성을 가정에 묶어두고자 하는 관습이나 전통, 불평등한 자녀양육 및 가사에 대한 책임성 등 성을 기반으로 한 경제적 불평등을 야기하는 간접적인 문제들도 해결할 수 있을 것이다.

셋째, 성 평등 헌법은 여성의 권한확대를 위한 법률적인 토대를 제공한다. 헌법은 한 국가의 최고법으로서 모든 법률에 우선한다. 따라서 헌법차원에서 여성의 권리와 이해를 인정하는 것은 중요할 뿐만 아니라 다수결주의에 입각한 법제정이 갖고 있는 변덕스러움에 덜 취약하다는 장점이 있다. 법은 한 사회의 거울 이상의 의미를 가진다. 법은 사회를 좀 더 민주적이고 좀 더 사회경제적 정의를 실현할 수 있는 수단이기도 하지만 다른 한편으론 사회를 좀 더 비민주적이고 좀 더 정의롭지 않게 만드는 도구이기도 하다. 따라서 이런 법들에 우선하는 헌법에 성 평등 관련 조항을 삽입하는 것은 여성의 권리옹호를 위한 법률적 기초가 될 뿐만 아니라 지속적인 입법과 법률의 사법적 해석을 성 평등하게 만들 수 있다. 따라서 성 평등과 차별금지의 헌법화는 좀 더 많은 성 평등 정책결정과 입법, 판결을 촉진하는 법률적 토대가 될 것이다.

넷째, 성 평등 헌법은 이해와 욕구에 있어서 여성의 다름을 다루어야 한다. 여성의 이해는 역사적으로 헌법제정 과정에서 간과되었다. 여성의 다른 이해와 욕구에 대한 무시에서 기인한 것이거나 혹은 중립적인 절차와 헌법적 언어만으로도 성인지적 혹은 성 평등적 헌법을 보장할 수 있다는 잘못된 가정에서 비롯되었다고 할 수 있다. 따라서 헌법제정과정은 여성들은 다른 욕구를 가지고 있다는 것을 의식해서 기획되어야 한다. 현실적으로 여성들은 사회에서 불평등한 성 역할 규범의 강요에 의해 다른 위치에서 다른 욕구를 가지게 되었다. 그렇기 때문에 헌법제정과정은 여성을 낮은 지위로 몰아넣고 정치적 및 공적 생활에서 여성을 배제시켰던 가부장적 규범문제를 다루어야 한다. 정부형태나 정치적 권리와 시민권, 관습법이나 종교법 등을 포함하여 전체 국가구조는 여성과 남성에게 성별로 다른 영향을 미치고 있다는 점에서 헌법제정과정에서 이 점이 반드시 고려되어야 한다. 또한 구체적으로 재생산권리나 성적 자기결정권, 성범죄과 같이 헌법적으로 다루어야 할 구체적인 이해가 있다. 이는 여성의 삶에 있어서 매우 중요한 부분이지만 헌법에서는 거의 다루지 않은 채 법률이나 법정에 남겨두었다. 이 문제에 대한 헌법적 침묵은 관련 입법의 지연을 초래하였다. 또한 여성의 사회경제적 지위와 가족 및 결혼의 헌법화도 중요하다. 비전통적 가족의 인정, 가족 내에서의 성 역할 및 권리의 배분, 자녀양육, 가정폭력 등도 여성들이 헌법적 대답을 요구하고 있는 이슈이다. 또한 사회경제적 차원에서도 배우자 간 가사노동의 동등한 분배, 여성가장의 인정, 재산이나 상속법 등도 있다. 이처럼 헌법에서 동등하게 존중받을 가치가 있는 여성들만의 욕구와 이해가 있다는 것을 인정하는 것이 중요하다. 그러나 이러한 여성들의 다른 이해와 욕구는 여성의 권리를 축소하는 방향으로 해석될 여지들이 크기 때문에 헌법화함에 있어서 주의가 필요한 부분이다. 역사적 산물로서 야기된 성차와 다른 이해에 대한 제도적인 승인은 의도한 목적과는 다르게 남성지배적 영역이나 지위에로의 여성들의 접근을 차단하여 오히려 여성에게 불리하게 작용할 수 있기 때문이다(하라금, 2010: 4).

다섯째, 성 평등 헌법은 모든 국가들이 준수해야 할 국제적 의무사항이다. 공공생활과 정치적 및 경제적 의사결정과정에 대한 여성들의 참여 권리는 여러 개의 국제적 규약에 의해서 보장되고 있다. 여성차별철폐협약(1979), 북경여성행동강령(1995), 유엔안전보장위원회 결의안 1325(2000), 여성의 정치참여에 관한 유엔총회결의안(2011) 등이 있다. 위의 국제규약에는 공공생활에 대한 여성의 동등한 참여, 차별적 입법의 철폐 및 여성의 동등한 권리보장을 위한 적극적 조치실시, 평화 및 전쟁 시의 젠더 기반 폭력 방지를 위한 입법화, 여성 및 아동의 인신매매금지, 소녀에 관한 규정을 포함한 아동의 권리 보장, 여성을 위협하는 전통 및 관습법의 폐지 등에 대한 내용을 담고 있다. 따라서 성 평등 헌법의 제·개정은 국제적 의무를 실천하는 일이다.

여섯째, 성 평등 헌법은 분쟁이후의 사회에서 특별히 중요하다. 갈등은 성 불평등과 젠더기반 폭력을 악화시킨다. 특히 젠더기반 폭력은 전쟁의 수단으로 사용되기도 한다. 따라서 분쟁이후의 헌법은 전쟁이 여성과 남성에 미친 다른 영향을 고려해야 한다. 이행기는 여성들에게 도전과 기회 모두를 제공한다. 도전인 이유는 분쟁이후의 과정에서 젠더문제에 대한 우선순위가 낮아진다는 것이다. 종종 안정화나 정치적 평화달성과는 양립할 수 없는 사안으로 보기 때문이다. 실제로 평화과정에서 주요한 역할을 하는 여성들이 있어도 이들 여성들은 공식적인 평화협상에서 배제되었다. 2015년 전의 평화협정에서 여성을 언급한 것은 단 18%에 불과하였다. 반면 성차별을 제거하고 성 평등을 촉진할 수 있는 법과 정책을 채택하게 함으로서 더 나은 사회를 만들 수 있는 기회를 제공한다. 헌법의 제·개정은 여성의 권리와 성 평등을 촉진하기 위한 수단이면서 목적이라 할 수 있다.

2. 성 평등 헌법의 내용

성 평등 헌법이 담아야 할 내용은 크게 5가지, 성 평등 관련 조항, 성에 기반한 차별금지조항, 기본권관련조항, 세속주의 관련조항, 공적 및 정치적 영역에 대한 여성의 참여권리에 관한 조항 등이다 (Suteu, Draji, 2015: 45-46). 첫째 성 평등 관련 조항에서는 명확하게 헌법적 원칙으로서 실질적 성 평등을 지지해야 한다. 남성과의 평등(equality with men)이 아니라 남성과 여성간의 평등(equality between women and men)을 언급해야 한다. 남성과의 평등은 남성이 규범을 대표하는 것을 가정하지만, 성 평등 헌법은 후자의 가치를 담아 여성과 남성간의 동등한 지위를 인정해야 한다. 또한 정치영역에서의 여성차별이나 배제를 해소하기 위한 의회에서의 여성할당제와 같은 적극적인 조치를 담아야 한다. 적극적 조치는 사회로부터 차별을 받아 온 특정집단에 대해 그 집단의 구성원이라는 이유로 취업이나 입학, 임용, 선출 등에 있어서 직·간접적으로 이익을 부여하는 조치를 말한다(김하열, 2011: 49). 여성과 남성이 처해 있는 조건의 차이를 무시한 채 기회의 평등만으로는 불평등한 결과를 낳고 있는 불평등한 조건을 시정하지 못하기 때문이다. 또한 성 평등 촉진을 위해 복무하는 독립된 기관의 설치도 담아야 한다.

둘째, 헌법적 원칙으로서 명확하고 구체적으로 성에 기반한 차별의 금지를 지지해야 한다. 차별금지 사유는 열거형태보다는 처음에 상상하지 못했던 사유들이 발생할 경우에도 확장, 적용될 수 있도록 예시형으로 만들어야 한다. '와 같은, 예를 들어, 등'과 같은 예시목록의 사용은 미래에 나타나게 될 차별사유들에도 적용될 수 있을 것이다. 또한 이러한 성에 기초한 차별금지가 적극적 조치와 같은 실질적 성 평등 실현을 위한 정책수단의 채택을 막지 않도록 해야 한다. 성에 기초한 차별금지에는 외견상 중립적으로 보이나 실제영역에서는 특정성에게 불리하게 작용한 간접차별도 포함되어야 한다.

셋째, 기본권 관련 조항에서 헌법이 보장하는 시민적 권리와 정치, 경제, 사회문화적 권리에 관해서 명확하고, 구체적이고 세밀한 용어로 언급되어야 한다. 전통적으로 부정되었던 성적 및 재생산권리, 정치적 및 사법적 지위를 담당할 수 있는 권리, 노동관련 권리, 상속관련 권리 등과 같은 자유권과 결혼의 자유와 평등, 배우자를 선택할 자유 등을 향유할 수 있는 여성의 권리가 언급되어야 한다. 또한 헌법적 권리조항들은 국가가 비준한 국제적 및 지역적 권리협약을 반영하여 동 규정에서 보장하는 보호보다 더 적은 보호에 그쳐서는 안된다. 또한 헌법재판소에 호소할 수 있는 가능성을 보장하여 헌법조문과 모순이 발생하여 여성의 권리와 자유를 침해할 수 있는 입법에 대항할 수 있도록 해야 한다.

넷째, 세속주의 관련 조항에 있어서는 성공적인 민주적 세속헌법 모델을 검토하여 그것들이 모든 개인, 즉 여성과 남성에게 동등하게 제공한 보호와 성과들을 검토해야 한다. 그래서 세속헌법은 종교에 대한 불경이 아니라 공적 생활과 종교의 분리임을 명확히 보여주어야 한다. 또한 종교나 전통의 권위에 의존하여 성 평등을 침해하려는 시도를 막아야 한다. 종교나 문화, 전통을 핑계로 성에 기반한 억압과 여성의 권리 침해를 막도록 하는 의무가 부여된 국제적 의무규약에 대해 언급해야 한다.

다섯째, 공적 및 정치적 영역에서의 여성참여권리에 관한 조항에서는 의회만이 아니라 모든 정치적 공적 생활영역에서의 여성의 참여권리를 보장하는 조항을 주장해야 한다. 이로서 선출직을 넘어서 공직, 사법부, 외교단체 등으로 확장되어야 한다. 또한 실질적 성 평등을 달성하기 위한 궁극적인 목표를 위하여 여성과 남성간의 동수(parity)를 지향해야 한다. 따라서 성 평등 헌법은 정당이나 후보선출에 있어서 할당제와 같이 공적 및 정치생활에서의 여성참여를 보장하는 좀 더 진전된 입법을 촉진할 수 있어야 한다.

3. 성 평등 헌법과 성인지적 언어

실비아 서투(Silvia Auteu)와 이브라힘 드라지(Ibrahim Draji)는 헌법조문에 사용하는 단어에도 주의를 요하였다(Suteu, Draji, 2015:82-83). 헌법적 언어는 한 사회의 원칙과 가치를 표현한다는 점에서 성인지적이어야 한다는 것이다. 역사적으로 헌법적 언어는 여성을 배제하고 남성의 이해와 규범을 반영하여 왔기 때문에 성인지적 헌법 언어를 통해 이를 개혁해야 한다. 헌법의 성인지적 언어는 현재 혹은 미래의 입법자에게 입법의 젠더적 함의를 고려하도록 하는 강한 신호를 보낼 수 있다. 특히 헌법 개정은 쉽지 않기 때문에 헌법이 채택된 후 성차별적 언어를 바꾸는 것은 더 어렵다.

그 방법으로 크게 3가지가 있다. 첫째 성 특정적 용어 회피하기이다. 성 특정적 용어 보다는 사람이나 개인과 같은 성 중립적인 용어를 사용하고, 그/그녀와 같은 대명사를 사용하지 않고 대통령이나 수상과 같은 명사를 반복해서 사용하거나 단수인 그/그녀대신에 복수형을 사용하도록 하는 등의 방법이 있다. 이 문제는 특히 영어권 언어를 사용하는 나라들에게는 매우 중요한 부분이다. 둘째 He/She와 같이 남성과 여성 대명사 모두 사용하기이다. 셋째, 젠더화된 가정 수정하기이다. 특히 정치영역의 공무담임에 대한 고정관념을 제거하기 위해서는 명확하게 여성과 남성의 역할을 언급해야 한다. 또한 결혼 및 가정에 대해서도 여성과 남성의 역할과 성 평등의 원칙을 명확히 제시해야 한다.

이를 위해서는 특수성과 일반성을 적절히 사용해야 한다. 성 평등을 더 잘 보호할 수 있을 경우에는 특수성을 강화해야 하지만 여성의 권리 축소로 이어질 경우에는 특수성의 사용을 피해야 한다. 또한 명료한 언어 사용이 애매한 용어에 우선해야 한다. 특히 차별금지 및 성 평등의 원칙을 언급할 때는 보다 더 명료한 언어를 사용해야 한다. 그러나 헌법 제·개정과정에서 여성의 권리에 적대적인 환경이 조성되었을 경우에는 일반론이나 불명료한 조항이 오히려 명확한 차별적인 헌법 조항의 채택을 막는데 도움이 된다. 또한 일관성을 유지해야 한다. 헌법조문들이 일관적이고 자기모순에 빠지지 않아야 한다. 특히 공무담임자에 관해 언급할 때 여성과 남성 대명사의 사용을 일관되게 주장할 것을 요청하였다.

III. 성 평등 관련 외국헌법 사례

우리나라를 포함해서 OECD국가와 동아시아주변국 등 31개 국가의 헌법을 살펴보면(국회도서관, 2010), 여성 및 성 평등과 관련해서 다음과 같은 4가지의 내용이 담겨져 있다. 첫째 성별에 따른 차별금지이다. 일부의 국가에서는 성적 지향에 의한 차별금지도 명시적으로 규정하였다. 둘째, 실질적 성 평등실현을 위해 남녀동등한 권리나 기회의 제공을 명시적으로 규정하거나 차별과 불평등을 제거하기 위한 적극적 조치의 실시를 담고 있다. 셋째, 여성의 근로나 성적 자기결정권이나 재생산권리에 대한 보호, 결혼 및 가족생활에서의 평등과 같은 조항들이 포함되어 있다. 넷째는 공적 및 정치적 영역에서의 여성 대표성 보장내용이다. 이상의 4가지 내용에 입각해서 여성 및 성 평등 관련 조항을 담고 있는 외국의 헌법들을 분류하면 다음과 같이 크게 6가지로 나누어 볼 수 있다.

1. 차별금지만 담은 헌법

일반적 평등권과 성별에 의한 차별금지만을 담고 있는 헌법은 네덜란드 헌법과 미국 헌법이다. 네덜란드 헌법은 국민은 동등한 조건에서 평등함과 더불어 성별을 근거로 한 차별을 받지 않음을 명기하였고 미국 헌법에서는 시민의 투표권은 성별을 이유로 거부되거나 제한되지 않음을 규정하였다.

<표 1> 차별금지만 담은 헌법

국가	관련 조항
네덜란드	제1조 모든 네덜란드 국민은 동등한 조건에서 평등하다. 종교, 신앙, 정치적 소견, 인종 또는 성별을 근거로 한 차별 또는 그 밖의 여하한 이유를 근거로 한 차별을 받지 아니한다.
미국	수정헌법 제19조 제1항 합중국 시민의 투표권은 성별을 이유로 합중국이나 주에 의하여 거부 또는 제한되지 아니한다.

2. 실질적 성 평등실현만 담은 헌법

실질적 성 평등실현을 위해 남녀동등한 권리 보장과 적극적 조치의 실시만을 담고 있는 헌법은 그리이스와 룩셈부르크의 헌법이다. 그리이스 헌법은 남성과 여성은 동등한 권리와 의무를 가짐을 선언하고 남성과 여성간의 평등을 촉진하기 위하여 적극적인 조치의 채택과 적극적 조치는 차별이 아님을 명기하였다. 룩셈부르크 헌법도 여성과 남성의 동등한 권리와 의무를 규정하고 국가가 여성과 남성의 평등을 저해하는 장애물의 제거를 적극적으로 추진해야 하는 책무를 부여하였다. 룩셈부르크 헌법에서는 성 평등 관련 조항의 표기에서 여성을 남성보다 먼저 호명하였다. 벨기에 헌법에서는 남녀평등은 보장된다고 규정하고 있다.

<표 2> 실질적 성 평등실현만 담은 헌법

국가	관련 조항
그리스	제4조 ① 모든 그리스인은 법 앞에 평등하다. ② 그리스의 남성과 여성은 동일한 권리와 동일한 의무를 갖는다. 116조 ② 남성과 여성 간의 평등을 촉진시키기 위한 적극적인 조치의 채택은 성별에 근거한 차별이 아니다. 국가는 특히 여성에게 불리한 실제로 존재하는 불평등을 제거하기 위한 조치들을 취해야 한다.
룩셈부르크	제11조 ② 여성과 남성은 동등한 권리와 의무를 갖는다. 국가는 여성과 남성의 평등과 관련하여 존재할 수 있는 장애물이 적극적으로 제거되도록 감독한다.
벨기에	제10조 남녀평등은 보장된다.

3. 차별금지와 실질적 성 평등실현 내용을 담은 헌법

유럽연합 헌법은 성별에 의한 차별금지와 함께 여성과 남성의 평등은 고용, 업무, 급여 등 모든 영역에서 보장되어야 하며 평등의 원칙이 충분히 대표되지 않은 성에 대한 특정의 이익을 부여하는 적극적 조치의 실현을 규정하였다. 남아프리카 공화국 헌법은 성별에 의한 직간접적인 차별을 금지하고 양성 평등에 대한 존중을 증진하기 위하여 헌법기관으로서 양성 평등위원회의 설립을 명기하였다. 덴마크는 성별에 의한 차별금지와 남성과 여성들의 동등권리를 실현하도록 현존하는 불이익을 제거하는 책무를 국가에 부여하였다. 러시아 헌법과 아이슬란드 헌법은 성별에 의한 차별금지와 남성과 여성이 동등한 권리를 가짐을 명기하였고 스웨덴 헌법은 성별 및

<표 3> 차별금지와 실질적 성 평등실현을 담은 헌법

국가	관련 조항
유럽연합	제II-80조 모든 사람은 법 앞에 평등하다 제II-81조 성별, 인종, 피부색, 민족적 또는 사회적 출신 유전적 특징, 언어, 종교나 신조, 정치적 또는 그 밖의 의견, 국내에 있어서 소수민족에의 귀속, 재산, 출생, 장애, 나이 또는 성적지향을 이유로 하는 어떠한 차별도 금지된다. 유럽공동체 설립 조약 및 유럽연합조약의 적용범위에 있어서 이 조약의 특별규정을 훼손하는 것 없이 국적을 이유로 하는 어떤 차별도 금지된다. 제II-83조 여성과 남성의 평등은 고용, 업무, 급여 등 모든 영역에서 보장되어야 한다. 평등의 원칙은 충분하게 대표되고 있지 않는 성에 특정의 이익을 부여하는 조치를 유지 또는 채용하는 것을 금지하지 않는다.
남아프리카 공화국	제9조 ① 모든 사람은 법 앞에서 평등하며 동등한 법적 보호 및 혜택을 누릴 권리를 가진다 ③ 국가는 인종, 성별, 임신, 혼인 상태, 민족적 또는 사회적 출신, 피부색, 성적 지향, 연령, 장애, 종교, 양심, 신념, 문화, 언어 및 태생을 포함한 하나 이상의 사유를 근거로 하여 누군가를 직간접적으로 부당하게 차별해서는 안 된다. ④ 누구도 상기 제3항과 관련해 하나 이상의 사유를 근거로 하여 누군가를 직간접적으로 부당하게 차별해서는 안 된다. 부당한 차별 행위를 예방 또는 금지하기 위한 국법이 제정되어야 한다. ⑤ 상기 제3항에 나열된 사유 중 하나 이상을 근거로 한 차별은, 그러한 차별이 정당하다는 사실이 입증되지 않는 한, 부당한 것으로 간주된다. 제181조 ① d. 양성 평등위원회 설립 및 운영원칙 제187조 ① 양성 평등위원회는 양성 평등에 대한 존중을 증진해야 하며 양성 평등의 보호, 발전 및 성취를 증진해야 한다. ② 양성 평등위원회는 양성 평등에 관한 사안을 감시, 조사, 연구, 교육, 진정, 권고 및 보고할 권한을 포함해 국법에 규정된 바와 같이 동 위원회의 기능을 수행하는 데 필요한 권한을 가진다. ③ 양성 평등위원회는 국법에서 정한 별도의 권한 및 기능을 추가로 담당한다.

국가	관련 조항
덴마크	제3조 ① 모든 인간은 법 앞에 평등하다 ② 남성과 여성은 동등한 권리를 가진다. 국가는 남성과 여성의 동등한 권리가 실제적으로 실현되도록 지원하고 현존하는 불이익이 제거되도록 노력한다 ③ 누구라도 자신의 성별, 가문, 인종, 언어, 고향과 출신, 신앙, 종교적 또는 정치적 견해 때문에 불이익을 받거나 우대받지 아니한다. 누구나 장애를 이유로 불이익을 받지 아니한다.
러시아	제19조 ① 만인은 법과 재판 앞에 평등하다. ② 국가는 개인의 권리와 자유가 성별, 인종, 언어, 출신, 재산과 지위, 거주지, 종교, 사회단체 소속 여부 및 여타 사유에 의해 차별받지 않도록 보장한다. ③ 남성과 여성은 동등한 권리와 자유 및 이를 실현하기 위한 동등한 기회를 갖는다.
스웨덴	제2조 공권력을 행사할 때는 전 국민의 평등한 가치와 개인의 자유와 존엄성을 존중한다. 공공기관은 전 국민의 사회 참여와 평등 실현 기회를 보장한다. 공공기관은 성별, 피부색, 출신 국가나 민족, 언어나 종교적 소속, 기능적 장애, 성적 성향, 연령, 개인에게 영향을 주는 기타 상황을 이유로 한 차별과 싸운다. 제16조 남녀평등을 촉진하는 노력의 일부이거나 의무적 병역 또는 기타 유사한 공무와 관련되지 않는 한, 어떤 법률이나 기타 규정도 성별을 이유로 국민을 차별 대우할 수 없다.
아이슬란드	제65조 모든 사람은 법 앞에 평등하고 성별, 종교, 사상, 국적, 인종, 피부색, 재산, 출생 또는 기타 지위에 관계없이 인권을 누린다. 남성과 여성은 모든 면에서 동등한 권리를 누린다.
오스트리아	제7조 (1) 모든 국가시민은 법 앞에서 평등하다. 출신, 성, 신분, 계급 및 신앙의 우선권은 배제된다. 어느 누구도 자신의 장애 때문에 차별받아서는 안 된다. 공화국(연방, 주 및 자치단체)은 장애인과 비장애인에게 일상생활의 모든 분야에서 평등한 대우를 보증할 것을 선언한다. (2) 연방, 주 및 지방자치단체는 남성과 여성을 실질적으로 평등하게 대할 것을 선언한다. 특히 실제적으로 존재하는 불평을 해소하여 여성과 남성의 실질적인 평등한 대우를 촉진하는 조치는 허용된다. (3) 관청의 표시는 남녀 공직자의 성이 표현되는 형태로 사용될 수 있다. 칭호, 대학의 학위 및 직업표시에도 같은 것이 적용된다. 제13조 (3) 연방, 주 및 지방자치단체는 예산집행에서 여성과 남성을 실질적으로 평등하게 대하도록 노력해야 한다.

국가	관련 조항
캐나다	제15조 ① 모든 개인은 누구나 법 앞에서 법률에 따라 평등하며 특히 인종, 국적 내지 민족 출신, 피부색, 종교, 성별, 연령 또는 정신적 장애 내지 신체적 장애 등을 근거로 한 차별을 받지 않으면서 법률의 동등한 보호 및 동등한 혜택을 누릴 권리가 있다. ② 전항은 인종, 국적 또는 민족 출신, 피부색, 종교, 성별, 연령 또는 정신적 장애 내지 신체적 장애를 이유로 불이익을 당하는 자들을 포함해 불이익을 받은 개인 내지 집단의 제반 여건을 개선하는 데 목적을 둔 여하한 법률, 프로그램 내지 활동을 배제하지 않는다. 제28조 본 헌장의 여하한 조항에도 불구하고 헌장에 인용된 제반 권리 및 자유는 남성과 여성에게 모두 동등하게 보장된다.
스위스	제8조 ① 모든 인간은 법 앞에 평등하다. ② 누구든지 출신, 인종, 성별, 연령, 언어, 사회적 지위, 생활방식, 종교적·철학적·정치적 신념이나 물질적·정신적·육체적 장애를 이유로 차별받지 아니한다. ③ 남성과 여성은 동등한 권리를 가진다. 법률은 가정, 교육 및 근로에 있어서 법률상·사실상의의 평등을 실현한다. 남성과 여성은 동일가치의 근로에 대하여 동일한 임금을 받을 권리를 가진다.
핀란드	제6조 (평등) 모든 국민은 법 앞에 평등하다. 누구도 정당한 이유 없이 성별, 연령, 출신, 언어, 종교, 신념, 의견, 건강, 장애나 개인 인격에 관한 기타 이유를 근거로 차별 대우를 받지 않는다. 어린이는 개인으로서 평등한 대우를 받고, 각자의 발달 수준에 따라 자신과 관련된 문제에 대해 영향을 미칠 수 있다. 양성 평등이 사회활동과 직장생활, 특히 보수와 기타 고용조건 결정시 장려되고 세부사항은 법률로 정한다.

성적 지향에 의한 차별금지와 더불어 남녀평등촉진을 위한 노력을 촉구하였다. 아이슬란드 헌법은 차별금지와 남녀의 동등한 권리를 보장하였고 오스트리아 헌법은 성별에 의한 차별금지와 더불어 남성과 여성을 실질적으로 평등하게 대우할 것과 여성과 남성의 실질적 평등한 대우를 촉진하기 위한 조치를 취하도록 하였다. 또한 예산집행에 있어서 여성과 남성을 실질적으로 평등하게 대우하도록 하는 성인지 예산편성에 관한 적극적 조치를 명기하였다. 캐나다

헌법은 성별에 의한 차별금지와 성별에 의한 불이익을 해소하기 위한 적극적인 조치를 취할 것과 헌법에서 보장하는 제반권리에 있어서 남성과 여성에게 동등하게 보장하도록 규정하였다. 스위스 헌법은 성별에 의한 차별금지와 남녀의 동등한 권리선언, 가정, 가정 및 근로에서의 법률상 및 사실상의 평등 실현을 명기하고 남녀의 동일가치 근로에 대한 동일임금을 받을 권리를 보장하였다. 핀란드는 성별에 의한 차별금지와 사회활동 및 직장생활 특히 보수와 기타 고용조건 결정에서의 양성 평등 원칙의 장려를 담고 있다.

4. 실질적 성 평등실현과 여성·가족관련 내용을 담은 헌법

성 평등실현을 위한 동등한 권리보장과 더불어 여성·가족관련 규정을 담은 헌법은 다음과 같다. 중국헌법은 남녀의 동일보수 원칙, 여성간부의 양성 등용 등에 대한 규정을 두었을 뿐만 아니라 혼인·가정·어머니와 아동에 대한 국가의 보호를 규정하였다. 폴란드 헌법은 가족생활과 정치적 사회적 경제적 생활에서의 남녀 동등한 권리를 인정하고 남성과 여성은 특히 교육, 고용, 승진 등에 있어서의 동등한 권리와 동일한 가치의 노동에 대한 동등한 보상을 받을 권리, 사회보장 및 공직취임, 공적 영전과 훈장에 대한 동등한 권리를 명기하였다. 헝가리 헌법은 정치 경제 사회 및 문화적 권리에서의 남녀의 평등 보장과 더불어 산모와 직장 여성에 대한 특별한 보호의 규정을 두었다. 독일헌법에서는 남녀의 동등한 권리인정과 더불어 현존하는 불이익을 제거하기 위한 국가의 책무를 규정하였을 뿐만 아니라 성별에 의한 불이익이나 우대를 금지하고 어머니가 공

<표 4> 실질적 성 평등실현과 여성·가족관련 내용을 담은 헌법

국가	관련 조항
중국	第4조 중화인민공화국의 각 민족은 일률적으로 평등하다. 第48조 중화인민공화국의 부녀는 정치·경제·사회·문화 및 가정생활 등의 모든 면에서 남자와 동등한 권리를 가진다. 국가는 부녀의 권리와 이익을 보호하고 남녀의 동일보수의 원칙을 실행하며 여성간부를 양성·등용한다. 第49조 혼인·가정·어머니와 아동은 국가의 보호를 받는다. 혼인의 자유를 파괴하는 것을 금지하고 노인·부녀 및 아동을 학대하는 것을 금지한다.
폴란드	第32조 ① 모든 인간은 법 앞에 평등하다. 모든 인간은 공공기관에 의하여 평등하게 대우받을 권리를 가진다. ② 누구도 그 어떤 이유로든 정치적·사회적·경제적 생활에 있어서 차별받지 아니한다. 第33조 ① 남성과 여성은 폴란드공화국에서 가족(생활)과 정치적·사회적·경제적 생활에 있어서 동등한 권리를 가진다. ② 남성과 여성은 특히 교육, 고용, 승진에 있어서 동등한 권리를 가지고, 동일한 가치의 노동에 대해서 동등한 보상을 받을 권리, 사회적 보장을 받을 권리, 공직에 취임할 권리, 공적인 영전과 훈장을 받을 권리를 가진다.
헝가리	第66조 ① 헝가리공화국은 모든 시민, 정치, 경제, 사회 및 문화적 권리에 있어서 남성과 여성의 평등을 보장해야 한다. ② 헝가리공화국에서 산모는 특별히 아동의 탄생 전후에 지원과 보호를 받아야 한다. ③ 직장의 여성과 청소년은 특별히 보호해야 한다.
독일	第3조 ① 모든 인간은 법 앞에 평등하다. ② 남성과 여성은 동등한 권리를 가진다. 국가는 남성과 여성의 동등한 권리가 실제적으로 실현되도록 지원하고 현존하는 불이익이 제거되도록 노력한다. ③ 누구라도 자신의 성별, 가문, 인종, 언어, 고향과 출신, 신앙, 종교적 또는 정치적 견해 때문에 불이익을 받거나 우대받지 아니한다. 누구나 장애를 이유로 불이익을 받지 아니한다. 第6조 ④ 어머니는 누구든지 공동체의 보호와 구조를 받을 권리를 가진다. 第119조 ② c. 여성의 체외수정은 법률에서 정한 요건에 한하여 허용된다. 체외수정은 여성의 체내에 즉시 이식할 수 있는 수의 난자만 배아의 단계까지 배양할 수 있다.

동체로부터 보호받을 권리를 인정하였다. 특히 여성의 재생산과 관련하여 체외수정을 위한 난자의 수를 제한하는 규정을 두었다.

5. 차별금지와 여성·가족관련 내용을 담은 헌법

성별에 따른 차별금지 이외에 규정한 여성·가족관련 조항을 보면 다음과 같다. 우리 헌법은 여성근로에 대한 보호와 고용, 임금 및 근로조건에서 차별금지를 규정하였고, 여성의 복지증진과 모성의 보호를 위한 국가의 책임을 명기하였다. 또한 국가는 혼인 및 가족생활에서의 개인의 존엄과 양성의 평등을 기초로 성립 유지되도록 보장할 것을 규정하였다. 아일랜드 헌법은 성별에 의한 시민권 배제 금지와 피선거권의 제한을 금지하였다. 특히 국가는 여성이 가정 내의 삶을 통해 국가의 공익달성에 필수적인 기여를 하고 있음을 인정하고 어머니들의 가정 내 역할 진작을 위한 경제적 지원을 제공하도록 하였다. 멕시코 헌법은 임신한 여성의 작업환경에 대한 제한과 출산휴가와 수유 휴식제도의 실시를 노동법에 반영하도록 하는 연방의회의 책무를 규정하였고 임신한 여성의 태아의 건강을 위한 고용주의 책무도 함께 담았다. 슬로바키아 헌법은 여성은 작업장내 자신의 건강에 대한 보호강화와 특수노동조건에 대한 권리를 보장하였다. 일본 헌법은 혼인에 있어서 양성의 합의와 부부간의 동등한 권리를 인정하였다. 터키는 남성과 여성의 동등한 권리, 그리고 배우자간의 평등한 관계, 어머니와 자녀에 대한 특별한 보호, 가족의 평화와 복지를 위한 기구의 설립, 가족계획을 위한 교육의 필요성, 또한 여성의 근로조건에 대한 특별한 보호를 규정하였

<표 5> 차별금지와 여성·가족관련 내용을 담은 헌법

국가	관련 조항
대한민국	제11조 ① 모든 국민은 법 앞에 평등하다. 누구든지 성별·종교 또는 사회적 신분에 의하여 정치적·경제적·사회적·문화적 생활의 모든 영역에 있어서 차별을 받지 아니한다. 제32조 ④ 여자의 근로는 특별한 보호를 받으며 고용. 임금 및 근로조건에 있어서 부당한 차별을 받지 아니한다. 제34조 ③ 국가는 여자의 복지와 권익의 향상을 위하여 노력하여야 한다. 제36조 ① 혼인과 가족생활은 개인의 존엄과 양성의 평등을 기초로 성립되고 유지되어야 하며, 국가는 이를 보장한다. ② 국가는 모성의 보호를 위하여 노력하여야 한다.
아일랜드	제9조 ① 3. 어느 누구도 성별을 이유로 아일랜드 국적 및 시민권에서 배제될 수 없다. 제16조 ① 1. 21세의 연령에 달하고, 본 헌법 또는 법률에 의해 무능력 또는 행위 능력 상실 상태에 있지 않은 모든 시민은 성별의 구분 없이 하원 의원 피선거권을 가진다. 제40조 ① 모든 국민은 인간으로서 법률 앞에 평등하다. 제41조 ② 1. 특히, 국가는 여성이 가정 내의 삶을 통해 국가의 공익달성에 필수적인 기여를 하고 있음을 인정한다. 2. 따라서, 국가는 어머니들이 가정 내 의무를 소홀히 하고 노동에 종사하지 않으면 안 될 경제적 필요성에 얽매이지 않도록 노력한다. 제45조 ② 특히, 국가는 다음 사항을 확보할 목적으로 정책 방향을 설정한다. (i) 국민들은 (남성과 여성 국민 모두 동등하게 적합한 생계수단을 가질 권리가 있음) 직업을 통해 가족에게 합리적으로 필요한 것을 제공하기 위한 수단을 모색할 수 있음 ④ 2. 국가는 남녀 근로자의 체력과 건강을 보장하고, 연소자들이 혹사되지 않도록 하며, 국민들이 경제적 어려움으로 자신의 성별, 연령 또는 체력에 부적합한 직업에 무리하게 종사하게 되지 않도록 하기위해 노력한다.
멕시코	제1조 출신 민족이나 국가, 성별, 연령, 장애, 사회적 신분, 건강, 종교, 견해, 취미, 혼인의 지위로 인한 차별은 금지되며, 그 밖에 인간의 존엄성을 침해하고 개인의 권리와 자유를 제한 또는 축소할 목적을 가진 어떠한 차별도 금지된다. 제4조 남성과 여성은 법 앞에 평등하다. 가족의 구성과 발전은 법률로 보호된다. 제123조 연방의회는 다음과 같은 기본 원칙에 위배되지 않게, 다음 사항에 관한 노동법을 제정한다.

국가	관련 조항
멕시코	① 5. 임신한 여성은 상당한 노력이 필요하고 임신과 관련하여 건강에 위험을 초래하는(signifiquen) 작업을 할 수 없고, 출산 예정일 전후로 각각 6주 동안 휴가 혜택을 받을 수 있는 데, 그동안 임금을 전액 받고 고용과 노동의 결과로 취득한 모든 권리를 유지한다. 수유 기간 동안에는 매일 2회, 각각 30분씩 유아 수유를 위한 특별 휴식시간을 가질 수 있다 ① 15. 고용주는 시설을 설치할 때 위생 및 보건에 관한 해당 법규를 준수하고 기계, 도구, 자재사용 시 사고를 예방할 수 있는 적절한 조치를 취하고, 노동자와 임신한 여성의 태아의 건강과 생명을 최대한 보장하는 방식으로 구성해야 한다.
슬로바키아	제12조 ② 슬로바키아공화국 영토 내 기본권과 자유는 성, 인종, 피부색, 언어, 신념 및 종교, 정치적 또는 그 밖의 사상, 국가적 또는 사회적 기원, 국가 소속, 인종집단, 재산, 혈통 또는 그 밖의 어떠한 신분과 상관없이 모든 사람에게 보장된다. 누구든지 이를 이유로 차별받지 아니한다. 제38조 ① 여성, 청소년, 환자는 작업장 내 자신의 건강에 대한 보호 강화 및 특수 노동 조건에 대한 권리를 가진다.
일본	제14조 ① 모든 국민은 법 앞에서 평등하며, 인종, 신조(信條), 성별, 사회적 신분 또는 가문에 의하여 정치적·경제적 또는 사회적 관계에 있어서 차별받지 아니한다. 제24조 혼인은 양성의 합의에 의해서만 성립되며 부부가 동등한 권리를 가지는 것을 기본으로 하여 상호 협력에 의하여 유지되어야 한다. 제44조 양원의 의원 및 선거인의 자격은 법률로 정한다. 다만, 인종, 신조, 성별, 사회적 신분, 가문, 교육, 재산 또는 수입에 의하여 차별해서는 아니 된다.
터키	제10조 모든 개인은 어떠한 차별 없이, 언어, 인종, 피부색, 성별, 정치적 견해, 철학적 신념, 종교 및 종파 또는 이와 같은 이유와 상관없이, 법 앞에 평등하다. 남성과 여성은 동등한 권리를 갖는다. 국가는 이러한 평등이 실제로 구현되도록 할 의무가 있다. 제41조 가족은 터키 사회의 기초이며 배우자 간 평등한 관계를 토대로 한다. 국가는, 특히, 어머니와 자녀의 보호와 관련된 경우, 가족의 평화와 복지를 보장하기 위한 필요한 조치를 취하고 필요한 기구를 설립해야 하며 가족계획의 실질적 적용에 있어 교육의 필요성을 인식해야 한다. 제50조 누구도 그의 나이, 성 및 능력에 맞지 않는 노동을 수행하도록 요구받지 않아야 한다. 미성년자, 여성 및 육체적 또는 정신적 장애를 갖고 있는 자는 노동 조건과 관련하여 특별한 보호를 받아야 한다.

국가	관련 조항
스페인	제14조 스페인 국민은 법률 앞에서 평등하며 출생, 인종, 성별, 종교, 의견 또는 기타 개인적 또는 사회적 조건 또는 상황을 이유로 차별 받지 않는다. 제32조 ① 모든 남성과 여성은 법률상 완전히 평등하게 혼인할 권리를 가진다.
필리핀	2장 제14조 국가는 국가 건설에 있어 여성의 역할을 인정하며, 여성과 남성이 법 앞에서 기본적으로 평등함을 보장한다. 13장 제11조 국가는 모든 국민이 감당할 수 있는 비용으로 기본 상품, 보건 및 기타 사회 서비스를 사용할 수 있도록 노력하는 보건 발전에 대한 통합적이고 종합적인 접근방식을 채택한다. 취약계층, 병자, 노인, 장애자, 여성 및 어린이의 요구에 우선순위를 둔다. 13장 14조 국가는 근로 여성의 모성기능을 고려하여, 안전하고 위생적인 작업환경을 제공하고 여성의 복지를 향상시키고 이들이 자신의 모든 잠재력을 국가 서비스 내에서 실현 시킬 수 있도록 시설과 기회를 제공함으로써 근로 여성을 보호한다.
이라크	제14조 이라크 국민은 성별, 인종, 민족, 출신, 피부색, 종교, 신조, 신념이나 견해, 경제적·사회적 지위에 따른 차별 없이 법 앞에 평등하다. 제35조 ③ 강제 노동(무급 노동), 농노, 노예무역(노예제), 여성과 아동의 인신매매, 성매매는 금지된다.
이탈리아	제3조 모든 국민은 동등한 사회적 존엄성을 가지며 성별, 인종, 언어, 종교, 정치적 견해, 개인적 및 사회적 조건의 차별 없이 법 앞에 평등하다. 제29조 결혼은 가족의 통합을 보장하기 위해 법률에 규정된 한도 내에서 배우자의 도덕적, 법적 평등을 토대로 한다. 제31조 국가는 필요한 규정을 채택하여 모성, 아동, 청소년을 보호한다. 제37조 근로 여성은 평등한 권리를 누리고, 동등한 노동에 대해 남성과 동등한 보수를 받는다. 근로 조건은 여성이 가족 내에서의 필수적 역할을 수행할 수 있도록 정해져야 하며 모자에게 적절한 보호를 보장해야 한다.
포르투갈	제9조 (국가 기본 과제) 8. 남녀평등의 증진 제13조 (평등의 원칙) ① 모든 국민은 동일한 사회적 존엄을 지니며 법 앞에 평등하다. ② 누구도 가문, 성별, 인종, 언어, 출신지, 종교, 정치적 또는 이념적 신조, 학력, 경제적 상황, 사회적 상황 또는 성적 취향을 근거로 하여 특혜를 받거나 편애, 편견, 권리 박탈 또는 의무 면제의 대상이 되지 아니한다.

국가	관련 조항
포르투갈	제59조 ② 3. 임신 중 여성 및 출산 후 여성들을 위해 특별 업무 관련 보호 수단의 보장 및 미성년자와 장애인 및 매우 고된 직업에 종사하고 있거나 비위생적이며 유독성의 위험한 근로 조건에서 일하는 자들을 위한 보호 수단의 보장 제68조 ③ 여성은 임신 중 및 출산 후 특별한 보호를 받을 권리가 있으며, 여성 노동자들 역시 보수나 특권을 상실하지 않는 조건에서 충분한 기간 동안 출산휴가를 보장받을 권리가 있다. ④ 자녀의 복리 및 가족 단위의 필요에 따라 부모에게 충분한 기간 동안 출산휴가를 허락할 것을 법률로 정한다.

다. 스페인 헌법은 남성과 여성이 동등하게 혼인할 권리를 인정하였다. 필리핀 헌법은 국가건설에서 여성의 역할을 인정하고 근로여성의 모성보호와 안전하고 위생적인 작업환경조성 등을 통해 근로여성의 보호를 규정하였다.

이라크 헌법에서는 성별에 따른 차별 금지와 여성 및 아동의 인신매매, 성매매 금지 규정을 담고 있으며 이탈리아 헌법은 성별에 따른 차별금지, 결혼에 있어서 배우자의 도덕적 법적 평등보장, 모성 보호, 근로여성의 평등한 권리보장과 동등한 노동에 대한 남성과 동등한 보수보장, 근로여성의 일·가정양립을 고려한 근로조건 조성과 모자 보호 등을 규정하였다. 포르투갈 헌법에서는 성별 및 성적 취향에 대한 차별금지, 임신 중인 근로여성에 대한 보호와 근로여성의 출산휴가에 대한 보장 등의 조문을 명기하였다.

6. 여성대표성 보장을 담은 헌법

여성 및 성 평등 관련 내용을 담고 있는 31개 국가의 헌법 중 여

<표 6> 여성대표성보장을 담은 헌법

국가	관련 조항
이라크	제47조 ④ 선거법은 여성 대표의 비율을 국가평의회 재적 4분의 1 이상을 달성하는 것을 목표로 한다.
이탈리아	제48조 성년에 달한 남녀 국민은 선거권이 있다. 제51조 성별에 관계없이 모든 국민은 법률에 규정된 조건에 따라 동등하게 공직과 선출직에 진출할 수 있다. 이를 위해 국가는 남녀 기회균등을 촉진하는 구체적 조치를 채택한다. 제117조 주법률은 사회적, 문화적, 경제적 생활에서의 완전한 남녀평등에 대한 장애물을 제거하고 남성과 여성의 선출직에 대한 기회 균등을 촉진한다.
포르투갈	제109조 남녀를 불문하고 직접적이면서 적극적인 정치 참여는 민주주의 제도를 강화하는 기본적인 수단이며, 시민권 및 정치권의 평등한 행사 및 공직 진출 상 성차별 철폐를 촉진한다.
프랑스	제1조 ① 프랑스는 비종교적·민주적·사회적·불가분적(indivisible) 공화국 이다. 프랑스는 출신·인종·종교에 따른 차별 없이 모든 시민이 법률 앞에서 평등함을 보장한다. ② 법률이 정하는 바에 따라, 남성과 여성이 선출직 및 그 임기 그리고 직업적, 사회적 책무에 동등하게 접근하도록 한다.
벨기에	제11조의2 연방 법률 또는 제134조의 규정은 남성과 여성이 동등하게 권리와 자유를 행사할 수 있음을 보장하며 특히 선거권과 공직에 대한 남녀의 동등한 접근을 촉진한다. 내각과 공동체 및 지역 정부는 남녀를 포함한다.

성의 대표성보장을 담은 헌법은 이라크, 이탈리아, 포르투갈, 프랑스, 벨기에 등 5개 국가뿐이었다. 여성의 정치참여 권리를 보장한 헌법을 살펴보면 다음과 같다. 이라크 헌법에서는 여성대표 비율을 국가평의회의 4분의 1 이상 달성하도록 규정하였다. 이탈리아 헌법에서는 모든 국민은 성별에 관계없이 공직과 선출직 진출에 있어 동등하게 진출할 수 있으며 이를 위한 기회균등을 촉진하는 구체적인 조치를 채택하도록 하였고 이를 근거로 주법률은 사회적 문화적 경제적 생활에서의 완전한 남녀평등에 대한 장애물을 제거하고

남성과 여성의 선출직에 대한 기회균등을 촉진할 것을 명기하였다. 포르투갈 헌법에서는 시민권 및 정치권의 평등한 행사 및 공직 진출상 성차별 철폐를 촉진한다는 조문을 명기하였다. 프랑스 헌법은 남성과 여성의 선거직 및 직업적 사회적 책임에 대한 동등한 접근을 규정하였다. 벨기에 헌법도 선거권과 공직에 대한 남녀의 동등한 접근을 촉진할 것과 더불어 내각과 공동체 및 지역정부는 남녀를 포함해야 함을 규정하였다.

7. 시사점

위에서 살펴본 31개 국가의 헌법을 차별금지, 남녀동등권, 적극적 조치, 여성권익보호, 가정/모성보호, 대표성 등 6개로 나뉘어 살펴보면 아래의 <표 7>과 같다.

<표 7> 성평등 관련 주제별 국가현황

국가	차별금지	동등권	적극적 조치	여성권익 보호	가정/모성보호	대표성
네덜란드	○					
미국	○					
그리스		○	○			
룩셈부르크		○	○			
유럽연합	○		○			
남아프리카공화국	○		○			
덴마크	○	○	○			
러시아	○	○				
스웨덴	○					

국가	차별 금지	동등권	적극적 조치	여성권익 보호	가정/ 모성보호	대표성
아이슬란드	○	○				
오스트리아	○		○			
캐나다	○	○	○			
스위스	○	○	○			
중국		○	○		○	
폴란드		○	○			
헝가리		○		○	○	
독일	○	○	○	○	○	
대한민국	○			○	○	
아일랜드	○			○	○	
멕시코	○					
슬로바키아	○			○		
일본	○				○	
터키	○	○	○		○	
스페인	○				○	
핀란드	○		○			
필리핀				○		
이라크	○			○		○
이탈리아	○		○	○	○	○
포르투갈	○			○		○
프랑스						○
벨기에		○				○
합계	23	13	14	9	9	5

먼저 성별에 의한 차별금지 규정을 담고 있는 헌법은 23개이었고 특히 유럽연합과 남아프리카 공화국, 스웨덴, 포르투갈 등 4개 헌법은 성적 지향에 의한 차별도 금지하였고 남아프리카 공화국은 직접 차별만이 아니라 간접차별도 금지한다는 내용을 명문화하였다.

두 번째로 남녀의 동등한 권리와 남녀평등을 명시적으로 선언한 헌법은 13개로 전체 31개 국가 중 3분의 1이상의 국가에서 남성과 여성은 동등한 권리가 있음을 규정하였다. 세 번째 적극적 조치 관련 규정은 14개 국가의 헌법에서 담고 있었다. 실질적 성 평등 실현을 위한 적극적 조치는 차별이 아님을 명시적으로 규정할 뿐만 아니라 적극적 조치 실현을 위한 국가의 책무를 규정하였다. 특히 유럽연합, 스위스, 중국, 폴란드, 핀란드 등의 국가에서는 동일가치노동에 대한 동일임금을 받은 권리나 관련 조치를 실시하도록 하였다. 남아프리카 공화국은 헌법기관으로 양성 평등위원회를 설립하여 양성 평등의 보호, 발전 및 성취를 촉구하였고 오스트리아는 성인지 예산의 실행을 위한 헌법적 근거를 규정하였다. 넷째 여성권익보호 관련 규정을 담은 헌법은 9개 국가로서 대부분 근로여성의 건강 및 복지 등의 보호를 규정하였다. 이라크 헌법에서는 여성인신매매 및 성매매의 금지를 규정하였다. 다섯째, 가정 및 모성보호관련 규정을 담은 국가는 9개 국가로서 어머니 및 산모보호, 혼인 및 가족생활에서의 양성 평등 등의 내용이었다. 마지막으로 여성대표성관련 규정을 담은 헌법은 5개 국가로서 공직 및 선출직에 대한 동등한 접근을 명시한 국가는 프랑스, 이탈리아, 벨기에이었고 이라크는 국가평의회의 4분의 1이상이 여성이 진출할 수 있도록 선거법이 보장할 것을 규정하였고 포르투갈은 공직 진출 상에서의 성 차별 철폐를 촉진하도록 명시하였다.

우리의 헌법과 비교해 보면, 향후 헌법 개정에 있어서 몇 가지 시사점을 얻을 수 있다. 우리 헌법은 성별, 여성, 모성, 양성의 평등이라는 개념을 담고 있지만, 실질적 성 평등 실현을 위한 남녀의 동등한 권리와 적극적 조치, 여성대표성 보장 관련된 부분들이 빠져 있다. 법 앞의 평등이라는 일반적 평등원칙을 통해서 성 평등을 보장하는 데에는 한계가 있다. 선진적인 국가들의 헌법에서 보듯이 법 앞의 평등과 성별에 의한 차별금지를 넘어 여성과 남성 간의 평등과 이들의 동등한 권리를 명문화하고 있을 뿐만 아니라 남녀 간의 실질적 평등을 위한 조치의 실시를 국가의 목표 및 책무로 규정하거나 적극적 시정조치실시에 대한 헌법적 근거를 제공하고 있다. 따라서 우리 헌법이 실질적인 성 평등 실현을 보장하기 위해서는 남녀의 동등한 권리와 적극적 조치의 실시를 담은 독립규정을 마련해야 한다. 또한 여성대표성 확대를 위해서는 선출직 및 공직 진출에 있어서의 동등한 참여를 보장하는 여성대표성관련 헌법적 근거 또한 필요함을 알 수 있다. 실질적 성 평등을 위해서는 차별을 금지하는 것에 그쳐서는 안되며, 더 나아가 구조화된 차별을 해소하기 위한 국가의 적극적 노력이 필요하다. 따라서 제10차 헌법개정안에는 명문화하여 국가에게 정책, 입법, 사법 등 모든 영역에서 성 평등을 촉진하고 성차별을 제거하도록 하는 의무를 부여해야 한다.

IV. 대한민국 헌법과 여성, 그리고 성 평등

1. 제헌헌법 속의 여성과 남녀동권

(1) 제헌헌법 초안과 여성

1948년 5월 10일 남한만의 총선거가 실시된 후 헌법 기초 작업이 본격적으로 진행되었다. 헌법 기초 작업은 이미 1947년 6월 3일 미군정청으로부터 행정권을 이양받는 남조선 과도정부에서 조선법전편찬위원회 산하 헌법기초분과위원회를 구성하여 헌법 초안 작성 작업을 진행하였다. 개원 직후 각 도별 대표 9명, 국회의원 30명, 외부 전문가 10명으로 국회 헌법기초위원회를 구성하여 6월 3일 제1차부터 6월 22일 제16차까지 회의를 거듭하여 헌법초안을 만들었다. 이를 기초로 하여 6월 23일 본회의를 개최하여 제1독회를 필두로 7월 12일까지 제3독회를 마쳤고 이견이 있는 조항에 대해서 표결에 부쳐 결정하였다. 제3독회 까지 13회에 걸친 회의를 진행하였고 적게는 152명에서 많게는 186명 정도가 매 회의마다 참여하였다. 이로써 대한민국 헌법은 1948년 7월 12일에 제정되었고 7월 17일 공포되어 그날부터 헌법이 효력을 발휘하게 되었다. 1948년 6월 23일 헌법기초위원회가 제안한 헌법초안에서 여성과 관련된 조항은 제2장 국민의 권리·의무에서 제8조와 제17조뿐이었다. "제8조 모든 국민은 법률 앞에 평등이며 성별, 신앙 또는 사회적 신분에 의하여 정치적, 경제적, 사회적 생활의 모든 영역에 있어서 차별을 받지 아니한다"와 "제17조 모든 국민은 근로의 권리와 의무를 가진다. 근로조건의 기준은 법률로 정한다. 여자와 소년의 근로는 특별한 보호를 받는다"는 조항이었다.

1) 헌법안 제1독회(질의응답)

제헌국회 제17회 본회의에서 헌법기초위원회에서 작성한 헌법초안에 대한 보고가 이루어졌고 서면질의를 받아 제18회 본회의에서 서면질의 내용에 대한 전문위원들의 응답과 서면질의를 하지 않는 의원들의 구두질의와 응답이 진행되었다. 헌법기초위원회가 작성한 헌법초안에서 여성과 관련된 조항은 제2장 국민의 권리·의무에서 '제8조 모든 국민은 법률 앞에 평등이며 성별, 신앙 또는 사회적 신분에 의하야 정치적, 경제적, 사회적 생활의 모든 영역에 있어서 차별을 받지 아니한다'는 것이었다. 제8조는 평등원칙을 선언하고 차별금지 사유의 하나로 '성별' 사유를 예시하였다. 제헌헌법 초안을 작성하였던 유진오 전문위원은 제2장 국민의 권리·의무에 있어서는 18세기 이래 국민의 자유권과 그 자유권 중에서도 제일 중요한 의미를 가진 것을 빠짐없이 망라하여 담았다고 설명하였다(국회속기록, 4281.06.23.: 9). 제1회 독회 질의응답에서 권태희 의원과 박순석의원은 동 규정과 축첩제도와의 관련성에 대해 서면으로 질의하였다. 동등하다면 축첩도 인정해야 하는 것인지, 사회적 특수계급을 인정하지 않는다면 축첩제도도 인정하지 않는 것인지 등이었다. 또한 국가 및 사회의 기초가 되는 가정의 구성과 권리, 결혼문제, 여권(女權) 등에 대한 보장이 없다는 것은 헌법 초안의 가장 중요한 결함이라고 지적하였다(국회 속기록, 4281.06.26.: 13).

이에 대해 권승열 전문위원은 제8조의 평등은 국민으로서 법률상에서의 평등을 의미할 뿐 가족 내에서의 지위에 대한 것이나 남녀 간의 평등을 의미하는 것은 아니라고 설명하였다. 즉 제헌헌법에서 성별을 차별금지 사유로 적시하였지만 이것은 가부장제의 문제나 여성차별, 남녀불평등의 문제의식을 담은 것은 아니라고 할 수 있다. 단지 생물학적인 여성의 성을 가진 사람도 남성과 동등하게 법률상의 권리에 있어서 평등하다는 선언적 의미를 가질 뿐 그 이상도 그 이하도 아니었다. 또한 축첩제도는 헌법이 아닌 민법이나 친족법에서 규정해야 할 문제라고 설명하였다.

> 지금 헌법이 취급해 말한 것은 국민으로서의 평등이다 그런 말씀입니다. 그런 까닭으로 해서 가령 축첩제도를 어떻게 하느냐, 그렇지 않으면 남녀를 어떻게 하느냐 하는 문제는 즉 금속 중에서 금을 어떻게 하느냐 또는 은을 어떻게 하느냐 하는 것과 같을 것입니다. 여기서 헌법상 헌법은 대체 대상을 말한 까닭으로 해서 국민에 대해서 법률상 균등을 말한 것이고 축첩제도에 관한 것은 우리가 민법을 넘어갈 적에 친족법에 끝이는 것이고 헌법 이외의 문제로 들어갑니다(국회 속기록, 4281.06.26.: 14).

축첩 문제는 이미 5.10 총선거에서 여성단체들이 중심이 되어 축첩 정치인 낙선운동을 전개하면서 중요한 정치적 사안으로 부상되었다. 1915년 총독부 통첩 제24호에 의해서 첩의 호적입적이 금지됨으로써 제도적으로 폐지되었지만 축첩이 공무원의 징계사유로 추가되어 1961년 6월 축첩공무원 전원 해직 조치가 내려지기 까지 축첩은 부와 권력을 가진 남성들이 또 하나의 가족을 구성하는 문화나 관행이었다. 이러한 현실에 대한 권태희 의원과 박순석 의원의 문제제기는 제2독회 과정에서 제20조 혼인의 순결 및 가정의 건강 조항의 신설로 이어졌다.

또한 헌법기초위원회가 작성한 초안에는 '제17조 모든 국민은 근로의 권리와 의무를 가진다. 근로조건의 기준은 법률로 정한다. 여자와 소년의 근로는 특별한 보호를 받는다.'는 규정을 두었다. 유진오 전문위원은 국가가 일반적으로 근로자의 보호에 힘쓸 뿐만 아니라 근로자 중에서도 특별히 약한 자라고 할 수 있는 여성과 소년에 대해서는 특별한 보호가 필요하다는 문제의식을 담았다고 설명하였고(국회 속기록, 4281.06.23.: 9) 이 조항에 대한 이견은 없었다.

2) 헌법안 제1독회(대체토론)

헌법안 제1독회(질의응답)과정에서 서면질의를 했던 권태희 의원은 제20회 본회의에서 헌법안에 대한 대체토론을 진행하여 서면질의에서 했던 여성의 권리와 가정문제에 대한 조항의 필요성을 역설했다. 권태희 의원은 헌법 초안과 질의응답에 대한 실망감을 표함과 동시에 질의에 대한 원론적인 답변은 모호할 뿐이라고 지적하였다. 권태희 의원은 103조에 달하는 헌법 조문 중에서 국민은 31번이나 나오지만 국민의 절반을 차지하는 여성은 잊어버리고 있다고 비판하였다. 또한 자손의 복리를 걱정하면서 자손과 가장 밀접한 관계가 있는 가정문제와 여성문제에 대해서 한 마디 언급도 없는 것은 착오라고 지적하였다. 또한 축첩이라는 엄연한 현실이 존재함에도 이에 대한 명문의 제한을 두지 않은 것은 비도덕적 비윤리적 비양심적인 악독 간악한 만행이라고 비난하였다. 또한 독일헌법의 예를 들어 남자와 여자는 원칙적으로 국민으로서의 동등한 권리가 있음을 지적하였다.

> 헌법은 국민 전체에 관한 문제가 되기 때문에 제가 기대하고 바라든 것은 헌법이 발표된 순간 국민 전체는 한 사람 이외없이 두 손을 들고 만세를 부를 수 있는 이러한 헌법을 바랐읍니

다. 그러나 헌법기초위원회에서 본회의에 상정된 헌법 초안 낭독을 들을 때 실망의 비애를 가졌읍니다. 다시 헌법기초위원회에 질문하는 기회가 있다고 해서 서면으로 질의를 발했읍니다마는 그 질의의 답변이야말로 거듭 실망을 주었읍니다. 여러분 헌법 전문에는 국민이라는 말을 세 번 썼읍니다. 제1장 총강에는 역시 국민이라는 말을 세 번 썼고, 제2장 국민의 권리·의무에는 수물 두 번 썼읍니다. 제6장 경제 장에는 국민이라는 말을 세 번이나 썼읍니다. 그래서 헌법 초안 백 수 조에 나타나는 모든 조문 가운데에 설흔 한 번이나 국민이란 말을 써노았읍니다. 그리고 첫머리 전문 끄트머리 세 줄에는 우리들의 자손에 안전과 자유와 행복을 영원히 확보할 것을 결의하고 이러한 문자가 씌여 있습니다. 그렇다고 하면 어째서 헌법에서 설흔한 번이나 국민이라는 말을 했고 헌법에 전문 그 끝에 자손의 안전을 말하야놓고 국민과 자손을 염려하고 국민과 자손을 살피는 결혼문제와 가정문제에 대해서 한 조목도 두지 않을 뿐 아니라 1항에 가입시키지 않었다고 하는 이것은 이 초안이야말로 바람이 없는 다이야와 마찬가지요, 마개 빠진 사이다와 마찬가지 너무 생활의 비애를 한 번, 두 번 거듭 발견했다는 말씀입니다. 여러분, 국민이라는, 국민의 반수는 여자입니다. 국민이라고 설흔 한 번이나 말한 이 헌법에서 일천오백만이나 여자가 있는 사실을 잊어버리고, 더욱 우리들의 자손의 복리를 말하면서 자손에게 가장 밀접한 관계가 있는 가정문제란 말은, 여자 문제에 대해서 한 마디도 말이 없다는 것은 이 헌법에 기초적인 착오로 생각합니다. (「소성」, 「옳소」 하는 이 있음). 그러므로 이 담 문제가 가정문제에 관해서 어찌해서 넣지 않었느냐 하는 골자의 질문에 대해서 헌법에 대해서 원리적으로 말할 때 그것이 모호한 대답을 들었읍니다. 또 어째서 제5조와 제85조에 재산권급 농지의 소유제도를 법률로서 정한다고 명문을 발켜놓고 한 남자가 안해를 둘도 셋도 소유한다(소성) 하는 데 대해서 아무런 명문에 제한이 없다고 하는 것이 너무나 현실을 부인할 뿐만 아니라 비도의적, 비윤리적, 비도덕적인, 비양심적인 악독간악한 만행인 행동을 그대로 묵과한 것으로 봅니다. 현명하신 국회의원 여러분, 독일 헌법 제109조에는 이러한 말이 있읍니다. 남자와 여자는 원칙적으로 국민으로서의 동일한 권리가 있으며 의무를 가진다. 또 119조에 호적은 가족생활, 민족의 발달을 정식으로 고취함으로 헌법의 특별한 보호를 받는다. 포란드 헌법 제103조에 역시 개인문제에 대해서 수효에 대한다는 헌법을 가지고 있읍니다. 더 예를 들 것 없이 호적문제 금후 새로 국가만대의 헌법인 중대한 문제임에도 불구하고 가장 민족적 요건인 결혼문제와 가정문제가 헌법에 한 마디, 말 한 조목이 없는 것은 말할 수 없는 비애와 실망이올시다(국회 속기록, 4281.06.29.: 11).

(2) 남녀동권의 신설과정

헌법안 제1독회과정에서 서면질의와 대체토론을 진행하였던 권태희 의원은 제2독회에서 38명 의원의 동의를 받아 제19조 2문으로 혼인은 남녀동등을 기본으로 하며 가족의 순결과 건강에 관하여서는 법률에 정하는 바에 의하여 국가의 특별한 보호를 받는다는 조항의 신설을 제안하였다. 권태희 의원은 22조로 구성된 제2

장 국민의 권리·의무 장에서 형사피고문제, 국민의 거주문제, 노동문제 등 10여 항목에 대한 특별한 보호와 보장을 열거하면서 국가의 3대 요소 중의 하나인 국민 즉 혼인과 가정에 관한 규정이 없는 헌법안의 문제점을 지적하였다. 또한 헌법 전문에 자손의 안전과 자유와 행복을 보호할 것을 결의하고서도 국민의 권리·의무 장에서 가정을 기초로 하고 가정을 보호한다는 조항이 없다면 전문의 가치를 어떻게 실현할 수 있는지에 대해 의문이 든다는 점을 지적하고 독일헌법 및 미국헌법의 예를 들어 남녀동등권을 기본으로 가정은 국가의 특별한 보호를 보장하는 조항의 신설을 주장하였다. 그러나 표결결과 첫 번째 표결에서는 재석의원 162인 중 가 66인, 부 61인으로 재석의원의 3분의 2의 찬성을 얻지 못해 미결되었고 권태희 의원의 재표결 요청에 따른 두번째 표결에서도 재석의원 166인 중 가 64인, 부 61인으로 미결되었다.

> 제2장 국민의 권리·의무 장은 22조로 나누어 있읍니다. 거기 제8조에 총강에 모든 국민은 법률 앞에 평등이며 성별, 신앙 또는 사회적 신분에 의하여 이러한 문구로서 모든 영역에 있어서 차별을 받지 아니한다고 하는 그러한 총강을 하고, 그 다음 제29조에 나려오기까지 그중에 실례를 들면 형사 피고문제, 국민의 거주문제, 혹은 통신문제, 노동문제 이런 등등의 10여 항목의 특별한 보호와 보장을 받는다고 하는 열거를 했읍니다. 그러나 국민의 권리·의무라고 하는 가장 중요한 장에 국가 구성의 세 가지 기본요소의 하나인 국민문제, 즉 혼인과 가정에 관한 것은 침묵 일관인 것이 헌법이 우리에게 보여준 사실입니다.

> 가장 긴요한 것은 이미 의장 선생님께서 거듭거듭 말씀하시였읍니다만 문자로서 나타난 제도에 있는 것이 아니라 이 헌법을 실제로 운영하는 사람 여하에 있다고 봅니다. 그렇다고 하면 앞으로 이 헌법이 표시한 우리 헌법 전문에는 우리들의 자손의 안전과 자유와 행복을 영원히 보호할 것을 결의한다고 하는 이 순결한 목적을 달성하려고 하는 국민의 권리·의무 장에 반드시 가정을 기초로 하고 가정을 확보하고 가정을 보호하고, 가정을 보장한다고 하는 이러한 조목이 열거되지 아니한다고 할 것 같으면 전문에 나타나 있는 우리들의 자손의 영원한 행복과 안전을 보장할 수 있을는지 의문이올시다. 가령 외국의 예를 본다고 할지라도 독일 헌법에 있는 제109조와 제119조, 아메리카 합중국 전문에 가정평화를 보장한다 뚜렸이 써있읍니다. 희랍 헌법 제41조에, 백의기 헌법 제16조에, 일본의 새로된 헌법의 제24조, 포란드 헌법 제22조에 명확하게 가정에 대한 보장, 가정에 의한 순결에 대한 책임을 헌법이 명백하게 표시해 두었읍니다. 그렇다고 하면 이 헌법의 발표를, 이 헌법의 선포를 기다리고 있는 동포들은 새로운 국가가 좋다고 있음에 이 조선의 문제는 생활을 보장해 주는 가정문제, 이 문제에 대해서 헌법 조목에 가입되야 될 줄 알고 전문위원에게 물어 당연히 남녀동등권을 기본으로 국가의 특별한 보호를 받는다는 이 문구는 한 가지 당연히 헌법에 게재가 되야 할 것을 말하자고 하고 시간이 없으니까 그냥 내러갑니다(국회 속기록, 4281.07.05.: 18).

그러나 장면 의원, 조헌영 의원, 이윤영 의원, 이승만 의장의 지지

발언후의 재표결에서는 재석의원 166인 중 가 102인, 부 19인으로서 가결되었다. 장면 의원은 남녀평등을 헌법에 규정하고 법률상의 권리나 재산권이나 가정에 대해서도 법률로 보장되었다고 하지만 현실적으로 축첩제도들이 실행되고 있음을 지적하고 이러한 축첩제도의 폐단을 막을 수 있는 규정이 필요하다는 점을 역설하였다.

> 권태희 의원의 제안한 한 사람으로써 그 안을 여러 토론할 것 없이 여러분이 일치가결해야 될 것입니다. 남녀 동등을 헌법에 규정해놓고 아무런 보장이 없어요. 가정, 혼인이라는 것은 남녀평등권에 여기에 시작되고 배우자의 선택, 혼인의 여러 가지 조건이라든지 또는 혼인한 다음에 법적근거에 법률상의 권리라든지 재산권이라든지, 기타 가정에 있어서도 여러분이 보신 바와 같이 남녀동등이라는 것을 지금 법률로 보장됐다면서 여러 가지 불순한 축첩제도가 전통적으로 현재에 이러한 것이 실행되고 있읍니다. 이런 모든 것을 우리가 헌법으로써 규정해 가지고 그러한 불순한, 즉 말하자면 이혼의 폐단을 규명하고 혼인에 나타나는 이런 모든 점을 배제하지 않으면 아니된다고 봅니다. 이러한 말에 대해서는 여러 말 하지 않읍니다. 제가 교육계에 한 20년간 종사한 체험으로 가정에 모든 불순한 문제가 온다고 하는 이유를 잘 알고 있읍니다. 그러므로 이 수정안은 반드시 여러분이 삽입해 주시기를 바랍니다(국회 속기록, 4281.07.05.: 19).

또한 조헌영 의원은 우리사회에서 가장 중요한 문제는 노동자문제, 농민문제, 여자문제라고 규정하고 헌법을 통해서 농민에게는 토지를 나눠주고 노동자에게는 노동자의 노예적 조건을 해방시켰는데 여성들에게만 남존여비사상에서 벗어날 수 있는 기회를 제공하지 않은 것은 문제라고 지적하였다. 조헌영 의원은 국회의원 200명 중 여성의원이 한 명도 없는 것도 이러한 남존여비사상의 결과이므로 3대 균등실현을 위해 이 안에 대한 만장일치의 지지를 요청하였다.

> 우리가 새로 나라를 세우는 데 모든 방면에 있어서 전 민족, 전 국가를 위해서 세우는 것이 좋읍니다. 그러므로 우리 사회에 가장 문제되는 것이 세 가지가 있다고 합니다. 노동자문제, 농민문제, 여자문제, 우리가 사회단체를 볼 때 무슨 전평이니 무슨 노총이니 전농이니 농총이니 부녀동맹이니 애국부인회니 하는 문제가 가장 큰데 청년단체도 있지만 청년은 크면 어른이 될터니까, 가장 문제되는 3대 조건은 노동자, 농민, 여자 문제입니다. 이미 헌법에서 농민에게 토지를 준다고 하는 것을 결정했고, 노동자에게도 과거에 노동자의 노예적 조건을 해방한다고 했읍니다. 그러면 우리 나라에 가장 중대한 것이 사회적으로 남존여비 사상 이것이 개척되지 않으면 안 될 중대한 조건입니다. 이제 제안된 것이 우리가 새로 세우는 나라에서 이 문제를 해결할랴는 한 구체적 조건이 되니까 이것을 우리가 넣는 것이 당연히 해야 될 줄 생각합니다. 또 국회 대의원 200명 중에 여자 대의원이 하나도 없다는 것은 역시 남존여비의 사상의 결과라 하겠읍니다. 여자 대의원 하나도 안 나왔다고 여자문제를

얘기도 안 됐다고 하는 것은 대단히 유감된 문제인데 이왕 문제가 나왔으니까 3대 균등을 말해서 이 문제를 미결할 것 없이 보충안으로 가입하는데 여러분께서 찬동하시여서 만장일치로 통과해 주시기를 청합니다(국회 속기록, 4281.07.05.: 19).

이윤영 의원은 국회의원 뒤에는 1,500만명의 여성유권자가 있음과 부결시 1,500만명의 여성이 국회를 어떻게 생각할 것인지를 상기시키고 자녀를 귀중히 여기는 사람들은 혼인은 남녀동권을 기본으로 하며 혼인의 순결과 가정의 건강은 국가의 특별한 보호를 받는다는 조항은 반대할 까닭이 없다고 역설하였다.

지금 우리는 항상 늘 우리의 책임을 생각할 때에 또 배후에 삼천만 민족이 있고 또 우리가 이 가운데에서 일천오백만 여성이 있다는 것을 언제든지 이저버리지 않어야 할 것이고 또 이저버리지 않읍니다. 만일 이 문제를 말씀하야 여기에 내다놓고 민족 앞에서 투표를 받는다고 하면 당연히 투표될 것입니다. 혼인은 남녀동권을 기본으로 하며 혼인의 순결과 가정의 건강은 국가의 특별한 보호를 받는다. 어느 하나가 우리에게 부라고 할 것이 아무 조건이 없읍니다. 우리는 다 각각 자녀를 가진 사람입니다. 아들이나 딸이나 마차가지로 귀중히 생각하는 우리들입니다. 우리가 이것을 귀중히 생각하는 사람이라고 할 것 같으면 혼인의 남녀동등이라든지 가정의 권한이라든지 이것을 여기에 넣는 것이 하등 우리가 잘못된 것이 없고 당연히 우리가 마땅이 넣야 될 조문을 여기 넣는다고 하는 것이 우리가 반

> 대할 아무런 까닭이 없다고 생각합니다. 만약 우리가 여기에서 부결이 된다고 할 것 같으면 우리 밖에 있는 우리 천오백만 여성은 국회를 향해서 어떻게 생각할 것인가 우리는 알어야 되겠으며, 천오백만 여성뿐만 아니라 모든 다수 동포들이 이와 같은 좋은 문제에 대해서 무슨 까닭으로 국회는 부결했느냐고 이렇게 질문할 것입니다. 우리는 가장 양심적이고 공평한 생각으로서 이 조문을 넣는 것을 만장일치로 가결해서 넣는 것이 좋다고 생각해서 여기에 찬성합니다(국회 속기록, 4281.07.05.: 19-20.).

이승만 의장은 모친을 보더라도 부녀동등을 무시할 수 없는 사항이므로(국회 속기록, 4281.07.05.: 20) 권태희 의원의 안에 대한 지지의사를 표명하였다.

헌법안 제3독회 때 권태희 의원은 조문을 수정하여 '제20조 혼인은 남녀동권을 기본으로 하며 가족의 순결과 건강은 국가의 특별한 보호를 받는다.'를 제안하였다. 이에 대해 장면 의원은 제2독회에서 채택한 조항은 「혼인은 남녀동권을 기본으로 하며 혼인의 순결과 가족의 건강은 국가의 특별한 보호를 받는다.」라는 점을 지적하고 원안대로 채택할 것을 제안하였다. 원안의 '혼인의 순결과 가족의 건강'과 수정안의 '가족의 순결과 건강'이라는 것은 전혀 다른 의미를 가진다는 것이었다(국회 속기록, 4281.07.12.: 7-8). 유진오 전문위원은 혼인의 순결을 가족의 순결로 바꾼 것은 혼인의 순결은 혼인한 이후의 순결이 포함되지 않은 인상을 주기 때문에 가족의 순결로 하여 혼인과 혼인이후의 부부관계에서의 순결의무를 강조하기 위한 것이라고 설명하였다. 이에 대해 장면 의원은 혼인의 순결은 혼인한 이후의 순결도 내포한 의미일 뿐만 아니라 국회에서 표결한 사항을 다시 표결과정을 밟기 전에는 임의로 원안을 수정할 수 없다는 점을 강력하게 지적하여 원안대로 제20조는 혼인은 남녀동권을 기본으로 하며 혼인의 순결과 가족의 건강은 국가의 특별한 보호를 받는다로 채택되었다.

2. 현행 헌법의 여성/성 평등 관련 현황 및 쟁점

1987년에 개정된 현행 헌법에서는 제11조 제1항, 제32조 제4항, 제34조 제3항 그리고 제36조 제1항과 제2항 등에서 성별에 따른 차별금지, 여성근로에 대한 특별보호, 여성복지 향상, 양성 평등한 혼인 및 가족생활과 모성보호 등을 위한 규정들을 두고 있다. 현실적으로 정치, 경제 영역에서의 극심한 성별격차는 줄어들지 않고 있으며, 여성의 사회적 지위가 획기적으로 개선되기보다는 성불평등 문제가 저출산·고령화·양극화와 맞물려 악순환의 고리를 형성하면서 사회의 지속가능성을 약화시키는 양상을 보이고 있다. 2017년 세계경제포럼에서 발표한 성별격차지수(GGI)에서는 144개 국가 중 118위로 2006년 첫 성별격차지수 조사 이후 현재까지 최하위권에 머물러 있다. 37%에 달하는 남녀임금격차와 더불어 여성은 가사노동과 경제활동의 이중부담을 안고 있고, 노동 분야에서는 저임금과 비정규직 노동자로 차별을 받고 있다. 성폭력, 가정폭력, 성매매, 여성혐오 등 여성을 대상으로 한 폭력은 날로 증가하고 있는 반면 폭력 범죄의 피해자인 여성에 대한 법적 보호는 여전히 미흡하다. 또한 저출산 정책에서 여성은 출산을 위한 도구로 인식되고 있다. 또한 헌법

제25조는 모든 국민들은 법률이 정하는 바에 따라 공무담임권을 가진다고 규정하고 있으나 공직에서의 여성 대표성은 매우 취약하다.

헌법은 최상위규범으로서 하위법률의 근간이 된다는 점에서 현행 헌법 제11조 1항의 법 앞의 평등과 성별에 따른 차별금지조항만으로 공직진출, 임금, 근로조건 등에서 실질적인 성 평등을 실현하는 데에는 한계가 있다. 또한 여성을 특별한 보호나 배려가 필요한 수동적인 복지대상으로 규정하고 있는 한 여성은 국가공동체 운영을 위한 동등한 주체로서 인식될 수 없다. 우리사회의 지속가능한 발전을 하기 위해서는 사회구성원들이 성 평등에 관한 자신의 권리를 명확히 인식할 수 있도록 해야 하고, 성 평등이 국정운영의 핵심요소 중 하나가 되어야 한다. 또한 성 평등 관점이 모든 영역에서 통합되는 성 주류화(Gender Mainstreaming, 여성대표성 확대, 성인지 예산 강화) 조치가 강화되어야 할 필요가 있다. 이러한 문제들을 개선하기 위하여 무엇보다도 헌법상 성 평등과 관련된 규정을 정비하고 그 내용을 보완하여 헌법상의 근본적인 개혁을 추진해야 한다.

(1) 제11조 1항의 평등규범과 차별금지

현행 헌법	제11조 ① 모든 국민은 법 앞에 평등하다. 누구든지 성별·종교 또는 사회적 신분에 의하여 정치적·경제적·사회적·문화적 생활의 모든 영역에 있어서 차별을 받지 아니한다.
63년 헌법	제9조 ① 모든 국민은 법 앞에 평등하다. 누구든지 성별·종교 또는 사회적 신분에 의하여 정치적·경제적·사회적·문화적 생활의 모든 영역에 있어서 차별을 받지 아니한다
제헌 헌법	제8조 모든 국민은 법률 앞에 평등이며 성별, 신앙 또는 사회적 신분에 의하여 정치적, 경제적, 사회적 생활의 모든 영역에 있어서 차별을 받지 아니한다.

제11조 1항의 1문은 근대헌법의 기본원칙인 평등의 원칙을 선언한 것으로 헌법의 최고원리이자 기본권 중의 기본권으로 불린다. 평등권은 다른 기본권의 실현 및 보장을 위한 수단으로서 법 적용만이 아니라 법 집행, 법 제정, 법 해석 등에서도 평등해야 함을 의미한다. 2문은 모든 국민은 성별, 종교 및 사회적 신분에 의해서 차별을 받지 않을 권리를 보장하고 있다. 동 조항은 제헌헌법 때부터 존재했던 규정으로 63년 헌법 개정에서 신앙이 종교로 바뀌고, 차별금지영역에서 '문화적' 생활이 추가되었다.

그러나 일반적 평등원칙과 성별에 따른 차별금지 조항만으로는 법이나 정책추진에 있어 실질적 성 평등을 실현하는 데에는 한계가 있다. 일반적으로 헌법학에서 평등규범을 곧바로 실질적 평등까지 보장하는 원칙으로 이해하지 않고 있기 때문이다(김하열, 2011: 47). 따라서 법적 평등 및 법적 차별금지는 기본적으로 동등처우를 의미하는 것으로 차등처우를 통한 여성의 지위를 실질적으로 향상시키고자 하는 입법이나 조치에 대해서는 공격무기로 전환되곤 한다. 여성할당제에 대해서 빈번하게 제기되는 역차별 즉 남성의 법적 평등을 침해한다는 비판은 바로 이러한 논리에 근거한 것이다(김하열, 2011: 53).

성 평등은 사회적으로 구조화된 성별 불평등의 제거를 의미하는 것으로 단순히 개인으로서의 남성과 여성이 법 앞의 평등과 성별에 의한 차별금지만으로는 실현되기 어렵다. 즉 동등처우만이 아니라 차등처우도 필요하기 때문이다. 따라서 성 평등 실현을 국가목표규정으로 설정할 필요가 있다. 이를 위해선 여성과 남성은 동등한 권리를 가지고 있음을 선언하고 실질적 성 평등의 실현을 위해 정치, 경제, 사회 등 제반 분야에서 적극적 조치를 실시하도록 하는 명시적인 헌법적 근거가 필요하다. 국가목표규정은 국가가 지속적으로 존중하고 충족해야 할 사실상의 목적으로 확정된 과제를 명시한 것으로 법적으로 구속력이 있는 헌법규범이다. 따라서 성 평등을 국가목표규정으로 명시하는 것은 성 평등이 단순히 선언적 의미에 그치는 것이 아니라 국가행위의 방향을 설정하고 실질적 과제를 부여하는데 중요한 부분이라는 것을 명확히 한 것이라는 점에서 의미가 있다(박선영, 2017: 8).

독일 헌법은 제3조에 1항의 일반적 평등권과 더불어 2항에 남녀 동등권과 성 평등실현을 위한 국가의 책무를 규정하고 있다. 제3조 2항 "남성과 여성은 동등한 권리를 가진다. 국가는 남성과 여성의 동등한 권리가 실제적으로 실현되도록 지원하고 현존하는 불이익을 제거하도록 노력한다"고 규정하여 국가의 목표규정으로서의 실질적 성 평등 조항을 두고 있을 뿐만 아니라 성별에 의한 현존하는 불이익을 제거하기 위한 적극적 조치를 실시할 수 있는 헌법적 근거를 명시하고 있다.

(2) 제32조 4항과 제34조 2항의 여성보호

1) 제32조 4항과 여성근로보호

현행 헌법	제32조 ④ 여자의 근로는 특별한 보호를 받으며, 고용·임금 및 근로조건에 있어서 부당한 차별을 받지 아니한다.
제헌 헌법	제17조 모든 국민은 근로의 권리와 의무를 가진다. 근로조건의 기준은 법률로서 정한다. 여자와 소년의 근로는 특별한 보호를 받는다

제32조는 근로권에 대한 규정으로서 4항은 여성의 근로에 대한 특별한 보호와 고용, 임금 및 근로조건에 있어서의 부당한 차별을 금지하고 있다. 이는 여성의 신체적 생리적 특성에 따른 모성보호에 근거한 여성근로에 대한 특별보호와 근로조건에서의 성차별 금지를 명문화한 규정으로서 여성의 경제적 생활영역에서의 평등을 보장하는 헌법적 근거라고 할 수 있다(박선영, 2017: 7). 동 조항의 연혁을 살펴보면, 제헌헌법에서는 여자와 소년의 근로는 특별한 보호를 받는다고 규정하여 여성의 근로를 미성년자들의 근로와 동일시하였다. 동 조항은 1987년 헌법 개정 때까지 30년간 유지되었고 여성단체의 요구에 의해서 개정되었다. 여성의 근로와 소년의 근로를 분리하여 별도의 규정으로 만들고 4항의 후단에 고용·임금 및 근로조건에 있어서 부당한 차별을 받지 아니한다는 조항이 신설되었다.

동 조항은 여성노동이 남성노동에 비해 열등하게 혹은 낮게 평가되거나 차별되어서는 안된다는 점을 명시하였다는 점에서는 의의가 있다. 그러나 정당한 근거 없이 여성의 근로를 특별한 배려나 보호가 필요한 불완전한 노동으로 규정함으로써 오히려 후단에서 금지한 차별의 명분을 제공하는 한계를 안고 있다. 그러나 여전히 임신한 여성근로자를 위한 특별한 보호가 필요하므로 이는 제36조 제2항 모성보호 조항과 연결하여 논의가 전개되어야 한다.

2) 제34조 3항 여성복지 향상

현행 헌법	제34조 ③ 국가는 여자의 복지와 권익의 향상을 위하여 노력하여야 한다.

제34조는 인간다운 생활을 할 권리에 대한 조항으로 3항에서 여성의 복지와 권익향상을 위해 노력할 국가의 책무를 부여한다. 이 조항은 여성의 인간다운 삶과 권익향상을 위한 국가의 의무이행을 촉구하고 있다. 동 조항은 1987년 헌법 개정에서 신설되었다. 87년 헌법 개정을 통해 아래의 3개 조항이 신설되었다(5항은 사유추가). ③ 국가는 여성의 복지와 권익향상을 위해 노력해야 한다. ④ 노인과 청소년의 복지향상을 위한 정책을 실시할 의무를 가진다. ⑤ 신체장애자 및 질병·노령 기타의 사유로 생활능력이 없는 국민은 법률이 정하는 바에 의하여 국가의 보호를 받는다.

그러나 동 조항은 여성을 노인이나 아동, 청소년, 신체장애자 등과 같이 배려의 대상으로 수동적인 복지대상자로 명시하고 있어 국가공동체의 적극적 주체로서의 역할이 제한되고 있다. 동 조항은 여성의 복지와 권익을 여성들의 사회적 기여와 가치에 대한 인정의 차원으로 발전시키지 못하고 국가가 일방적으로 제공하는 시혜적 차원의 문제로 축소함으로써 국가의 의무를 사회적으로 구조화된 성불평등의 개혁으로 확대시키는 패러다임의 전환을 가로막았다는 측면도(박선영, 2017: 8) 없지 않다. 또한 노인, 아동, 청소년, 장애인에는 여성이 포함됨에도 불구하고 여성복지 및 권익향상을 위한 별도의 규정을 두어 여성전체를 복지대상자로 규정하여 요보호대상자로 인식케 하였다. 따라서 여성을 남성과 동등하게 국민의 한 사람으로서 사회보장이나 사회복지에 대한 권리를 동등하게 향유할 수 있는 주체로 위치 짓는 것이 요구된다.

(3) 제36조 1항과 2항의 혼인 및 가족생활에서의 양성 평등

현행 헌법	제36조 ① 혼인과 가족생활은 개인의 존엄과 양성의 평등을 기초로 성립되고 유지되어야 하며, 국가는 이를 보장한다. ② 국가는 모성의 보호를 위하여 노력하여야 한다.
80년 헌법	제34조 ① 혼인과 가족생활은 개인의 존엄과 양성의 평등을 기초로 성립되고 유지되어야 한다.
유신 헌법	제31조 모든 국민은 혼인의 순결과 보건에 관하여 국가의 보호를 받는다.
제헌 헌법	제20조 혼인은 남녀동권을 기본으로 하며 혼인의 순결과 가족의 건강은 국가의 특별한 보호를 받는다.

제36조는 혼인과 가족생활 및 모성보호에 대한 규정으로서 1항은 혼인의 구성과 가족생활의 유지가 개인의 존엄과 양성 평등에 기초할 것과 이에 대한 국가의 보장을 명시하였다. 2항은 모성 즉 자녀를 가진 여성의 보호를 위한 국가의 책무를 규정하였다.

동 조항의 연혁을 살펴보면, 제헌헌법에서는 혼인은 남녀동권을 기본으로 유지되며 혼인의 순결과 가족의 건강을 위해 국가의 특별한 보호를 명기하였고 유신헌법에서는 혼인에 대한 남녀동권의 조항이 삭제되고 혼인의 순결에 관하여 국가의 보호 책무를 규정하였다. 현행 제36조 1항은 1980년 헌법 개정에서 신설되었고 2항 모성보호 규정은 1987년 헌법 개정에서 신설되었다. 1987년 개헌 당시 2항은 여성과 모성을 분리하고 모성은 국가로부터 특별한 보호를 받은 권리를 요구하는 여성단체의 의견이 반영된 것이다.

제36조 1항은 2005년 헌법재판소의 호주제 위헌 판결을 이끌어내게 한 조항이면서 동성결혼불허요건으로 해석되고 있다. 제36조는 다음과 같은 문제를 노정하고 있다(박선영, 2017: 19). 첫째, 가족구성원의 평등에 대한 보장은 없고 양성의 평등이라는 부부간의 평등으로만 가족생활의 평등을 협소하게 보장하고 있다는 것이다. 둘째, 가족의 다양화가 확대되고 있는 오늘날, 다양한 가족에 대한 제도 보장적 성격이 약하다는 것이다. 따라서 이성간의 결합과 부모·자녀로 이루어진 가족뿐만 아니라 미혼모 가족을 포함하여 한부모가족, 무자녀 부부가족, 형제자매만 이루어진 가족, 사실혼 내지 동거커플, 동성결합과 이들의 자녀 등 다양한 가족의 법적, 경제적 사회적 보호를 위한 국가의 보장의무를 규정하는 방향으로 개정되어야 한다. 셋째, 모성을 보호의 대상으로 보는 패러다임을 가지고 있다는 것이다. 모성 개념은 여성의 역할을 가족 내적 존재로 규정짓도록 작용하여 사회 내에서의 여성의 주체적 역할을 가로막는 부분이 적지 않다. 그러나 모성 개념이 갖는 성차별적인 의미와는 별개로 여성의 임신 및 출산이란 모성적 기능은 매우 중요하다. 2항에서 모성 보호를 국가의 의무로 규정하고 있는 이유는 임신과 출산, 양육이라는 재생산 과정 없이 공동체가 존속할 수 없으므로

임신, 출산, 양육에 필요한 보호를 개인에게 전가하지 아니하고 공공영역에서 마련해야 함을 의미한다. 그러나 모성[1]이라는 추상적 표현보다는 여성의 임신과 출산으로 보다 구체적으로 명시할 필요가 있다. 모성의 역할로 이해되는 임신, 출산, 양육에서 자녀양육의 문제는 여성만이 아니라 남녀 모두가 공동책임을 가져야 하는 부분이므로 분리하여 사고할 필요가 있다.

(4) 제11조1항 및 제25조와 여성대표성

현행 헌법	제25조 모든 국민은 법률이 정하는 바에 의하여 공무담임권을 가진다.
제헌 헌법	제26조 모든 국민은 법률의 정하는 바에 의하여 공무를 담임할 권리가 있다.

제25조는 국민의 공무담임권을 보장한 조항으로서 제헌헌법때부터 보장된 조항이다. 지난 70년 동안 조문번호의 변동만 있었을 뿐 내용에 있어서는 수정사항이 없었다. 선출직 및 공직에서의 여성대표성 보장을 위한 헌법적 근거를 마련하는 일과 관련하여 갈등적 요소를 면밀히 검토해야 한다. 공무담임권은 공직 취득의 기회에 있어 능력주의를 본질적 요소로 한다. 따라서 이 능력주의는 공직 영역에서의 실질적 평등을 위한 여성할당제나 남녀동수제와 같은 적극적 조치의 실시에 한계로 작동하고 있다.

1) 모성에 대한 정의는 모자보건법에서는 임산부, 가임기의 여성을 모성으로 정의하고 있고, 양성 평등기본법에서는 임신, 출산, 수유 및 육아에 관한 모성과 부성의 권리라는 개념으로 규정하고 있음.

제25조와 제11조1항의 평등권 및 성별에 의한 차별금지 조항의 결합은 역차별을 주장하는 측의 강한 저항을 불러일으킬 수 있다. 실제로 2012년 국회의원선거에 앞서 민주통합당이 지역구 후보 공천시 여성을 15%이상 추천하도록 의무화하는 당규를 확정하였을 때 남성예비후보들의 조직적인 반발이 일어났다. 민주통합당 당규 보칙 제60조 "지역구 국회의원선거에 여성후보자를 추천하는 때에는 지역구 공천후보자 총수의 100분의 15 이상을 여성으로 추천하여야 한다"는 규정이 그것이다. 이는 공직선거법에서 규정한 지역구 선거 30% 여성할당 규정의 실효성을 높이기 위한 정당차원에서 마련한 경과규정이었다(김은주, 2012:).

그러자 43명의 민주통합당 총선 남성 예비후보들이 "신설된 당규 '지역구 15% 여성 의무추천제'는 우리나라 헌법이 보장한 유권자 선택권과 평등권 등 헌법상 기본권을 침해하는 위헌 규정"이라며 즉각 폐지를 촉구하면서 헌법소원, 효력정지 가처분 신청, 최고위원 당무위원 공천심사위원 등에 대한 손해배상청구소송 등으로 당 지도부를 압박하였다.[2)] 즉 지역구 여성 후보 의무추천제는 남성

---

2) [지역구 15% 여성 의무추천제'에 반대하는 민주통합당 남성예비후보 기자회견 전문]
"지역구 15% 여성 의무 추천제"는 위헌이다. 지난 2012. 2. 6일 신설된 민주통합당 당규 제7호 공직선거후보자추천규정 제60조는 위헌입니다. "지역구 15% 여성 의무추천제"는 우리나라 헌법이 보장한 "유권자 선택권"과 "평등권" 등 헌법상 기본권을 침해하는 위헌 규정입니다. 우리는 과거 역사적으로 차별 받아온 여성들을 위한 우대정책에는 항상 환영하고 존중합니다.
그러나, 법을 만드는 입법기관인 국회의 근간인 정당은 당헌 및 당규를 만들 때 헌법을 지켜야 할 의무가 있습니다. 만약, 우리당이 여성의 정치 참여를 위하여 **"지역구 15% 여성 의무추천제"를 도입하려면 프랑스처럼 먼저 헌법을 수정하고 정당한 절차를 거쳐 시행하여야 합니다**.
구체적으로 이번 신설된 "당규 제7호 공직선거후보자추천규정 제60조"는 헌법 제1조, 제8조, 제11조, 제24조, 제41조를 위배하였습니다. 국민은 남녀노소를 떠나 어느 국회의원 후보가 자신의 지역을 위하여 가장 좋은 후보인가를 선택할 권

후보에 대한 역차별이라는 주장과 지역구민의 선택권을 침해한다는 반발이 제기되었다. 또한 공천신청을 한 여성후보자들이 많지 않아 옥석을 가릴 수 없기 때문에 상대적으로 능력있는 남성후보자들은 여성후보자에게 성을 이유로 불이익을 받아야만 하는 경우가 있다는 주장도 제기되었다. 또한 이들 남성예비후보들은 프랑스처럼 선출직에서의 남녀 동등한 접근을 보장한 헌법으로 개정하고 정당한 절차를 거쳐서 실시할 것을 주장하였다.

정치적 참여와 결정과정에서 상대적으로 배제되어 있어 역사적 사회적으로 불이익과 편견의 대상이었던 집단에 대해 여성할당제와 같은 적정한 적극적 조치를 함으로써 동등한 사회구성원 집단으로 대우하고 존중하라는 요구는 평등규범에 내재되어 있지만(김

리를 헌법상 보장받고 있습니다. "지역구 15% 여성 의무추천제"는 이러한 국민의 선택권을 박탈하는 것입니다.
따라서 "당규 제7호 공직선거후보자추천규정 제60조"를 즉각 폐지해야 합니다.
만약, 우리의 요구가 받아들여지지 아니하면 우리는 다음과 같은 행동을 취할 것입니다.
1. 헌법소원을 제기하겠습니다.
2. 효력정지 가처분 신청을 하겠습니다.
3. 최고위원 및 당무위원 개개인에게 손해배상 민사소송을 제기하겠습니다.
또한, 만약 공천 심사위원들이 헌법을 위배한 당규를 공천심사에 적용하면, 공천 심사위원 개개인들에게도 손해배상 민사소송을 제기하겠습니다.
4. 우리는 정치적 중대 결정을 내리겠습니다.
우리는 여성들의 정치 참여와 우대정책에 전적으로 동의하고 지원합니다. 그러나, 아무리 좋은 취지라도 헌법을 지키고 정당한 절차를 거쳐 시행해야 합니다. 한명숙 대표님, 최고위원님들, 당무위원님들, 공천심사위원님들 우리의 민주통합당을 사랑하는 마음을 이해해 주시고 우리의 요구를 받아주시길 간절히 기원합니다.

"지역구 15% 여성 의무 추천제"를 반대하는 국회의원 예비후보 일동
강백수 강훈식 곽광혜 권보근 권영우 김두수 김다섭 김명원 김명진 김성호 김영근 김완용 김 용 노식래 노웅래 도천수 박순환 박인환 박재웅 백병기 신맹순 안규백 유상두 유용화 윤진호 이상수 이승로 이승채 이준길 이 훈 임동순 임익강 임재훈 정경환 정성태 정세현 정재호 정청래 정형호 조현우 최창환 황주홍 한 웅

하열, 2011: 49) 이를 보장하는 헌법적 근거가 부재할 경우에는 강한 저항에 부딪힐 수 있다. 여성할당제와 같은 적극적 조치가 과거에 대한 보상일 뿐만 아니라 미래지향적인 공동체 전체의 이익 제고를 위한 것이라는 점에서는 정당성을 갖지만 역차별주장과 능력주의 논리의 저항에서 벗어나기가 어렵다. 따라서 선출직 및 공직 진출에 있어서의 여성과 남성의 동등한 접근을 보장하는 명시적인 헌법적 근거가 필요하다.

3. 성 평등실현을 위한 제10차 헌법개정방향

1987년 제9차 헌법 개정 이후 30년 만에 진행되는 제10차 헌법 개정은 여성들의 사회경제적 여건의 변화를 반영하여 실질적 성 평등을 실현할 수 있는 방향으로 추진되어야 한다. 실비아 수투(Silvia Suteu) 와 이브라힘 드라지(Ibrahim Draji)가 제시한 성 평등헌법의 기본원칙에 의하면 일반적 평등권이나 차별금지 조항에만 머물러서는 안된다. 성 평등을 적극적으로 실현하기 위해서는 첫째 남성과 여성은 동등한 권리가 있음을 명시적으로 규정하여 이를 위한 적극적인 차별시정조치를 실현하도록 국가적 책무를 부여해야 한다. 이로써 성 평등실현을 국가의 목표규정으로 설정하고 국가의 정책이나 법 제정 및 해석 등에 있어서 성 평등의 실현을 저해하는 성차별적 및 불평등적인 장애물을 적극적으로 제거하도록 해야 한다. 둘째, 그동안 사회경제적 영역에서 가시화되지 않았던 여성들의 기여와 역할을 명시적으로 드러내야 할 뿐만 아니라 신체적 생리적 특성에 의해 남성과 다른 여성들의 이해와 욕구인 성적 자기결정권이나 재생산권리 등이 보장받을 수 있도록 해야 한다. 셋째, 전통적인 성 역할 고정관념을 제거할 수 있도록 혼인 및 가정에서의 성 평등과 자녀양육 등에서의 남성과 여성들의 공동책임을 명기해야 한다. 넷째, 정치 및 정책 의사결정과정에 대한 여성의 참여를 보장하는 규정을 담아야 한다. 다섯째, 헌법은 한 국가의 역사적 필요성과 시대적 요구를 담은 것이다. 한국은 세계 유일의 분단국가이면서 정전상태인 국가이며 또한 일본식민지배로 인해 여성들에 대한 성착취가 자행되었던 역사를 안고 있기 때문에 그 어느 나라의 여성들보다도 평화구축과정에 대한 여성의 역할과 참여가 중요하다. 따라서 평화구축과정에 대한 여성의 참여와 역할을 보장하는 규정이 필요하다. 이상과 같은 원칙에 입각하여 제10차 헌법 개정의 방향을 제시하면 다음과 같다.

(1) 성 평등 관련 독립된 조항 신설

> 제12조 성 평등 실현
> ① 여성과 남성은 동등한 권리를 갖는다.
> ② 국가는 여성과 남성의 동등한 권리를 실질적으로 실현하고 현존하는 불이익을 개선하도록 적극적으로 조치한다. 성 평등은 고용, 임금, 복지, 재정 등 모든 영역에서 보장되어야 한다.
> ③ 국가는 선출직 진출에 있어 여성과 남성의 동등한 참여기회를 보장한다.

현행 헌법 제11조 일반적 평등과 차별금지 조항에 이어 제12조를 성 평등실현을 위한 독립된 조항으로 만들어 ①항에서는 여성과 남성의 동등한 권리 보장과 이를 실현하기 위한 적극적 차별시정조치 실시를 위한 규정을 명시해야 한다. 또한 성 평등이 보장되어야 하는 영역인 고용, 임금, 복지, 재정 등의 영역을 예시하여 관련영역에 대한 성 주류화 정책을 추진할 수 있는 근거를 마련해야 한다. 이는 임금영역에서는 남녀 간의 동일노동에 대한 동일임금정책과 재정영역에서는 성인지 예산정책을 추진할 수 있는 헌법적 근거가 될 것이다.

②항 선출직 진출에 있어 여성과 남성의 동등한 참여를 규정한 것은 정치 및 정책 결정 과정에 대한 여성의 대표성을 높이는데 기여할 것이다. 여성은 남성과 더불어 주권을 가진 시민의 절반을 차지하므로 시민을 대표하는 자리인 선출직에 남성과 동등하게 대표자가 될 권리를 가진다. 즉 선출직에서의 남녀동수야말로 진정한 의미의 국민주권을 실현하는 일이다. 여성과 남성의 동등한 참여에 대한 규정을 성 평등실현 조항에 배치할 것인지 아니면 제25조 공무담임권이나 제41조 국회의원의 정족수관련 조항에 배치할 것인지에 대한 논의가 필요하다. 그러나 제25조 ② : 제25조 2항(법률은 공직진출에 있어 남녀의 동등한 참여를 보장한다)를 신설하는 방식은 군가산점제 논란과 유사한 논쟁을 불러일으킬 수 있는 여지가 크며 제41조 2문으로 국회의원으로 남성과 여성들이 동등하게 참여하도록 한다를 신설하는 경우에는 지방의회의원이 배제된다는 문제점을 안고 있다.

따라서 신설될 제12조 성 평등실현에 신설하는 것이 국가목표규정으로 모든 정부정책 및 법제정, 적용 및 해석을 구속할 수 있도록 하는 것이 바람직하다. 또한 신설되는 제12조에서만이라도 남성과 여성의 표기순서에 있어서 남성보다 여성을 먼저 표기하는 성인지적 언어사용을 도입할 필요가 있다.

(2) 재생산권리 보장 및 자녀양육에 대한 공공성 강화

> 제36조
> ① 혼인과 가족생활에 있어서 개인의 존엄과 평등을 기초로 성립되고, 유지되며, 국가는 이를 보장한다.
> ② 여성은 임신과 출산에 있어 특별한 보호를 받을 권리가 있으며, 국가는 이를 보장한다.
> ③ 모 또는 부는 자녀양육에 있어 지원을 받을 권리가 있으며, 국가는 이를 보장한다.
> ④ 국가는 모든 사람들이 가족생활과 직장생활을 균형있게 영위할 수 있도록 정책을 실시할 의무를 진다.

①항 혼인과 가족생활에 있어서 개인의 존엄과 평등을 기초로 성립, 유지되도록 하는 국가의 책무를 부여해야 한다. 기존의 개인의 존엄과 양성의 평등을 개인의 존엄과 평등으로 수정한 것으로 혼인의 성립에 있어 양성의 결합만이 아닌 다양한 결합을 인정하여 성 소수자들의 시민적 권리를 보장하고 가족의 성립에 있어서도 결혼이외에도 다양한 가족의 형태를 인정하는 근거를 마련하기 위한 것이다. 또한 다양한 가족의 법적 경제적 사회적 보호를 위한 국가의 보장의무를 규정한 것이다. 이로써 가족생활에 있어서 부부간의 평등만이 아니라 가족구성원 모두의 평등을 보장하였다.

②항은 기존의 모성보호라는 추상적인 개념을 여성의 임신·출산 보호로 전환한 것이다. 모성 개념은 여성의 역할을 가족 내적 존재로 규정짓도록 작용하여 사회 내에서의 여성의 주체적 역할을 가로막는 부분이 적지 않다. 그러나 모성 개념이 갖는 성차별적인 의미와는 별개로 여성의 임신 및 출산이란 모성적 기능은 매우 중요하기 때문에 모성의 개념을 여성의 임신 및 출산으로 변경하였다. 여

성의 임신 및 출산에 대한 보호는 국가가 보장해야 할 의무일 뿐만 아니라 여성의 권리로 규정함으로서 여성들의 적극적인 정책개입 여지를 확보할 수 있다.

③항은 자녀양육에 대한 부와 모의 공동책임을 명기하였을 뿐만 아니라 자녀양육에 대한 국가의 책임을 부여하였다. 자녀양육에 대한 지원은 국가가 보장해야 할 의무일 뿐만 아니라 부모가 지원을 요구할 수 있는 권리로 규정하여 권리실현을 위한 부모들의 적극적인 정책개입 여지를 확보하였다.

④항은 일과 가정의 동시병행은 여성들의 경력단절을 유발하는 주요한 요인으로 작용하고 있을 뿐만 아니라 건강한 가족생활의 영위를 위해서는 여성만이 아니라 가족 구성원 모두에게 요구되는 부분이다. 따라서 가족의 구성원 모두가 가족생활과 직장생활을 균형있게 영위할 수 있도록 가족 친화적인 근로환경 및 문화조성과 장시간 근로로부터 사생활을 영위할 권리를 보장하기 위한 국가의 책무를 부여하였다.

(3) 평화구축과정에 대한 여성의 참여와 역할 제고

> 제5조
> ① 대한민국은 국제평화의 유지에 노력하고 침략적 전쟁을 부인한다.
> ② 대한민국은 전쟁이나 무력분쟁에서 여성과 소녀의 인권을 특별히 보호하며 여성들이 평화정착과 분쟁해결에 기여할 수 있도록 다양한 노력을 수행한다.
> ③ 국군은 국가의 안전보장과 국토방위의 신성한 의무를 수행함을 사명으로 하며, 그 정치적 중립성은 준수된다.

현행 헌법 제1장 총강 제5조는 국제평화유지 및 침략전쟁 부인 그리고 국군의 국토방위의무 등을 규정하고 있다. 침략전쟁의 피해국이자 국제사회의 책임 있는 일원으로서 국제평화유지와 침략전쟁의 부인은 당연한 내용이라 할 수 있다. 우리의 역사적 경험이 증거하듯이 전쟁과 분쟁의 최대 피해자는 여성과 아동이다. 일제 식민지배하에서 여성들은 일본군 성노예로 끌려가 인권의 유린과 목숨을 잃어야 했고 아직도 정전협정하의 분단국에서 사는 우리 여성들은 그 어느 나라의 여성들보다 평화구축에 대한 절박함이 크다. 따라서 한반도 평화구축과 세계평화유지를 위한 우리 여성들의 역할과 참여는 선택이 아닌 필연의 영역이라 할 수 있다. 새로이 개정되는 헌법에는 분쟁 및 갈등해결과정에 대한 여성의 참여책임을 명기해야 한다.

여성과 평화, 안보에 관한 유엔결의안 1325호는 전쟁 및 내전과정에서의 여성에 대한 폭력을 방지하고 평화유지 및 구축과정에서의 여성의 참여를 촉진하는 결의안으로 유엔회원국들은 국가별 행동계획을 수립하여 추진하도록 권고하고 있다. 남북한 간에 정전협정을 맺고 있는 분단국가로서 한국정부는 2014년 45번째로 국가행동계획안을 수립하여 유엔에 제출하였다. 따라서 제1장 총강 제5조에 대한민국은 전쟁이나 무력분쟁에서 여성과 소녀의 인권을 특별히 보호하며 여성들이 평화정착과 분쟁해결에 기여할 수 있도록 다양한 노력을 수행한다는 조항을 신설하여 대한민국의 여성들이 분쟁해결의 주체로서 남북화해협력 및 평화정착, 더 나아가 아시아와 세계의 평화정착에 기여할 수 있도록 국가가 지원할 것을 명문화하였다.

V. 결어

헌법 개정은 쉽지 않다. 87년 개정이후 지난 30년 동안 헌법 개정의 필요성이 지속적으로 제기되었지만 국회차원의 논의수준에서 그쳤던 경험에서 잘 알 수 있다. 이번 헌법 개정논의도 예전에 비해서는 좀 더 진전된 모습을 보이기는 하지만 이도 어떤 결론으로 이어질지 미지수이다. 특히 남녀동수를 지향하는 여성대표성 확대를 위한 헌법 개정은 적지 않은 저항이 예상된다.

성 평등 헌법은 성별에 의한 차별금지, 남성과 여성 간의 평등 및 동등한 권리인정과 적극적 조치인정, 전통적으로 부정되었던 기본권의 보장과 여성 및 가족관련 권익보호, 공직 및 정치적 영역에서의 여성 참여보장 등을 담고 있어야 한다. 그러나 현행 우리 헌법은 성별에 의한 차별금지와 여성 및 가족관련 권익보호만을 담고 있어 동 조항을 근거로 하여 여성대표성 확대를 도모하는 데에는 한계가 크다. 비록 공직선거법이 여성대표성 확대를 위해 비례대표 50%, 지역구 30%여성할당에 관한 규정을 두고 있지만 정당의 노력사항에 그쳐 실효성에 대한 문제제기가 지속적으로 진행되고 있다. 뿐만 아니라 여성할당제의 실효성을 강화하기 위한 정당차원의 노력들은 2012년 민주통합당의 여성의무공천 15% 도입을 둘러싸고 발생하였던 논란에 부딪칠 가능성이 적지 않다. 이러한 문제를 해결하기 위해서는 선출직에서의 남성과 여성의 동등한 접근 및 참여기회를 보장하는 헌법적 근거가 마련되어야 한다.

따라서 성 평등실현을 위한 독립된 조항을 신설하고 이 안에 “국가는 선출직 진출에 있어 여성과 남성의 동등한 참여기회를 보장한다"조항을 명확하게 명기해야 한다. 여기서 '동등한'의 의미는 30%에서 50%로의 양적인 확대만을 의미하는 것이 아니다. 이것은 국민을 구성하는 성별 이원성에 근거한 정치적 대표성에서의 남녀 동수의 지향성을 명확히 한 것이다.

남녀동수는 성적 차이는 차별의 구실이 되는 것이 아니라 분배의 정당한 근거이므로 대표자가 될 동등한 권리, 즉 권력의 남녀공유를 주장한다. 남녀동수는 여성을 대표하는 여성에 대한 문제가 아니라 남성들만큼이나 여성들에게도 공동의 운명에 영향을 미칠 수 있는 가능성을 부여하는 것에 대한 문제, 즉 민주주의 구성에 관한 문제이다. 여성의 과소대표문제만이 아니라 남성의 초 과잉대표의 문제를 동시에 제기한 것이다. 남녀동수는 여성들이 가지고 있는 특별한 성질이나 특별한 이해관계, 즉 여성이라는 성을 대표하기 위한 것이 아니라 시민의 개인적 권리, 즉 여성이 대표자가 될 권리, 국가를 구현하기 위해 선출된 개인이 될 권리를 주장한 것이다. 대표자가 될 수 있는 동등한 권리, 즉 남녀동수는 여성이라는 특수한 집단의 이해가 아니라 인류의 절반인 여성들의 다양한 이해, 즉 종교적, 인종적, 계급적, 문화적 동등의 이해와 경험을 반영하는 길이 된다. 남녀동수야말로 진정한 보편성의 실현임과 동시에 대의 민주주의가 봉착한 위기, 즉 대표성의 위기를 극복할 수 있는 길이다(김은주, 2013.10.24.-2014.03.24.).

따라서 제10차 헌법 개정에서는 여성의 정치적 대표성에 있어서 남녀동수의 지향성을 담은 헌법적 근거를 마련하여야 할 것이다. 민주적 헌법의 정당성은 국민주권이다. 국민을 구성하는 남성과 여성이 동등하게 주요한 의사결정과정에 참여할 수 있어야지만 진정한 의미의 국민주권이 실현되는 것이다. 즉 여성의 동등한 참여가 없는 민주주의는 진정한 의미의 민주주의라고 할 수 없다. 따라서 정치적 대표성에서의 남녀동수를 보장하여 성 평등 헌법이야말로 진정한 의미의 민주적 헌법임을 명확히 해야 할 것이다.

제12장 |

헌법상 환경권 강화의 입법전략

김태호

I. 현행 헌법의 해석론

날이 갈수록 더 중요한 사회적 의제로 등장하고 있는 환경 패러다임이 헌법에 조문화된 형태로 반영되어야 한다는 데에는 큰 의문이 없을 것이다. 헌법이 개정된다면 환경국가의 패러다임은 강화된 형태로 헌법에 수용되어야 함이 분명하다. 그러나 최근까지 헌법개정에 대한 전반적 논의 과정에서 환경권에 대한 관심은 상대적으로 적었던 것이 사실이다. 1980년 이래 현실에 걸맞지 않게 너무 일찍 환경권에 관한 조항을 우리 헌법이 이미 수용한 탓일까?

관련하여 다음과 같은 근본적인 의문을 먼저 던져 본다. 환경에 관한 '헌법적 권리'를 인정한다는 것은 어떤 의미인가? 헌법상 환경권은 누구에게나 ① 미세먼지로 고통받을 때 국가에게 대기오염 수치를 현재보다 50% 개선하라는 요구를 할 수 있는 '권리'나 ② 생태계 속에서 멸종위기 동식물과 더불어 살아가고자 하는 인간의 역할을 다하기 위해 (또는 더불어 살아가는 것에 대한 그 어떤 자신의 이익을 위해) 멸종위기 동식물 서식지를 파괴하는 도로확장 공사를 금지할 수 있는 '권리'를 헌법에서부터 도출할 수 있게 해 주는가?

현행 헌법 규정의 다수 해석론은 ①, ②와 같은 권리를 헌법으로부터 곧바로 도출하기 어렵다고 한다. 법체계적인 답변 중의 하나는 그와 같은 '구체적인' 권리는 개별 법률 규정에서 요건을 정하여 그 요건이 충족되는 경우에 '법률상의 권리'로 인정하는 것이 타당하다는 것이다. 이른바 법률주의(Legalismus)적인 접근이다. 민주적 정당성을 가진 입법자가 법률로서 환경보호의 내용을 구체적으로 형성하면 충분하므로 헌법상 환경권에 대해 구체적 권리를 인정할 수도 없고 인정할 필요도 없다고 보는 것이다. 헌법주의(Konstitutionalismus)에 대한 비판이기도 한 이러한 인식은, 헌법적 권리로서 환경권을 헌법에 두더라도 추상적이고 타협적인 방식으로 규정될 수밖에 없기 때문에 불확정개념과 가치판단의 형식으로 환경권을 규정하면 법원 또는 헌법재판소가 환경권의 입법자가 되는- 실제 그 귀결은 환경권의 구체화를 포기하는 판결이나 결정을 하게 되는- 결과를 초래하게 된다고 본다.

헌법주의적 관점에서도 환경권을 별도로 입법화하는 것에 대해서는 기본권 체계 정합성의 관점에서 회의적인 시각이 있다. 우선 헌법상 환경권에 대해서 헌법상 권리로서의 지위가 부여되어야 한다고 생각할 만한 본질적인 영역은 헌법상 기존 자유권적 기본권의 보호 범위 내에서 보호가 가능한 것으로 설명이 가능하다. 가령 환경피해로 인해 발생하는 생명 침해나 건강 침해는 기존 헌법 규정 또는 헌법의 해석으로 도출될 수 있는 생명권, 건강권 또는 신체불가침권의 보호 범위 내에서 보장이 가능하므로 굳이 헌법상 환경권이 별도로 필요하지 않다고 주장할 수 있다. 자유권적 기본권으로 보호가 어려운 독자적인 환경권의 보호 영역이 있다 하더라도 이것은 결국 사회적 상황에 따른 '삶의 질'에 관계된 것이어서 사회적 기본권으로서 규율되어야 하는데 사회적 기본권의 규범력이 약해 독자적인 규정을 두는 의미가 약하다고 비판한다.

이상과 같은 난제를 극복하기가 쉽지 않기 때문에 당초 환경권에 대한 개정 논의는 규정에 대한 사소한 변경이나 유지에 그치고 있었다.[1] 우리는 헌법개정을 통해 과연 위 ①, ②와 같은 권리를 헌법으로부터 도출하는 데까지 나아가는 것이 가능할까? 또는 그것이 바람직하기는 한 것인가? 만약 그와 다른 방향으로 환경권 규정을 개정한다면 그를 통해 환경에 관한 어떤 더 나은 헌법 규정을 만들 수 있을까? 관점을 달리 하여 환경권에 관한 조항에서 환경문제에 대한 미래적 관점을 전향적으로 수용할 수는 없을 것인가?

이하에서는 현행 헌법에서 환경권의 기능이 어떻게 이해되고 있는지 사법부의 환경권 해석론을 살펴보겠다(이하 II.). 현행 헌법상 환경권은 구체적 권리가 아니라고 하는 법해석론의 취지를 명확히

1) 김문현 외(2016: 197-205)에서의 논의 내용에서도 그와 같은 분위기를 읽을 수 있다. 환경권에 대한 개정 논의는 국회 헌법개정특별위원회의 개정안에서도 주목받지 못하고 있다. 최근의 헌법 개정 논의가 등장하기 전에 환경권 조항에 대한 이론적 논의에서는 환경권 조항을 강화하는 것이 아니라 차라리 환경권 조항을 국가목표로서의 환경보호조항으로 전환하자는 제안들도 적지 아니하였다. 환경권 조항의 실효성에 대한 회의는 사회권적 기본권 조항이 없는 독일에서 뿐만 아니라 미국 등 여러나라에서도 논의된 바 있다. 가령 조홍식(1996)과 석인선(2006) 참조.

하여 개정 필요성에 관한 논의가 어디에서 출발하는지를 확인해 볼 것이다. 현행 규정의 문제점이 드러난다면 환경조항을 어떤 방향으로 재구성할 것인지를 살펴보고(이하 III.), 구체적인 입법안과 그 논거를 최근의 논의[2]를 포함하여 탐색해 보기로 한다(이하 IV.).

II. 현행 헌법의 환경권 해석론과 한계

1. 법률의 합헌성 심사에서 환경권

(1) 재산권 및 경제적 자유권 제한 입법 정당화 논거로서의 환경권

현행 헌법에서 환경권이 갖는 적극적인 기능은, 특히 입법자를 통제하는 기능의 측면에서는, 환경보호 등의 공익을 구현하기 위해 재산권이나 직업의 자유 등 경제적 자유권을 제한하는 입법을 할 때 환경권이 그 제한을 정당화하는 사유로서 언급되는 것이다. 가령 부담금 부과의 합헌성 판단에서 환경권을 동원하여 국가의 적극적인 환경보호조치를 정당화하는 논증으로 사용하는 것이다.[3] 환경권을 재산권 보다 우위에 두어야 한다는 헌법재판소의 소수의

2) 최근의 논의에는 대표적으로 국회 헌법개정특별위원회 자문위원회 제1소위원회에서 도출한 헌법개정안이 있다(헌법개정특별위원회 자문위원회, 전문·총강·기본권 분과 개헌 보고서, 2017. 10. 20, 이하 '국회 헌법개정위원회 2017년 헌법개정안'으로 부르기로 한다). 그에 대한 요약된 소개는, 고문현 (2017: 27-49) 참조.

3) 헌재 1998.12.24. 98헌가1, 판례집 10-2, 819, 836, 구 먹는물관리법 제28조 제1항 위헌제청; 헌재 2004.07.15, 2002헌바42, 판례집 16-2 상, 14, 먹는물관리법 제28조 제1항 위헌소원; 헌재 2007.12.27, 2006헌바25, 판례집 제19권 2집, 767, 해양오염방지법 제46조의3 제1항 위헌소원 등.

견도 환경권의 주된 목적을 그와 같은 기본권 제한 정당화 측면에서 이해하는 설시를 한 바 있다.[4)]

> "헌법이 재산권행사의 사회적 의무성을 명시하는(제23조) 이외에, 환경권(제35조) 및 국토의 이용·개발과 보전을 위한 제한·의무의 부과(제122조) 규정을 따로 두고 있는 것은, 토지소유권에 대한 보장은 더불어 살아가야 하는 공동체 생활과의 조화와 균형을 흐트러뜨리지 않는 범위 안에서 보장을 받는 데 불과하다는 것을 천명한 것이다. (…) 위의 헌법 조항들은 한마디로, 토지소유권의 행사는 공공복리와 환경보전에 적합하도록 하여야 할 사회적인 의무를 한층 더 강조하고 있으므로, 토지소유권의 내용과 한계를 정하는 입법자의 형성권 역시 보다 넓고 깊게 할 수 있는 근거를 마련해 둔 취지로 해석된다."

이상과 같이 환경권을 재산권 및 경제적 자유권 제한 입법의 정당화 논거로서 사용하는 효용성은 적지 아니하다. 그러나 기실 그와 같은 목적을 위해 헌법에 반드시 '환경권'을 별도로 두어야 하는 것은 아니다. 기본권 제한의 정당화를 위한 기능만을 놓고 본다면 굳이 환경'권'이 동원될 필요까지 없다. 헌법 제37조 제2항에 따라 기본권 제한을 정당화하는 '공공복리'에 환경에 관한 공익의 형량은 당연히 포함될 수 있기 때문이다. 물론 재산권 등의 제한에 환경

4) 헌재 1998.12.24, 89헌마214, 판례집 제10권 2집, 927 도시계획법 제21조에 대한 위헌소원의 반대의견. 이 의견은 환경권이 "인간의 존엄과 가치·행복추구권의 실현에 기초가 되는 기본권이므로 사유재산권인 토지소유권을 행사하는 경제적 자유보다 우선하는 지위에 있다"고 본다.

권을 맞세우게 되면 대등한 기본권 간의 경합 또는 충돌에 해당하여 양 기본권을 조화적으로 해석해야 한다는 적극적인 법리적 의미를 부여할 수는 있을 것이다.[5] 그러나 실제 사례들에서 헌법재판소가 환경권을 기본권 경합 또는 충돌로 적용한 예는 찾기 어렵다.

(2) 진정·부진정 입법부작위의 위헌 판단 기준으로서 환경권

환경권의 침해 여부가 직접 법률의 위헌 심사에서 판단 기준이 된 예는 매우 드물다. 현재까지 환경권을 적극적으로 제한하는 법률의 위헌 여부가 문제된 바는 없고, 법률이 불충분한 규율(부진정 입법부작위)을 두고 있거나 무규율(진정 입법부작위)함으로써 환경권을 침해하였는지 여부가 문제된 예는 선거운동을 위한 확성장치 소음규제기준이 불충분한가를 다툰 사건[6]이 유일하다.[7] 이 사건에서 헌법재판소는, "환경권의 내용과 행사는 법률에 의해 구체적으로 정해지는 것이기는 하나(헌법 제35조 제2항), 이 헌법 조항의 취지는 특별히 명문으로 헌법에서 정한 환경권을 입법자가 그 취지에 부합하도록 법률로서 내용을 구체화하도록 한 것이지 환경권이 완전히 무의미하게 되는데도 그에 대한 입법을 전혀 하지 아니하거나,

---

5) 그와 같은 이해로 최희수(2017: 442) 참조.
6) 헌재 2008.07.31, 2006헌마711, 공보 제142호, 1146.
7) 유일하지만 이 사건이 갖는 의미는 환경권이 적어도 입법의 위헌 여부를 심사하는 기본권이라는 점을 분명히 함으로써 그 점에서 환경권이 '구체적' 권리임을 천명했다는 것이다. 이 점은 환경권이 자유권적이 아니라 사회권이라고 하더라도 마찬가지이다. 위헌 여부에 대한 심사기준이라는 차원에서 환경권의 사회권적 기본권 측면 역시 '구체적'인 권리로서의 성격이라고 해야 할 것이기 때문이다. 자유권적 기본권의 측면에서는 본질상 하위 법률에 의한 구체화를 요구하지 않는 반면, 사회권적 기본권의 측면에서는 현행 헌법이 법률유보를 통하도록 입법화하고 있다는 규율 방식의 차이가 있을 따름이다.

어떠한 내용이든 법률로서 정하기만 하면 된다는 것은 아니다. 그러므로 일정한 요건이 충족될 때 환경권 보호를 위한 입법이 없거나 현저히 불충분하여 국민의 환경권을 과도하게 침해하고 있다면 헌법재판소에 그 구제를 구할 수 있다고 해야 할 것이다."라고 선언하였다.

2. 구체적 환경분쟁에서 환경권의 직접 적용 가능성

환경권이 구체적 분쟁과 관련한 법률해석에서 생각해 볼 수 있는 주요한 기능 중의 하나는 환경권 합치적 법률해석을 요구하는 것이다. 헌법재판소는 개발제한에 관한 법률 규정의 해석에서 환경권의 취지가 함께 고려된다는 표현을 사용한 바 있다.[8)]

> "인간존엄과 행복추구권을 보장한 헌법 제10조, 국민의 환경권보장과 국가의 환경보전의무를 선언한 헌법 제35조 제1항, 그리고 재산권의 사회적 기속성을 강조한 헌법 제23조 제1항과 제2항의 취지를 고려하고, 또 위 헌법규정에 근거하여 자연풍경지의 보호와 적정한 이용을 도모하기 위해 마련된 자연공원법의 입법목적, 집단시설지구 안에서 허용될 수 있는 행위를 "탐방휴양에 적합한 공원시설 및 그 부대시설의 설치행위"로 제한하고 있는 자연공원법 제16조 제2항 제4호, 그리고 집단시설지구내 공원시설의 기본설계를 공원의 자연풍경과 조화되게

8) 헌재 1999.07.22, 97헌바9, 판례집 제11권 2집, 112 자연공원법 제16조 제1항 제4호 등 위헌소원

수립할 것을 요구하고 있는 자연공원법 제21조의2 제2항 등을 종합하여 판단할 때, 이 사건 심판대상조항들이 집단시설지구 안에서 행정청에게 제한없는 개발허가권한을 부여한 규정이라고 볼 수 없으므로 …"

그런데 법원은 좀 더 나아가 구체적 사건의 해결에서 법률의 매개 없이 헌법상 환경권으로부터 구체적인 권리를 곧바로 도출할 수 있는가에 대해서는 부정적이다. 이 장(章)의 서두에서 언급한 법률주의적인 접근 차원에서 이해하고 있는 것이다. 즉 "환경권은 명문의 법률규정이나 관계 법령의 규정 취지 및 조리에 비추어 권리의 주체, 대상, 내용, 행사 방법 등이 구체적으로 정립될 수 있어야만 인정되는 것"[9]인데, 환경권 규정만으로는 "그 권리의 주체, 대상, 내용, 행사 방법 등이 구체적으로 정립되어 있다고 볼 수 없다"[10]고 한다.

이처럼 우리 판례는 환경권의 구체적 권리로서의 기능을 부정하는 경향에 서 있다. 결국 환경보호의 주된 임무는 입법자와 법집행자의 몫이라는 것이다. 이러한 사법부의 접근 태도는 결국 헌법상 환경권의 무용론으로 이어질 수 있다. 헌법에서 정한 환경권이 구체적인 권리가 아니라고 하면 결국 환경에 대한 '가치 선언' 정도의 의미를 가질 것인데, 헌법재판소나 법원이 헌법상 환경권 조항에 터잡아 환경가치를 적극적으로 구현하도록 강제하기에 현행 헌법 조항은 충분하지 않다고 볼 수 있기 때문이다. 바로 이러한 자제적 해석론이 새만금 사업과 4대강 사업을 관통하는 환경파괴 사건에서

9) 대법원 1997.07.22. 선고 96다56153 판결.
10) 대법원 2006.03.16. 선고 2006두330 전원합의체 판결·새만금.

사법부가 보여준 무기력에 대한 하나의 설명이 될 수 있을 것이다.

물론 이러한 법리 구성 그 자체가 반드시 비판될 요소만을 갖고 있는 것은 아니다. 사법의 기능에 대한 사법철학의 한 관점으로 이해할 수도 있을 것이다. 문제는, 현재 정립된 법리적 접근에 변화가 필요하다고 한다면, 법리를 변경하고 헌법상 환경권이 그에 맞는 위상을 부여받도록 하기 위해서 어떤 헌법 개정안이 필요한 것인가에 대한 구체적인 접근일 것이다. 헌법이 어떤 형식으로 얼마나 구체적으로 개정되는가, 해당 조항의 의미가 사회적으로 어떻게 받아들여지는가에 따라 헌법상 환경규정의 내용은 지금까지와 다른 해석을 강제할 수 있기 때문이다.

III. 헌법상 환경조항의 입법방식과 개정의 방향성

1. 행위규범이자 상징으로서 헌법의 기능

앞서 환경권 조항이 재판규범으로서 구체적 권리성을 인정받지 못하고 있다고 하였는데, '환경'에 관한 헌법 규정의 개정 논의에서 간과되지 않아야 할 것은, 재판규범으로서의 측면으로 치환될 수 없는, 헌법 규정의 가치적 정향에 대한 선언적 의미 내지 상징성[11]이

---

11) 법률가와 비법률가가 '상징성'의 의미에 대해 받아들이는 태도의 차이는 흥미롭다. 법률가에게 '상징적' 효력이라는 의미는 구체적이고 실체적인 효력이 없다는 의미로 사용되는 데 반해, 인문사회적인 차원에서 '상징적' 의미가 있다는 것은 해당 사안에 대한 지도적 모티브로서 기능한다는 의미를 갖는 것이기 때문이다. 필자는 후자의 의미를 더욱 강조하고자 한다.

다. 헌법의 규정은 모든 국가기관을 기속하는데, 이 때 기속의 의미는 구체적 의무 부여를 의미할 뿐만 아니라 헌법에 표현된 국가 운영에 대한 근본적 가치판단을 존중할 것을 의미하는 것이기도 하다.

따라서 환경권의 내용을 개정하는 것과 별도로 환경보호와 관련한 헌법 조항을 헌법에 명문화하는 것이 필요하다. 대표적으로 환경보호를 국가의 주요 과제로 선언하는 조항 같은 것을 예로 들 수 있을 것이다. 그리고 이러한 조항을 입법하는 것은 환경권 조항을 두는 것과 반드시 양자택일적인 것이 아니다. 오히려 이러한 조항은 환경권 조항을 보충할 수 있는 의미를 가진다. 무엇보다 환경권은 '인간'이라는 기본권 주체와의 관련성을 토대로 한 '권리' 담론의 성격을 가지므로 환경적 가치에 정향된 국가운영 방향에 대해 규율하는 형식으로 적합하지 않은 점이 있다. 환경과 관련한 삶의 질 확보에 관한 규정 또한 삶의 질에 관한 '최소한의 확보'로서의 기본권을 규정하는 방식 외에 가능한 대로 국가가 생태계적 고려 속에 삶의 질에서 최대한을 확보하도록 의무지우는 방식도 필요하기 때문이다.

만약 이상과 같이 객관적인 환경보호의 요청을 헌법에 명문화한다고 할 때 그 방법은 국가가 지는 의무화의 수준에 따라 다양한 방법으로 입법화가 가능하다. 대표적으로 독일에서와 같이 국가목표조항의 형식으로 성안하는 것을 생각해 볼 수 있다. 이 경우 환경보호는 국가의 목표로서 헌법에 규정된 환경이익을 헌법적 가치로서 법적 형량에서 고려하도록 하는 것, 즉 입법자의 입법재량, 행정의 재량결정, 법원의 법 해석에 관한 사법재량에서의 이익형량에 반영되도록 강제하는 의미를 가진다.

나아가 환경보호에 대한 구체적인 국가목표의 내용은 상위 차원의 목표 내용을 규율할 수도 있지만, 매우 구체적인 국가적 현안의 내용을 규율할 수도 있다. 이른바 '생태복지'(ecowelfare)와 같은 표현을 통해 국가의 방향성을 천명할 수도 있지만, '저탄소사회'나 '환경친화적 에너지 사용'과 같은 비교적 세부적인 국가목표의 내용을 열거함으로써 해당 헌법에서 국가목표의 우선순위를 정하는 것도 가능하다.[12] 가령 국회 헌법개정위원회의 2017년 헌법개정안은 '환경의 지속가능한 보전'을 강조하는 한편, 특히 '에너지의 생산과 소비의 지속가능성과 정의를 확립'하도록 하는 조항을 별도로 두도록 제안하고 있다. 헌법개정안의 경우 미래세대 및 지속가능한 환경의 보전에 대한 책임 조항과 별도로 에너지의 지속가능성에 대한 국가목표적 의미를 갖는 조항('노력하여야 한다')을 별도로 두자고 제안하고 있는 바, 법리적인 차원에서 양자의 의무화 수준에 어떤 차이를 의식하고 제안한 것인지는 좀 더 논의가 필요하다고 생각되나, 적어도 에너지 문제의 중요성을 상징적으로 강조하고자 한 것은 분명해 보인다.

2. 환경권의 구체적 권리성 강화

(1) 구체화의 방법

헌법상 환경권을 두는 것은 여전히 의미가 크다. 환경권을 헌법

12) 어떤 요소가 헌법적 위상을 가질 수 있도록 입법화할 것인가, 어떤 영역은 법률 차원의 입법 영역으로 둘 것인가의 문제는 헌법정책적 판단의 영역이겠지만, 헌법에서 기후적응이나 에너지 전환에 대한 의지를 담은 문언이 포함된다면 그에 대한 적극적인 해석은 얼마든지 가능하다고 해야 한다. 헌법에 존재하는 '사형'이라는 문언이 사형제에 대한 위헌선언에 장벽이 되듯이 문언의 존재 여부는 그 의미가 과소평가되어서는 아니 될 것이다.

상 권리로서 인정한다는 것은 환경보호를 헌법적 차원에서 강제하고자 하는 '상징투쟁'[13]의 근거점으로서의 맥락이 있다. 말하자면 환경을 보호하라는 요구는 헌법이 보장한 권리라고 외칠 수 있는가 없는가에는 차이가 분명 있다는 것이다. 이 점에서 보더라도 갖은 이론적 난점에도 불구하고 현행 헌법에 존재하는 환경권 규정을 삭제하는 것은 수용하기 어렵다.

다만, 앞서 본 바와 같이 환경권을 두면서 그것이 추상적 권리에 머무는 것도 환경권을 둔 취지에 부합하는 것이 아니다. 그렇다면 어떤 방식으로 환경권의 실질적 내용을 담보하도록 입법할 수 있을까?

일단 최대한 구체적이고 상세하게 그 내용을 기술하도록 하는 방법을 생각해 볼 수 있을 것이다. 만약 환경에 관한 규율에서 직접적이고 상세한 규정을 둔다면, 기존의 기본권 도그마틱이 어떠하든, 그 권리를 구체적이고 직접적으로 관철하기 용이할 것이다. 가령 환경권에서 쾌적한 공기를 마시며 건강하게 생활할 권리가 있다고 규정한다면 미세먼지로 인한 건강 침해에 대해 헌법상 환경권을 직접 원용하는 것이 훨씬 용이하다.

그런데 헌법에 얼마나 세부적인 규율을 담을 것인가[14]는 각국의 헌법이 얼마나 세부적인 규율을 담는가에 대한 경향성과 밀접한 관련이 있으며, 우리나라는 그와 같이 세부적인 내용을 헌법에 담지 않는 편으로 보인다. 그리고 지나치게 세부적인 규율을 두는 것

13) 강조하는 견해로, 이계수(2013: 163-164) 참조.

14) 환경권 조항을 두고 있는 독일 바이에른주 헌법 141조 3항은 가령 "모든 사람에게 자연의 아름다움에 대한 향유, 자유로운 자연에서의 휴양, 특히 숲과 목장에의 출입, 강과 호수에서의 항행, 야생열매의 섭취가 허용된다"와 같이 세밀한 규정을 두고 있다.

은 헌법으로 규율될 사항과 법률로 규율될 사항의 구분을 불분명하게 할 수 있어 반드시 바람직한 것도 아니다. 결국 헌법에 환경권의 보호범위에 대한 구체적이고 세부적인 규정을 두려면 그 중요성에 대한 사회적 합의가 필요할 것이다.

한편, 국회 헌법개정위원회의 2017년 헌법개정안은 환경권에 대해 이를 '함께' 누릴 권리로 제안하고 있다. 이는 환경권의 개체적 권리성을 넘는 집단적 권리성을 표현한 것이라고 한다.[15] 필자 역시 당초 그와 같은 표현을 사용함으로써 환경에 대한 권리의 오용 가능성을 제한하는 하나의 한계적 의미를 부여하는 것이 의미있다는 견해를 취한 바 있으나, 이와 같은 규정은 환경권의 구체적 권리성을 약화하는 해석의 논거가 될 수 있으므로 포함시키지 않는 것이 바람직하다고 본다.

(2) 개정 환경권의 성격

헌법개정이 이루어지더라도 환경권이 자유권적인 속성과 사회권적인 속성을 함께 갖는 것으로 구성하는 것은 유지되어야 할 것으로 생각된다.

자유로서의 환경권, 즉 국가의 환경침해에 대한 방어권과 그로부터 파생되는 사인의 환경침해에 대한 보호청구권에 대해서는 그 자유권의 보장을 위해 법률유보가 필요하지 않음을 명확히 할 필요가 있다. 환경권의 자유권적 측면을 인정하는 이상 그 독자성을 확대해 나가야 할 것이다.[16] 즉 환경권과 보호 범위가 중복되는 측면

15) 고문현(2017: 44-45) 참조.
16) 한수웅(2016: 1056)은 환경권이 보호하고자 하는 독자적 영역이 있다고 하면서

이 있는 생명권, 신체불훼손권, 최근에 헌법개정안에서 논의되고 있는 안전권과의 관계에서 환경권의 고유한 영역을 확정해 나가야 할 것이다.[17]

물론 개인이 갖는 환경권에서의 자유는 개인이 자신을 둘러싼 환경에 대해 어떤 지위와 권리를 갖는가[18]의 문제이므로 그 권리의 행사가 공동체 내에서의 사회적 구속을 받기는 한다고 해야 할 것이다. 그러나 다른 한편으로 여기서의 자유는 공동체에서 공동체와 함께 누리는 자유라는 의미이기도 하므로 다른 측면에서의 확장을 가져올 수 있다고 생각한다. 가령 쾌적하고 건강한 생태계 속에서 공동체를 지속하면서 그 속에서 누리는 자유의 의미는 '헌법적 차원에서의' 생태계의 파괴, 가령 희귀동식물의 멸종이 곧 나의 자유에 대한 침해로서 환경권의 보호범위에 포함될 수 있는 것으로 확장될 수 있다고 생각한다.

다음으로 환경권의 사회권적 측면에 대해서는 그것이 인간다운 생활과 관련한 삶의 질을 요구하는 권리[19]임을 분명히 하고 그 수

도 그것은 개인의 자유 영역이 아니라고 한다. 따라서 자유권으로서 환경보호를 적극적으로 요구하는 개인의 권리는 인정되지 않으며, 그것이 개인적인 이익과 관련이 있는 경우에는 여타 자유권적 기본권 침해를 이유로 방어권을 행사하여야 하지 환경권으로부터 방어권이 도출되지 않는다고 한다. 이 견해는 다른 자유권적 기본권과의 중복 가능성을 해소하는 의의가 있으나, 결과적으로 환경권이 갖는 자유권으로서의 성격을 부정하고 사회권적 기본권으로서의 성격만을 인정하는 것으로 보인다. 다른 맥락이지만, 김종보, 김배원(2012: 47) 또한 환경권의 핵심 기능을 사회권적 성격에 맞추는 것이 바람직하다는 견해를 밝히고 있다.

17) 헌법재판소가 "환경권에 대한 국가의 보호의무 위반도 궁극적으로는 생명·신체의 안전에 대한 침해로 귀결된다."(헌재 2015.09.24. 선고 2013헌마384 결정)고 한 것은 환경권과 생명·신체의 안전에 관한 기본권이 동일한 내용을 포괄하는 것은 아니라는 차원에서 이해되어야 할 것이다.

18) 그에 대한 분석으로, 박진완(2008: 27) 참조.

19) 환경권은 인간다운 생활을 할 권리를 보장하기 위한 '기본권 전제조건의 보호'를 위한 권리로서의 성격을 갖는다고 한다(허영, 2017: 479).

준이 시대적 요청에 의해서 점차 확장될 수 있도록 해석해 나가야 할 것이다. 이와 관련하여 환경권이 사회적 기본권적 성격을 갖는 측면이 있다고 하여 반드시 법률유보 조항을 명문으로 유지하여야 할 필요는 없다고 생각한다. 사회적 기본권으로서의 환경권 또한 그것이 법률 조항을 통해 구체화되는 속성을 갖는다고 할지라도 그 자체로 구체적 권리로서 법률에 의해, 또는 법률에도 불구하고, 삶의 질이 하회되는 것을 막고 시정하는 권리로 구성할 필요가 있다. 국회 헌법개정위원회의 2017년 헌법개정안 또한 법률유보 조항을 삭제하고 있다. 이 개정안은 법률유보 조항이 당초 입법자에게 입법을 하도록 의무지우는 순기능을 부여하려 한 의도가 있었다고 인정한다고 하더라도 현재는 이미 법률이 상당 부분 완비되었기 때문에 그와 같은 순기능은 의미가 없어졌고, 오히려 헌법의 실효성을 약화시키는 해석의 위험성이 크므로 삭제하는 것이 낫다는 취지를 소개하고 있다.[20)]

20) 고문현(2017: 44-45) 참조.

IV. 개정안 제안과 취지

1. 제1항 누구나 건강하고 쾌적한 삶에 필요한 환경을 누릴 권리를 가진다.

(1) '누구나'

환경권의 보장에는 국가 내 사회적·경제적 여건에 대한 고려도 필요하다는 사회권적 성격이 있으나 환경권이 갖는 '인권'으로서의 성격을 고려할 때 그 주체를 '국민' 대신 '누구나'로 규정하는 것이 바람직하다. 현행 헌법이 '국민'과 '사람'을 엄격히 구분하지 않고 해석에 맡겨두고 있는 점을 볼 때 '누구나'로 하더라도 해석에 의해 국민을 의미하는 것으로 볼 여지를 완전히 배제하는 것은 아니다.

(2) '건강하고 쾌적한 삶'에 필요한 '환경을 누릴 권리'

(가) 현행 헌법은 환경권의 내용을 '건강하고 쾌적한 환경 속에서 생활할 권리'라는 표현을 사용함으로써 환경에 대한 접근권이나 환경을 향유할 권리를 보장하려 하고 있다. 그런데 이 서술은 자연이 인간의 건강과 쾌적한 생활을 위해 제공되는 것이라는 전제를 담고 있는 듯 보이기도 하여 자연을 과도하게 객체화하는 것으로 보이기도 한다. 그러나 환경 '권리' 담론 자체가 특정 개체에게 주관적 권리를 부여하는 접근 방법이라는 점에서 환경권을 두기로 한 이상 자연을 객체화하여 표현하는 것 자체는 부득이한 점이 없지 아니하다. 이에 필자는 인간이 '건강'하고 '쾌적한'(환경과의 관계에서 몸과 마음이 잘 맞아 삶의 질이 확보된) 삶을 추구하며 그에 필요한 환경

을 누릴 권리를 갖는 것으로 제안하였다. 그리고 그 때의 기본권 주체의 법익은 생활상의 이익(현행 헌법은 '생활할 권리'라고 하고 있다)을 넘어 환경과의 관계에서 삶의 질에 밀접한 이익을 포함하여 향유하는 것('누리다'는 표현을 사용하였다[21])을 의미한다. 유사한 입법례로 브라질[22]과 스페인[23], 포루투갈[24]의 예가 있다.

(나) '환경'이 자연환경을 의미하는 것인지, 자연환경 외에 사회적·문화적 환경을 포함하는 것인지는 현행 헌법의 해석에 관한 학설의 대립이 있다. 반드시 사회적·문화적 환경을 포함하는 의미인지는 명확하지 않지만, 환경정책기본법의 경우 보호의 대상이 되는 환경에는 자연환경과 생활환경을 포괄하고 있는 점 등을 감안하여 헌법재판소도 환경의 개념에는 자연환경뿐만 아니라 소음·진동과 같은 생활환경도 환경의 개념에 포함시키고 있다.[25] 이 문제는 개정 후 해석론에 맡겨서 해결할 문제라고 생각되고, 환경권의 보호대상을 '자연환경'에 한정할 필요는 없다고 생각하지만, 교육'환경권'과

---

21) '누리다'의 용례는, 박태현(2017: 18-19)에서도 발견된다.
22) 브라질 헌법 제6장 환경 제225조 환경보호 0항 (0) All persons are entitled to an ecologically balanced environment, which is an asset for the people's common use and is essential to healthy life, it being the duty of the Government and of the community to defend and preserve it for present and future generations.
23) 스페인 헌법 제2장 시민의 권리와 의무 제3절 경제·사회정책의 향도 원리 제45조 환경 제1항 (1) Everyone has the right to enjoy an environment suitable for the development of the person as well as the duty to preserve it.
24) 포르투갈 헌법 제2장 제2절 사회적 기본권과 의무 제66조 환경과 삶의 질 제1항 (1) Everyone has the right to a healthy and ecologically balanced human environment and the duty to defend it.
25) 헌법재판소 2007.07.31. 2006헌마711 결정

같이 이를 무한정하게 확장하는 것은 바람직하지 않다.[26] 실무적으로도 보자면 환경권이 문제되는 일조권 영역을 예로 볼 때 일조와 관련한 생활환경의 침해로부터의 보호는 '누구나' 누려야 마땅한 자연환경의 훼손과 그로 인한 건강침해 등을 유발할 수 있는 햇빛을 매개로 한 생활환경을 보호하는 것이다.[27] 이 점은 환경권이 일반적인 '삶의 질 제고를 요구할 수 있는 기본권'으로서의 성격을 가진다고 할 때 그 경계선에서 발생할 수 있는 문제에 대한 기준점을 제시해 줄 수 있다.

한편 현행 헌법 제35조 제3항에서 주거환경권에 관한 규정을 두고 있는 것은 주거에 관한 기본권을 별도로 규정하는 것은 별론으로 하더라도 적어도 환경권의 범위 내에서는 환경권 조항과 직접적인 관련성이 없다는 점에서 삭제하는 것이 바람직하다.

(3) '필요한' 환경과 법률 유보의 삭제

이 장(章)에서는 '필요한' 환경이라는 표현을 사용하여 건강하고 쾌적한 삶에 환경이 '필요한' 경우에 대해 해석에 의한 구체화의 여지를 열어두고자 하였다. 경우에 따라서는 '필수적인' 이라는 문언을 사용하여 의미를 강화할 수도 있을 것이다. '필요한' 또는 '필수적인'의 내용은 환경에 대해 헌법상 권리로서 요구할 수 있는 범

26) 김연태(2017: 1255)는 생활환경의 개념은 오염매체 또는 오염원으로부터 인간의 건강 및 생활을 보호하기 위하여 환경개념에 포함시킨 것이므로 인간에 의하여 인위적으로 제조된 물건이나 시설, 물적 요소가 없는 사회적 환경은 환경개념에 포함시킬 수 없다고 한다.

27) 필자의 발표문에 대한 한지형 판사의 토론문(학술대회 자료집 155면 이하 참조) 참조. 이 점에서 경제적, 문화적인 생활환경은 포함되지 않는다고 보아야 할 것이다.

위를 확정하는 불확정개념으로서의 의미를 갖는다. 환경권이 법률의 매개 없이 구체적으로 헌법적 차원에서의 권리성을 인정받으려면 그 내용이 헌법적 권리로서의 위상을 가질 만한 것이어야 할 것이고, 그러한 한정의 가능성을 헌법에 열어둘 필요가 있다. 즉 법률 차원에서 환경에 관한 권리를 상세히 규율하는 것은 별론으로 하고, 적어도 헌법에 의해서 직접 인정되는 환경권은 건강하고 쾌적한 삶에 꼭 '필요한' 또는 '필수적인' 환경향유권, 환경접근권에 한정될 필요가 있을 것이다. 기실 '필요한' 범위란 것은 환경권이 갖는 자유권적인 측면과 삶의 질 확보에 관한 사회권적인 측면에서 각기 달리 이해될 여지도 있다. 이에 대해서는 입법 후 구체적 사건을 통해서 세부적인 형성을 해 나가야 할 것이다.

이상과 같이 한정의 필요성이 커지는 것은 현행 헌법 제35조 제2항에 따른 법률유보 조항을 삭제할 경우이다. 현행 헌법 제35조 제2항은 환경권의 구체적인 내용은 '법률'로서 정하도록 법률유보 조항을 두고 있는데, 환경권의 자유권적 성격에 대해서도 법률에 의해서 비로소 그 내용이 확정되는 것과 같은 규율 형태를 취함으로써 헌법상 환경권의 내용을 공허한 것으로 만드는 해석론을 강화해 왔다고 평가할 수 있다. 이러한 비판은 환경권의 사회적 기본권 차원에서도 마찬가지이다. 사회적 기본권은 그 속성상 법률에 의해 구체화가 요구되는 것이 사실이나, 사회적 기본권의 내용은 법률의 내용에 의해 비로소 사후적으로 정해지는 것은 아니기 때문이다. 물론 법률유보조항을 두는 것은 형성의 측면과 제한의 측면을 동시에 가진다. 그러나 우리 헌법의 경우 헌법 제37조 제2항에 따른 일반적 법률유보 조항이 있기 때문에 제한의 의미로서 별도로 법률유보 조항을 둘 필요는 없다.

결국 사회적 기본권이라고 해도 '법률유보'에 관한 헌법 규정이 반드시 필요한 것은 아니다. 이 점에서 현행 조항에 따른 법률유보 조항을 삭제하는 것이 타당하다. 다만, 환경권의 구체적 기본권성을 분명히 인정한다면 그 내용과 제한에 관해 법률유보 조항을 두는 것 자체가 반드시 부정적인 것은 아니다. 대표적으로 재산권에 관한 헌법 조항과 같은 조항 형식으로 규정하는 것이다. "환경권은 보장된다. 그 내용과 한계는 법률로 정한다."고 하는 것이다. 그 경우 조항의 위치를 재산권 다음에 두는 방법도 생각해 볼 수 있을 것이다.

2. 제2항 국가는 환경오염을 막고 동물을 아끼며 자연환경을 지키기 위해 필요한 노력을 다하여야 한다.

(1) '국가는' 환경오염 예방 등을 위해 '필요한 노력을 다하여야 한다'

(가) 개정안 제2항은 국가의 주요한 목표로서 환경보호를 천명하고 명문화하고자 한 것이다.[28] 이 규정 형식의 의미는 현행 헌법에서 '국가와 국민은 환경보전을 위하여 노력하여야 한다'고 한 규율 형태와 다음과 같은 차이를 갖는다.

---

28) 다음과 같은 독일의 입법례가 대표적이다. 기본법 제20조a "국가는 미래 세대에 대한 책임 또한 지면서 헌법 질서의 범위 내에서 입법을 통해, 법률과 법의 척도에 따라 행정작용과 사법작용을 통해 자연의 생활기반과 동물을 보호한다." 보다 자세한 관련 문헌으로는 Brönneke(1999), Kloepfer(2004), Scholz(2002, 1-58) 참조.

첫째, 개정안 제2항은 환경권에 대한 보장과 별도로 존재하는 조항이다. 따라서 국가의 환경보호에 대한 의무의 내용과 범위는 환경권에서 권리의 형태로 요청되는 것보다 일반적이고 객관적이며 광범위하다. 가령 환경보호 의무의 내용으로는 권리로서 보호될 수 있는 인간중심적 가치를 넘어 생태계 보호나 동물보호와 같은 가치들을 포괄할 수 있다.

둘째, 국가로 하여금 필요한 노력을 '다하도록' 함으로써 법적 책임을 명확히 한 것이라고 하기 곤란한 책무로서의 환경보호조항을 넘어 환경보호의 법익과 가치를 국가결정에서 가능한 범위에서 충분히 고려하도록 의무화하는 것이다.[29] 그것의 법리적 의미는 입법권·행정권·사법권 행사 시의 공·사익 형량에서 환경보호를 일견 우선적인(prima facie) 가치의 하나로서 고려하여야 한다는 의미로 해석하여야 한다는 의미이다. 여기서 환경보호를 국가 목표로서 어느 정도까지 우선순위를 부여할 것인가는 다양한 입법 형태를 취할 수 있다. 독일의 경우 기본법 제20조a 입법 당시 입법안 중에는 "자연환경에 대한 심각한 위협이 있는 경우에는 생태적 지속가능성과 경제적 요구의 충돌시에 생태적 이익을 우선적으로 고려하여야 한다"는 입법안이 제기된 바도 있다.[30] 이 장(章)에서 성안한 조

29) 아르헨티나 헌법 제41조 제1항은 국민의 환경권과 국가의 환경보호의무를 규정한 다음, 법률의 구체화를 요구하기는 하지만, 환경피해에 대해 그를 복구하는 데 우선순위를 두도록 하는 규정을 두고 있다.
Environmental damage shall generate as a priority the obligation to repair it under the terms that the law shall establish.

30) 당시 독일의 녹색당안이다(BT-Drucks. 11/663). 원문은 다음과 같다.
Die natürliche Umwelt steht als Lebensgrundlage des Menschen und um ihrer selbst willen unter dem besonderen Schutz des Staates. Bei Konflikten zwischen ökologischer Belastbarkeit und ökonomischen Erfordernissen ist

항의 취지는 환경보호의 이익이 다른 이익과 적어도 동등하게 고려될 수 있도록 이른바 최적화명령(Optimierungsgebot)의 요청을 명문화하고자 하였다.

(나) 제2항의 입법을 통해 국가는 환경권 보장은 물론 그 범위를 넘는 '환경보호의 공익'을 헌법적 차원에서 고려하여야 함을 천명하는 현실적 효과가 있다. 무엇보다 이러한 환경보호의 법익에 대한 고려의 의무는 국가, 즉 입법부 뿐만 아니라 행정부와 사법부를 모두 규율하는 성격을 갖는 것으로서 국가결정의 근거를 이루는 법해석 및 재량결정을 강제하는 기능을 한다. 그 결과 국가작용에서 환경보호의 법익과 가치가 다른 헌법적 가치와 대등한 위상을 가지게 된다. 국가목표조항에서 국가에게 요구하는 의무의 수준을 충족하지 못하면 위헌 여부가 문제될 수 있다.[31]

(2) '환경오염을 막고'

환경보호 및 건강보호에서는 위해 발생을 사전에 예방(precaution)하고 방지(prevention)하는 조치가 매우 중요하다. 따라서 환경오염으로 인한 환경훼손 및 건강피해가 발생하기 이전에 선제적인 조치를 취하는 것은 국가의 환경보호의무 이행에 필수적이며, 이는 환경법의 기본 원칙 중 하나로서 천명되고 있는 바이기도 하

---

den ökologischen Belangen der Vorrang einzuräumen, wenn andernfalls eine erhebliche Beeinträchtigung der natürlichen Umwelt droht.

31) 명재진(2014: 35)에 따르면 명백하게 불충분한 국가목표의 형성은 위헌이 될 수 있다고 한다. 이것은 규범통제절차에서 입법에 대한 통제로서 의미를 갖는다. 구체적인 행정결정과 관련해서는 개별 결정이 국가목표조항에 따른 형량을 제대로 하지 않으면 그 자체로 형량하자의 위법을 갖게 될 수 있을 것이다.

다.[32] 이에 국가의 환경보호의무 이행의 방법으로서 환경오염의 예방과 방지를 포괄하는 우리말로서 '막다'라는 서술어를 사용하였다. 보다 상세히는 기후변화에 대한 적응이나 지속가능한 개발, 친환경적인 에너지 시스템 전환 등과 같은 내용을 예시로서 열거하여 특정 국가목표를 분명히 하는 것도 생각해 볼 수 있다.[33]

(3) '자연환경을 지키며'

환경보호 의무의 이행으로서 '자연환경 보전'은 생태계에 대한 보호의무의 핵심적인 내용이라는 점에서 이를 명문으로 포함시켰다. 자연환경의 보전에는 '자연적 생활기반'의 보호 전반이 포함된다. 동물·식물 및 서식공간, 종과 생태계 보호가 모두 포함된다. 이하에서 보듯 '동물'에 대해서는 별도의 문언을 두고도 있으나, 보호대상인 '자연환경'에도 '동물'은 포함된다. '자연환경'의 보호대상으

32) 유럽연합조약(TEU)의 환경에 관한 장 중 제191조 제2항 2문은 이를 명확히 하고 있다.
It shall be based on the precautionary principle and on the principles that preventive action should be taken, that environmental damage should as a priority be rectified at source and that the polluter should pay.

33) 구체화의 정도에 따라서는 다음과 같은 상세한 규정도 고려해 볼 수 있다. 가령 환경권에 대한 내용이기는 하지만 아르헨티나 헌법 제41조 제2항은 다음과 같이 자세하다.
The authorities shall provide for the protection of this right, for the rational use of natural resources, for the preservation of the natural and cultural patrimony and of biological diversity, and for information and education on the environment.
다만, 우리나라의 경우 그와 같은 세부적인 선언적 규정은 이른바 '기본법'의 형태로 입법화하는 경향이다. 흥미로운 것은 헌법을 구체화한 법률이라고 할 '기본법'에 대해서도 많은 경우 해당 규정으로부터 구체적 권리를 도출할 수 없다고 보는 해석론이 다수라는 점이다. 가령 환경정책기본법이 여러 상징적인 입법규정들을 두었지만, 대다수의 규율에 대해 구체적이고 직접적인 권리성을 갖지 않는 것으로 이해되고 있다.

로서 '동물'은 개별 개체로서의 동물이 아니라 해당 종을 가리키는 집합적 개념으로서의 의미이다. 대표적으로 멸종 동물 보호와 같은 것이 있을 것이다.

자연환경의 보호와 관련해서는 생태적 관점에서 보다 적극적으로 자연에 대해 권리성을 인정하는 선언적 규정을 헌법에 둘 필요가 있다는 견해도 상정 가능하다. 멕시코시티 주헌법은 실제 이를 명문화하였다.[34] 그러나 규범적으로 완전한 의미에서의 생태계 보호라는 것은 인간의 존엄성을 기반으로 하는 현행 헌법체계와 조화되기 어렵다는 비판은 접어두고서라도[35] 우리 공동체 구성원의 다수가 그와 같은 정도로 공생의 문제를 근본적이고 반성적으로 성찰하는 데까지 가치관적 합의가 무르익은 것으로는 보이지 않는다.[36]

(4) '동물을 아끼기'

'동물보호' 규정을 두는 것은 생태계 종 중에서 동물에 대해 특별한 취급을 하는 것이다. 여기서 동물보호가 갖는 의미는 인간에 버

34) 2018년 9월부터 발효되는 주 헌법은 자연의 권리에 대해 명문의 규정을 두었다. 제18조 제3항 "In order to comply with this provision, a secondary law will be issued that will aim to recognize and regulate the broader protection of the rights of nature formed by all its ecosystems and species as a collective entity subject to rights."

35) 절대적인 의미에서의 생태계 중심주의라면 인간의 존엄성과 충돌할 여지도 있으나, 온건한 생태주의에서는 자연의 이익을 적극적으로 고려하는 주체로서 인간의 역할을 인정하고 있는 점과 생태계의 보호 없이 인간 역시 생존할 수 없다는 점을 고려할 때 인간의 존엄성에 반한다고 하기는 어렵다고 생각한다. 관련 독일의 논의에 대해서는, 고문현(1999: 124-125) 참조.

36) 같은 관점에서 현행 제도의 한계와 부득이함에 대한 서술에 대해, 김태호(2017: 1291-1300) 참조.

금가는 공존 생명체로서 개별 동물에 대한 존중을 의미하는 것이다.[37] 이 경우에 동물보호의 의미는 동물복지(개별 동물에게 더 큰 우리를 갖게 해 줘야 한다)의 차원과 법체계 속에서 개별 동물의 법적 지위 신장(동물도 우리에서 벗어나 자유롭게 살 수 있다)[38] 차원을 포괄한다.[39] 개정안 역시 양자가 모두 포함된 의미로 규정하고자 한 것이다. 이에 따라 개체로서의 동물은 자연환경에 대한 보호에 더해 특별한 지위를 인정받는다.[40]

개정안은 헌법에 동물보호에 대한 별도의 조항이 전무한 현실 상황을 개선할 수 있을 것이다. 최근 가축사육시설의 기준이 지나치게 열악하고 가축들의 건강상태에 악영향을 미치는 문제에 관한 헌법소원에서 헌법재판의 구조는 열악한 방식으로 사육된 고기를 섭취하는 '국민의' 생명·신체의 안전에 관한 기본권이 침해되는지를 심사할 수밖에 없었다.[41] 개정안을 둘 경우 규범통제의 과정에서는 동물 보호의 국가목표 조항을 직접 해당 법률의 위헌성 판단

37) 독일 기본법 제20조a 또한 자연적 생활기반 보호와 별도로 '동물'의 보호를 국가목표로 규정하고 있다. 그 입법이유는 다음과 같다고 한다. "동물보호가 국가목표로 규정됨은 동물과 공존하는 인간의 도덕적 책임을 고려한 것이며 고등동물이 느끼는 고통과 자각에 대해서 인간행동에 대한 도덕적 최저기준이 요청된다. 때문에 공존하는 생명체로서의 동물을 존중하고 고통을 감소시킬 의무가 수반된다. 이러한 의무는 동물보호를 핵심내용으로 하는 실정법에서 나타난다. 세가지 요소가 중요한데 적절치 않은 행동, 회피가능한 고통, 생활공간의 파괴로부터의 보호가 그것이다." 박규환(2016: 13)에서 재인용.

38) 두 가지 차원의 설명방식에 대해서는, 윤익준(2016: 341) 참조.

39) 박태현(2017: 18)의 개정안은 동물권을 상세히 규정한다: "공동생명체로서 동물은 부당한 고통과 대우로부터 국가의 보호를 받는다. 동물보호단체는 법률이 정하는 바에 따라 동물의 이익을 위하여 동물의 보호와 이용에 관한 입법과 행정, 사법절차에 참여할 수 있다."유사한 입법례로 스위스 연방헌법 제80조의 규정이 있다. 다만 필자는 동물에 대한 상세한 규율은 법률 단계에서 규율하는 것이 현실적이라고 판단하였다.

40) Casper(2010)의 갓번호 98 참조.

41) 헌재 2015.09.24. 선고 2013헌마384 결정

에서 기준으로 삼을 수 있게 된다.

필자의 제안과 비교할 때 국회 헌법개정위원회의 개정안은 동물보호 내지 생명보호와 관련하여 진일보한 규정을 제안하고 있다. 이에 따르면 별도의 규정을 두어 "모든 생명체는 존중받고, 국가는 이를 위하여 필요한 내용을 법률로 정한다"라고 규율하자는 것이다. 이 조항은 "인간 존속의 기본적인 조건으로서 생명체 존중을 헌법에 명시"(고무현, 2017: 45)하면서 그 구체적인 내용에 대해서는 법률유보 조항을 둔 것이다.

3. 제3항 국가와 국민은 미래세대가 누릴 환경에 대해 책임을 진다.

(1) '국가와 국민은' 책임을 진다

제3항에서는 제2항의 국가목표조항과 별도로 국가와 국민의 책임을 규정하고 있다. 이 규정은 현행 헌법과 같이 환경보호의 책임을 국가 뿐만 아니라 국민에게도 지운다. 비교법적으로도 환경보호의 경우에는 국민에게까지 의무를 규정한 경우가 드물지 않은데[42], 이는 재산권 관련 헌법 조항에서 재산권을 공공복리에 맞게 행사하도록 한 규정과 같이 국민에게 공공재로서 '환경'의 보호 및 보전에 적극적인 참여를 요구하는 것으로 이해할 수 있다. 한편 여기서 '책임을 진다'는 의미는 헌법 자체로부터 엄격한 법적인 구속력을 인정하기는 어려울 것이다. 그러나 적어도 아래에서 보듯 국가로 하여금 '미래세대에 대한 환경적 고려'를 하도록 권장하고 그 결과 국

42) 스페인, 포르투갈, 아르헨티나 헌법 또한 모두 환경권을 정한 조항에 국민의 환경보호의무를 함께 규정하고 있다.

민에 대한 일정한 부담이 발생할 경우 참을 한도를 확장하는 의미가 있다. 국회 헌법개정위원회 2017년 개정안은 국민의 의무에 관한 규정은 없이 "국가는 미래세대에 대한 책임을 지고 환경을 지속가능하게 보전하여야 한다"고 규정할 것을 제안하고 있다.

(2) '미래세대가 누릴 환경'

현 세대의 환경 이용이 다음 세대 또는 미래 세대의 환경 이용에 대한 부담을 주지 않는 범위 내에서 허용되어야 한다는 세대 간 환경 정의(environmental justice)의 요청은 이미 널리 받아들여져 왔지만 법적 논의의 장에서 미래세대에게 시민권이 인정된 바는 없다. 미래세대가 누릴 환경에 대한 고려를 명문화하는 것은 그런 차원에서 의미가 있다.

다만 미래세대의 이익을 고려한다는 것, 다른 의미로 장기적 관점의 환경 보호를 적극 고려하도록 하는 것은 규범적으로 쉽지 않은 과제를 낳는다. 미래세대에서 헌법이 동일한 규범적인 요청을 할 것인지 알 수가 없을 뿐만 아니라, 미래세대의 범위와 그 이익 대변은 어떻게 설정할 것인지, 장기적으로 발생하는 환경문제에 대한 예측적 결정의 타당성을 어떻게 담보할 것인지 등 쉽지 않은 문제들을 안고 있다. 그럼에도 미래세대의 이익을 고려하도록 하는 문언을 두는 것은 환경보전에 있어서 장기적 관점이 더 잘 보장되게 된다는 의미가 있다.[43] 이것은 생태계 유지에서 미래세대에 대한 부담 전가를 완화하고 미래에 발생할 수 있는 리스크에 대한 적절

43) 배건이(2014: 78) 이하 참조.

한 고려를 해야 한다는 규범적 요청의 근거를 확보하되 헌법 조항의 '인간중심주의'를 유지하는 절충적 의미를 가지는 것이기도 하다.[44] 미래세대의 환경보호 고려는 현 세대 구성원의 의무이자 동시에 자신의 환경권 행사의 근거이기도 하다.[45]

V. 맺음말

이상의 논의에서 필자는 환경헌법에 대한 개인적 가치관을 반영하려 하기 보다는 - 부분적으로는 피할 수 없었겠지만 - 우리 사회가 일반적으로 갖고 있는 환경문제에 대한 문제의식과 미래 방향에 대한 인식을 반영하기 위해 어떤 헌법적 내용이 반영이 되어야 하겠는가에 초점을 맞춰 논의를 전개해 보았다. 현재 환경권과 관련

---

44) 독일에서 '미래세대에 대한 책임'이라는 표현이 국가목적조항에 포함되게 된 계기도 '인간의 자연적 생활기반'의 보호라는 문언에서 인간중심주의적인 '인간의'라는 표현을 삭제하는 절충안으로서 삽입된 것이다.

45) 남아프리카공화국 헌법의 입법례가 참고 가치가 있는데, 여기서 미래세대의 이익에 대한 고려는 현 세대의 환경권 행사의 기반이자 제한이기도 하다. 남아프리카 공화국 헌법 제24조 Everyone has the right — (a) to an environment that is not harmful to their health or well-being; and (b) to have the environment protected, for the benefit of present and future generations, throughreasonable legislative and other measures that — (i) prevent pollution and ecological degradation; (ii) promote conservation; and (iii) secure ecologically sustainable development and use of natural resources while promoting justifiable economic and social development.
아르헨티나 헌법의 입법례도 그러하다. 아르헨티나 헌법 제41조 제1항: All inhabitants enjoy the right to a healthful, balanced environment fit for human development, so that productive activities satisfy current needs without compromising those of future generations, and have the duty to preserve the environment. Environmental damage shall generate as a priority the obligation to repair it under the terms that the law shall establish.

하여 이루어지고 있는 논쟁을 정리하자면, ① 헌법상 환경권의 구체적 규범력을 확보하는 표현을 어떻게 반영할 것인지, ② 국가의 환경보호의무에 대한 내용을 어떤 형식과 내용으로 표현할 것인지, ③ 미래세대, 자연의 권리 또는 동물권을 어떤 형식으로 반영할 것인지, ④ 국민의 환경보호의무를 별도로 포함시킬 것인지 정도가 있겠는데, ③의 논의를 제외하면 '환경헌법'의 내용이 어떠해야 하는 것인가에 대해 근본적인 가치 판단의 차이를 노정하고 있는 것은 아니다. 그럼에도 헌법이 우리사회의 '지속가능성'(sustainability)에 대한 사회적 요구를 좀 더 분명한 언어로 선언하는 것은 중요한 헌법개정의 과제이다. 환경보호의 가치에 대한 숙의를 거쳐 장차 오래도록 국가와 사회가 나가야 할 방향성을 제시할 수 있는 헌법개정이 합의되기를 기대한다.

제5부

부록

일러두기

이 책은 필진의 아래 글을 전재 또는 발췌, 수정, 보완하는 가운데 완성되었음을 밝힌다.

제1장 국민참여 개헌의 당위와 조건

장영수, "국민참여개헌의 당위성과 방법론," 「안암법학」 제54호, 2017, 69-105면.

제2장 시민정치 헌법화의 방법과 경로

김상준, "'시민정치 헌법화'의 경로와 방법 : '시민의회'를 중심으로," 「법과 사회」 제54호, 2017, 1-33면.

김상준, "'시민정치 헌법화'의 경로와 방법 : '시민의회'를 중심으로," 한국비교공법학회·법과사회이론학회·대구대학교 법학연구소·SSK 사회진보와 공화적 공존연구단 공동학술대회 <87년 헌정체제와 공화적 공존을 위한 시민정치 헌법화의 과제> 발표논문. 2017.03.24. 이 자리에 초청해 준 김종철 교수와 기고문에 좋은 논평을 해준 세 분의 익명의 논평자들에게 감사드린다.

제3장 시민주도 개헌의 전략과 과제

박재창, "제10차 개헌논의, 무엇이 문제인가?," 한국민주주의연구소, 민주화운동기념사업회. 「KDF Report: Issues and Review on Democracy」 제22호, 2018. 1-23면.

제4장 권력분립형 대통령제의 구축

김용호, “민주화이후 한국 대통령제의 진화과정 분석,”「의정연구」 제50권, 2017, 37-79면.

제5장 분권형 대통령제로의 전환

강상호, 한국의 대안적 정부 권력구조에 대한 연구 : 분권형 대통령제를 중심으로. 경희대학교 대학원 박사학위 논문, 2007.

강상호,「한국정치와 권력구조의 선택」, 서울: 한국학술정보, 2009.

제6장 의회제적 이원정부제의 적용

이동성, 유종성, “이원정부제의 이론적, 경험적 고찰 및 한국적 적용을 위한 사례 검토,”「동향과 전망」 제100호, 2017, 118-151면.

제7장 지방분권개헌의 당위와 과제

이기우, “지방분권개헌의 필요성과 과제,” 한국지방자치학회 주최 ‘자치분권의 재설계와 분권형 헌법개정 방향’ 학술대회 발표논문. 충남대학교. 2018.02.21.

제8장 격차사회의 등장과 분권개헌

임승빈, “차기정부의 지방분권형 개헌과 국가정책,” 한국정책분석평가학회 춘계학술세미나 발표논문. 건국대학교. 2017.03.24.

제9장 지방분권개헌의 방법과 대안

김성호, “국회개헌특별위원회 자문위원회 개헌안 분석,” 한국지방자치학회 주최 ‘자치분권의 재설계와 분권형 헌법개정 방향’ 학술대회 발표논문. 충남대학교. 2018.02.20-21.

제10장 정보사회의 도래와 헌법적 대응

박상돈, "정보사회의 새로운 가치를 규범화하는 헌법개정의 형태," 「공법연구」 제45집 제3호, 2017, 91-119면.

제11장 성평등 헌법과 남여동수

김은주, "성평등 헌법과 여성대표성," 「이대젠더법학」 제9권 제1호,: 2017, 43-94면.

제12장 헌법상 환경권 강화의 입법전략

김태호, "환경권과 헌법 개정-입법론적 접근," 「환경법연구」 제39권 제2호, 2017, 1-27면.

참고문헌

제1장 국민참여 개헌의 당위와 조건

가상준, "한국사회 정치관용에 대한 연구", 「한국정당학회보」 제14권 제1호, 2015, 129-155면.

강석찬, "민주주의의 정신적 조건으로서의 관용에 관한 연구 ", 「윤리연구」 제31권, 1992, 175-192면.

김관규, 김관옥, "전자민주주의의 정치참여확대 기여에 관한 제논의", 「언론과학연구」 제6권 2호, 2006, 43-75면.

김상준, "헌법과 '시민의회'", 「동향과 전망」 제67호, 2006, 239-273면.

김선택, "헌법개정과 국민참여," 「공법연구」 제41집 제2호, 2012, 125-154면.

김선화, "헌법개정의 절차적 방법론", 「헌법학연구」 제16권 제2호, 2010, 265-298면.

______, "국민참여형 헌법개정 사례", 입법조사처, 「이슈와 논점」 제1282호, 2017.03.16.

김수연, "지방자치제의 헌법 개정의 필요성과 방향", 「헌법학연구」 제16권 제2호, 2010, 299-337면.

김승환, "사법제도 관련 헌법규정의 개정 논의", 「헌법학연구」 제12권 제2호, 2006, 95-106면.

김양화, "마르크스의 '정치이론-가설'과 '추첨제 시민의회' 대안의 적실성," 「마르크스주의 연구」 제12권 제4호, 2015, 86-112면.

김영수, 「한국헌법사」, 2000.

김용환, 「관용과 열린 사회」, 1997.

김재선, "공직선거에서의 전자투표제도 도입을 위한 단계적 접근," 「중앙법학」 제13집 제2호, 2011, 7-58면.

김종철, "사법제도의 개정 필요성과 방향", 「헌법학연구」 제16권 제3호, 2010, 105-145면.

김철수, 「한국헌법사」, 1988.

김혁, "한국 대통령제의 평가와 발전적 제도화의 모색," 「한국정치연구」 제16집 제1호, 2007, 141-166면

문병주, "제2공화국 시기의 '좌절된' 민주주의와 현재적 함의", 「민주주의와 인권」 제5권 제2호, 2005, 5-38면.

박경철, "국민주권, 국민의 헌법제정권력 그리고 관습 헌법," 「헌법학연구」 제13권 제2호, 2007, 199-238면.

박기관, "전자투표제의 성공적 도입방안에 관한 연구", 「한국정책연구」 제15권 제3호, 2015, 101-119면.

박진우, "전자투표제도의 헌법적합성에 관한 연구 –독일 연방헌법재판소 결정(2BvC 3,'07. 2BvC 4,'07)을 중심으로-", 「법학연구」 제36권, 2009, 1-22면.

박해영, "공직선거에서 전자투표의 도입", 「공법학연구」 제10권 제2호, 2009, 31-54면.

변해철, 한국헌법상의 직접민주제," 「외법논집」 제40권 제1호, 2016, 19-34면.

송석윤, 4월 혁명의 헌정사적 영향과 의회민주주의 실현의 과제 -헌법개정 및 정치개혁과 관련하여-", 「헌법학연구」 제16권 제2호, 2010, 147-192면.

신우철, "양원제 개헌론 재고", 「법과 사회」 제38권, 2010, 99-124면.

오문환, '공화주의의 시각에서 본 제2공화국의 붕괴', 「동양정치사상사」 제6권 제2호, 2007, 55-70, 256-257면.

오토 데펜호이어(이종영 역), "침묵하는 다수의 헌법적 보호", 「중앙대 법학논문집」 제25집 제1호, 2000, 197-216면.

오현철, "정치적 대표체계의 민주적 재구성 방안 모색, -토의민주주의(Deliberative democracy) 관점에서-", 「시민단체와 NGO」 제4권 제1호, 2006, 145-176면

______, "토의민주주의와 시민의회: 브리티시 컬럼비아 사례를 중심으로", 「시민사회와 NGO」 제8권 제2호, 2010, 41-70면.

오호택, "헌법개정의 절차와 헌법개정의 가능성", 「헌법학연구」 제13권 제1호, 2007, 487-509면.

윤종빈, "미국의 주민소환제 연구: 사례분석 및 한국적 시사점", 「단국대 분쟁해결연구」 제8권 제2호, 2010, 85-109면.

음선필, "대통령 재신임 국민투표의 위헌성 논의," 「공법연구」 제32집 제3호, 2004, 55-86면

이기우. 「모든 권력은 국민에게 속한다」, 2016.

이부하, "전자민주주의와 인터넷 선거", 「공법학연구」 제10권 제2호, 2009, 105-128면.

이승우, "남북통일에 대비한 헌법개정의 필요성과 방향", 「공법연구」 제39집 제2호, 2010, 231-253면.

이준복, "전자민주주의와 SNS 정치참여의 상관관계에 대한 고찰", 「정보법학」 제16권 제3호, 2012, 331-358면.

이한태, "개헌절차의 강한 경직성의 문제점과 개선방안", 「충남대 법학연구」 제24권 제1호, 2013, 117-153면.

임병석, "규범적 다원주의의 이론적 발전과 특성 –독일에서의 신다원주의를 중심으로-", 「한국정치학회보」 제25집 제2호, 1992, 87-114면.

임혜란, "미국의 전자투표와 민주주의", 「국제·지역연구」 제18권 제1호, 2009, 97-125면.

장영수, "직접민주제 강화 개헌의 쟁점과 성공조건", 「한양법학」 제28권 제2호, 2017a, 59-90면.

______, 「헌법학」, 서울: 홍문사, 2017.

______, "대한민국헌법의 전사(前史) -헌법제정 이전의 헌법사," 「고려법학」 제81호, 2016, 127-160면.

______, "헌법의 기본질서와 법치주의의 현실", 「헌법학연구」 제21권 제2호, 2015, 229-260면.

______, "포퓰리즘과 법치주의", 「포퓰리즘과 대한민국의 장래」, 2011, 61-102면.

______, "헌법의 기본원리로서의 민주주의", 「안암법학」 창간호, 1993, 67-147면.

______, “민주주의헌법에 있어서의 다수결원리와 근본가치”, 「방산 구병삭박사 정년기념논문집」, 1991, 485-508쪽.

장용근, “전자민주주의의 도래와 직접민주주의의 도입의 검토”, 「헌법학연구」 제10권 제2호, 2004, 403-448면.

정상우, “1987년 헌법개정안 형성과정 연구”, 「세계헌법연구」 제22권 제1호, 2016, 1-25면.

정만희, “헌법개정의 필요성과 개헌절차·방법에 관한 검토”, 「동아법학」 제47호, 2010, 1-53면.

최봉석, Theoretische Argumentation und Neuere Diskussion zur Repräsentativen und Plebiszitären Demokratie auf Staatlicher bzw. Kommunaler Ebene in Deutschland, 「토지공법연구」 제23집, 2004, 57-95면.

제2장 시민정치 헌법화의 경로와 방법

강남훈, “기본소득 도입 모델과 경제적 효과”, 「진보평론」 제45호, 2010.

김상준, “후기근대의 2중운동과 한국사회”, 「한국사회학」 제51집 제1호, 2017.

______, 「진화하는 민주주의: 아시아 라틴아메리카 이슬람 민주주의 현장읽기」, 문학동네, 2014.

______, 「미지의 민주주의: 신자유주의 이후의 사회를 구상하다」, 아카넷, 2011.

______, “헌법과 시민의회”, 함께하는 시민행동 엮음, 「헌법 다시보기」, 창비, 2007.

______, “헌법과 시민의회”, 「동향과 전망」 제67호, 2006.

______, “제2입법부 ‘시민의회’ 도입을 통한 현행 헌정 체제 보완”, 「함께하는 시민행동 연속기획 헌법 다시보기 제7회 자료집(환경재단, 10월 25일)」, 2005.

______, “성찰적 합의체제와 국가-시장-시민사회 관계의 재구성: R+PAD 거버넌스 모델”, 「NGO연구」 제2권 제2호, 2004.

다비트 판 레이부라우크, 양영란 역, 「국민을 위한 선거는 없다」, 갈파파고스,

2016.

백년포럼, 백년포럼 시즌1 자료집「개헌, 시민의회법, 시민의회의 제도화」, 국회도서관 소회의실, 2017.03.03. .

에릭 올린 라이트, 권화현 역,「리얼 유토피아」, 들녘, 2012.

오현철, "토의민주주의와 시민의회—브리티시 컬럼비아 사례를 중심으로",「시민사회와 NGO」 제8권 제2호, 2010.

이지문,「추첨 민주주의 이론과 실제」, 한국학술정보, 2012.

자크 랑시에르, 허경 역,「민주주의는 왜 증오의 대상인가」, 인간사랑, 2011.

조르조 아감벤 외, 김상운 등 역,「민주주의는 죽었는가?: 새로운 논쟁을 위하여」, 난장, 2010.

최광은,「모두에게 기본소득을: 21세기 지구를 뒤흔들 희망 프로젝트」, 박종철 출판사, 2011.

츠베탕 토도로프, 김지현 역,「민주주의 내부의 적」, 반비, 2012.

캐빈 올리어리, 이지문 역,「민주주의 구하기: 미국에서 날아온 하나의 혁신적 개혁모델」, 글항아리, 2014.

콜린 크라우치, 이한 역,「포스트 민주주의: 민주주의 시대의 종말」, 미지북스, 2008.

피터 반스, 위대선 역,「시민배당」, 갈마바람, 2016.

Ackerman, Bruce and James Fishkin, *Deliberation Day*. New Haven: Yale University Press, 2004.

Dryzek, John, *Deliberative Democracy and Beyond*. Oxford: Oxford University Press, 2000.

Fishkin, James, *Democracy and Deliberation*, New Haven: Yale University Press, 1991.

______, *The Voice of the People: Public Opinion and Democracy*. New Haven: Yale University Press, 1995.

Fournier, Patrick, Henk van der Kolk, R. Kenneth Carty, André Blais, and Jonathan Rose, *When Citizens Decide: Lessons from Citizens'*

Assemblies on Electoral Reform. New York: Oxford University Press, 2011.

Fung, Archon, E. O. Wright et al, *Deepening Democracy*. New York: Verso, 2003.

Habermas, Jurgen, *Between Facts and Norms*. Cambridge: MIT Press, 1996.

Heller, Patrick, K. N. Harilal and Shubham Caudhuri, Building Local Democracy: Evaluating the Impact of Decentralization in Kerala, India, *World Development* 35(4), 2007.

Lang, Amy, But Is It for Real? The British Columbia Citizens' Assembly as a Model of State-Sponsored Citizen Empowerment, *Politics &Society* Vol. 35 No. 1, 2007.

Manin, Bernard, *The Principles of Representative Government*. Cambridge: Cambridge University Press, 1997.

McKay, Ailsa, Rethinking Work and Income Maintenance Policy: Promoting Gender Equality Through a Citizens' Basic Income, *Feminist Economics* Vol. 1, 2001.

Rawls, John, *A Theory of Justice*. Cambridge: Harvard University Press, 1971.

Suiter, Jane, When Do Deliberative Citizens Change their Opinions? Evidence from the Irish Citizens' Assembly, *International Political Science Review* Vol. 37 No, 2, 2016.

Stadelmann-Steffen, Isabelle, How Exclusive is Assembly Democracy? Citizens' Assembly and Ballot Participation Compared, *Swiss Political Science Review* Vol. 22 No. 1, 2016.

Van Parijs, Pilippe, (ed.), *Arguing for Basic Income: Ethical Foundation for a Radical Reform*. New York: Verso, 1992.

제3장 시민주도 개헌의 전략과 과제

권영성,「현대 헌법」. 서울: 법문사. 2010.

김선택, 김하열, 윤영미, 이준일, 장영수,「헌법 I」. 고려대학교 법학전문대학원. 2010.

박재창, "제1장 옴부즈만의 철학적 토대와 사회적 배경",「옴부즈만 @ 제4부」(미발간 원고), 2018 발간예정.

______,「정치쇄신 4.0」, 서울: 도서출판 리북, 2014.

______,「거버넌스 시대의 국정개조」, 서울: 도서출판 리북, 2012.

______,「한국의 거버넌스」, 서울: 도서출판 아르케, 2010.

성낙인,「헌법학」, 서울: 법문사, 2015.

이옥진, "여야 개헌놓고 싸우지만 속내는 회의론",「조선일보」, 2018. <http://news.chosun.com/site/data/html_dir/2018/02/02/2018020201615.html, 2018.02.02. 검색>.

왕길환, "재외국민들 '개헌 국민투표에 참여하고 싶다'—법 개정요구",「연합뉴스」, 2018.01.31. <http://www.yonhapnews.co.kr/bulletin/2018/01/31/0200000000AKR20180131094300371.HTML?input=1179m, 2018.01.31. 검색>

정극원, "성립면에서 본 근대 입헌주의적 헌법과 현대 사회국가적 헌법의 비교",「유럽헌법연구」 제18호, 2015, 199-223면.

황도수, "현대국가의 권력분립—예산의 수립과 통제를 중심으로",「일감법학」 제35호, 건국대학교 법학연구소, 2016, 1-129면.

Kettl, Donald F. Managing Boundaries in American Administration: The Collaboration Imperative. *Public Administration Review.* Dec. 2006. pp. 10-19.

______, Governing at the Millenium. In James L. Perry, (ed). *Handbook of Public Administration,* 2nd. ed. San Francisco: Jossey-Bass, 1996, pp. 5-18.

Kooiman, J., Governance and Governability: Using Complexity, Dynamics, and Diversity. In J. Kooiman, (ed). *Modern*

Governance: New Government-Society Interaction. London: Sage Publications, 1994, pp. 35-48.

Pierre, Jon. *New Governance, New Democracy?. QoG Working Paper Series 2009:4.* The Quality of Government Institute. Sweden: University of Gothernburg, 2009.

Sorensen, Eva and Triantafillou, Peter, Chapter 1. The Politics of Self-Governance: an Introduction, in Eva Sorensen and Peter Triantafillou, (eds). *The Politics of Self-Governance.* UK:Ashgate, 2009.

제4장 권력분립형 대통령제의 구축

강우진, "민주주의에 대한 불만족 결정요인에 대한 연구." 「한국정당학회보」 제12권 제3호, 2013, 178-202면.

강우진, 강문구, "이명박 정부와 한국 민주주의의 질: 부분체제 접근법을 중심으로." 「경제와 사회」 제104호, 2014, 265-299면.

강원택, 「어떻게 바꿀 것인가: 비정상 정치의 정상화를 위한 첫 질문」, 서울: 이와우, 2016.

______, 「한국의 정치개혁과 민주주의」, 서울: 인간사랑, 2005.

김병준, 「99%를 위한 대통령은 없다」, 서울: 개마고원, 2012.

김용철, "한국 민주주의의 품질: 민주화가 정체된 결함 있는 민주주의," 「현대정연구」 제9권 제2호, 2016, 31-62면.

김용호, "최근 한국 정당의 개혁 조치에 대한 평가," 「한국정당학회보」 제7권 제1호, 2008, 195-210면.

______, "2003년 헌정위기의 원인과 처방: 제3당 분점정부와 대통령-국회간의 대립," 진영재 편저, 「한국 권력구조의 이해」, 서울: 나남출판, 2004a, 295-326면.

______, "17대 총선과 대통령-국회관계에 대한 전망: 제도적 접근법," 한국정치학회 춘계학술대회 발표 논문, 외교안보연구원, 2004.03.30., 2004.

김혁, "한국 대통령제의 평가와 발전적 제도화의 모색," 「한국정치연구」 제16

집 제1호, 2007, 141-166면.

(노무현)대통령 비서실, 「한국정치, 이대로는 안 된다:새로운 정치를 위한 제언」, 서울: 역사비평사, 2007.

대한민국 국회, 「제18대 국회사」, 「제17대 국회사」, 「제16대 국회사」, http://www.assembly.go.kr/assm/assembly/assdata/assdata01/bbs/bbsView.do?bbs_seq_n=23&bbs_cd_n=45&no=1101 (검색일: 2017.3.8.)

박경미 외, 「한국의 민주주의: 공고화를 넘어 심화로」, 서울: 오름, 2012.

박상훈. "촛불과 정치 변화: 무엇이 바뀌었으며, 무엇을 바꿔야 하는가," 「양손잡이 민주주의: 한 손에는 촛불, 다른 손에는 정치를 들다」, 서울: 후마니타스, 2017, 255-281면.

박원호, "중앙시평: 개헌으로 '제왕적 대통령'이 없어질까", 「중앙일보」, 2017.03.02.

박찬욱, "지속가능한 국가와 권력구조," 국가혁신을 위한 연구 모임 창립기념 토론회 발제문, 국회의원회관 2층 제2소회의실, 2016.07.06.

박통희, "제13대 여소야대 국회의 효율성 논란: 대표성, 능률성, 그리고 전문성을 중심으로," 「한국정치학회보」 제27집 제1호, 1993, 161-184면.

이준한, 「개헌과 동시선거: 선거주기의 효과에 대한 비교연구」. 서울: 인간사랑, 2011.

이현우, "한국 민주주의와 국회 70년," 이완범 외. 「한국의 정치 70년」, 한국학중앙연구원출판부, 2015, 194-249면.

임혁백, 「1987년 이후의 한국 민주주의:3김 정치시대와 그 이후」, 서울: 고려대학교 출판부, 2011.

장훈, 「20년의 실험: 한국정치개혁의 이론과 역사」. 서울: 나남, 2010.

정진민, "국회선진화법과 19대 국회의 과제: 국회 운영방식과 대통령-국회 관계의 변화를 중심으로," 「현대정치연구」 제6권 1호, 2013, 5-29면.

조정관, "헌법개정 논의와 정부 혁신," 한반도선진화재단, 「Issue & Focus, Newsletter 2017-1」, 2017.

______, "대통령제 민주주의의 원형과 변형:'한국형' 대통령제의 특징과 제

도운영의 문제," 진영재 편저, 「한국 권력구조의 이해」, 서울: 나남출판, 2004, 65-110면.

진영재 편저, 「한국 권력구조의 이해」, 서울: 나남출판, 2004.

최장집, 「민주화이후의 민주주의: 한국 민주주의의 보수적 기원과 위기」. 서울: 후마니타스, 2002.

Geisel Brigitte, Marianne Kneuer and Hans-Joachim Lauth, Measuring the Quality of Democracy : Introduction, *International Political Science Review*, Vol. 37, No. 5 (November), 2016, pp.571-579.

Im, Hyug Baeg. Better Democracy, Better Economic Growth? South Korea." *International Political Science Review*, Vol. 32, No. 5 (November), 2011, pp. 579-597.

Jones, Charles O. The American Presidency: A Separatist Perspective, Kurt von Mettenheim, (ed), *Presidential Institutions and Democratic Politics: Comparing Regional and National Contexts*, Baltimore and London: The Johns Hopkins University Press, 1997, pp. 161-180.

Kim, Jaechun, Comparing the Power of Korean and American Presidents: An Institutional Perspective, *Pacific Focus*, Vol. 19, No. 1 (Spring), 2004, pp. 107-136.

Mainwaring, Scott and Matthew S. Shugart, *Presidentialism and Democracy in Latin America*. New York: Cambridge University Press, 1997.

Mosler, Hannes B., The Deterioration of South Korean Democracy, in Brendan Howe. (ed). *Democratic Governance in Northeast Asia: A Human-Centered Approach to Evaluating Democracy*. Basingstoke, UK: Palgrave Macmillan, 2015, pp. 55-50.

Schlesinger, Arthur M. Jr., *The Imperial Presidency*, Boston: Houghton Mifflin Company, 1973.

Siavelis, Peter M., Executive-Legislative Relations in Post-Pinochet Chile:

A Preliminary Assessment, in Scott Mainwaring and Matthew S. Shugart, (eds.), *Presidentialism and Democracy in Latin America*. New York: Cambridge University Press, 1997, pp. 321-362.

Yun, Seongyi and Kim Hee Min, Democracy in South Korea: Consolidated but in Deficit, *Korea Observer,* Vol. 43 No. 1, 2012, pp. 145-174.

제5장 분권형 대통령제의 모색

강원택, 「대통령제, 내각제와 이원 정부제」, 서울: 인간사랑, 2006.

______, "권력구조와 국가원수의 역할." 「21세기 민주주의와 한국」, 한국정치학회 춘계학술대회 발표논문, 2005.

______, "한국 대통령제의 문제점과 제도적 대안에 대한 검토: 통치력 회복과 정치적 책임성 제고를 위한 방안." 진영재, 「한국 권력구조의 이해」, 서울: 나남출판, 2004.

권영성, 「헌법학 원론」, 서울: 법문사, 2006.

김영래, "정치자금제도의 변천과정과 특징 연구", 「한국 정치학 회보」 제28집 제1호, 1994.

김용복, "권력구조개혁과 국무총리제도: 문제와 개선방안." 「국제정치연구」 제6집 제1호, 2003.

김용호, "2003년 헌정위기의 원인과 처방: 제3당 분점정부와 대통령-국회 간의 대립," 진영재, 「한국 권력구조의 이해」, 서울: 나남출판, 2004.

김정현, "이원정부제에 관한 연구," 서울대학교 석사학위 논문, 2006.

김철수, "헌법개정의 기본방향", 「헌법학연구」 제10집 제1호, 2004.

라종일, 강량, "통일한국을 대비한 권력구조," 국제평화전략연구원 엮음. 「한국의 권력구조 논쟁 I」, 풀빛, 1997.

레이파르트, "대통령제와 다수결 민주주의," 린쯔, 바렌주엘라 엮음(신명순, 조정관 공역), 「내각제와 대통령제」, 서울: 나남출판사, 1995.

린쯔, "대통령제와 내각제 : 과연 다른가", 린쯔, 바렌주엘라 엮음(신명순, 조정관 공역), 「내각제와 대통령제」, 서울: 나남출판사, 1995.

무라마쯔 미찌오, 「중앙과 지방 관계론」, 최외출, 이성환 공역, 서울: 대영 문화사, 1991.

박상천, "분권형 대통령제 개헌의 시급성과 반대론에 대한 검토." 「민주당 보도자료」, 2002.

박찬욱, "대통령제의 정상적 작동을 위한 개헌론." 진영재, 「한국 권력구조의 이해」, 서울: 나남출판, 2004.

박호성, "민주화 시대 '한국형' 권력구조의 모색", 박호성 편, 「한국의 권력구조 논쟁 III」, 서울: 인간사랑, 2002.

배찬복, "한국의 이원집정제 정부형태로의 변화에 관한 연구." 「한국북방학회 논집」 제8권, 2002.

백경남, "바이마르 민주주의의 실패요인-정치문화를 중심으로 한 고찰" 「 한국정치학회보」 제19권, 1985.

법제처, 「1980년도 헌법 연구반 보고서」, 서울: 법제처, 1980.

석철진, "프랑스 기능적 지역주의." 이창훈 편, 「한국과 프랑스의 권력구조」, 아셈연구원 한국프랑스정치학회, 2005.

선학태, 「민주주의와 상생 정치」, 서울: 다산 출판사, 2005.

신명순, "한국정당과 민주주의 공고화," 민준기, 「21세기 한국의 정치」, 서울: 법문사, 2001.

신정현, 「정치학」, 서울: 법문사, 2000a.

______, 「비교정치론」, 서울: 법문사, 2000.

심익섭, "분권화와 지방자치제도," 박응격 외 「독일 연방 정부론」, 서울: 백산자료원, 2001.

안순철, "내각제와 다정당체제: 제도적 조화의 모색." 진영재, 「한국 권력구조의 이해」, 서울: 나남출판, 2004.

안용흔, "대통령제 논쟁의 비판과 새로운 쟁점의 모색," 「사회과학논총」 제4권, 대구효성 가톨릭대학교 사회과학연구소, 2005.

알프레도 스테판, 신디 스카치, "대통령제와 내각제 : 비교적 시각", 린쯔, 발렌주엘라 엮음(신명순, 조정관 공역), 「내각제와 대통령제」, 서울: 나남출판사, 1995..

이계희, "이원집정부제의 한국적 응용,"「사회과학논집」제9권, 1998.

이규영, "한국의 권력구조 개편2: '의원내각제'의 대안 가능성," 박호성 편,「한국의 권력구조 논쟁 III」, 서울: 인간사랑, 2002.

______, "의원내각제와 지방분권" 박호성, 이규영 편,「한국의 권력구조 논쟁 IV」, 서울: 인간사랑, 2005.

______, "권력구조 논의와 지방정치: 보완과 균형," 박호성, 이규영 편,「한국의 권력구조 논쟁 IV」, 서울: 인간사랑, 2005.

이석연, "헌법 개정안 공개에 즈음하여," 헌법포럼, 2005.

이재원,「한국의 국무총리 연구」, 서울: 나남출판사, 1998.

이종원, "대통령제와 지방분권." 박호성, 이규영 편,「한국의 권력구조 논쟁 IV」, 서울: 인간사랑, 2005.

이종찬, "한국 권력구조 개편논의의 허상과 실상: 제도화와 방향." 국제평화전략연구원 엮음,「한국의 권력구조 논쟁 I」, 서울: 풀빛, 1997.

이홍종, "한국의 정당과 권력구조 : 정치문화 및 책임정당 논의를 중심으로,"「선거. 정당」, 한국정치학회 연례학술대회, 1997.

임성호, "권력구조의 총체성과 권력구조 논의의 부분성: 그 불일치 극복을 위한 시론."「한국정당학회보」제4권 제1호, 2005.

______, "미국 의회-대통령 관계의 변화와 지속성: 대통령 반대당의 영향력을 중심으로,"「한국정치학회보」제36권 제3호, 2002.

장석권, "대한민국의 문제, 헌법인가 지도력인가,"「자유공론」, 2006.

장의관, "선거제도의 쟁점, 사례 및 제도화의 방향," 박호성, 이종찬 외,「한국의 권력구조 논쟁 II」, 풀빛, 2000.

장훈, "대통령과 국회/정당", 박세일 외,「대통령의 성공조건 I」, 동아시아 연구원, 2002.

정영국, "내각제 개헌을 해서는 안 되는 7가지 이유,"「사회비평」제20호, 1999.

정준표, "정당·선거제도와 권력구조의 선택", 진영재 편저,「한국 권력구조의 이해」, 서울: 나남, 2014.

______, "정당선거제도와 권력구조," 국제평화전략연구원 엮음,「한국의 권력구조 논쟁 I」, 서울: 풀빛, 1997.

정진민, "한국 대통령제의 문제점과 극복방안," 진영재, 「한국 권력구조의 이해」, 서울: 나남출판, 2004.

______, 「후기 산업사회 정당정치와 한국의 정당발전」, 서울: 한울 아카데미, 1998.

조정관, "대통령제 민주주의의 원형과 변형: '한국형' 대통령제의 특징과 제도 운영의 문제," 진영재, 「한국 권력구조의 이해」, 서울: 나남출판, 2004.

최장집, "대통령이 아닌 정당이 정치 중심이 돼야', 「데일리 서프라이즈」, 2006.06.30.

최한수, "한국 역대정권의 대통령제 권력구조 특성에 관한 연구." 「대한정치학회보」 제13권 제2호, 2005.

허 영, 「헌법이론과 헌법」, 서울: 박영사, 2003.

황태연, 박명호, 「분권형 대통령제 연구」, 동국대 출판부, 2003.

Diamond, Larry, Three Paradoxes of Democracy, in Larry Diamond · Marc F. Plattner, (eds.), *The Global Resurgence of Democracy,* The Johns Hopkins University Press, 1996.

Duverger, Maurice, A New Political System Mode l : Semi-presidential Government, *European Journal of Political Research* Vol. 8. No 2, 1980, pp. 165-87.

Horowitz, Donald L. Comparing Democratic Systems, in Larry Diamond and Marc F. Plattner, (eds.), *The Global Resurgence of Democracy,* The Johns Hopkins University Press, 1996.

Lardeyret, Guy, The Problem with PR, in Larry Diamond and Marc F. Plattner, (eds.), *The Global Resurgence of Democracy,* The Johns Hopkins University Press, 1996.

Lijphart, Arend, *Democracy in Plural Societies : A Comparative Exploration*, New Haven; Yale University Press, 1977.

______, Constitutional Choices for New Democracies, in Larry Diamond and Marc F. Plattner, (eds.), *The Global Resurgence of Democracy,*

The Johns Hopkins University Press, 1996.

______, Double-checking the Evidence, in Larry Diamond and Marc F. Plattner, (eds.), *The Global Resurgence of Democracy*, The Johns Hopkins University Press, 1996.

Linz, Juan J. and Arturo Valenauela, (eds.), *The Failure of Presidential Democracy : Comparative Perspectives*, 1994. 신명순.조정관 역, 『내각제와 대통령제』, 나남출판, 1995.

______, The Perils of Presidentialism, in Larry Diamond and Marc F. Plattner, (eds), *The Global Resurgence of Democracy*, The Johns Hopkins University Press, 1996.

Linz, Juan J. The Virtues of Parliamentarism, in Larry Diamond and Marc F. Plattner, (eds.), *The Global Resurgence of Democracy*, The Johns Hopkins University Press, 1996.

Lipset, Seymour Martin, The Centrality of Political Culture, in Larry Diamond and Marc F. Plattner, (eds.), *The Global Resurgence of Democracy*, The Johns Hopkins University Press, 1996.

Mainwaring, Scott, Shugart, Matthew, Linz, Juan, Presidentialism and Democracy, in *Politics, Society, and Democracy : Latin America (Essays in Honor of Juan J. Linz)*, Westview Press, 1997.

Norris, Pippa, *Electoral Engineering: Voting Rules and Political Behavior*. Cambridge University Press, 2004.

O'Donell, Guillerno, Delegative Democracy, *Journal of Democracy*, Vol. 5 No. 1, 1994.

Riker, William H, Duverger's Law Revisited, in Bermard Grofman and Arend Lijphart, (eds,). *Electoral Laws and Their Political Consequences*, New York: Agathon Press, Inc., 1986.

Roper, Steven, Are All Semipresidential Regimes the Same? A Comparison. of Premier-Presidential Regimes, *Comparative Politics*, Vol. 34 No. 3, 2002.

Sartori, Giovanni, 대통령제도 아니고 내각제도 아니다, in Linz, Juan J. and Valenauela, Arturo, (eds), *The Failure of Presidential Democracy : Comparative Perspectives*, 1994. 신명순, 조정관 공역, 「내각제와 대통령제」, 서울: 나남출판, 1995.

______, *Parties and Party Systems: A Frame work for Analysis*, Cambridge University Press, 1976.

Siaroff, A., Comparative Presidencies: The Inadequacy of the Presidential, Semi-presidential and Parliamentary Distinction. *European Journal Of Political Research*, Vol 42, 2003.

Quade, Quentin L., PR and Democratic Statecraft, in Larry Diamond and Marc F. Plattner, (eds.), *The Global Resurgence of Democracy*, The Johns Hopkins University Press, 1996.

제6장 의회제적 이원정부제의 적용

강명세, "재분배의 정치경제: 권력자원 대 정치제도," 「한국정치학회보」제47집 제5호, 2013, 71~94면.

강승식, "반대통령제에 관한 비교법적 고찰," 「서울법학」제20권 제2호, 2012, 115~146면.

강원택. 「어떻게 바꿀 것인가」. 고양시: 도서출판 이와우, 2016.

김문현, 김선택, 김재원, 박명림, 박은정, 박찬욱, 이기우, 「대화문화아카데미 2016 새 헌법안」. 서울: 대화문화아카데미, 2016.

김연규, "프랑스, 러시아, 폴란드의 이원집정부제 비교," 「한국정치학회보」제38권 제2호, 2004. 379~398면.

선학태, "정치제도와 복지국가: 민주국가들의 비교," 「동서연구」제24권 제1호, 2012, 191~218면.

______, 「민주주의와 상생정치」, 서울: 다산출판사, 2005.

안병영, 「왜 오스트리아 모델인가: 합의와 상생, 융합과 재창조의 국가모델」. 서울: 문학과지성사, 2013.

유종성, "촛불시민혁명과 조기 대선, 「동향과 전망」제99호, 2017, 235~247면.

정해구, "민주화25년, 국가권력의 문제점과 그 대안," 「계간 민주」제3호, 2012. 78~95면.

조병륜. "책임정치를 실현하는 정부형태로서의 분권형 이원정부제와 국민주권의 실질화, "「공법연구」제38집 제2호, 2009, 113~130면.

최태욱, 「한국형 합의제 민주주의를 말하다: 시장의 우위에 서는 정치를 위하여」, 서울: 책세상, 2014.

______, "오스트리아식 분권형 대통령제 도입에 관하여," 「지식협동조합 좋은 나라 이슈페이퍼」 제172호, 2017. <http://www.kcgg.org/publications/issues.php?sno=0&group=basic&code= B10&category=&&abmode=view&no=1554&bsort=&bfsort=>

헌법연구자문위원회, 「헌법 개정안」, 서울: 국회 법제실, 2014.

______, 「헌법연구 자문위원회 결과보고서」, 서울: 헌법연구자문위원회, 2009.

황태연, "유럽 분권형 대통령제에 관한 고찰." 「한국정치학회보」제39권 제2호, 2005, 45~63면.

Armingeon, K., The Effects of Negotiation Democracy: A Comparative Analysis, *European Journal of Political Research*, Vol. 41 No. 1, 2002, pp. 81~105.

Amorim Neto, O., and Strøm, K., Breaking the Parliamentary Chain of Delegation: Presidents and Non-partisan Cabinet Members in European Democracies. *British Journal of Political Science*, Vol. 36 No. 4, 2006, pp. 619~643.

Cheibub, J., *Presidentialism, Parliamentarism, and Democracy.* Cambridge: Cambridge University Press, 2007.

Crepaz, M. M., Global, Constitutional, and Partisan Determinants of Redistribution in Fifteen OECD Countries. *Comparative Politics*, Vol. 34 No. 2, 2002, pp. 169~188.

Elgie, R., Three Waves of Semi-presidential Studies. *Democratization*, Vol.

23 No. 1, 2016, pp. 49~70.

______, *Semi-presidentialism: Sub-types and Democratic Performance*, Oxford: Oxford University Press, 2011.

______, The Perils of Semi-presidentialism. Are They Exaggerated? *Democratization*, Vol. 15 No. 1, 2008, pp. 49~66.

______, The Politics of Semi-presidentialism, in R. Elgie, (ed.), *Semi-presidentialism in Europe*, New York, NY: Oxford University Press, 1999, pp. 1-21.

Gerring, J., S.C. Thacker and C. Moreno, Are Parliamentary Systems Better? *Comparative Political Studies, Vol.* 42 No. 3, 2009, pp. 327~359.

Hellwig, T. and Samuels, D., Electoral Accountability and the Variety of Democratic Regimes. *British Journal of Political Science*, Vol. 38 No. 1, 2008, pp. 65~90.

Iversen, T., and D. Soskice, Electoral Institutions and the Politics of Coalitions: Why Some Democracies Redistribute More than Others. *American Political Science Review*, Vol. 100 No. 2, 2006, pp. 165~181.

Lijphart, Arend, *Patterns of Democracy: Government Forms and Performance in Thirty-six Countries*. New Haven and London: Yale University Press, 2ndedition, 2012.

Linz. J. J., Presidential versus Parliamentary Democracy: Does It Make a Difference? in J. J. Linz and A. Valenzuela, (eds.), *The Failure of Presidential Democracy,* Baltimore, MD: Johns Hopkins University Press, 1994, pp. 3-87.

Moestrup, S., Semi-presidentialism in Young Democracies: Help or Hindrance? in R. Elgie and S. Moestrup, (eds.), *Semi-presidentialism Outside Europe,* London: Routledge, 2007, pp. 30-55.

Nousiainen, J., From Semi-presidentialism to Parliamentary Government: Political and Constitutional Developments in Finland. *Scandinavian*

Political Studies, Vol. 27 No. 2, 2001, pp.133~152.

Raunio, T., The Changing Finnish Democracy: Stronger Parliamentary Accountability, Coalescing Political Parties and Weaker External Constraints. *Scandinavian Political Studies*, Vol. 24 No. 2, 2004, pp.95~109.

Reynolds, A., Reilly, B., and Ellis, A. *Electoral System Design: The New International IDEA Handbook*. International Institute for Democracy and Electoral Assistance, 2008.

Samuels, D. J., and Shugart, M. S., *Presidents, Parties, and Prime Ministers: How the Separation of Powers Affects Party Organization and Behavior.* Cambridge: Cambridge University Press, 2010.

Schleiter, P., and Morgan-Jones, E., Who's in Charge? Presidents, Assemblies, and the Political Control of Semipresidential Cabinets. *Comparative Political Studies*, Vol. 43 No. 11, 2010, pp. 1415~1441.

________________, Constitutional Power and Competing Risks: Monarchs, Presidents, Prime Ministers, and the Termination of East and West European Cabinets. *American Political Science Review*, Vol. 103 No. 3, 2009a, pp. 496~512.

________________, Party Government in Europe? Parliamentary and Semi-presidential Democracies Compared. *European Journal of Political Research*, Vol. 48 No. 5, 2009, pp. 665~693.

Shugart, M. S., Semi-presidential Systems: Dual Executive and Mixed Authority Patterns. *French Politics*, Vol. 3 No. 3, 2005, pp. 323~351.

______ and Carey, J. M., *Presidents and Assemblies: Constitutional Design and Electoral Dynamics*. Cambridge: Cambridge University Press, 1992.

Skach, C., *Borrowing Constitutional Designs: Constitutional Law in Weimar Germany and the French Fifth Republic*. Princeton, NJ:

Princeton University Press, 2005.

Strøm, K., Delegation and Accountability in Parliamentary Democracies. *European Journal of Political Research*, Vol. 37 No. 3, 2000, pp. 261~290.

______, Müller, W. C., Bergman T. and Nyblade, B., Dimensions of Citizen Control, in K. Strøm, W. C. Müller, / T. Bergman (eds), *Delegation and Accountability in Parliamentary Democracies.* Oxford: Oxford University Press, 2003, pp. 651-706.

______, and Swindle, S. M., Strategic Parliamentary Dissolution. *American Political Science Review*, Vol. 96 No. 3, 2002, pp. 575~591.

Wu, Y. S., Appointing the Prime Minister under Incongruence: Taiwan in Comparison with France and Russia. *Taiwan Journal of Democracy*, Vol. 1 No. 1, 2005, pp. 103~132.

______, and J. H.Tsai, Taiwan: Democratic Consolidation under President-Parliamentarism. in R. Elgie, S. Moestrup and Y. S. Wu (eds.), *Semi-presidentialism and Democracy,* Palgrave Macmillan, 2011, pp. 174-191.

제7장 지방분권개헌의 당위와 과제

김성호, 국회 개헌특별위원회 자문위원회안, 한국지방자치학회동계학술대회 자료집(자치분권의 재설계와 분권형 헌법개정), 23-46면, 2018.02.20.

______, 「지방분권개헌」, 서울: 삼영사, 2014.

대런 에쓰모글루, 제임스 A. 로빈슨, 「국가는 왜 실패하는가」, 최완규 옮김, 서울: 시공사 2012/2017.

부르노 S. 프라이, 「행복, 경제학의 혁명」, 유정식, 홍훈, 박종현 옮김, 부키, 2015.

안성호, 「왜 지방분권국가인가- 리바이던에서 자치공동체로」, 서울: 박영사, 2016.

엘빈 토플러, 「제3물결의 정치」, 이규행 역, 한국경제신문사, 1995.

이기우, “지방분권개헌의 과제와 전망”, 한국시도지사협의회, 2018년 제1차 권역별 지방분권 토론회 자료집, 「대한민국의 새로운 미래,지방분권개헌으로 시작됩니다!」, 2018.02.23.

______, 「모든 권력은 국민에게 속한다 이제는 직접민주주의다」, 미래를 소유한 사람들, 2016

______, 「분권적 국가개조론- 스위스에서 정치를 묻다」, 서울: 한국학술정보, 2014.

제8장 격차사회의 등장과 분권개헌

김범준, 「세상물정의 물리학」, 동아시아, 2015.

김진영, “지방교육재정교부금 개선방안에 관한 소고,” 기재부 중장기재정개혁 TF팀 발제문, 2016.04.02.

문종열, 김기현, “수요자 중심 사회복지 전달체계 모델연구”, 「예산정책연구」 제3권 제1호, 2014, 163-207면.

임승빈, “21세기 일본의 국가기능 재편과 한국에의 시사점”, 서울대학교 행정대학원 「정책 & 지식」 제330회 발제문, 2007.05.14.

______, 「지방자치론 9판」, 서울: 법문사, 2016.

Fesler, James W., *Area and Administration*, University of Alabama Press, 1949.

Fukuyama, Francis, *State Building; Governance and World Order in the 21st Century.* Cornell University Press, 2005.

Kingdom, John, *Local Government and Politics in Britain*, London: Philip, 1991.

Lipman, Allan. V. D., *Local Government Areas: 1834-1945*, Oxford: Basil Blackwell, 1949.

Ley, Pierre, *L'inteligence Collective*, 권수경 옮김, 문학과 지성사, 1994.

Milspaugh, Arthur C., *Local Democracy and Crime Control*, Washington, D.C.: Brookings Inc., 1936.

OECD, OECD Economics Working Paper N, 2004.

Piketty, Thomas, *Capital: in the Twenty-First Century*, 2013. 장경덕 외 옮김, 「21세기 자본」, 글항아리, 2014.

Stiglitz, Joseph E. and Bruce C. Greenwald, *Creating a Learning Society: A New Approach to Growth, Development and Social Progress*, 2015. 김민주, 이엽 옮김, 「창조적 학습사회」, 한국경제신문, 2016.

Walsh, A. H., *The Urban Challenge to Government.* New York: Praeger, 1969. pp.58-86.

제9장 지방분권개헌의 방법과 대안

권영성, 「헌법학원론」, 서울: 법문사, 1997.

경실련, 사법개혁 필요성 드러낸 레인지로버판사 뇌물죄 무죄판결 보도자료, 2017.07.10.

국회 헌법개정특별위원회 자문위원회, 국회 헌법개정특별위원회 자문위원회 보고서, 2018.01

김선혁 외, 「국가-지방관계 재정립을 위한 헌법개정안 연구」, 동아시아연구원, 2006.

김성호, 「지방분권개헌」, 서울: 삼영사, 2014.

______, "조례벌칙제정권의 법리확장 가능성 연구", 「한국지방자치학회보」 제18권 제4호, 한국지방자치학회, 2006.12.

______, "조례제정권의 범위와 한계", 「법과정책연구」 제4집 제1호, 한국법정책학회, 2004.

김정훈, "지방분권개헌안 평가와 대안 : 중앙-지방간재정관계, 자치분권의 재설계와 분권형 헌법 개정방향," 내 삶을 살리는 지방분권개헌세션, 한국지방자치학회 동계학술대회, 2018.02.21.

김승욱, 「제도의 힘」, 프리이코노미스쿨, 2016.

박봉국, 「자치입법권의 이론과 실제」, 서울: 장원출판사, 1992.

박　진, "국가경쟁력강화를 위한 정부개조의 방향과 전략," 국회지방살리기포럼, 2015.12.

성낙인, 「헌법학」, 서울: 법문사, 2010.

안성호, "포용정치를 이끌 양원제 설계," 자치분권의 재설계와 분권형 헌법개정방향 내 삶을 살리는 지방분권개헌세션, 한국지방자치학회 동계학술대회, 2018a.

______, 「왜, 분권국가인가」, 서울: 박영사, 2018.

______, 「양원제 개헌론」, 서울: 신광문화사, 2013.

오동석, "지방분권개헌안평가와 대안 : 사법부를 중심으로", 자치분권의 재설계와 분권형 헌법 개정방향, 내 삶을 살리는 지방분권개헌세션, 한국지방자치학회 동계학술대회, 2018.02.

이국운, "분권사법과 자치사법; 실천적 모색", 「법학연구」 제49권 제1호, 부산대학교 법학연구소, 2008.08.

이기우, 제350회 국회 헌법개정특별 제11차 회의록, 2017.03.13.

______, 「모든 권력은 국민에게 속한다, 미래를 소유한 사람들」, 2016.

______, 「분권적 국가개조론, 모든 권력은 국민에게 속한다」, 서울: 한국학술정보, 2014.

이승우, "통일을 위한 헌법개정의 필요성과 방향"에 대한 토론문, 「통일의 공법적 문제-독일 통일의 회고와 한국통일의 전망」, 한국공법학회 제157회 국제학술대회, 2010.10.08.

이인재, "지방의 소멸 막을 대책 세워야," 「조선일보」, 2017.04.20.

정종섭, 「헌법학원론」, 서울: 박영사, 2010.

정태호, "권리장전의 개정방향", 한국공법학회 제129회 학술발표회 「통일시대를 대비한 헌법개정의 방향」 발표문, 2006.

최환용, "지방분권개헌안 평가와 대안 : 자치입법권과 주민자치를 중심으로", 자치분권의 재설계와 분권형 헌법개정방향, 내 삶을 살리는 지방분권개헌세션, 한국지방자치학회 동계학술대회, 2018.02.

허 영, 「한국헌법론」, 서울: 박영사, 1997.

______, 「헌법이론과 헌법(중)」, 서울: 박영사 1989.

______, "지방자치에 관한 헌법이론적 조명", 「공법연구」 제13집, 한국공법학회, 1985.

홍정선, 「신지방자치법」, 서울: 박영사, 2009.

제10장 정보사회의 도래와 헌법적 대응

국가인권위원회, 「정보인권 보고서」, 국가인권위원회, 2013.

국회 헌법개정 자문위원회, 「활동결과보고서Ⅰ」, 국회 법제실 법제연구과, 2014.

권영설, "변화하는 헌법과 거버넌스", 「연세 공공거버넌스와 법」 제3권 제1호, 연세대학교 법학연구원, 2012.

권영성, 「憲法學原論」, 파주: 법문사, 2011.

김민호, "인터넷접근성 보장 및 국가의 역할", 「성균관법학」 제27권 제3호, 성균관대학교 법학연구소, 2015.

김배원, "정보기본권의 독자성과 타당범위에 대한 고찰: 헌법개정과 관련한 체계구성을 중심으로", 「헌법학연구」 제12권 제4호, 한국헌법학회, 2006.

김상겸, "정보기본권의 체계와 보장에 관한 연구: 정보국가원리와 관련하여", 「세계헌법연구」 제6권 제1호, 국제헌법학회 한국학회, 2010.

김성준, "헌법상 정보국가원리에 관한 연구", 동국대학교 박사학위논문, 2009.

김세진, "憲法과 制度: 기본권과 제도보장에 관한 해석론을 중심으로", 「공법연구」 제34집 제4호 제2권, 한국공법학회, 2006.

김일환, "헌법 제127조", 「헌법주석서 Ⅳ」, 법제처, 2010. "

______, "헌법 기본권편 개정의 쟁점과 대안", 「공법연구」 제38집 제1호 제1권, 한국공법학회, 2009.

______, "첨단과학기술사회에서 헌법의 역할과 기능에 관한 시론적 고찰", 「토지공법연구」 제37집 제2호, 한국토지공법학회, 2007.

______, "憲法上 새로운 情報秩序確立을 위한 序說的 考察", 「헌법학연구」 제7권 제1호, 한국헌법학회, 2001.

김현철, "情報基本權에 관한 硏究", 동국대학교 박사학위논문, 2010.

명재진, "IT(정보기술) 기본권의 체계화에 관한 연구", 「헌법논총」 제20집, 헌법재판소, 2009.

______, “독자적 헌법조문으로서의 국가목표규정”, 「유럽헌법학회연구논집」 제2호, 유럽헌법학회, 2007.

______, 이한태, “현대 법학계의 정보인권 연구동향”, 「정보화정책」 제18권 제1호, 한국정보화진흥원, 2011.

박광민, 이성대, “위험사회의 등장에 따른 형법의 대응”, 「성균관법학」 제18권 제3호, 성균관대학교 비교법연구소, 2006.

박상돈, “헌법상 자동의사결정 알고리즘 설명요구권에 관한 개괄적 고찰”, 「헌법학연구」 제23권 제3호, 한국헌법학회, 2017a.

______, “1987년과 2017년의 헌법현실에 대한 고찰 –대통령 탄핵 및 조기 대선 정국의 개헌론에 대한 시사점-”, 「법학연구」 제25권 제2호, 경상대학교 법학연구소, 2017.

______, “헌법상 정보통신기반에 대한 국가책임에 관한 연구”, 성균관대학교 박사학위논문, 2016.

______, 김일환, “헌법상 국가책임에 관한 이론적 고찰”, 「성균관법학」 제28권 제2호, 성균관대학교 법학연구소, 2016.

박종민, “한국의 사회변동단계에 따른 교육과정 변천의 적응적 효율성 탐구: Douglass North의 관점을 중심으로”, 한국교원대학교 박사학위논문, 2014.

백수원, “헌법상 투명성 원칙에 관한 연구”, 성균관대학교 박사학위논문, 2011.

성낙인, “基本權의 概念과 範圍: 一般理論”, 「基本權의 概念과 範圍에 관한 硏究」, 헌법재판소, 1995.

양춘, 박상태, 석현호, 「社會學槪論」, 서울: 민영사, 1998.

오세혁, “國家와 規範·價値·힘: 公法學 方法論에 관한 法哲學的 考察”, 「공법연구」 제29집 제1호, 한국공법학회, 2000.

이상준 외, 「국민의 나라 정의로운 대한민국」, 국정기획자문위원회, 2017.

이영우. “전자민주주의에 관한 연구”, 「토지공법연구」 제60집, 한국토지공법학회, 2013.

이인호, “정보인권 논의가 시사하는 헌법학적 프레임: 디지털시대에 있어서 정보를 둘러싼 권력과 자유의 긴장과 조화", 「법학연구」 제3호, 가톨릭대학교 법학연구소, 2008.

장영수, 「헌법학」, 서울: 홍문사, 2014.

전광석, "사회변화와 헌법과제로서의 복지국가의 실현", 「공법연구」 제31집 제1호, 한국공법학회, 2002.

정극원, "國家目的規定에 관한 一考察", 「공법학연구」 제4권 제2호, 한국비교공법학회, 2003.

정영화, "생성되고 있는 정보기본권에 관한 헌법적 고찰", 「세계헌법연구」 제7호, 국제헌법학회 한국학회, 2003.

정재황, "사회변화와 헌법변화: 그 시론적 연구", 「성균관법학」 제24권 제4호, 성균관대학교 법학연구소, 2012.

정종섭, 「憲法學原論」, 서울: 박영사, 2012.

전자신문, "미래부, 지능정보사회 진입 원년 선언", 2016.01.27.

정책기획위원회 보도자료, "국민헌법자문특별위원회, 제1차 전체회의 개최", 2018.02.07.

조우영, "중등학교 법 교육을 위한 우리나라 현행 헌법의 핵심적 가치·원칙 체계 이해", 「시민교육연구」 제46권 4호, 한국사회과교육학회, 2014.

최동수, 「정보, 정보인, 정보사회」, 파주: 법문사, 2012.

Bull, Hans Peter, Staatszwecke im Verfassungsstaat, *Neue Zeitschrift für Verwaltungsrecht*, Heft 9, München: C. H. Beck, 1989.

Freund, Matthias, *Infrastrukturgewährleistung in der Telekommunikation*, München: C. H. Beck, 2002.

Grimm, Dieter(송석윤 옮김), "憲法과 社會變動: 憲法解釋 方法論에 대한 몇 가지 생각", 「서울대학교 법학」 제42권 제3호, 서울대학교 법학연구소, 2001.

Scheuner, Ulrich, Staatszielbestimmungen, in Roman Schnur (Hrsg.), *Festschrift für Ernst Forsthoff zum 70. Geburtstag*, München: C. H. Beck, 1972.

Schoch, Friedrich, Öffentlich-rechtliche Rahmenbedingungen einer Informationsordnung, *Veröffentlichungen der Vereinigung der Deutschen Staatsrechtslehrer*, Heft 57, Berlin: Walter de Gruyter, 1998.

제11장 성평등 헌법과 남여동수

국회도서관, 「세계의 헌법: 35개국 헌법(전자자료)」, 서울:국회도서관, 2010.

국회속기록, 제17호, 단기4281년 6월23일, 국회사무처.

국회속기록, 제18호, 단기4281년 6월26일, 국회사무처.

국회속기록, 제18호, 단기4281년 6월26일, 국회사무처.

국회속기록, 제17호, 단기4281년 6월23일, 국회사무처.

국회속기록, 제20호, 단기4281년 6월29일, 국회사무처.

국회속기록, 제25호, 단기4281년 7월 5일, 국회사무처.

국회속기록, 제25호, 단기4281년 7월 5일, 국회사무처.

국회속기록, 제25호, 단기4281년 7월 5일, 국회사무처.

국회속기록, 제25호, 단기4281년 7월 5일, 국회사무처.

국회속기록, 제25호, 단기4281년 7월 5일, 국회사무처.

국회속기록, 제28호, 단기4281년 7월12일, 국회사무처.

김은주, "김은주의 남녀동수칼럼(2013.10.24.~2014.3.24.)," 「여성신문」, 2013. HYPERLINK "http//www"http://www.womennews.co.kr/news/series.asp?sr_id=385(검색일:2017.4.24.)

______, "여/성평등과 헌법: 쟁점과 대안,"「성평등과 헌법-헌법개정토론회(2017.2.10.)」, 정춘숙 국회의원·헌법개정여성연대, 2017.

______, "지역구 여성의무추천제의 도입과 전망," 「젠더리뷰」 제24호, 한국여성정책연구원, 2012.

김하열, "젠더평등과 평등헌법", 「젠더법학」제3권 제2호, 이화여자대학교 젠더법학연구소, 2011.

박선영, "개헌과 성평등-헌법 제11조 및 제36조 개정방향을 중심으로", 「성평등실현 및 아동권익보장을 위한 개헌방향 토론회(2017.3.6.)」, 국회여성가족위원회, 2017.

성낙인, “새로운 헌법의 모색과 방향:87년 체제의 극복”, 「입법과 정책」 제1권 제1호, 국회입법조사처, 2009.

심용환, 「헌법의 상상력」, 경기: 사계절출판사, 2017.

차병직, 윤재왕, 윤지영, 「지금 다시 헌법」, 경기: 로고플러스. 2016.

허라금, “여성주의 성평등개념을 통해 본 성주류화”, 「국가와 젠더」, 파주: 한울, 2010.

Suteu, Silvia and Ibrahim Draji, 「ABC for a Gender Sensitive Constitution, Handbook for Eengendering Constitution Making」, Euromed Feminist Initiative IFE-EFI, 2015.

제12장 헌법상 환경권 강화의 입법전략

고문현, “헌법상 환경권 개정안”, 국회토론회 “헌법, 인간과 동물, 환경을 담다” 자료집, 2017.11.16.

______, 헌법상 환경조항에 관한 연구: 국가목표조항과 기본권조항의 비교를 중심으로, 서울대학교 박사학위논문, 1999.

국회 토론회, “헌법, 인간과 동물, 환경을 담다” 자료집, 2017.11.16.

국회 토론회, “개헌, 방향을 논하다! - 환경권을 중심으로,” 2017.12.13.

김연태, “환경권의 법적 성질”, 「행정판례백선」, 2017, 1250-1261면.

김종보, 김배원, “환경권의 헌법적 의미와 실현방법”, 부산대 「법학연구」 제53권 제1호, 2012.

김태호, “도롱뇽의 당사자적격”, 「행정판례백선」, 2017, 1291-1299면.

김문현 외, 「대화문화아카데미 2016 새헌법안」, 대화문화아카데미, 2016, 197-205면.

명재진, “국가목표조항의 헌법적 지위와 위헌심사척도에 관한 연구”, 충남대 「법학연구」 제25권 제2호, 2014.

박규환, "독일기본법 제20조a에 관한 연구 – 생태주의 사항의 헌법적 반영", 「서울법학」 제23권 제1호, 2016.

박진완, "환경권과 자연보호", 「환경법연구」 제30권 제3호, 2008.

박태현, "생태헌법의 제안", 「헌법, 환경을 어떻게 담을 것인가」, 환경법률센터 토론회 자료집, 2017.

배건이, "국가의 미래세대보호의무 실현을 위한 입법론적 연구", 「국가법연구」 제10집 제1호, 2014.

석인선, "미국 헌법상 환경권론의 전개와 규범적 평가", 「헌법학연구」 제12권 제3호, 2006.

윤익준, "동물의 지위에 대한 법정책적 담론: 현행법상 동물의 보호와 동물복지를 중심으로", 「법과 정책연구」 제16집 제1호, 2016.

이계수, "한국 환경법의 역사와 과제," 「민주법학」 51호, 2013.

조홍식, "미국 헌법상의 환경권", 「법조」 제479호 및 제470호, 1996.

최희수, "환경권과 국가의 보호의무", 「강원법학」 제50권, 2017.

한상운, "현행 헌법상 환경국가원리에 관한 연구", 「공법연구」 제34집 제4호, 2006.

한수웅, 「헌법학, 제6판」, 서울: 법문사, 2016.

허영, 「한국헌법론」, 서울: 박영사, 2017.

Brönneke, Tobias, *Umweltverfassungsrecht*, Baden-Baden, 1999.

Caspar, Johannes, Umweltverfassungsrecht(§ 2), in: Koch(Hrsg.), *Umweltrecht*, 3rd ed, München 2010.

Kloepfer, Micahel, *Umweltrecht*, 3rd ed, München 2004.

Scholz, Rupert, Art. 20a, in: Maunz/Dürig(Hrsg.): *Grundgesetz Kommentar*, München 2002, pp. 1-58.

집필진 소개

강상호(한국정치발전연구소 대표)

고려대학교 문과대학 졸업, 고려대학교 경영대학원 경영학 석사, 경희대학교 대학원(정치학 박사)

독일 DEMAG Kunststofftechnik 한국대표, 국민대학교 정치대학원 겸임교수(현), 국회 개헌특위 자문위원(현),

저서 및 논문: "한국정치와 권력구조의 선택", "살려야 하나 죽여야 하나", 『21세기 한국의 정치』(공저) 외

김상준(경희대 공공대학원 교수)

서울대 사회학과 졸업, 미국 컬럼비아 대학원(사회학 박사)

Paul F. Lazarsfeld Fellow, 한국이론사회학회 회장, (사)다른백년 이사

저서 및 논문: 『맹자의 땀 성왕의 피』(신장판, 2016), 『미지의 민주주의』(증보판, 2011), 『유교의 정치적 무의식』(2014), 『진화하는 민주주의』(2014) 외

김성호(자치법연구원 부원장)

부산대학교 대학원(법학박사)

전국시도지사협의회 정책연구실장, 대통령소속 지방분권촉진위원회 위원, 한국공법학회 부회장, 한국지방자치학회 부회장, 국회 개헌특위 자문위 지방분권분과 간사

저서 및 논문: 『지방분권개헌』(2014), "지방분권특별법 제정방안"(2003), "지방화 시대에 부응한 지방자치제도의 헌법적 구현 연구"(2010) 외

김용호(서울대학교 아시아연구소 방문학자 펠로우)

서울대학교 정치학과 졸업, 미국 펜실바니아(University of Pennsylvania) 대학교(정치학 박사)

인하대학교 정치외교학과 교수, 한국 정치학회 회장, 중앙선거관리위원(현)

저서 및 논문: 『2016 총선에서 배우다』(편저)(2016), 『외교영토 넓히기: 대한민국의 수교 역사』(2016), 『북한의 협상스타일』(2004), 『한국정당정치의 이해』.(2001), 『비교정치학서설』(공저)(1994), 『민주주의이론 서설: 미국 민주주의의 원리』(역서)(1990) 외

김은주(한국여성정치연구소 소장)

이화여자대학교 정치외교학과 졸업, 이화여자대학교 대학원(정치외교학 박사과정 수료)

헌법개정여성연대 운영위원, 경기도민주시민교육자문위원회 부위원장, 통일부 통일정책자문위원, 민주평화통일자문회의 중앙상임위원

저서 및 논문: 『한국여성의정70년사』(2017), 『여성후보공천할당제의 성과와 실효성 확보방안: 제16-제19대 여성 국회의원 의정활동을 중심으로』(2016), 『구술로 본 북한여성의 삶 I /II/III』(2015-2017) 외

김태호(독일 부체리우스 로스쿨 방문학자)

서울대학교 법과대학 졸업, 서울대학교 대학원 석박사과정 수료, 독일 함부르크 법과대학 박사과정 수료

대법원 재판연구관, 헌법재판소 헌법연구원, 이화여대 겸임교수, 한국 환경법학회 총무이사

저서 및 논문: "과학기술 혁신과 시장진입규제"(2017), "규제입법 평가의 법제화와 적용"(2017), "공익소송과 행정소송"(2017) 외

박상돈(국가보안기술연구소 선임연구원)

성균관대학교 법과대학 졸업, 성균관대학교 대학원(법학박사)

성균관대학교 글로컬과학기술법연구소 연구원, 국가정보보호백서 편집위원(현), 개인정보보호법학회 연구간사(현)

저서 및 논문: "헌법상 자동의사결정 알고리즘 설명요구권에 관한 개괄적 고찰"(2017), "1987년과 2017년의 헌법현실에 대한 고찰–대통령 탄핵 및 조기 대선 정국의 개헌론에 대한 시사점"(2017), "정보통신기반의 공법적 의의와 과제"(2016) 외

박재창(한국외대 L&D학부 석좌교수)

한국 외대 정치외교학과 졸업, 미국 뉴욕주립대학교(행정학 박사)

한국 행정학회 회장, 한국 NGO학회 회장, 아세아태평양 YMCA연맹 회장

저서 및 논문: 『한국의 국정개혁』(2017), 『거버넌스 시대의 국정개조』(2012), 『한국의회정치론』(2003) 외

유종성(가천대학교 사회정책대학원 교수)

서울대학교 사회복지학과 졸업, 미국 하버드대학교(정책학 박사)

경제정의실천시민연합 사무총장, 캘리포니아대학교 샌디에고 캠퍼스 조교수, 호주국립대학교 정치사회변동학과 부교수

저서 및 논문: 『Democracy, Inequality and Corruption: Korea, Taiwan and the Philippines Compared』(Cambridge University Press, 2015), 『한국어번역판 [동아시아 부패의 기원: 문제는 불평등이다. 한국, 타이완, 필리핀 비교연구]』(김재중 역, 도서출판 동아시아, 2016), 불평등, 부패, 사회적 신뢰, 표현의 자유 등에 관한 다수의 논문

이기우(인하대 법학전문대학원 교수)

독일 뮌스터 대학교(법학박사)

인하대법학전문대학원 원장, 국회 개헌특위 자문위원(현)

저서 및 논문: 『모든 권력은 국민에 속한다, 이제는 직접민주주의다』(2016), 『분권적 국가개조론』(2014), 『연방주의적 지방분권에 관한 연구』(2009) 외

이동성(영국 노팅엄대학교 조교수)

고려대학교 행정학과 졸업, 미국 캘리포니아대학교 샌디에고 캠퍼스 대학원(정치학 박사)

서울대 행정대학원 선임연구원, 대만 국립대 방문 학자, 필리핀 아테네오 마닐라 대학 방문 학자

저서 및 논문: "Executive Capacity to Control Legislatures and Presidential Choice of Cabinet Ministers in East Asian Democracies" *Governance(*2018). "Executive Control of Bureaucracy and Presidential Cabinet Appointments in East Asian Democracies" *Regulation & Governance(*2018). "Portfolio Allocation as the President's Calculations: Loyalty, Copartisanship, and Political Context in South Korea" *Journal of East Asian Studies(*2018) 외.

임승빈(명지대 행정학과 교수)

일본 동경대학교 상관사회과학 전공 석사 및 박사(학술학 박사)

한국 지방자치학회 회장(2017), 지방자치발전위원회 제3분과 위원장(현)

저서 또는 논문 : 『지방자치론』(10판, 2017), 『정부와 NGO』(3판, 2016), "연방주의적 지방분권에 관한 연구"(공저)(2009) 외

장영수(고려대 법학전문대학원 교수)

고려대 법대 졸업, 독일 프랑크푸르트 대학교(법학박사)

제18대 국회 헌법연구자문위원회 위원, 제20대 국회 개헌특위 자문위원, 헌법재판소 연구위원, 대법원 사법정책연구원 운영위원(현)

저서 및 논문: 『헌법학』(10판, 2017), 『헌법총론』(2판, 2004), 『기본권론』(2003), 『국가조직론』(2005), 『민주헌법과 국가질서』(1997), 외

엮은이 소개

박재창

한국외국어대학교 L&D학부 석좌교수(현)

숙명여자대학교 명예교수(현)

숙명여자대학교 정법대학장

미국 뉴욕주립대학교 행정학 박사(의회행정 전공)

(사)한국미래정부연구회 이사장(현)

독일 자유베를린 대학교 훔볼트재단 연구교수

미국 버클리 대학교 정부학연구소 플브라이트 교수

일본 동지사 대학교 정책과학대학원 객원교수

태국 창마이 라찻팟 대학교 방문교수

미국 메릴랜드 대학교 방문교수

한국 행정학회 회장

한국 NGO학회 회장

한국 국제지역학회 회장

한국 정치행정연구회 회장

미국 정치학회 의회연구원

대통령 소속 지방이양추진위원회 (국무총리) 공동 위원장

국무총리실 시민사회발전위원회 위원

부패방지위원회 교육홍보정책자문위원장

국민고충처리위원회 명예 옴부즈만
KOICA 대표 청렴 옴부즈만

아시아 태평양 YMCA 연맹 회장
공선협 집행위원장
시민사회 포럼 대표
지방자치발전실천포럼 공동대표
민주시민교육거버넌스 대표

<주요저서>
[한국의 시대정신](2017), [한국의 국정개혁](2017), [한국YMCA운동의 전략 II](2017), [한국YMCA운동의 진로 I](2016), [Global Alternative Tourism Network](ed.)(2015), [New Governance: Issues and Challenges](2015), [정치쇄신 4.0](2014), [거버넌스 시대의 국정개조](2012), [Responses to the Globalizing World](2012), [지방분권과 한국시민사회](편저)(2012), [Global Citizenship and Social Movements](ed.)(2011), [지구화 시대의 한국시민사회](편저)(2011), [한국의 거버넌스](2010), [한국민주주의와 시민사회](편저)(2010), [국가와 시민] (2009), [위기의 한국시민사회](편저) (2009), [시민참여와 거버넌스](공저)(2009), [지구시민권과 지구 거버넌스](편저)(2009), [민주시민교육의 전략과 과제](공편)(2007), [지구시민사회와 한국 NGO](2006), [분권과 개혁](공편)(2005), [한국의회윤리론](2005), [한국의회개혁론](2004), [한국의회정치론](2003), [한국전자의회론](2003), [혼돈의 시대, 개혁의 논리](2001), [정부와 NGO](편저)(2000), [이렇게 바꿔야 나라가 산다], (1998), [한국의회행정론](1995), [정보사회와 정치과정](편저)(1993), [오늘의 정치, 내일의 정치](1992), [까마귀 우는 곳에 백로가 가야한다](1991), [열린 세상, 막힌 정치](1991), [의회와 민중](1989), [Legislative Staff in Korea](1986) 외.

한 국 의
헌법개정

초판 1쇄 발행 2018년 5월 10일
초판 2쇄 발행 2020년 6월 17일

엮은이 박재창
발행인 김인철
총괄 · 기획 윤성우 Director, University Knowledge Press
편집장 신선호 Executive Knowledge Contents Creator
기획 · 물류 이현진 Planning Expert
전자책 · 도서편집 장혜린 Contents Creator
도서편집 이병철 Contents Creator
이근영 Contents Creator
마케팅 하누리 Marketing Creator
발행처 한국외국어대학교 지식출판콘텐츠원
02450 서울특별시 동대문구 이문로 107
전화 02)2173-2493~7
팩스 02)2173-3363
홈페이지 http://press.hufs.ac.kr
전자우편 press@hufs.ac.kr
출판등록 제6-6호(1969. 4. 30)
디자인 · 편집 (주)이환디앤비 02)2254-4301
인쇄 · 제본 평화당인쇄(주) 02)735-4004

ISBN 979-11-5901-281-5 94340 정가 32,000원
ISBN 979-11-5901-244-0 (세트)

*잘못된 책은 교환하여 드립니다.

HUINE은 한국외국어대학교 지식출판콘텐츠원의 어학도서, 사회과학도서, 지역학 도서 Sub Brand이다. 한국외대의 영문명인 HUFS, 현명한 국제전문가 양성(International +Intelligent)의 의미를 담고 있으며, 휴인(携引)의 뜻인 '이끌다, 끌고 나가다'라는 의미처럼 출판계를 이끄는 리더로서, 혁신의 이미지를 담고 있다.